LICENCIATURAS EM EDUCAÇÃO DO CAMPO

Registros e Reflexões a partir
das Experiências-Piloto

Caminhos da
Educação
do Campo

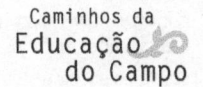

LICENCIATURAS EM EDUCAÇÃO DO CAMPO

Registros e Reflexões a partir das Experiências-Piloto

Mônica Castagna Molina
Laís Mourão Sá [Orgs.]

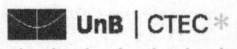

UnB | CTEC   OBSERVATÓRIO DE EDUCAÇÃO DO CAMPO   autêntica

Copyright © 2011 As organizadoras
Copyright © 2011 Autêntica Editora

COORDENADORAS DA COLEÇÃO CAMINHOS DA EDUCAÇÃO DO CAMPO
Maria Isabel Antunes–Rocha (UFMG), *Aracy Alves Martins* (UFMG)

CONSELHO EDITORIAL
Antônio Júlio de Menezes Neto (UFMG), *Antônio Munarim* (UFSC), *Bernardo Mançano Fernandes* (UNESP), *Gema Galgani Leite Esmeraldo* (UFCE), *Miguel Gonzalez Arroyo* (Professor Emérito da FaE/UFMG), *Mônica Castagna Molina* (UnB), *Salomão Hage* (UFPA), *Sonia Meire Santos Azevedo de Jesus* (UFSE)

CAPA
Webson Dias (sobre imagem de Maurício Euclydes de Lima e Borges)

PROJETO GRÁFICO DO MIOLO
Tales Leon de Marco

EDITORAÇÃO ELETRÔNICA
Webson Dias

APOIO TÉCNICO
Andréia Rosalina Silva

REVISÃO
André Luis Gomes Moreira

EDITORA RESPONSÁVEL
Rejane Dias

Revisado conforme o Novo Acordo Ortográfico.

Todos os direitos reservados pela Autêntica Editora. Nenhuma parte desta publicação poderá ser reproduzida, seja por meios mecânicos, eletrônicos, seja via cópia xerográfica, sem a autorização prévia da Editora.

AUTÊNTICA EDITORA LTDA.

Belo Horizonte
Rua Aimorés, 981, 8º andar
Funcionários . 30140-071
Belo Horizonte . MG
Tel.: (55 31) 3222 6819

TELEVENDAS: 0800 283 1322
www.autenticaeditora.com.br

São Paulo
Av. Paulista, 2073. Conjunto Nacional
Horsa I . 11º andar . Conj. 1101
Cerqueira César. 01311-940
São Paulo . SP
Tel.: (55 11) 3034 4468

Dados Internacionais de Catalogação na Publicação (CIP)
(Câmara Brasileira do Livro, SP, Brasil)

Licenciaturas em Educação do Campo : Registros e Reflexões a partir das Experiências-Piloto / Mônica Castagna Molina & Laís Mourão Sá, (organizadoras). – Belo Horizonte : Autêntica Editora, 2011. – (Coleção Caminhos da Educação do Campo; 5)

Vários autores.
Bibliografia
ISBN 978-85-7526-581-9

1. Educação rural 2. Licenciatura 3. Professores – Formação profissional I. Molina, Mônica Castagna. II. Sá, Laís Mourão. III. Série.

11 – 09778   CDD–370.193460981

Índices para catálogo sistemático:

1. Brasil : Formação de professores : Educação do Campo 370.193460981
2. Brasil : Formação de professores : Educação rural 370.193460981

"A educação para além do capital visa a uma ordem social qualitativamente diferente. Agora não só é factível lançar-se pelo caminho que nos conduz a essa ordem, como o é também necessário e urgente. (...) O papel da educação é soberano, tanto para a elaboração de estratégias apropriadas e adequadas para a mudança qualitativa das condições objetivas de reprodução da sociedade, como para a automudança consciente dos indivíduos chamados a concretizar a criação de uma ordem social metabólica radicalmente diferente."

István Mészáros

Lista de siglas

ACC – Atividade Curricular em Comunidade
AMEFA – Associação Mineira das Escolas Família Agrícola
ANVISA – Agência Nacional de Vigilância Sanitária
APJR – Associação de Promoção da Juventude Rural
ATER – Assistência Técnica e Extensão Rural
CAA/NM – Centro de Agricultura Alternativa do Norte de Minas Gerais
CAT – Centro Agroecológico Tamanduá
CC – Círculos de Cultura
CDT – Centros Digitais Tecnológicos
CEBEP – Conflitos Estruturais Brasileiros e Educação Popular
CEDEFES – Centro de Documentação Eloy Ferreira da Silva
CEFFAS – Centros Familiares de Formação por Alternância
CFR – Casa Familiar Rural
CESPE – Centro de Seleção e de Promoção de Eventos
CGEC – Coordenação Geral de Educação do Campo
CN – Ciências da Natureza
CNE – Conselho Nacional de Educação
CONAE – Conferência Nacional de Educação
CONSED – Conselho Nacional de Secretários de Educação
CONTAG – Confederação Nacional dos Trabalhadores na Agricultura
CPC – Centros Populares de Cultura
CPT – Comissão Pastoral da Terra
CTEC – Centro Transdisciplinar de Educação do Campo e Desenvolvimento Rural
CUT – Central Única dos Trabalhadores
CVN – Ciências da Vida e da Natureza
ECORS – Escolas Comunitárias Rurais
EFA – Escola Família Agrícola
EDUCAMPO – Núcleo de Estudos e Pesquisas em Educação do Campo
EMATER – Empresa Mineira de Assistência Técnica e Extensão Rural

ENEM – Exame Nacional do Ensino Médio
FACED – Faculdade de Educação
FAE-UFMG – Faculdade de Educação da Universidade Federal de Minas Gerais
FETAEMG – Federação dos Trabalhadores na Agricultura do Estado de Minas Gerais
FETASE – Federação dos Trabalhadores da Agricultura do Estado de Sergipe
FETRAF – Federação dos Trabalhadores na Agricultura Familiar de Minas Gerais
FNDE – Fundo Nacional de Desenvolvimento da Educação
FONEC – Fórum Nacional de Educação do Campo
FUP – Faculdade UnB Planaltina
GESAC – Governo Eletrônico Serviço de Atendimento ao Cidadão
GO – Grupos de Organicidade
GPT – Grupo de Trabalho de Educação do Campo
GTRA – Grupo de Trabalho de Apoio à Reforma Agrária
IBGE – Instituto Brasileiro de Geografia e Estatística
IDEB – Índice de Desenvolvimento da Educação Básica
IES – Instituições de Ensino Superior
IOE – Inserção Orientada na Escola
IOC – Inserção Orientada na Comunidade
Iterra – Instituto Técnico de Capacitação e Pesquisa da Reforma Agrária
LEdoC – Licenciatura em Educação do Campo
LEPEL – Grupo de Estudo e Pesquisa em Educação Física, Esporte e Lazer
MATR – Movimento de Apoio aos Trabalhadores Rurais
MCP – Movimento de Cultura Popular
MDA – Ministério do Desenvolvimento Agrário
MEC – Ministério da Educação
MPA – Movimentos dos Pequenos Agricultores
MST – Movimento dos Trabalhadores Rurais Sem Terra

MTM – Matemática
PAM – Produção Agrícola Municipal
PPP – Projeto Politico Pedagógico
PROCAMPO – Programa de Apoio à Formação Superior em Licenciatura em Educação do Campo
PROLEC – Projeto de Licenciatura em Educação do Campo
PRONERA – Programa Nacional de Educação na Reforma Agrária
RDA – República Democrática da Alemanha
SDT/MDA – Secretaria de Desenvolvimento e Territórios do Ministério de Desenvolvimento Agrário
SECAD – Secretaria de Educação Continuada, Alfabetização e Diversidade
SESu – Secretaria de Educação Superior
SINAES – Sistema Nacional de Avaliação do Ensino Superior
TA – Tempo Acadêmico
TC – Tempo Comunidade
TCC – Ttrabalho de Conclusão de Curso
TE – Tempo Escola
TEN – Teatro Experimental do Negro
UEFS – Universidade Estadual de Feira de Santana
UFBA – Universidade Federal da Bahia
UFRB – Universidade Federal Rural da Bahia
UFMG – Universidade Federal de Minas Gerais
UFS – Universidade Federal de Sergipe
UFSC – Universidade Federal de Santa Catarina
UnB – Universidade de Brasília
UNE – União Nacional dos Estudantes
Unicamp – Universidade Estadual de Campinas
URI – Universidade Regional Integrada do Alto Uruguai e das Missões

Sumário

APRESENTAÇÃO..x

PRIMEIRA PARTE
Da idealização à realização: as quatro experiências-piloto da Licenciatura em Educação do Campo

Capítulo 1 – Percurso formativo da Turma Dom José Mauro: segunda turma do curso de Licenciatura em Educação do Campo da FaE/UFMG
Maria Isabel Antunes-Rocha, Luciane de Souza Diniz
Ariane Martins Oliveira...x

Capítulo 2 – A Licenciatura em Educação do Campo da Universidade de Brasília: Estratégias Político-Pedagógicas na Formação de Educadores do Campo
Mônica Castagna Molina, Lais Mourão Sá x

Capítulo 3 – Desafios da Educação do Campo na UFBA: proposições superadoras – o Sistema de Complexos
Celi Zulke Taffarel, Cláudio de Lira Santos Júnior
Carolina Nozella Gama, Jaqueline Ferreira de Lima
Kátia Oliver de Sá, Marize Souza Carvalho,
Myna Lizzie Oliveira Silveira, Teresinha de Fátima Perin.........x

Capítulo 4 – Formação de professores para a Educação do Campo na Universidade Federal de Sergipe
Sonia Meire Santos Azevedo de Jesus
Jaqueline Gomes dos Santos...x

SEGUNDA PARTE
Reflexões sobre a formação por área de conhecimento

Capítulo 5 – Licenciatura em Educação do Campo e projeto formativo: qual o lugar da docência por área?
Roseli Salete Caldart..x

Capítulo 6 – Reflexões sobre a organização curricular por área de conhecimento
Romir Rodrigues..x

Capítulo 7 – Currículo por área de conhecimento na formação de professores para escolas do campo da UFS
Sonia Meire Santos Azevedo de Jesus
Carlos Alberto de Jesus...x

Capítulo 8 – Formação de professores e professoras em Educação do Campo por área de conhecimento – Ciências da Natureza e Matemática
Néli Suzana Britto...x

Capítulo 9 – Estética e Educação do Campo: movimentos formativos na área de habilitação em Linguagens da LEdoC
Ana Laura dos Reis Corrêa, Bernard Herman Hess,
Deane Maria Fonsêca de Castro e Costa Manoel Dourado Bastos,
Rafael Litvin Villas Bôas, Rayssa Aguiar Borges....x

TERCEIRA PARTE
Ensaios político-pedagógicos sobre a Licenciatura em Educação do Campo

Capítulo 10 – Diálogo entre teoria e prática na Educação do Campo: Tempo Escola/Tempo Comunidade e alternância como princípio metodológico para organização dos tempos e espaços no curso de Licenciatura em Educação do Campo
Maria Isabel Antunes-Rocha
Maria de Fátima Almeida Martins..x

Capítulo 11 – Licenciatura em Educação do Campo: Integração das disciplinas Pesquisa e Prática Pedagógica II, Estágio Curricular e Programa de Bolsa de Incentivo à Docência
Celi Zulke Taffarel, Carlos Roberto Colavolpe
Edílson Fortuna de Moradillo..x

Capítulo 12 – Subjetividade, política e emancipação na formação do educador do campo
    Lais Mourão Sá..x

Capítulo 13 – A Economia Política como componente da matriz formadora da Licenciatura em Educação do Campo
    Luis Antônio Pasquetti..x

Capítulo 14 – Práticas de letramento: produção textual coletiva na formação do docente do campo
    Rosineide Magalhães de Sousa..x

Capítulo 15 – Um enfoque psicossocial na formação de educadores/as do campo
    Eliete Ávila Wolff...x

Capítulo 16 – Educação do Campo, questões estruturais brasileiras e formação de professores
    Rafael Litvin Villas Bôas..x

Capítulo 17 – Filosofia e formação de educadores do campo
    Roberta Lobo..x

POSFÁCIO
O caminho aberto pelas experiências-piloto: limites e possibilidades das Licenciaturas em Educação do Campo
    Mônica Castagna Molina..x

ANEXO
Minuta original da proposta da Licenciatura em Educação do Campo
    Ministério da Educação..x

Os autores..x

Apresentação

Este livro tem como objetivo registrar e socializar as experiências vivenciadas em processos de formação de educadores, realizadas a partir da execução dos cursos de Licenciatura em Educação do Campo.

Esses cursos superiores objetivam formar e habilitar profissionais para atuação nos anos finais do Ensino Fundamental e Médio, tendo como objeto de estudo e de práticas as escolas de Educação Básica do campo. Essas Licenciaturas são ofertadas em regime de Alternância, onde os tempos básicos de formação se intercalam entre Tempo Escola (acontecendo no ambiente universitário) e Tempo Comunidade (acontecendo nas comunidades do campo de origem dos estudantes e nas escolas lá existentes).

Uma das inovações destes cursos de Licenciatura em Educação do Campo refere-se a determinação de sua matriz curricular de desenvolver estratégias multidisciplinares de trabalho docente, organizando os componentes curriculares em quatro áreas do conhecimento: Linguagens (expressão oral e escrita em Língua Portuguesa, Artes, Literatura); Ciências Humanas e Sociais; Ciências da Natureza e Matemática; Ciências Agrárias.

Outra novidade desta estratégia formativa refere-se à intrínseca articulação proposta para este perfil profissional: além da docência por área de conhecimento, quer-se habilitar este educador, simultaneamente, para a gestão de processos educativos escolares e para gestão de processos educativos comunitários.

A criação desta nova modalidade de graduação, que se estrutura em instituições de ensino superior no Brasil a partir de 2007, é resultado da luta dos movimentos sociais e sindicais que conquistam uma política de formação inicial para educadores do campo, materializada através do Programa de Apoio às Licenciaturas em Educação do Campo – Procampo, vinculado à Secretaria de Educação Continuada, Alfabetização e Diversidade – Secad, do Ministério da Educação.

Antes de instituir-se oficialmente, o Procampo tem sua proposta formativa executada a partir de experiências-piloto desenvolvidas pela Universidade Federal de Minas Gerais; Universidade de Brasília; Universidade Federal da Bahia e Universidade Federal de Sergipe.

A partir dessas experiências a Secad amplia a possibilidade de execução desta graduação lançando Editais Públicos, nos anos de 2008 e 2009, para que instituições de ensino superior de todo o país pudessem se candidatar à sua oferta. Como decorrência deste processo, em 2011, no Brasil, trinta instituições universitárias ofertam a Licenciatura em Educação do Campo, abrangendo todas as regiões do país.

Desde o início do movimento da Educação do Campo se expressa a necessidade de forjar um perfil de educador que seja capaz de compreender as contradições sociais e econômicas enfrentadas pelos sujeitos que vivem no território rural, e que seja capaz de construir com eles práticas educativas que os instrumentalizem no enfrentamento e superação dessas contradições.

As experiências aqui relatadas têm em comum a preocupação em garantir, durante o curso, perfil de formação de um educador vinculado às lutas dos povos do campo, capaz de compreender e intervir sobre a realidade na qual se insere a escola que acolhe seus educandos. Esta não é uma questão menor: em função da origem desta política de formação docente, manter esta materialidade de origem é central para que não se perca seu sentido.

Além de garantir o acesso aos conhecimentos científicos necessários aos educadores que atuarão nos anos finais do Ensino Fundamental e Médio, nas respectivas áreas de habilitação escolhidas, tem-se como desafio maior garantir, no processo educativo vivenciado, a continua vinculação das práticas formativas com a realidade de origem destes docentes em formação e principalmente, com a realidade na qual estarão inseridos seus educandos.

O Projeto Político-pedagógico a ser materializado pelas quatro experiências-piloto da Licenciatura em Educação do Campo teve sua estruturação inicial desenvolvida a partir do Documento Orientador aprovado pelo Grupo de Trabalho de Educação do Campo – GPT, do MEC, cuja íntegra do texto, pela importância histórica que tem, encontra-se anexa.

Com a perspectiva de poder obter um paralelo entre o desenvolvimento dessas práticas, articulamos a execução de um trabalho coletivo entre as quatro instituições, através da realização da "Pesquisa sobre a implementação da Política Pública de Formação Superior de Educadores do Campo: uma avaliação da experiência da 1ª Turma do Curso de Licenciatura em Educação do Campo (UFMG; UnB; UFBA e UFS)". Definimos um conjunto de questões que nos permitissem obter um registro comum abrangendo os seguintes tópicos: concepção do projeto político-pedagógico; processo de institucionalização do curso, forma de ingresso e perfil do estudante; princípios formativos gerais; modos de produção do conhecimento e organização do trabalho pedagógico, limites e perspectivas das novas estratégias formativas. Como parte do produto deste trabalho, na primeira parte deste livro são apresentados os artigos das quatro universidades que implantaram a experiência-piloto da Licenciatura em Educação do Campo.

Na segunda parte encontram-se cinco textos que refletem sobre os desafios enfrentados na execução da proposta inicial da Licenciatura em Educação do Campo, com artigos que problematizam a importância da formação por área de conhecimento no debate das universidades e sua real localização a partir das intencionalidades primeiras no movimento de constituição deste curso. Este bloco traz também reflexões sobre as questões específicas enfrentadas nas diferentes áreas de habilitação ofertadas por estas Licenciaturas. Em função da relevante demanda pela habilitação em Ciências da Natureza e Matemática, inseriu-se neste bloco dois artigos desta área, sendo um da Universidade Federal de Sergipe, e um da Universidade Federal de Santa Catarina, que embora não faça parte das experiências-piloto, foi por nós convidada a integrar esta coletânea.

Na terceira parte são apresentados nove artigos elaborados a partir das reflexões suscitadas pela prática de educadores destas universidades, de diferentes componentes curriculares, que se desafiaram a registrar as experiências e os desdobramentos de trabalhar seus componentes curriculares a partir da Alternância.

Com a perspectiva de sistematizar recorrências e especificidades destas experiências-piloto, apresentamos ao final um pósfacio cuja tarefa é fazer este registro, apontado limites e possibilidades das Licenciaturas em Educação do Campo.

Só o fato de as Licenciaturas terem como prioridade de sua atuação e reflexão as escolas de Educação Básica do campo já lhes garantiria importância de registro, pela carência de boas experiências neste âmbito. Acrescido a isso, a intencionalidade de desencadear mudanças nos processos de organização escolar e método do trabalho pedagógico destas escolas, no sentido de construir práticas que contribuam para a superação da escola capitalista, conferem a elas ainda maior relevância.

Há inúmeras questões que estes cursos suscitam. Seja no âmbito pedagógico, epistemológico, institucional ou político, muito ainda há para se extrair da experiência das Licenciaturas em Educação do Campo, que podem trazer contribuições importantes para acúmulo de forças na perspectiva da transformação social almejada por aqueles que apostam na possibilidade da construção de um projeto popular de desenvolvimento para o Brasil.

Este livro dialoga especialmente com o primeiro volume desta Coleção, da Editora Autêntica, intitulado "Educação do Campo – Desafios para a formação de professores", organizado por Maria Izabel Antunes – Rocha e Aracy Alves Martins, que trata da experiência da Licenciatura em Educação do Campo, da Universidade Federal de Minas Gerais. Ele também guarda ampla articulação com as questões refletidas no livro "Caminhos para a transformação da Escola – Reflexões desde as práticas da Licenciatura em Educação do Campo", produzido a partir das experiências vivenciadas no curso realizado através da parceria entre a Universidade de Brasília e o Instituto Técnico de Capacitação e Pesquisa da Reforma Agrária – Iterra, e organizado por Roseli Salet Caldart e *et all*, publicado pela Editora Expressão Popular.

Agradecemos a todos os que tem trabalhado nas Licenciaturas em Educação do Campo, e se empenhado em conquistar, junto com os movimentos sociais, um novo território de direitos para os sujeitos camponeses nas universidades públicas brasileiras. Especialmente, manifestamos nosso gratidão aos autores desta Coletânea, educadores que se dispuseram a sistematizar as reflexões de uma prática em andamento, buscando reunir subsídios que possam auxiliar a todos os que se desafiam a construir a Educação do Campo.

Por fim, registramos também nosso reconhecimento ao apoio recebido da Direção da Faculdade UnB Planaltina; de toda a equipe do Centro Transdiciplinar de Educação do Campo e Desenvolvimento Rural e do Grupo de Trabalho de Apoio à Reforma Agrária.

Desejamos, com este livro, contribuir com a socialização do que até aqui foi possível acumular, apostando na força coletiva de nossas práticas e na capacidade que temos, juntos, de transformar a realidade.

As organizadoras

PRIMEIRA PARTE

Da idealização à realização: as quatro experiências-piloto da Licenciatura em Educação do Campo

CAPÍTULO 1
Percurso formativo da Turma Dom José Mauro: segunda turma do curso de Licenciatura em Educação do Campo da FaE/UFMG

Maria Isabel Antunes-Rocha[1]
Luciane de Souza Diniz[2]
Ariane Martins Oliveira[3]

A segunda turma do curso de Licenciatura em Educação do Campo instituiu-se a partir do convite à Faculdade de Educação da Universidade Federal de Minas Gerais (FaE-UFMG), formulado pelo Ministério da Educação (MEC), por intermédio da Secretaria de Educação Superior (SESu), da Secretaria de Educação Continuada, Alfabetização e Diversidade (Secad) e da Coordenação Geral de Educação do Campo (CGEC), para desenvolver uma experiência piloto. O convite também estendeu-se a mais três universidades – Universidade Federal da Bahia (UFBA), Universidade Federal de Sergipe (UFS) e Universidade de Brasília (UnB). As instituições foram indicadas em consequência do acúmulo acadêmico demonstrado com base nos critérios de: experiência em formação de educadores do campo e/ou experiências com implementação de licenciatura por área de conhecimento e/ou experiência em gestão compartilhada com os sujeitos do campo e suas representações.

A Secad/MEC criou, então, o Programa de Apoio à Formação Superior em Licenciatura em Educação do Campo (Procampo). A proposta visava estimular nas universidades públicas a criação de projetos de ensino, pesquisa e extensão no âmbito da formação de educadores para atuação com as populações que trabalham

---

[1] Mestre em Psicologia Social, Doutora em Educação. Professora adjunta da FaE-UFMG, coordenadora do Núcleo de Estudos e Pesquisas em Educação do Campo (EduCampo – FaE/UFMG), membro da Comissão Pedagógica Nacional do Programa Nacional de Educação na Reforma Agrária (Pronera/Incra), coordenadora do Observatório da Educação do Campo – Parceria CAPES-UFC/UFPA/UFPB/UFMG e vice-coordenadora do GT Psicologia da Educação/ANPED

[2] Pedagoga. Supervisora pedagógica do Curso de Licenciatura em Educação do Campo da FaE-UFMG, membro do Núcleo de Estudos e Pesquisas em Educação do Campo (EduCampo – FaE/UFMG).

[3] Graduanda em Pedagogia. Monitora do Curso de Licenciatura em Educação do Campo da FaE-UFMG, membro do Núcleo de Estudos e Pesquisas em Educação do Campo (EduCampo – FaE/UFMG).

e vivem no e do campo. Nesse sentido, constituía-se como uma ação estratégica e uma experiência ímpar, para assegurar a especificidade da formação na diversidade sociocultural, do direito universal dos povos do campo à educação pública.

Para a CGEC/Secad/MEC, bem como para as outras instituições, o curso constituía-se como projeto piloto, mas para a FaE/UFMG era a continuidade de uma proposta iniciada em 2004 com o curso de Licenciatura em Educação do Campo, executado em parceria com o Programa Nacional de Educação na Reforma Agrária (Pronera) e o Movimento dos Trabalhadores Rurais Sem Terra (MST). A primeira experiência, intitulada Turma Vanessa dos Santos, foi espaço fecundo de pesquisas e de um número expressivo em termos de publicações (FARIA & EITERER, 2006; MARTINS, 2007, 2009; ROCHA, 2008, ANTUNES-ROCHA & MARTINS, 2009; PIO-VENANCIO E CASTRO, 2009; GONSAGA, 2009; ANTUNES-ROCHA, 2010; HORÁCIO, 2010; ROSENO, 2010). Os educandos colaram grau em fevereiro de 2010. Vale ressaltar que a experiência, então em andamento, constituiu-se como uma das principais referências para o desenho do Procampo.

A partir desse contexto e ancorando-se na experiência formativa do curso de Licenciatura em Educação do Campo, iniciamos o processo de discussão com a equipe de professores e monitores da Universidade e com as organizações sociais que se articulam em torno da Rede Mineira de Educação do Campo[44]. Reuniões, seminários e grupos de estudos foram realizados com o objetivo de avaliar a experiência em desenvolvimento para que na prática da próxima turma fosse possível avançar em alguns limites já vivenciados.

Algumas decisões foram se alinhavando. Definiu-se que seriam convidados todos os movimentos sociais, sindicais, organizações governamentais e não governamentais articulados na Rede Mineira de Educação do Campo, para que, em parceria, fossem definidos quais seriam os participantes do curso. Um conjunto de entidades assumiu a proposta e a partir de então passou a constituir o grupo que planejou o desenho do curso. O projeto foi discutido e elaborado em parceria com doze movimentos sociais, três secretarias municipais de educação e uma empresa estadual de extensão rural. Formou-se assim o Grupo Gestor do Curso[5].

Todas as discussões foram realizadas com base no projeto que estava em andamento. Assim, buscamos alinhavar a possibilidade de ampliar a participação de

---

[4] A Rede Mineira da Educação do Campo formou-se em 1998 no processo de mobilização para a I Conferência Nacional de Educação Básica do Campo. É composta por representantes de movimentos sociais e sindicais, universidades, órgãos públicos e organizações não governamentais.

[5] Registramos as participações de Marinalva Jardim Franca Begnani e Roseli Carlos Augusto nos processos de mobilização, implantação e desenvolvimento de uma parte importante do curso.

um maior número de organizações, visando, na perspectiva de um projeto experimental, vivenciar no processo formativo outra possibilidade de organização da parceria, visto que na primeira turma a parceria ocorria com os movimentos sociais que integram a Via Campesina. Naquele momento, formulávamos a reflexão no sentido de ousar um desenho pensando na diversidade das formas de organização dos povos do campo, pensando na possibilidade de uma política pública em que fosse possível atender a grupos específicos e/ou ao conjunto dos grupos organizados que atuam no campo. Iniciamos em 2008.

Atualmente, o curso está cumprindo o oitavo período. A colação de grau está prevista para 2011. Dessa forma, as reflexões aqui elaboradas apresentam uma dimensão processual. Elas se constituem a partir do que, até esse momento, foi vivenciado. Isso pode significar possibilidades de reelaborações ao longo da caminhada.

Neste texto, apresentamos uma síntese dos princípios e das práticas de formação, do processo seletivo e do perfil da turma. Finalizamos com algumas considerações e desdobramentos que a experiência vem fomentando na universidade, nas escolas e nas entidades parceiras.

Matriz Curricular

A segunda turma do curso Licenciatura em Educação do Campo organizou-se em uma lógica de habilitação, em nível superior, destinada a pessoas que não possuem graduação, nem possibilidades de frequentar uma faculdade regularmente. O grande desafio era a apropriação de conteúdos e metodologias em um processo de valorização da práxis construída pela história de vida e trabalho dos educadores e educadoras do campo no diálogo com os saberes produzidos no modelo científico (FaE/UFMG, 2008). Os princípios e práticas foram definidos a partir de três conjuntos de questões:

a) Em qual realidade escolar o educador irá atuar? Como ela se organiza? Quais as suas necessidades?

b) Que perfil de educador? Que habilidades conceituais, políticas, metodológicas e relacionais ele precisa ter para se identificar como educador do campo?

c) Qual é o projeto político-pedagógico para a educação a ser efetivada com os povos do campo? Que processos de ensinar e aprender viabilizar? Que processos educativos precisam vivenciar em seu processo de formação? Que percursos formativos?

a) Em qual realidade escolar o educador irá atuar? – O referencial que ilumina o curso germina, nasce e frutifica na luta pela terra, pelos direitos a uma vida digna, pela relação igualitária entre homens e mulheres, pelo respeito às diversidades sexual e religiosa, pela distribuição da renda e dos bens produzidos pela sociedade de forma justa, por uma sociedade justa e sustentável em termos econômicos, políticos, sociais e ambientais. Uma luta histórica que os movimentos sociais contemporâneos resgatam, resignificam e atualizam em função da leitura de que a desigualdade social, econômica e política aumenta, fica mais aguda e mais injusta ao longo do tempo.

A luta pela terra, no que ela se apresenta como mais radical, é matriz estruturante do curso. Terra para quem nela trabalha, terra como direito, terra como justiça social, terra como espaço de produção da vida. Essa afirmativa requer muitos desafios. Entre eles, a discussão da posse e uso da terra na perspectiva da sustentabilidade e de superação do sentido da terra como mercadoria. A luta pela terra insere-se no curso pelo caminho dos movimentos sociais e sindicais. São eles que formulam as demandas, que colocam na agenda nacional a demanda pela Educação do Campo. Suas lutas, suas formas de organização, seus processos educativos e suas necessidades fazem parte da materialidade que fecunda o curso.

Nessa caminhada, a terra como matriz nos conduz para a luta histórica por esses direitos, pela forma como essa luta se atualiza, notadamente pelos movimentos sociais, sindicais e populares. Molina (2009, p. 189) demarca o que se entende como eixo matricial desse projeto, ao afirmar que "[...] Educação do Campo é indissociável da luta pela terra, da luta pela Reforma Agrária. Democratização da terra, com a democratização do acesso ao conhecimento." Sendo assim, o curso assume como princípio o desafio de organizar uma formação capaz de produzir aprendizagens de teorias e técnicas que auxiliem na realização do trabalho com a terra, com as águas e florestas com sustentabilidade política, econômica, cultural e social.

A tomada de posição sobre a centralidade na posse e uso da terra e o protagonismo dos movimentos sociais descortina um ponto importante no que diz respeito ao modelo de desenvolvimento para o qual se empenhariam os esforços formativos. Menezes Neto (2009, p. 36) explicita esse princípio quando diz que "[...] projetos político-pedagógicos vinculados às classes populares devem demarcar suas diferenças em relação ao projeto capitalista para o campo, representado pelo agronegócio." Desse modo, a proposta da Licenciatura do Campo alia-se ao propósito de construção de um modelo de desenvolvimento para o campo comprometido com a sustentabilidade econômica, social, política e cultural da terra e dos sujeitos que nela trabalham, na perspectiva do que Benjamin (2001) chama de projeto popular para o campo e para a cidade.

A educação, mais especificamente o processo formativo a se construir no curso, assume, então, um sentido de luta, de mudança, de elaboração de práticas e teorias capazes de contribuir nos processos de organização de uma nova sociedade. No contexto da escola, o curso tem como desafio trazer para conhecimento e debate a história e a atualidade da Educação Rural na perspectiva de fazer emergir a Educação do Campo. Educação do Campo como princípio, conceito e prática. Contudo, não se trata somente de criar e fazer funcionar escolas. Mas sim de conseguir olhar, investigar, propor e transformar o modelo escolar que produz analfabetos, evasões, distorção idade/série, baixos salários dos docentes, precariedade das instalações físicas, fragilidade pedagógica, escassez de oferta para as séries finais do Ensino Fundamental e do Ensino Médio, entre outros.

O compromisso do curso concretiza-se numa perspectiva de escola que se articula com os projetos sociais e econômicos do campo, que cria uma conexão direta entre formação e produção, entre educação e compromisso político. Uma escola que, em seus processos de ensino e de aprendizagem, considera o universo cultural e as formas próprias de aprendizagem dos povos do campo, que reconhece e legitima esses saberes construídos a partir de suas experiências de vida. Uma escola que se transforma em ferramenta de luta para a conquista de seus direitos como cidadãos (KOLLING; NERY; MOLINA, 1999).

b) Que perfil o educador deve ter para atender às necessidades dessa realidade? - O projeto de Licenciatura em Educação do Campo prevê formar 73 educadores, em um currículo que combina os saberes em duas áreas do conhecimento: Línguas, Artes e Literatura e Ciências da Vida e da Natureza. Cada educando optou por uma das áreas no momento de inscrição no processo letivo. O curso confere aos egressos a habilitação de *Professor no Ensino Fundamental e no Ensino Médio nas áreas de Língua, Artes e literatura ou Ciências da Vida e da Natureza.*

Esse desenho de habilitação ancora-se em um conjunto de reflexões sobre o perfil do educador a ser formado. A realidade do campo exige um educador que tenha compromisso, condições teóricas e técnicas para desconstruir as práticas e ideias que forjaram o meio e a escola rural. Nesse sentido, as necessidades presentes na escola do campo exigem um profissional com uma formação mais ampliada, mais abrangente, já que ele terá de dar conta de uma série de dimensões educativas.

Nesse sentido, a formação não se fecha em torno de uma única proposta de atuação docente, uma vez que essa atuação deverá necessariamente adequar-se às necessidades de promover rupturas, estranhar o que aparece como natural e ,

Desse modo, vem-se constituindo no curso uma estrutura de participação que se organiza a partir da presença dos estudantes como tal, dos estudantes como coletivos sociais e como sujeitos envolvidos com a família, o trabalho, o lazer e com a natureza em suas regiões de trabalho e/ou moradia. A gestão do projeto é feita pela FaE/UFMG, em parceria com o Ministério da Educação, estudantes e o conjunto de organizações sociais aos quais estão vinculados:

a) Colegiado Especial – composto pela coordenação do curso/UFMG; representantes dos estudantes; coordenações das áreas do conhecimento e representantes do Grupo Gestor.
b) Grupo Gestor – organizado com representantes das organizações sociais que participam da gestão do curso: Associação Mineira das Escolas Família Agrícola (Amefa); Associação de Promoção da Juventude Rural (APJR); Centro de Documentação Eloy Ferreira da Silva (Cedefes); Comissão Pastoral da Terra (CPT); Centro Agroecológico Tamanduá de Governador Valadares/MG (CAT); Centro de Agricultura Alternativa do Norte de Minas (CAA/NM); Empresa Mineira de Assistência Técnica e Extensão Rural (Emater); Federação dos Trabalhadores na Agricultura do Estado de Minas Gerais (Fetaemg); Federação dos Trabalhadores na Agricultura Familiar de Minas Gerais (Fetraf); Movimentos dos Pequenos Agricultores (MPA); Movimento dos Trabalhadores Rurais Sem-Terra (MST); Prefeitura Municipal de Miradouro; Prefeitura Municipal de Francisco Sá e Prefeitura Municipal de São João das Missões.
c) Coletivo Docente – Composto pelas equipes das áreas do conhecimento.
d) Coletivo Discente – organizado por grupos de trabalho e assembleia da turma.

O compromisso com um curso que focaliza a atuação do educador como capaz de alterar a realidade da escola rural passa pela preocupação em garantir uma concepção de *ser docente*, que possa assegurar tal ação. Na Licenciatura em Educação do Campo buscou-se criar espaços e tempos no currículo para que os estudantes fizessem contato com todas as áreas, bem como pudessem aprofundar os estudos com a qual se identificavam. Cada área vai-se articulando conforme sua história, sua metodologia, seus impasses, seus objetos e problemas. A caminhada nesses cinco anos nos ensina a difícil arte de compreender que não se conseguirá romper barreiras disciplinares construídas em alguns séculos em uma dezena de anos. O exercício do diálogo com a realidade concreta, como nos alerta Arroyo (2005, p. 10), "[...] o campo não se desenvolve na lógica fragmentada com que a racionalidade técnica recorta as cidades, onde cada instituição e campo profissional são capacitados para dar conta de um recorte do social."

Outra característica do curso refere-se à organização dos tempos e espaços de funcionamento. Partiu-se do princípio de que escola e comunidade são tempos/espaços para construção e avaliação de saberes e que, portanto, seria necessário buscar superar a perspectiva de que a escola é lugar da teoria e a comunidade é lugar da aplicação/transformação. A escola funcionaria como mediação para aprender a reelaborar formas de pensar/sentir/agir e não para manter e/ou substituir formas anteriores. Nessa direção, a alternância foi adotada como referência para organização dos tempos e espaços do curso. Assim, afirmaram-se os conceitos de *Tempo Escola* e *Tempo Comunidade* como processos contínuos de aprendizagem.

O Tempo Comunidade acontece nas áreas de origem dos estudantes, nos meses intermediários aos do Tempo Escola (março a junho / agosto a novembro). Durante o Tempo Comunidade os alunos desenvolvem atividades de estudo, pesquisa, leitura e escrita, coleta e preparação de material didático. Essas propostas de trabalho serão orientadas no sentido de formar o professor-pesquisador, criando a possibilidade de que esse projeto, além de contribuir diretamente para a construção de uma escola que possa responder à demanda imediata de escolarização das populações do campo, possa também atender à necessidade de se construir, no Brasil, espaços de pesquisa e produção de experiências inovadoras relativas à escola do e no campo.

No Tempo Escola e no Tempo Comunidade tem-se a presença do orientador de aprendizagem a quem cabe o acompanhamento dos alunos nesses diferentes espaços, bem como ser o articulador entre ambos. O orientador de aprendizagem tem a responsabilidade de perceber as dificuldades, propor atividades diferenciadas, acompanhar os percursos formativos de cada estudante e do grupo como um todo.

A organização em *Tempo Escola/Tempo Comunidade* trouxe desafios novos para a equipe de educadores. Não era um curso presencial, não era à distância. O conceito de *mediação pedagógica* emergiu como possibilidade para compreender a troca de informações. Com o conceito de mediação foi possível ampliar a compreensão de que não se tratava somente de material instrucional, mas também da organização de conteúdos articulados entre os dois tempos (CORRÊA e CORDEIRO, 2009). Como uma experiência bem-sucedida, em uso desde a primeira turma, utiliza-se como principal mediação o *Guia do Tempo Comunidade*. O Guia é, sem dúvida, uma das principais mediações que possibilitam articular as práticas entre os diferentes tempos e espaços de formação.

Tal compreensão trouxe elementos para uma presença concreta na sala de aula sobre a organização dos conteúdos, a articulação teoria e prática, o lugar da pesquisa no processo formativo, a discussão sobre a disciplina e auto-organização pessoal e coletiva, entre outros temas. É preciso, porém, ressaltar que, por meio dela, se evidencia o lugar da realidade concreta dos estudantes como conteúdo, estrutura e dinâmica curricular.

O curso tem duração de quatro anos constituídos de oito períodos de Tempo Escola (TE) e oito períodos de Tempo Comunidade (TC). O Tempo Escola acontece em duas etapas por ano (fevereiro e julho) na UFMG. Está organizado nos componentes abaixo listados, conforme Parecer CNE/CP 9/2001 (Brasil, 2001).

Componentes	Carga Horária
Conteúdos científicos acadêmicos e culturais – Área de Formação	1.605
Conteúdos científicos acadêmicos e culturais – Área Pedagógica	630
Prática de Ensino	540
Atividades de enriquecimento acadêmico, científicas, culturais e artísticas.	210
Estágio Curricular Supervisionado	405
Total	3.705

Com o intuito de estruturar uma proposta formativa, capaz de integrar as exigências legais e a proposta em tela, organizamos a matriz como um Tronco Curricular, como se pode ver na Figura 1, abaixo:

Figura 1
Tronco curricular

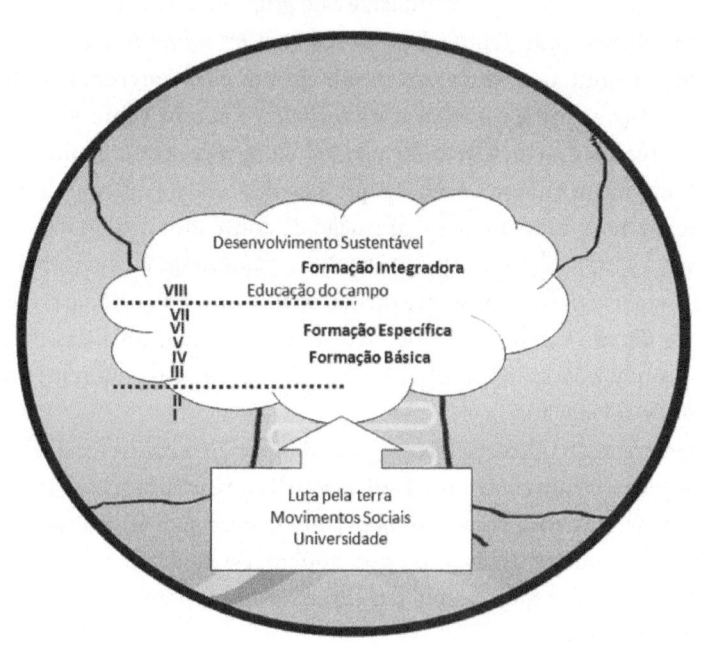

O ponto de partida é o encontro da luta pela posse e uso da terra, os sujeitos do campo e a Universidade. O caminho entre o ponto de partida e o de chegada constitui o tronco, tempo/espaço da formação. Nessa dinâmica, a formação organiza-se em três momentos:

1. Formação Básica nas etapas I e II.
2. Em seu decorrer, o processo irá focando a área de Formação Específica nas etapas III, IV, V, VI e VII.
3. Na etapa VIII ocorre a Formação Integradora.

A Formação Básica orientou-se pela questão: *"Qual a formação necessária para o educador do campo atuar nos Ensinos Fundamental e Médio?"* A Formação Específica orienta-se pela questão: *"Qual a formação necessária para o educador do campo atuar nos Ensinos Fundamental e Médio na área de Ciências da Vida e da Natureza ou Línguas e, Artes e Literatura?"* Na Formação Integradora, a questão é: *"Qual a formação necessária para o educador atuar nas escolas do campo com condições teóricas e metodológicas para articular diferentes áreas de conhecimento?"* Em todas as formações está presente o eixo Educação do Campo com informações sobre as dimensões sociais, políticas, econômicas e culturais que produzem a sociedade e a escola.

Na Formação Básica, os estudantes participaram de atividades nas duas áreas do conhecimento. Assim sendo, as atividades da prática de ensino centraram-se, principalmente, na produção de um memorial. O memorial constituiu-se de um texto de cunho autobiográfico, no qual cada estudante registrou o que considerou como relevante em sua história de vida. O memorial foi apropriado como conteúdo e forma em diferentes atividades e disciplinas. Sua culminância deu-se no final da Formação Integradora. Os educandos, por meio de atividades integradoras de leitura, produção de textos e artes, elaboraram um livro com registro sistematizado dos textos.

Na formação específica, os alunos organizam-se por área de formação. No decorrer dessa formação foram realizados o estágio e a verticalização nos conteúdos específicos de cada área. Para formar um professor com autonomia da produção de materiais didáticos para a escola do campo, a formação específica também prevê o desenvolvimento de habilidades necessárias para esse fim. O aluno, no Tempo Escola, terá a oportunidade de aprender a conhecer diferentes tecnologias que possam subsidiar a produção de materiais com a especificidade necessária para a escola do campo.

A Formação Integradora inicia-se no oitavo período com a gênese do processo de produção da monografia.

Processo seletivo

Em cada área de conhecimento proposto, os inscritos para o processo seletivo deveriam atender, prioritariamente, aos seguintes critérios[6]:

- ser professor em exercício nas escolas do campo[7] da rede pública e que tenha o Ensino Médio concluído e ainda não tenha formação em nível superior. Deve preferencialmente residir no campo e, se efetivo, não estar em situação de se aposentar nos próximos oito anos;
- ser professor, ex-aluno ou outros profissionais da educação que atue nos Centros de Alternância ou em experiências educacionais alternativas de Educação do Campo que tenha o Ensino Médio concluído e ainda não tenha formação em nível superior;
- ser outro profissional da educação com atuação na rede pública que tenha o Ensino Médio concluído e ainda não tenha formação em nível superior;
- ser professor e outro profissional de nível médio com atuação em programas educacionais e sociais governamentais voltados para o campo (Pronera; Cidadão Nota 10; Projeto Território; Programas de ATER etc.);
- ser jovem ou adulto que desenvolva atividades educativas não escolares nas comunidades do campo e que tenha o Ensino Médio concluído e ainda não tenha formação em nível superior.

Além desses critérios, o processo seletivo deve ainda: limitar o o recrutamento de alunos/as de cujas prefeituras e organizações de origem já desenvolvam incentivos de Educação do Campo;

- priorizar professores, jovens e adultos atuantes em assentamento, monitores e ex-alunos de Escolas Famílias, lideranças de educação dos movimentos, educadores com vínculo de articulação com os "Territórios"[8], definidos pela Secretaria de Desenvolvimento e Territórios do Ministério de Desenvolvimento Agrário (SDT/MDA);

---

[6] Esses critérios foram construídos, conjuntamente, com os movimentos sociais e prefeituras presentes na reunião de implementação de 28/02/07, na FaE/UFMG.

[7] São consideradas como escolas do campo aquelas que têm sua sede no espaço geográfico classificado pelo IBGE como rural e, mais amplamente, aquelas escolas que, mesmo tendo sua sede em áreas consideradas urbanas por atenderem a populações de municípios cuja reprodução social e cultural está majoritariamente vinculada ao trabalho no campo, têm sua identidade definida nessa relação.

[8] Refere-se a Programa do MDA/Secretaria de Desenvolvimento e Territórios, em implantação desde 2004, em Minas Gerais, que prevê investimentos e a articulação das políticas sociais setoriais, como agricultura, meio ambiente, saúde, educação, em áreas delimitadas nas diferentes regiões macropolíticas do Estado, conforme seus ecossistemas, cultura e organização política, envolvendo em sua gestão prefeituras, órgãos públicos estaduais, movimentos e entidades sociais locais.

- contemplar as regiões potencializadoras e as diferentes categorias camponesas no projeto (assentados, ribeirinhos, agricultores, assalariados, quilombolas e outras populações tradicionais).

O processo seletivo foi realizado em duas fases. No ato da inscrição, o candidato enviou *Carta de Apresentação* da organização social da qual participa e uma declaração de compromisso em atuar e compartilhar com a comunidade os saberes aprendidos no curso. Após homologação da inscrição, cada candidato submeteu-se a uma prova de múltipla escolha e a uma redação. A Direção da Faculdade de Educação instituiu comissão específica para gestar o processo seletivo, da inscrição à divulgação do resultado.

Foram selecionados sessenta candidatos. No segundo semestre, o curso recebeu treze estudantes transferidos do curso desenvolvido na Universidade de Brasília (UnB). Na Figura 2 pode-se visualizar o número de ingressos por organização social.

Figura 2

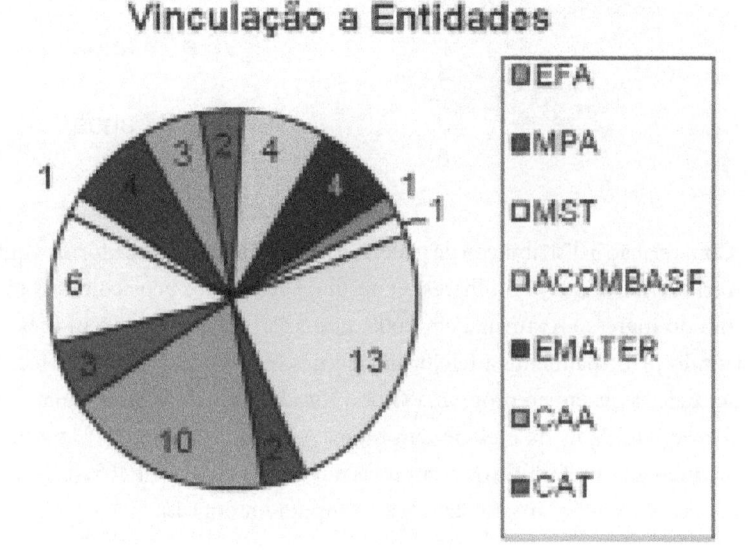

Vinculação a Entidades

- EFA: 4
- MPA: 1
- MST: 1
- ACOMBASF: 13
- EMATER: 2
- CAA: 10
- CAT: 3
- (demais: 6, 3, 2, 4, 1)

Perfil da turma

O perfil da turma contemplou sujeitos pertencentes a diferentes segmentos sociais do campo, tais como: filhos/as de famílias de agricultores, professores e técnicos que atuam no campo, quilombolas, geraizeiros, atingidos por barragem, educadores da Associação Mineira da Escola Família–Agrícola, assalariados rurais, entre outros. A maioria reside nas regiões Norte, Jequitinhonha e Mucuri, estando representadas várias regiões do Estado. Dentre os sessenta alunos/as selecionados, dezoito são do Norte de Minas; doze do Vale do Jequitinhonha; dez do Vale do Rio Doce e Vale do Aço; oito da Zona da Mata; quatro do Sul; três do Triangulo e Noroeste; quinze do Mucuri e três da região Campo das Vertentes e Centro.

Com relação à faixa etária, predomina jovens entre 18 a 29 anos. Mas no seu conjunto temos estudantes entre 40 a 44 anos, compondo uma turma heterogênea com relação à presença de gerações diferenciadas (Figura 3).

Figura 3

Idade dos Alunos do LeCampo

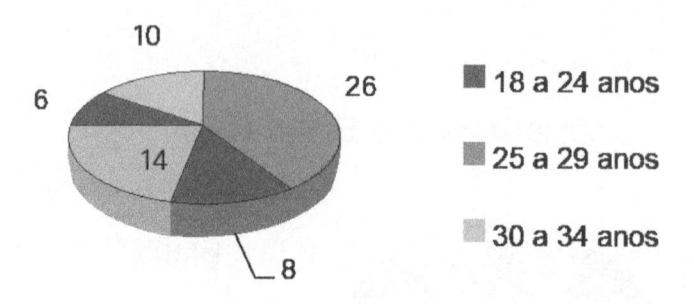

- 18 a 24 anos: 26
- 25 a 29 anos: 14
- 30 a 34 anos: 8
- (6, 10)

Com relação à distribuição de gênero, a turma distribui-se de forma equitativa, com trinta homens e 43 mulheres. O perfil de acesso aos bens culturais mostrou, no ano do ingresso na turma, em 2008, que 92% dos alunos/as têm acesso à TV, assistindo principalmente a telejornais, filmes, novelas e documentários. Menos de dez deles assistem ao programa Globo Rural. Cerca de 70% possuíam telefone celular ou fixo. Mais da metade têm rádio. Aproximadamente 21% ouvem rádio frequentemente, preferindo os programas musicais. Um total de 40% dos estudantes têm acesso à internet, mas só 23% têm computador em casa.

Para continuar a conversa...

Nas últimas décadas, a problemática relacionada à educação das populações que trabalham e vivem no espaço rural/campo tornou-se evidente nas agendas das políticas públicas, das pesquisas e das discussões pedagógicas. Essa evidência não surge ao acaso, pelo contrário, é fruto da luta dos movimentos sociais, das universidades, organizações governamentais e não governamentais pelo direito à educação de grupos populacionais que historicamente ficaram à margem do direito de acesso e permanência na escola.

A formação de professores é tema em todas as pautas de debates e proposições. Isto porque é fato histórico o significado da ausência de docentes ou sua formação precária na construção da escola rural. Mudar tal cenário é condição fundamental para um projeto que se orienta pelos princípios e práticas da Educação do Campo.

A Turma Dom Mauro, segunda a ser implantada como curso de Licenciatura em Educação do Campo na FaE/UFMG, cumpre sua função como possibilidade de experimentação de uma política pública capaz de atender às necessidades de correção histórica das desigualdades. A diversidade dos seus integrantes traduz o cenário do campo. O conjunto das organizações sociais deixa ver a pluralidade dos povos do campo. Há vida no curso! São práticas, expectativas e sentidos diferenciados. Mas, em seu conjunto, sabemos hoje que é possível se organizar em torno de um projeto comum. A luta pela Educação do Campo é o fio que tece a trama do grupo.

A organização por área do conhecimento consolida-se. A cada reflexão, entretanto, vamos compreendendo e nos afirmando na riqueza de possibilidades que uma leitura multidisciplinar do mundo pode trazer para a escola. Ainda com relação à habilitação por área do conhecimento, a estrutura, dinâmica e conteúdo do curso objetivam criar condições para atendimento das especificidades da educação escolar no campo, buscando viabilizar as diferentes configurações institucionais que existem e que podem vir a existir. Nesse sentido, aponta para os principais problemas que historicamente vêm impedindo a construção, no Brasil, de uma rede escolar de qualidade no campo. Ressalta-se também o desafio de avançar na superação do formato estruturado em torno das disciplinas. O caminho em busca da multidisciplinaridade, interdisciplinaridade e, quem sabe, uma transdisciplinaridade ainda está para ser desbravada.

A formação no Tempo Escola, alternada com a formação no Tempo Comunidade, aponta para uma temporalidade articulada com a espacialidade. Contribui para superar um dos maiores desafios da escola do campo: construir condições para que a escola possa funcionar em diálogo com as práticas de trabalho, cultura, religião e de lazer das famílias do campo. A alternância trouxe desafios para a organização dos conteúdos, para o material didático e para a relação pedagógica.

O principal deles efere-se às mediações. O *Guia do Tempo Comunidade*, como mediação entre os Tempos Escola e Comunidade estruturou-se e é hoje um indicador de possibilidades em termos de material didático para uma formação em alternância. A internet, com fóruns de discussão e uso intensivo do e-mail, bem como de fotos, vídeos e músicas, traz para o curso alternativas de apropriação das novas tecnologias de comunicação. A presença dos orientadores de aprendizagens é hoje uma prática consolidada. A aprendizagem da função de mediadores, de articuladores entre os Tempos Escola e Comunidade, entre os estudantes e a Universidade, entre os diferentes saberes, vai criando outra possibilidade de docência.

A organicidade dos educandos assume e ocupa mais espaço no cotidiano da gestão. Os grupos de trabalho, os representantes de turma, a assembleia de turma, as reuniões por áreas do conhecimento e os grupos por organizações sociais criam novos espaços de decisão e consolidam processos de participação. A Turma Dom Mauro aprimora e fortalece caminhos coletivos de convivência e atuação.

Vale ressaltar o envolvimento dos estudantes nos projetos de extensão e pesquisa desenvolvidos pela Universidade. Nessa turma foi possível organizar a inclusão dos estudantes como bolsistas em projeto. Esse fato demonstrou a viabilidade da inclusão dos estudantes do LeCampo nos diferentes programas, projetos e atividades acadêmicas.

Ressalta-se ainda que essas diferentes configurações da organização das escolas do campo têm-se tornado objeto de pesquisa, revelando interessantes e inovadoras possibilidades quanto às propostas alternativas de escolarização, campo de investigação, que muito tem a contribuir para o desenvolvimento da pesquisa em si e das políticas educacionais no seu conjunto.

Há muitos aspectos do curso que precisam ser retomados em uma reflexão posterior. Entre eles, destacam-se a construção de um sistema de avaliação (da aprendizagem e do curso) coerente com a proposta pedagógica. Como medir saberes articulando a produção no Tempo Escola e no Tempo Comunidade? Ao longo da caminhada encontram-se procedimentos enriquecedores. Adotam-se, como instrumentos de avaliação, a prova, a realização de seminários, a produção dos trabalhos no Tempo Comunidade, os exercícios comentados em sala de aula. Ainda há muito por percorrer, principalmente no que diz respeito à integração das atividades educativas realizadas na prática cotidiana dos movimentos sociais como processos de aprendizagem e que, portanto, podem e devem integrar a composição das notas e conceitos no histórico escolar.

A gestão em parceria com os movimentos sociais também configura-se como uma dimensão desafiadora para todos os envolvidos. Acertar a organização do tempo e do espaço da universidade e dos movimentos sociais no que diz respeito à montagem do cronograma, atender aos imperativos das agendas de cada um, os processos de organização do cotidiano. Enfim, são inúmeras questões que vão sendo discutidas e acertadas no dia a dia dos cursos.

Nesse contexto de proposição e realização, o curso tem um caráter experimental, tornando-se, assim, fonte de pesquisa e geração de conhecimentos quanto à formação docente, o que, sem dúvida, poderá trazer contribuições para o desenvolvimento de novas propostas de formação no contexto educativo do campo brasileiro. Em síntese, não existe uma proposta pronta: o que há é uma matriz curricular. A partir dela vai-se discutindo, revendo e ampliando as possibilidades de construir e organizar conteúdos, tempos, espaços, processos e instrumentos avaliativos. Isto é, busca-se o currículo como espaço/tempo de possibilidades de germinação, florescência, frutificação e produção de novas sementes.

Referências

ANTUNES-ROCHA, M. I. Licenciatura em Educação do Campo: desafios e possibilidades da formação para a docência nas escolas do campo. *In* DINIZ-PEREIRA, J. E. P. e LEÃO, G. *Quando a diversidade interroga a formação docente*. Belo Horizonte: Autêntica, 2008, p. 57-75.

ANTUNES-ROCHA, M. I. e MARTINS, A. A. (Orgs). *Educação do Campo*: desafios para a formação de professores. Belo Horizonte: Autêntica, 2009.

ARROYO, M. *Formação de educadores e educadoras do campo*. Brasília: 2005. Mimeo.

BENJAMIM, C. Um projeto popular para o Brasil. *In* BENJAMIM, C. e CALDART, R. S. *Projeto Popular e Escolas do Campo*. Brasília: Articulação Nacional Por Uma Educação do Campo, 2001. (Coleção Por Uma Educação do Campo, nº. 3).

BRASIL. Parecer n. 9/2001. *Diretrizes Curriculares Nacionais para a Formação de Professores da Educação Básica*. Conselho Nacional de Educação (CNE/CP). Brasília, 2001.

CORRÊA, J e CORDEIRO, L. Z. Mediação pedagógica no campo: produção de materiais didáticos no curso de Licenciatura do Campo. UFMG. *In* ANTUNES-ROCHA, M I. e MARTINS, A. A. (Orgs). *Educação do Campo*: desafios para a formação de professores. Belo Horizonte: Autêntica, 2009, p. 153-60.

FAE/UFMG. Faculdade de Educação/Universidade Federal de Minas Gerais. *Curso de Licenciatura em Educação do Campo*: Projeto Político-pedagógico. Belo Horizonte, 2008. (n/publicado).

FARIA, A. R.; EITERER, C . Orientação de aprendizagem na formação de educadores/as no curso de Licenciatura em Educação do Campo. *In IV Encuentro Internacional de Kipus*: Políticas públicas y formación docente, 2006, Isla Margarita.

GONSAGA, E. A. *Pedagogia da Terra* – O curso de Licenciatura em Educação do Campo de Minas Gerais. Orientadora: Adonia Antunes Prado. Niterói-RJ/UFF, 2009. Dissertação (Mestrado em Educação).

HORÁCIO, A. S. *Trajetória de formação de educadores do campo*: um estudo exploratório segundo educandos e educandas do curso de Licenciatura em Educação do Campo – Pedagogia da Terra. Orientador: Gilvanice Barbosa da Silva Musial. Belo Horizonte-MG/UFMG, 2010. Monografia.

KOLLING, E.; J. NERY, Ir.; MOLINA, M. C. (Orgs). *Por uma Educação Básica do Campo*. Brasília: Editora UnB, 1999. Memória.

MARTINS, M. F. A.. Desafios do ensino da geografia no curso Pedagogia da Terra. *In VII Encontro Nacional da ANPEGE*, 2007, Niterói. Espacialidades Contemporâneas: O Brasil, a América e o Mundo. Niterói: ANPEGE, 2007. v. I. p. 01-11.

MARTINS, M. F. A. Educação do Campo: formação de professor por área, desafios da área de Ciências Sociais e Humanidades. *In V Simpósio sobre Trabalho e Educação,* 2009, Belo Horizonte. V Simpósio sobre Trabalho e Educação: homenagem aos 150 anos da publicação *Introdução à Crítica da Economia Política.* Belo Horizonte: 2009, p. 1-13.

MENEZES NETO, A. J. Formação de professores para a Educação do Campo: projetos sociais em disputa. *In* ANTUNES-ROCHA, Maria Isabel e MARTINS, Aracy Alves (Orgs). *Educação do Campo:* desafios para a formação de professores. Belo Horizonte: Autêntica, 2009, p. 25-38.

MOLINA, M. C. Possibilidades e limites de transformações das escolas do campo: reflexões suscitadas pela Licenciatura em Educação do Campo – UFMG. *In* ANTUNES-ROCHA, Maria Isabel e MARTINS, Aracy Alves (Orgs). *Educação do Campo:* desafios para a formação de professores. Belo Horizonte: Autêntica, 2009, p. 185-197.

PIO-VENÂNCIO, J. M.; CASTRO, M. C. C. Formação de professores de ciências nas Licenciaturas em Educação do Campo: uma experiência da Faculdade de Educação da UFMG. *In Encontro Mineiro de Educação do Campo*, 2009, Belo Horizonte. Resumo dos trabalhos, 2009.

ROSENO, S. M. *O curso de Licenciatura em Educação do Campo*: Pedagogia da Terra e a especificidade da formação dos educadores do campo de Minas Gerais. Orientador: Antônio Júlio de Meneses Neto. Belo Horizonte – MG/UFMG, 2010. Dissertação (Mestrado em Educação).

Capítulo 2
A Licenciatura em Educação do Campo da Universidade de Brasília: Estratégias político-pedagógicas na Formação de Educadores do Campo

Mônica Castagna Molina[1]
Lais Mourão Sá[2]

Neste artigo apresentaremos parte da experiência da implantação da Licenciatura em Educação do Campo na Universidade de Brasília – UnB, cujo início se deu em 2007. Existem atualmente quatro turmas desta graduação em andamento na Universidade, sendo que a primeira se formará em 2011.

Trata-se de uma experiência em desenvolvimento, e ainda não houve tempo hábil para formatura de nenhuma turma da Universidade de Brasília, o que impõe limites para análise. A partir da proposta deste livro, de possibilitar o cotejamento entre o desenvolvimento desta experiência nas quatro pilotos, a estruturação deste texto segue a ordem proposta pela organização, abordando os seguintes tópicos: concepção do projeto político-pedagógico; processo de institucionalização do curso, forma de ingresso e perfil do estudante; princípios formativos gerais; modos de produção do conhecimento e organização do trabalho pedagógico, e limites e perspectivas das novas estratégias formativas.

A elaboração do Projeto Político-pedagógico; o processo de institucionalização e forma de ingresso

O Projeto Político-pedagógico (PPP) do Curso de Licenciatura em Educação do Campo (LEdoC) da Universidade de Brasília define como seu objeto a escola de Educação Básica do campo, com ênfase na construção da organização

---

[1] Coordenadora do Centro Transdisciplinar em Educação do Campo e Desenvolvimento Rural – CTEC/UnB. Professora da Licenciatura em Educação do Campo da Faculdade UnB–Planaltina. Membro do Programa de Pós Graduação em Educação da UnB.

[2] Doutora em Antropologia Social e Pós-Doutora em Educação e Ecologia Humana pela Universidade Estadual de Campinas (Unicamp). Professora da Licenciatura em Educação do Campo da Faculdade UnB–Planaltina. Membro do Programa de Pós Graduação em Educação da UnB.

escolar e do trabalho pedagógico para os anos finais do Ensino Fundamental e do Ensino Médio.

O Curso pretende formar e habilitar profissionais que ainda não possuam a titulação mínima exigida pela legislação educacional em vigor, quer estejam em exercício das funções docentes, ou atuando em outras atividades educativas não escolares junto às populações do campo. Tem a intenção de preparar educadores para uma atuação profissional que vai além da docência, que tenham condições de trabalhar também na gestão dos processos educativos que acontecem na escola e no seu entorno.

A construção do Projeto Político-pedagógico da Licenciatura em Educação do Campo da UnB, foi realizada em parceria com o Instituto Técnico de Capacitação e Pesquisa da Reforma Agrária – Iterra, bem como a oferta de sua primeira turma. O Iterra é uma instituição de ensino vinculada ao Movimento dos Trabalhadores Sem-Terra – MST, sediada em Veranópolis/ Rio Grande do Sul, com larga tradição de oferta de cursos em alternância para sujeitos do campo, e com a qual a UnB já desenvolveu várias experiências exitosas na oferta de cursos de formação, como por exemplo, as Especializações em Administração de Cooperativas, com três turmas formadas, e mais recentemente, a Especialização em Educação do Campo.

O processo histórico de construção dessa parceria entre a Universidade e o MST permitiu um acúmulo de experiências pedagógicas, que se traduziram nas concepções incorporadas ao PPP do Curso, principalmente no que se refere à lógica de estruturação da matriz curricular e às formas de organização do trabalho pedagógico propostos para a execução da Licenciatura.

A matriz curricular desenvolve uma estratégia interdisciplinar de trabalho docente, cuja operacionalização será descrita no próximo item, organizando os componentes curriculares do curso a partir de três Núcleos estruturantes, assim compostos:

- **Núcleo de Estudos Básicos**: Economia Política; Filosofia; Políticas Educacionais; Teoria Pedagógica; Leitura, Produção e Interpretação de Textos.
- **Núcleo de Estudos Específicos:**
    Eixo 1 – Docência por área de conhecimento: Linguagens (Lingüística, Artes e Literatura); Ciências da Natureza e Matemática.
    Eixo 2 – Gestão de processos educativos escolares
    Eixo 3 – Gestão de processos educativos comunitários
- **Núcleo de Atividades Integradoras**: Práticas Pedagógicas,

Pesquisa, Estágios, Seminários Integradores, Outras Atividades Científico-Culturais.

A organização curricular do Curso prevê etapas presenciais (equivalentes a semestres de cursos regulares) em regime de alternância entre Tempo Escola, que ocorre na Universidade e Tempo Comunidade, que ocorre nos espaços de origem dos educandos, tendo em vista a articulação intrínseca entre educação e a realidade específica das populações do campo. A carga horária total prevista é de 3525 horas/aula e 235 créditos, integralizadas em oito etapas de curso, compostas cada uma por um Tempo Escola e um Tempo Comunidade.

A Licenciatura em Educação do Campo da Universidade de Brasília foi aprovada pelo Conselho de Ensino, Pesquisa e Extensão, em 2007, como um curso regular, vinculado à Faculdade UnB Planaltina (FUP). O Curso tem um vestibular anual, com oferta de 60 vagas, estando atualmente na sua quarta edição, tendo disponibilizado, até o momento, um total de 240 vagas.

A primeira turma, a partir da distribuição regional feita pelo MEC às pilotos, foi para atender educandos de sete estados da federação, oriundos das regiões sul, sudeste e Centro-Oeste. A partir do processo seletivo de 2008, com o ingresso de novas universidades ofertando a Licenciatura, a UnB passou a receber somente educandos da região Centro-Oeste.

A partir dos debates definidos na proposta da Minuta Original (ver Anexo), manteve-se no Edital do Vestibular da UnB o seguinte perfil de Ingresso:

a) professores em exercício nas escolas do campo da rede pública na região Centro-Oeste que tenham o ensino médio concluído e não tenham formação de nível superior;
b) outros profissionais da educação com atuação na rede pública da região Centro-Oeste que tenham o ensino médio concluído e ainda não tenham formação de nível superior;
c) professores e outros profissionais da educação que atuem nos centros de alternância ou em experiências educacionais alternativas de Educação do Campo que tenham o ensino médio concluído e ainda não tenham formação de nível superior;
d) professores e outros profissionais da educação com atuação em programas governamentais que visem a ampliação do acesso à Educação Básica da população do campo;
e) jovens e adultos de comunidades do campo que tenham o ensino médio concluído e ainda não tenham formação de nível superior.

São consideradas escolas do campo aquelas que têm sua sede em espaço geográfico classificado pelo IBGE como rural e, mais amplamente, aquelas escolas que, mesmo tendo sua sede em áreas consideradas urbanas, atendem a populações de municípios cuja reprodução social e cultural está majoritariamente vinculada ao trabalho no campo.

Para que a inscrição seja homologada, o candidato deve encaminhar, ainda durante o processo seletivo, a comprovação de que se enquadra em uma das situações acima, e uma carta de intenções, redigida de próprio punho, descrevendo experiências e práticas anteriores no âmbito da Educação do Campo e explicitando o(s) motivo(s) pelos quais pretende fazer a Licenciatura em Educação do Campo.O edital do vestibular é elaborado e executado pelo Centro de Seleção e de Promoção de Eventos da Universidade de Brasília (CESPE/UnB).

De acordo com a intenção da proposta do MEC, que estimula a parceria das IES com entidades educacionais com atuação na formação de educadores e junto às populações do campo, a Universidade de Brasília está empreendendo esforços para a construção de novas parcerias que permitam a articulação de instituições de ensino do Centro-Oeste, de forma a constituir uma rede que permita a troca de experiências em Educação do Campo, colaboração entre docentes e, ainda, acompanhamento mais próximo aos estudantes durante o Tempo Comunidade, dada a amplitude territorial abrangida.

Neste sentido, estão sendo encaminhadas parcerias formais com as seguintes instituições: Universidade Estadual de Mato Grosso – UNEMAT; Universidade Estadual de Goiás – Campus Formosa; Instituto Federal de Brasília – Campus Planaltina/DF; Secretarias Estaduais e Municipais de Educação dos locais de origem dos educandos.

A Coordenação do Curso tem buscado construir o espaço institucional da Licenciatura na UnB a partir das necessidades específicas que a caracterizam. Com a transformação do curso em permanente, após a experiência da oferta da primeira turma como piloto, conquistamos 13 vagas para realização de concursos de docentes para a Licenciatura em Educação do Campo, com o compromisso de ofertar 60 vagas anuais de ingresso, para seleção do vestibular. Outra estratégia tem sido a participação de professores voluntários dos cursos de Pós-Graduação em Educação; em Ensino de Ciências; em Letras e Literatura, com seus alunos mestrandos e doutorandos, os quais atuam como pesquisadores e integram as equipes de acompanhamento do Tempo Comunidade.

Outra questão institucional importante é a garantia de recursos necessários à sustentação do regime de alternância, no que se refere a hospedagem e alimentação dos estudantes, e apoio logístico ao acompanhamento de Tempo Comunidade pelas equipes docentes e voluntários. Como os recursos repassados pelo MEC são em caráter provisório, a Coordenação do Curso vem buscando junto aos órgãos acadêmicos competentes definir ações da UnB que garantam bolsas de diversas modalidades para os licenciandos; recursos para a construção de alojamento no campus de Planaltina e inserção da dinâmica específica do regime de alternância do curso na logística de transporte da universidade.

Princípios Formativos Gerais

Os princípios que regem as práticas formativas desenvolvidas na LEdoC trazem como pano de fundo questões sobre as especificidades do perfil de Educador do Campo que se intenciona formar. Conforme já afirmamos em outro trabalho, a Educação do Campo nasce comprometida com a transformação das condições de vida do povo brasileiro que vive no campo. Sua preocupação é elevar os níveis de escolarização dos sujeitos do campo, e simultaneamente, contribuir para promover mudanças estruturais neste território, cuja vinculação com a cidade é inexorável. A concepção de Educação, da expressão Educação do Campo não pode abrir da necessária ligação com o contexto no qual se desenvolvem estes processos educativos: com os graves conflitos que ocorrem no meio rural brasileiro, em função dos diferentes interesses econômicos e sociais para utilização deste território. Esta concepção é constituinte, é estruturante de um determinado projeto de campo, que por sua vez é parte maior da totalidade de um projeto de sociedade, de nação. Ela não deve reduzir-se às dimensões curriculares e metodológicas, embora delas queira e necessite se ocupar. Sua compreensão exige visão ampliada dos processos de formação dos sujeitos do campo. A Educação do Campo compreende os processos culturais; as estratégias de socialização; as relações de trabalho vivida pelos sujeitos do campo em suas lutas cotidianas para manterem esta identidade, como elementos essenciais de seu processo formativo. Pela própria compreensão acumulada na Educação do Campo, sobre a centralidade dos diferentes tempos e espaços formativos existentes na vida do campo, nas lutas dos sujeitos que aí vivem e que se organizam para continuar garantindo sua reprodução social neste território, a ação formativa desenvolvida por estes educadores deve torná-los aptos a compreender e agir em diferentes espaços, tempos e situações. (Molina: 2009, p. 191)

Neste sentido, considera-se a formação escolar como uma das dimensões do processo educativo, articulando-se a formação e a preparação para gestão dos processos educativos escolares à gestão dos processos educativos comunitários: pretende-se formar educadores capazes de promover profunda articulação entre escola e comunidade. Portanto, um dos princípios cultivados com mais força refere-se à construção das habilidades necessárias para que estes futuros educadores possam internalizar as condições de compreensão das relações da escola com a vida.

Inspirada na experiência de Pistrak (2000), a proposta curricular da escola do campo deve necessariamente vincular-se aos processos sociais vividos, em um sentido de transformação social, articulando-se criticamente aos modos de produção do conhecimento e da vida presentes na experiência social. Muito embora a escola do campo mantenha os traços universais que toda educação deve apresentar, esta é uma condição fundamental para que ela possa contribuir, a partir das especificidades da vida rural, para a superação da alienação dos sistemas educativos em relação às transformações sociais:

> (...) se a ligação da escola é com a vida, entendida como atividade humana criativa, é claro que a vida no campo não é a mesma vida da cidade. Os sujeitos do campo são diferentes dos sujeitos da cidade. (...) O campo tem sua singularidade, sua vida e a educação no campo, portanto, não pode ser a mesma da educação urbana, ainda que os conteúdos escolares venham a ser os mesmos. A questão aqui não é reconhecer que há uma identidade para os sujeitos do campo, mas reconhecer que há toda uma forma diferente de viver a qual produz relações sociais, culturais e econômicas diferenciadas. Se tomamos o trabalho, ou seja, a vida como princípio educativo, então, necessariamente os processos educativos no campo serão também diferenciados no sentido de que o *conteúdo da vida* ao qual se ligará o conteúdo escolar é outro. (Freitas, 2010:158)

Neste sentido, esta concepção da escola do campo destaca o reconhecimento de que aí existem sujeitos de cultura, cuja formação humana deve partir dessa particularidade, ao mesmo tempo em que se universaliza; uma escola unitária, onde a politecnia se torne uma base para transitar entre os vários campos técnicos, para que a juventude rural possa acessar os direitos de qualquer cidadão da sociedade global e, ao mesmo tempo, ter alternativas para ficar no campo.

A proposta de uma escola do campo não cuida apenas de mudar conteúdos, mas traz novos valores e atitudes; se constrói como uma escola integral, que lida com todas as dimensões do ser humano. Para tanto, é preciso discutir em que consiste essa base, que princípios podem garantir que o sujeito do campo seja o ponto de partida e o ponto de chegada do processo formativo, como sujeito que sempre traz o seu conhecimento, a construção histórica da sua cultura; e com isso formar pessoas que possam ler o mundo, tal qual ele se apresenta hoje à juventude do campo e da cidade.

Ligar a escola com a realidade na qual o processo educativo acontece não é algo trivial. A principal dificuldade é colocar a escola na perspectiva da transformação social, definindo claramente que valores e relações terão um sentido contra-hegemônico às funções de excluir e subordinar que caracterizam a escola capitalista, feita para reproduzir desigualdades. Os mecanismos de superação devem levar à busca das condições de autonomização e organização específica dessa escola. Que dimensões da escola devem ser transformadas? Considerando as duas principais funções hegemônicas do sistema escolar, exclusão e subordinação, a mudança deve ser buscada a partir do modo de produzir conhecimento. (Freitas, 2009 e 2010).

Com base em Pistrak e com a orientação de Luiz Carlos Freitas, a experiência da Licenciatura em Educação do Campo da Universidade de Brasília deu início a construção de novos procedimentos pedagógicos. Segundo Freitas, tudo depende da concepção de educação adotada, do conhecimento do meio educativo onde se situa a escola, e dos objetivos pretendidos. Por isso, as dimensões-chave adotadas são: uma matriz educativa multidimensional, que permita ampliar a função social da escola; o diálogo com as agências formadoras do meio; o trabalho e o desenvolvimento humano integral como base da aprendizagem, superando a ênfase estritamente cognitiva da escola capitalista.

Organizado pela lógica do capital e sua necessidade tecnológica, o modo hegemônico de produção do conhecimento científico define a priori quais são as ciências básicas e como elas se hierarquizam. No processo de ensino contra-hegemônico, para superar a ideologia da neutralidade científica, busca-se estabelecer uma matriz multidimensional, colocando em articulação os objetivos formativos e instrucionais, pensando numa realidade concreta, para fazer com que o educador e o educando se sintonizem com a realidade a ser conhecida e explicada. Inverte-se, assim, a pergunta sobre quais as áreas de conhecimento prioritárias e quais os conteúdos fundamentais para cada ciência.

Dentro desta orientação, a construção dos Complexos de Estudo, ou de Ensino, na nomenclatura adotada por Pistrak, é uma metodologia que está em desenvolvimento na Licenciatura em Educação do Campo, visando estabelecer a conexão entre a escola e a vida, preocupando-se com o valor de uso do conhecimento, que deve permitir interpretar e intervir na realidade. Com esta metodologia, considera-se a complexidade do real como uma síntese de múltiplas determinações, com muitas causas e relações simultâneas, que o pensamento organiza através de conceitos e categorias. Sabendo disso, podemos selecionar algumas dessas relações, nunca partes isoladas, e usar os conhecimentos científicos para compreendê-las. Um complexo de estudo é esse conjunto de múltiplas relações que selecionamos, são escolhas de aspectos de uma realidade integrada, cuja compreensão recusa necessariamente o conhecimento fragmentado. O que conduz à integração não é o plano teórico, mas sim o modo como concebemos a realidade. Diversas disciplinas podem usar um complexo como palco para desenvolver seus conceitos. O importante é garantir a unidade teoria-prática. (Freitas, 2010)

Quando Pistrak propõe devolver a escola à vida, devemos entender que se trata de fazer da escola uma continuidade da vida social, inserida naquilo que ele chama de realidade atual, com todas as contradições nela existentes. De uma escola isolada das contradições, passamos a projetar uma escola onde se aprende a partir das lutas sociais e onde os trabalhadores do campo se preparam para a resolução das contradições existentes no seu contexto de vida. (Pistrak, 2000)

E mais que isso, Pistrak pensa uma escola que se agrega a uma rede formativa maior, constituída pelas várias agências no âmbito da sociedade que podem articular-se numa mesma perspectiva de formação transformadora. Por isso ele insiste em que a escola não deve ser vista como o único espaço que educa, que a experiência de vida também o faz, e que a escola deve se associar a outras agências formativas que também podem ensinar os conteúdos necessários à formação dos trabalhadores do campo. Assim, o meio educativo se constitui pelos elementos da atualidade e suas contradições, e pela formação de uma rede de agências formadoras, das quais as próprias famílias, os movimentos sociais e as diversas modalidades associativas podem ser componentes.

Dentro da qualidade multidimensional da metodologia dos complexos de estudo, considera-se ainda o trabalho como princípio geral educativo de inserção na realidade, incluindo, além do trabalho produtivo, o auto-serviço, isto é, prestar serviços nos espaços coletivos. Articulada à dimensão do trabalho como princípio educativo, encontra-se a formação para a auto-direção, ou auto-organização, onde a construção do coletivo influencia a formação individual, descortinando as qualidades multiplicadoras e fortalecedoras da ação coletiva e o aprendizado do conteúdo moral e intelectual necessário para a fundamentação ética das novas relações sociais. Estas dimensões do trabalho e da auto-organização estão intrinsecamente ligadas ao desenvolvimento do poder de acessar o conhecimento acumulado, com domínio das bases da ciência e senso crítico e criativo para colocá-lo a favor da superação das contradições sociais.

É na criação de espaços, práticas e estratégias de mudança da relação da escola do campo com o conhecimento que residem possibilidades de convergência dos três perfis para os quais se dispõem formar a LEdoC: preparar para a habilitação da docência por área de conhecimento; preparar para a gestão de processos educativos escolares e preparar também para a gestão de processos educativos comunitários. A articulação entre estes três perfis de formação se faz principalmente a partir da crítica aos tradicionais processos educativos escolares, e da conseqüente ligação da formação escolar à formação para uma postura na vida, na comunidade, na promoção do desenvolvimento do território rural, compreendido este como espaço de vida dos sujeitos camponeses.

Modos de Produção do Conhecimento e Organização do Trabalho Pedagógico

A experiência desta Licenciatura em Educação do Campo traz o desafio de uma perspectiva contra-hegemônica dentro da Universidade, tendo como referência a presença da classe trabalhadora do campo. Este desafio se traduz nas formas de organização do trabalho pedagógico pela exigência de que o processo educativo não se desvincule das questões relacionadas à disputa dos modelos de desenvolvimento rural e de sociedade. O desafio pedagógico desta proposta é de criar um projeto educativo integral, coerente, que produza valores, convicções, visão de mundo, consciência organizativa, capacidade de ação, sentido pleno de ser humano. Trata-se de articular no dia a dia dos cursos ou das atividades formativas as práticas organizativas, o trabalho, a inserção nas lutas, o conhecimento, que se articulem com as questões da vida dos sujeitos camponeses que estão inseridos nesta Licenciatura.

Dessa forma, para que as grandes questões que fundamentam a Educação do Campo (Reforma Agrária, Agroecologia e Soberania Alimentar) sejam eixos articuladores de todas as estratégias pedagógicas de formação de educadores do campo, a organização do trabalho pedagógico deve garantir a articulação entre o movimento da realidade e o conhecimento teórico necessário à sua interpretação/análise; e o movimento da teoria já produzida pela área específica (ou pelas disciplinas que a compõem) à realidade que ela ajuda a compreender/analisar.

Por este motivo, é preciso trazer para o processo pedagógico as questões norteadoras da Educação do Campo, como temas principais da realidade que é objeto de estudo e de profissionalização, e explicitar os fundamentos teóricos principais e modos de conhecer que são próprios do conhecimento científico.

Trata-se, portanto, de um trabalho de ruptura do paradigma predominante no ensino e na pesquisa, que considera a realidade como exemplo ilustrativo da ciência; no caso da formação do educador do campo, trata-se de colocar a realidade como centro em torno do qual as ciências e outras formas de conhecimento se articulam, para que a realidade possa ser não apenas compreendida e analisada, mas também transformada. Todo o trabalho centra-se no princípio da práxis, como modo de conhecimento que articula em um mesmo movimento teoria e prática; conhecimento e realidade. Assim, o trabalho pedagógico deve ser intencionalizado para que os estudantes desenvolvam a capacidade de elaboração própria e de prosseguir nos estudos de modo autodidata.

A Alternância: Tempo Escola e Tempo Comunidade

A partir das experiências do movimento da Educação do Campo, com base nos fundamentos político-epistemológicos da pedagogia dos movimentos sociais, foram incorporados novos princípios no processo de construção da metodologia da alternância.

Dessa forma, o modo de apropriação do regime de alternância passa a ser recriado, adotando-se o sentido de uma alternância integrativa, que, articula meios de vida comunitários, políticos, sócio-profissionais e escolares em uma unidade de tempos formativos, onde as categorias trabalho, educação e sociedade são pensadas do ponto de vista da superação da subordinação do trabalho pelo capital e da autonomia da produção camponesa. Segundo Queiroz (2004), esta é a forma mais complexa da alternância, devido ao dinamismo exigido pela necessidade de constantes revisões sobre a integração entre essas dimensões do processo formativo. Enquanto modalidade de organização curricular, a alternância integrativa contribui, antes de tudo, para uma integração de fato entre teoria e prática na formação dos educandos, permitindo que a construção do conhecimento aconteça vinculada com as necessidades vivenciadas nas escolas e comunidades rurais de onde provêm os estudantes.

A concepção da alternância adotada na organização curricular e metodológica da LEdoC tem como objetivo integrar a atuação dos sujeitos educandos na construção do conhecimento necessário à sua formação de educadores, não apenas nos espaços formativos escolares, como também nos tempos de produção da vida nas comunidades onde se encontram as escolas do campo. Definem-se, assim, diferentes tempos formativos, organizados a partir do Tempo Escola - TE e Tempo Comunidade - TC.

Devido aos princípios da Educação do Campo que reconhecem a intrínseca relação entre o contexto sócio-econômico e territorial da questão camponesa e os processos de formação do educador do campo, os conhecimentos produzidos neste processo necessitam estar intimamente associados à construção da metodologia da alternância, e à articulação entre os diferentes tempos educativos existentes durante a oferta do Tempo Escola.

O modo de produção do conhecimento derivado da alternância entre TE e TC permite responder de modo mais aproximado às necessidades coletivas das realidades locais vividas pelos educandos. Busca-se estabelecer uma relação não-hierárquica e transdisciplinar entre os diferentes tipos e modos de conhecimento que se apresentam nestes dois tempos formativos, os quais vão sendo articulados à medida que se definem espaços de reflexão e ação para onde convergem conhecimentos teórico-científicos e conhecimentos produzidos na experiência vivida dos sujeitos do campo. Para que este princípio se concretize, busca-se gerar um fluxo contínuo de informações sobre a realidade vivenciada pelos educandos em seus locais de origem, como matéria prima central para o trabalho com os conteúdos curriculares.

A tessitura da práxis docente comporta uma dinâmica coletiva na qual, a cada etapa do curso, o corpo docente constrói a proposta metodológica da alternância a partir da avaliação docente e discente da etapa anterior, bem como do que está previsto na matriz curricular. Por meio deste processo ocorre uma progressiva construção pedagógica da metodologia da alternância, na qual o conhecimento inerente à formação do educador do campo vai sendo construído a partir dos saberes e questões que emergem na diversidade das realidades locais. O processo formativo se dá de forma articulada entre estes dois principais tempos educativos – Tempo Escola e Tempo Comunidade, entre os quais se distribui a carga horária dos componentes curriculares.

Por sua vez, o Tempo Escola que compreende períodos que variam entre trinta e cinco ou quarenta e cinco dias, dependendo das etapas do curso, tem diferentes dimensões educativas. A partir dos princípios e das intecionalidades contidas no Projeto Político-pedagógico da LEdoC, a vivência da turma durante o Tempo Escola é organizada segundo uma metodologia que tem o objetivo de proporcionar uma experiência de auto-organização coletiva, com base no princípio da autonomia da turma e da gestão compartilhada entre a turma e a coordenação do curso. Para tanto, são definidos em cada turma instâncias de organicidade e são estabelecidos os tempos educativos diários, que visam organizar o tempo pessoal e o tempo coletivo dos estudantes em relação às tarefas necessárias aos objetivos do processo formativo pretendido, tanto na dimensão acadêmica, quanto na auto-organização.

Os diferentes tempos educativos que ocorrem durante o TE propiciam uma diversidade de experiências que constituem também uma forma específica de produção de conhecimento. Eles abordam a formação do educador em várias dimensões: pessoal, coletiva, político-pedagógica (intencionalidades na práxis educativa – reflexão permanente), trabalho, luta social (direitos).

O trabalho pedagógico em relação aos tempos educativos consiste, assim, na formação humana dos estudantes para se tornarem educadores num sentido ampliado e integral, o que exige dos docentes uma qualificação para articular aspectos pessoais e coletivos da formação com os diversos contextos dos tempos educativos e das realidades específicas vividas pelos estudantes. Faz parte desse processo a construção da organicidade de cada turma durante o TE, visando o aprendizado da gestão coletiva do processo pedagógico. Durante os tempos educativos do TE, a contextualização da reflexão teórica ocorre também a partir dos seminários integradores, onde se desenvolve a reflexão sobre o movimento da realidade nos diferentes territórios de referência dos estudantes e se definem os eixos temáticos principais de cada etapa.

Entende-se o TC como espaço privilegiado de construção de conhecimento no contexto das realidades escola-comunidade onde atuam os educandos, quando a relação teoria-prática se manifesta de forma mais completa e complexa. O processo formativo no TC, que tem como dimensão central a intencionalização pedagógica dos educandos nas lutas sociais já existentes nestes territórios, se compõe de diferentes dimensões educativas, com intencionalidades específicas, que são o estudo, a intervenção social na comunidade e na escola, planejadas e executadas coletivamente, com a elaboração de registros e reflexões por escrito dos processos vivenciados. Estas atividades serão detalhadas na sequência, quando se exporá, após a especificação das atividades no TE, a concepção dos trabalhos executados no TC.

Organização do Trabalho Pedagógico no Tempo Escola: a interdisciplinaridade e a formação por área de conhecimento

No PPP da LEdoC entende-se a interdisciplinaridade como um exercício de articulação entre diferentes modos de recorte epistemológico do real e conhecimentos resultantes. A interdisciplinaridade envolvida no processo formativo se coloca em três sentidos. Primeiro, trata-se da integração entre aqueles três grandes níveis de estruturação da matriz curricular, informados anteriormente, que são os Núcleos de Estudo: Básicos; Específicos e Integradores, distribuindo-se sua carga horária da seguinte forma: Núcleo de Estudos Básicos = 795 h/a; Núcleo de Estudos Específicos = 1410 h/a e Núcleo de Atividades Integradoras = 1320 h/a.

O Núcleo de Estudos Básicos, composto pelos componentes Teoria Pedagógica, Política Educacional, Economia Política e Filosofia, são o fundamento da formação humanista, pedagógica e sócio-política do educando e articulam-se não apenas entre si, como também com os conteúdos e práticas dos demais Núcleos.

Da mesma forma, os Estudos Específicos apresentam uma complexidade interdisciplinar própria, tanto no sentido da integração interna dos conteúdos disciplinares das áreas de habilitação (no caso da LEdoC/UnB, Linguagens e Ciências da Natureza e Matemática), quanto no sentido da integração destes eixos com os outros dois eixos componentes deste Núcleo, que são a gestão de processos educativos escolares e a gestão de processos educativos na comunidade. A formação do educando na área de habilitação escolhida deve estar absolutamente articulada com os dois processos de gestão, de modo que se possam problematizar a práxis docente e a organização comunitária no contexto específico de cada situação escola-comunidade do campo de origem do educando.

Por fim, o Núcleo da Atividades Integradoras composto pelas Práticas Pedagógicas, Estágios, Pesquisa e Seminários Integradores, constitue os espaços curriculares centrais instrumentalizadores da interdisciplinaridade, na medida em que viabilizam a realização objetiva das atividades de onde emergem os processos de construção de conhecimento, na dinâmica da alternância. Isso quer dizer que os componentes desse Núcleo são estratégicos para que o processo formativo dos educandos integre como conseqüência práxica a progressiva transformação da escola do campo e dos processos organizativos da comunidade onde essas escolas se inserem, objetivos maiores da Licenciatura. Apresentamos abaixo, na Figura 1, a síntese da Matriz Curricular.

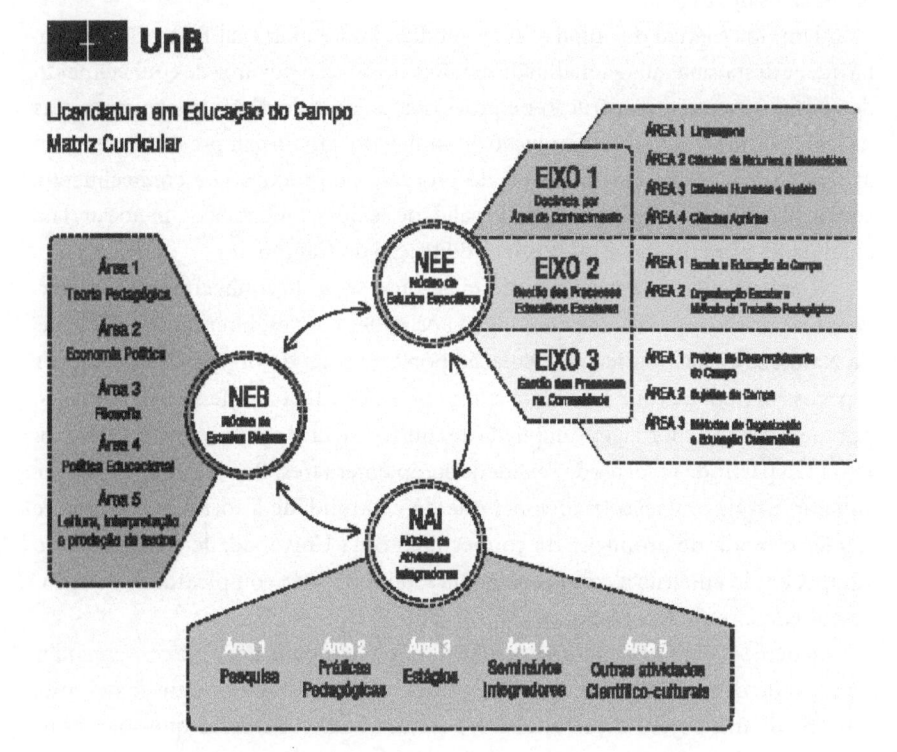

Fonte: PPP LEdoC UnB 2007.

Tendo em vista essa organização curricular, o trabalho pedagógico interdisciplinar se coloca como uma exigência metodológica e epistemológica, provocando a realização de um processo permanente de formação dos docentes da universidade que atuam neste processo, tendo em vista a inexistência dessa prática na formação anterior dos mesmos. Por outro lado, trata-se também de uma exigência pedagógica, partindo-se do princípio de que os estudantes devem vivenciar na prática de seu processo formativo a mesma lógica com a qual espera-se que eles venham a atuar.

Uma das principais características desta Licenciatura, como política de formação de educadores do campo, centra-se na estratégia da habilitação de docentes por área de conhecimento para atuação na Educação Básica, articulando a esta formação a preparação para gestão dos processos educativos escolares e para gestão dos processos educativos comunitários.

A habilitação de docentes por área de conhecimento tem como um dos seus objetivos ampliar as possibilidades de oferta da Educação Básica no campo, especialmente no que diz respeito ao Ensino Médio, pensando em estratégias que maximizem a possibilidade das crianças e jovens do campo estudarem em suas localidades de origem.

Além do objetivo de ampliar as possibilidades de oferta da Educação Básica, há que se destacar a intencionalidade maior da formação por área de conhecimento de contribuir com a construção de processos capazes de desencadear mudanças na lógica de utilização e de produção de conhecimento no campo. A ruptura com as tradicionais visões fragmentadas do processo de produção de conhecimento, com a disciplinarização da complexa realidade sócio-econômica do meio rural na atualidade, é um dos desafios postos à Educação do Campo.

Na matriz curricular da UnB, oferta-se duas áreas do conhecimento: Linguagens (expressão oral e escrita em Língua Portuguesa, Artes, Literatura) e Ciências da Natureza e Matemática. A formação por área trata da organização de novos espaços curriculares que articulam componentes tradicionalmente disciplinares, por meio de uma abordagem ampliada de conhecimentos científicos que dialogam entre si a partir de recortes da realidade complementares. Busca-se, desse modo, superar a fragmentação tradicional que dá centralidade à forma disciplinar, e mudar o modo de produção do conhecimento na Universidade e na escola do campo, tendo em vista a compreensão da totalidade e da complexidade dos processos encontrados na realidade.

No debate sobre a formação por área de conhecimento, deve-se compreender a noção de disciplina como referida a um campo de trabalho que se delimita a partir de um objeto de estudo. Deve-se também considerar que suas fronteiras são relativamente móveis, em função de transformações históricas nos paradigmas científicos, e dos processos de fusão ou interação entre campos disciplinares diferentes.

O futuro docente precisa ter garantido em sua formação o domínio das bases das ciências a que correspondem às disciplinas que compõem a sua área de habilitação. Mas sua formação não pode ficar restrita às disciplinas convencionais, na lógica segmentada predominante nos currículos, tanto da Educação Básica como da Educação Superior. Ela deve incluir a apropriação de conhecimentos que já são fruto de esforços interdisciplinares de criação de novas disciplinas, no sentido de que possam se apropriar de processos de transformação da produção do conhecimento historicamente já conquistados.

Porém, no caso da proposta de formação por área, não são as disciplinas o objetivo central do trabalho pedagógico com o conhecimento. Este trabalho se dirige a questões da realidade como objeto de estudo, tendo como base a apropriação do conhecimento científico já acumulado.

Colocam-se, então, indagações epistemológicas sobre a própria concepção de conhecimento, de ciência e de pesquisa. Indaga-se de que forma o trabalho pedagógico pode garantir o movimento entre apropriação e produção do conhecimento e a articulação entre conhecimento e processo formativo como um todo. Busca-se um vínculo permanente entre o conhecimento que a ciência ajuda a produzir, e as questões atuais da vida. Os fenômenos da realidade atual precisam ser estudados em toda a sua complexidade, tal como existem na realidade, por meio de uma abordagem que dê conta de compreender totalidades, nas suas contradições, no seu movimento histórico.

Para um debate sobre a especificidade da questão das áreas em relação ao currículo, convém considerar duas possibilidades não excludentes. As áreas podem ser pensadas como forma de organização curricular, e como método de trabalho pedagógico. Organizar o currículo por áreas (em vez de por disciplinas) não implica necessariamente em negar o trabalho pedagógico disciplinar. Por outro lado, podemos ter um currículo organizado através de disciplinas e realizar um trabalho pedagógico desde as áreas do conhecimento e a partir de práticas interdisciplinares.

Nesta dupla entrada, as áreas podem ser tratadas como uma forma de organização curricular, que se refere especialmente à organização do trabalho docente, relacionada a um modo de agrupar os conteúdos de ensino; ou as áreas podem ser uma lógica de organização do estudo, uma forma de trabalho pedagógico (didática), que embora possa continuar considerando os chamados saberes disciplinares, não centra o trabalho pedagógico nas disciplinas.

A discussão específica da formação por área se coloca tanto em relação à Educação Básica (nas escolas do campo) como nos processos de formação dos educadores. No momento atual, a formação dos docentes para atuação por área não pode prescindir do estudo das disciplinas, tais como elas aparecem nos currículos escolares. Isto se deve à necessidade de que os educadores compreendam a mediação necessária com a organização curricular que vão encontrar nas escolas concretas, tenham ferramentas conceituais para participar de novos desenhos curriculares, e para que se assumam como construtores das alternativas de desfragmentação.

E nesse processo é fundamental um trabalho articulado entre os professores das disciplinas e das novas possibilidades pedagógico-didáticas que essa nova forma de trabalho docente gera. À medida que se avance na formação de educadores nesta perspectiva será possível superar a necessidade de ter na escola um docente para cada disciplina, o que muitas vezes tem inviabilizado a expansão do ensino médio, e também dos anos finais do Ensino Fundamental no campo.

A formação destes docentes deve incluir principalmente o estudo das próprias questões da atualidade, em particular as questões fundamentais da realidade do campo brasileiro hoje, para que possam ter referência de conteúdo e de método para pensar em uma escola que integre o trabalho com o conhecimento aos aspectos mais significativos da vida real de seus sujeitos.

Trata-se, portanto de uma profunda mudança na organização do trabalho docente tanto no nível superior, quanto na Educação Básica, o que dá sentido à proposta da Licenciatura em Educação do Campo com a perspectiva de comprometer-se com mudanças tanto no processo formativo dos educadores, quanto na gestão das instituições educadoras.

Outra importante estratégia desenvolvida para promover a interdisciplinariedade, que tem produzido interesses resultantes na articulação do trabalho coletivo entre os docentes, refere-se a criação do que temos chamado de blocos temáticos. Os blocos temáticos são uma metodologia de articulação dos componentes curriculares que vem sendo desenvolvida pelo coletivo de docentes da LEdoC com o objetivo de agrupar conteúdos a partir de afinidades entre domínios teóricos e questões relevantes oriundas da dinâmica da alternância nas territorialidades abrangidas. Tais agrupamentos de conteúdos não são fixos, mas permanentemente reconstruídos, de acordo com a especificidade de cada etapa de Tempo Escola.

Essas articulações variam de uma etapa a outra, com base em avaliações e rearticulações. Por exemplo, formam-se blocos temáticos que integram componentes e docentes dos Núcleos de Atividades Integradoras, de Estudos Específicos e de Estudos Básicos, a partir de questões relacionadas à prática docente e sobre questões sócio-econômicas, antropológicas e político-filosóficas relacionadas à realidade rural brasileira e do Centro-Oeste. Os docentes de cada bloco trabalham num mesmo coletivo, dispondo do total da carga horária formado pelos componentes curriculares que integram o bloco, buscando superar a fragmentação disciplinar e atuar a partir de uma articulação lógica entre os conteúdos e em diálogo com as questões trazidas das atividades de Tempo Comunidade.

A observação sobre os modos de percepção dos estudantes a respeito dos conflitos e contradições existentes em seus contextos de vida escolas e comunidades levou o coletivo de docentes da LEdoC à criação de um novo componente curricular, que não estava previsto na matriz inicial. Trata-se do componente Conflitos Estruturais Brasileiros e Educação Popular (CEBEP), que articula a compreensão da realidade brasileira à discussão sobre as estratégias educativas adotadas nas ações de inserção orientada nas escolas e comunidades.

O componente CEBEP foi criado após avaliação da pertinência de abordagem em caráter emergencial de questões, problemas ou conflitos estruturais inerentes à dinâmica social brasileira, que aparecem nos relatos dos educandos e nas experiências de articulação do Tempo Comunidade como obstáculos para o fortalecimento da organização social, da Educação do Campo, da formação política e cultural das comunidades. Almeja-se com esse procedimento contribuir para a leitura crítica dos educandos sobre a correlação de forças em sua comunidade, e sobre as relações de poder que perpassam e definem o funcionamento do aparelho escolar. Visa-se também contribuir para a formação de educadores do campo capazes de identificar contradições no presente, situá-las no curso da história, em perspectiva de totalidade, e formular estratégias de intervenção.

O componente CEBEP viabiliza-se por meio da articulação em bloco temático com componentes do Núcleo de Estudos Básicos, tais como Economia Política e Políticas Educacionais, e das áreas de Linguagens e Ciências Humanas e Sociais. Um dos fatores determinantes para o planejamento de CEBEP é o trabalho de inserção orientada realizado em Tempo Comunidade e as contradições daí decorrentes. Por lidar com questões e conflitos de emergência histórica, não há fixação prévia de conteúdo e metodologia para cada etapa, já que as etapas se organizam a partir do foco estratégico indicado pela análise de conjuntura e da avaliação de táticas e estratégias adotadas em cada Tempo Comunidade, e de acordo com as especificidades regionais e locais.

Ainda outra estratégia desenvolvida com o objetivo de qualificar o TE e ampliar as estratégias capazes de contribuir com a promoção do direito à educação para os sujeitos do campo, refere-se ao esforço realizado para promover a formação destes educadores no uso das novas tecnologias. Em 2009, buscou-se construir uma parceria com programa Territórios Digitais, do Ministério do Desenvolvimento Agrário (MDA) que visa promover a inclusão digital no meio rural brasileiro, ampliando e qualificando a formação de educadores do campo. Desde então, comunidades de inserção dos licenciandos vem recebendo a instalação de uma Casa Digital, um telecentro equipado com dez computadores, mobiliário, impressora, webcam e servidor, além de tecnologia de transmissão de voz pela Internet, oferecida pelo Programa Governo Eletrônico Serviço de Atendimento ao Cidadão (GESAC), vinculado ao Ministério das Comunicações, bem como tecnologia de transmissão de voz pela internet (VoIP), o que oferece outra forma de comunicação a famílias que não têm linha telefônica.

As Casas Digitais são espaços públicos e gratuitos e operam segundo um projeto pedagógico que define os eixos e habilidades essenciais na formação de educadores do campo para uso do computador em processos educativos, partindo de questões socialmente mais amplas relacionadas à inclusão digital. O Projeto Político-pedagógico que vimos construindo coletivamente para o uso destas Casas Digitais instaladas a partir da Licenciatura em Educação do Campo, nos assentamentos e áreas quilombolas nas quais residem os educandos tem, entre objetivos, os seguintes: discutir as possibilidades contra-hegemônicas que o uso do computador e da internet trazem; realizar oficinas na perspectiva de contribuir com a formação de multiplicadores dialógicos que tenham como princípio tornar as Casas Digitais um espaço educativo, de convívio solidário, de vivência cultural e, sobretudo de construção de conhecimentos que ajudem a resolver problemas do assentamento e comunidade; realizar oficinas de formação sobre temáticas comunitárias que incorporem as tecnologias digitais em seu desenvolvimento; construir conhecimentos acerca do uso do sistema operacional Linux/Metasys.

Em relação as estratégias de avaliação promovidas na Licenciatura, tem-se trabalhado e priorizado a busca da Avaliação Formativa. Na concepção adotada na LEdoC, é formativa toda avaliação que auxilia o estudante a aprender e a se desenvolver, isto é, que colabora para a regulação das aprendizagens e do desenvolvimento no sentido de um projeto educativo (HADJI, 2001). Assim, quando assumimos a avaliação formativa como um contexto educativo, consideramos que

- a interação, a comunicação e a mediação entre docentes e discentes constituem uma dimensão coletiva;
- os estudantes precisam ter clareza do que será avaliado e como será avaliado, mediante retorno permanente do aprendizado;
- é importante observar e investigar o que o estudante já sabe e os caminhos que percorreu para chegar ao aprendizado, para consolidar, assim, o ajuste pedagógico, a gestão dos erros e a consolidação dos êxitos;
- a integração do ensino-aprendizagem e a avaliação fazem parte de um conjunto, que envolve a seleção de atividades e sua finalidade, as estratégias, os instrumentos pedagógicos, os espaços e os tempos em que avaliação é desenvolvida;
- o estudante precisa conduzir o processo de auto-avaliação para saber em que estágio se encontra no contexto de ensino-aprendizagem;
- o contexto de ensino-aprendizagem se mostra em processo de observação, análise, reflexão, planejamento e intervenção;
- o retorno de aprendizagem ocorre por meio do discurso oral ou escrito e/ou de linguagem não-verbal, em enquadres públicos ou privados;
- o ajuste do processo de ensino-aprendizagem possibilita que os meios de formação respondam às características dos alunos, observando os pontos fracos de aprendizagem;

- as escolhas de diferentes instrumentos avaliativos se ajustam à proposta do contexto pedagógico e às suas especificidades; para isso, são sugeridos trabalho individual, em grupo (pequeno ou grande), seminários, apresentações, leituras, protocolos verbais, relatórios, memórias e outros instrumentos, conforme indicações necessárias do coletivo (discentes e docentes).

Para o registro do processo avaliativo formativo, está em processo de implantação o instrumento do portfólio com os seguintes propósitos:

- articular os conhecimentos construídos ao longo do TE (em seus diversos tempos educativos) com o trabalho desenvolvido no TC;
- favorecer o registro dos temas, das leituras complementares e das atividades desenvolvidas ao longo de cada etapa (TE/TC) por meio de diferentes linguagens, evidenciando, processualmente, as múltiplas aprendizagens construídas;
- promover análises e reflexões sistematizadas acerca da organização do trabalho pedagógico da LEdoC (avaliação colaborativa) e processo de aprendizagem vivido via auto-avaliação.

O portfólio é um instrumento que registra e reflete a trajetória de saberes construídos, possibilita ao estudante uma compreensão mais ampla do processo ensino-aprendizagem. Isto é, é um instrumento de avaliação e autoavaliação. Tem como objetivo encorajar a reflexão e o estabelecimento da meta de aprendizagem do estudante e mostrar seu desenvolvimento e crescimento de aprendizagem.

Conforme Hernández (2000), o portfólio é o conjunto de diferentes classes de textos (trabalhos pontuais de processos de aprendizagem, notas pessoais, produção acadêmica ou escolar) e conexões com outros temas fora da sala de aula, que proporcionam uma reflexão crítica dos saberes construídos e das estratégias utilizadas e mostra, de certa forma, a dedicação da pessoa que o elabora.

Organização do Trabalho Pedagógico no TC: A Inserção Orientada na Escola e a Inserção Orientada Comunidade

Durante os períodos do Tempo Comunidade, há um conjunto de ações a serem desenvolvidas pelos educandos nos territórios rurais nos quais residem, que organizam-se a partir de um conjunto de atividades denominadas no PPP como Inserção Orientada. De acordo o Projeto Político-pedagógico do curso, a expressão Inserção Orientada se refere ao processo de promover a inserção dos estudantes em uma determinada realidade, organização, ou em um determinado processo, espaço, território. Inserir-se quer dizer desenvolver um vínculo orgânico com o que seja o objeto da inserção; implica em entranhamento, adesão, participação dos sujeitos em ações que interferem em uma realidade particular que por sua vez interfere no processo de formação destes sujeitos.

A idéia de Inserção Orientada implica um conjunto de ações que vão sendo realizadas ao longo de várias etapas, perpassando e integrando o currículo do curso, incluindo fases, metas e produtos diferenciados a cada tempo ou período. A Inserção Orientada na Escola – IOE, consiste nas atividades que ocorrem no Tempo Comunidade, e que se desenvolvem na escola do local de origem do educando, ou por ele escolhida para a sua inserção, tendo esta como objeto de estudo e de inserção por meio de práticas pedagógicas orientadas e acompanhadas pelo curso.

Desde a primeira etapa do curso, os licenciandos dão início ao processo de Inserção Orientada em uma escola pública, de preferência localizada na sua comunidade de origem. De acordo com o regime de alternância adotado, a metodologia que rege o processo formativo no TC prevê uma articulação entre atividades orientadas nas escolas e comunidades de inserção dos estudantes, incluindo a participação de docentes e da comunidade escolar em projetos escolares, em atividades de gestão escolar e em estágios realizados em sala de aula.

A Inserção Orientada na Escola – IOE objetiva promover a participação ativa e orgânica na vida da escola durante o processo do curso, com o objetivo de instigar o movimento formativo da práxis no foco específico de profissionalização na escola de Educação Básica do campo, com ênfase na construção do desenho da organização escolar e do trabalho pedagógico para os anos finais do Ensino Fundamental e do ensino médio, conforme consta do PPP do curso. Trata-se então de uma estratégia pedagógica, que se articula a uma estratégia política de inserir a escola no desenvolvimento da região em que se situa, trazendo a discussão sobre o projeto de campo, de educação e de escola.

Os objetivos principais da IOE são: garantir que a escola seja objeto de estudo/ ação, de teoria/prática durante todo o processo do curso; contribuir na estratégia de acompanhamento político-pedagógico às escolas pelas organizações/movimentos sociais de trabalhadores do campo; participar da construção de experiências pedagógicas escolares referenciadas na Educação do Campo.

A lógica geral prevista para a IOE no planejamento pedagógico do curso coloca como ponto de partida a elaboração de um projeto coletivo de estudo e ação, tendo início com a leitura de uma realidade escolar, para ir propondo intervenções e realizando-as ao longo do curso. O objetivo é escolher uma escola da comunidade de origem ou próxima de cada estudante, no qual este desenvolva as atividades durante todo seu percurso formativo, incluindo os estágios. O planejamento inicial previa que estas atividadades fossem realizadas na mesma escola durante toda a formação, mas em vários casos, esta opção não mostrou-se viável em função de mudanças ocorridas na vida dos educandos durante a realização do curso.

A Inserção Orientada na Comunidade – IOC, consiste nas atividades que também ocorrem no TC, nas comunidades de origem dos estudantes, tendo eles estas comunidades como objeto de estudo e de inserção por meio de práticas pedagógicas orientadas e acompanhadas pelo curso. (PPP LEdoC, 2007) Por Inserção Orientada na Comunidade – IOC entendemos um entranhamento com estranhamento no mundo/na vida da comunidade, estando lá e aprendendo através da participação orgânica e ativa das instâncias da comunidade, bem como nos espaços de sua interface com a escola, contribuindo assim na qualificação desta relação, com a organização de melhorias e na conquista de seus direitos em relação à escola e ao processo de educação.

Esta atividade foi pensada na relação escola–comunidade, como objeto de estudo e de práticas pedagógicas orientadas e acompanhadas pelo curso, procurando superar o isolamento destes "dois mundos": que a escola deixe de estar alienada da comunidade, percebendo/compreendendo de forma crítica o projeto de desenvolvimento que ali se gesta/realiza e que a comunidade passe a prestar atenção no que acontece na escola, dando-se conta de sua importância e rompendo com a cultura de que não se pode mexer nela.

Os objetivos dessa atividade são: instigar o movimento formativo da práxis no foco específico de estudo/profissionalização da LEdoC (como ser um educador do campo para além da escola, articulando-a com a comunidade); contribuir no debate sobre o que a comunidade compreende e quer com a escola do e no campo, fortalecendo a formação ou consolidação de um núcleo na comunidade que discuta a educação; criar ou qualificar espaços de aproximação e diálogo entre a escola e a comunidade; contribuir no debate sobre a inserção da escola na vida da comunidade e no desenvolvimento de atividades pedagógicas construídas com a participação da comunidade ou, pelo menos, de parte dela; participar com a comunidade, se for o caso, na luta da comunidade por escola ou por educadores e ou na ocupação da escola, tendo como referência a Educação do Campo; contribuir na estratégia de trabalho de base e envolvimento na organicidade da comunidade, em atividades educativas para além da escola; formar um educador capaz de se enraizar na comunidade e de se relacionar com ela, compreendendo o mundo da comunidade (que é diferente do da escola), nele se inserindo (não basta apenas morar) e vivenciando seus processos educativos.

A lógica de execução prevê, ao longo das etapas do curso, a construção de um projeto de estudo-ação onde são indicadas a comunidade de inserção e a forma de acompanhamento. Prepara-se um diagnóstico, em conjunto com outros componentes curriculares, para fazer o levantamento de todos os espaços de interação entre escola e comunidade e o histórico e qualidade atual de seu funcionamento, bem como a leitura que cada um tem do outro, e da escolaridade dos moradores e atendimento da escola. Descreve-se também como se formam os sujeitos da comunidade. Cada estudante se insere num espaço da comunidade e num espaço da escola, socializa a pesquisa realizada e passa a priorizar aquilo que interessa para a comunidade.

Outros espaços curriculares específicos que articulam o Tempo Comunidade são os seminários de preparação do TC de cada etapa e os seminários de avaliação do TC da etapa anterior, espaços onde se fazem as reflexões coletivas sobre as questões vividas nas regiões e comunidades, visando a integração destas questões nos processos formativos.

Pesquisa como processo formativo

Entende-se a pesquisa como atividade estratégica articuladora do processo formativo, realizando a integração pedagógica das atividades de estudo e construção de conhecimento no curso. Desenvolve-se como um conjunto articulado de ações formativas que responde à necessidade de costurar teoria-prática, articulando conhecimentos ao mesmo tempo em que realiza uma intervenção social.

Esta concepção de pesquisa põe em prática um dos princípios fundamentais da Educação do Campo, que é integrar ao processo de formação do educador uma estratégia individual e coletiva de intervenção social transformadora da realidade das escolas e comunidades do campo, por meio da produção de um conhecimento pertinente durante esse processo de intervenção, em diálogo com o conhecimento científico acumulado. Nesse sentido, trata-se de um exercício teórico-prático individual e coletivo de produção de conhecimento, voltado para os desafios de intervenção social identificados junto às escolas, comunidades e organizações sociais de origem dos estudantes.

Consiste na criação e desenvolvimento de procedimentos metodológicos que permitam superar as contradições do método positivista, tendo em vista a construção de um conhecimento pertinente às realidades específicas dos contextos locais e regionais. Este trabalho culmina na elaboração individual e defesa pública de um trabalho monográfico de conclusão do curso, e sua elaboração envolve a constituição de grupos de pesquisa mais amplos e a articulação com exercícios de pesquisa e a construção de habilidades e métodos de estudo a partir de diferentes estratégias didáticas desenvolvidas pelo conjunto das áreas/componentes do currículo.

Tem como objetivos formativos qualificar a construção pessoal de habilidades básicas à apropriação e à produção do conhecimento (incluindo leitura e escrita, de textos e de realidades); exercitar a relação teoria e prática; construir uma visão crítica sobre o método de produção da ciência e da pesquisa científica; refletir sobre tipos e formas de conhecimento e de produção do conhecimento e sobre seu próprio processo de construção do conhecimento no curso; somar-se a outras estratégias pedagógicas do curso que visem o desenvolvimento da capacidade de auto-organização e participação direta na condução do processo formativo do curso.

Responde-se desta forma à necessidade de formar nos estudantes uma atitude crítica e criativa que os conduza a produzir novas interpretações e propostas de intervenção social. Entende-se que seja necessário o aprendizado da postura de interrogação e de desnaturalização da visão ingênua tanto sobre a ciência como sobre a realidade vivida. Ao mesmo tempo, é preciso desenvolver a disciplina do estudo e o rigor do pensamento para a interpretação crítica e a criação autônoma de propostas que sejam coerentes com as necessidades identificadas na realidade. Isto inclui o exercício da comunicação escrita como adequação entre o pensado e a expressão efetiva das idéias na forma do texto, auxiliando a superar as resistências iniciais dos estudantes aos estudos de natureza mais conceitual e ao exercício do pensamento abstrato.

A formação específica em produção e conhecimento científico é trabalhada na dimensão individual, tendo como produto final o trabalho de conclusão do curso (TCC). Na dimensão coletiva, envolve a formação temática, no TE e formação na intervenção social por comunidade e/ou região, no TC. A formação de habilidades de estudo refere-se à construção de diferentes estratégias didáticas visando articular capacitação pessoal para estudar e a capacitação para a entre-ajuda solidária e a produção coletiva do conhecimento. Visa ainda desenvolver a capacidade de elaboração própria (compreensão, reflexão, tomada de posição, criação).

Na dimensão individual da formação se dá a instrumentalização necessária ao processo de construção de conhecimento de cada estudante, processo este que culmina na elaboração individual e defesa pública de um trabalho monográfico de conclusão do curso. Esta dimensão tem interface direta com a dimensão coletiva, mas é tratada de modo diferenciado para garantir o reconhecimento pedagógico dos processos e trajetórias específicas de cada estudante. O processo específico da elaboração da monografia é realizado individualmente, mas integrado aos grupos temáticos de estudo no TE e aos grupos de intervenção social no TC.

A estratégia de definição dos temas de pesquisa em vista do trabalho monográfico toma como ponto de partida uma escolha individual (carta de intenções), que é levada, em seguida, à discussão com os coletivos de origem de cada estudante (escola, comunidade, movimento). Esta definição indica o foco prioritário de aprofundamento dos estudos individuais durante o curso, que poderá sofrer alterações no processo de orientação individual de cada estudante. A pesquisa bibliográfica e o debate teórico são encaminhados na dimensão de formação coletiva, através dos grupos temáticos.

A formação em produção científica compõe-se dos fundamentos necessários para garantir uma apropriação teórica e prática sobre o debate em torno da construção epistemológica e metodológica da pesquisa científica, considerando-se os princípios básicos da Educação do Campo. Isto significa que docentes e educandos se encontram em processo de pesquisa sobre quais os procedimentos metodológicos adequados à produção de um conhecimento científico inter e transdisciplinar, capaz de responder aos desafios da realidade do campo.

A dimensão coletiva da formação científica inclui as atividades de estudo teórico nos grupos temáticos constituídos por fundamentos teóricos afins a um conjunto de temas de pesquisa, e a formação na intervenção social, nos grupos de estudo e intervenção orientada na escola e na comunidade, durante os TC.

A formação temática visa inscrever o processo reflexão teórica da pesquisa individual num contexto coletivo no qual vários pesquisadores compartilham o trabalho de pesquisa bibliográfica e de interpretação de seus dados à luz de um mesmo referencial teórico básico. Cada grupo temático tem orientação docente específica e produz um documento-síntese ao final do processo, que pode vir a ser um artigo para publicação. A formação na intervenção social corresponde às atividades que serão realizadas no contexto local/regional de referência dos estudantes em cada TC, com acompanhamento docente, correspondendo a uma parte da carga horária dos componentes curriculares.

Limites e Perspectivas das Novas Estratégias Formativas

Muitos tem sido os limites enfrentados para manter, na prática, a concepção originária desta Licenciatura. No caso da experiência da Universidade de Brasília, que tem buscado avançar na institucionalização do curso, com a perspectiva de dar contribuições efetivas para a transformação das ações de Educação do Campo em permanentes, dificuldades de diferentes ordens tem se colocado no processo.

Ao mesmo tempo que a institucionalização garante alguns avanços, como por exemplo, a possibilidade de concursos de docentes específicos para a Licenciatura, garantindo portanto a constituição de um corpo docente próprio para trabalhar com Educação do Campo como tema de ensino, pesquisa e extensão, coloca também relevantes limites para a manutenção da original perspectiva contra hegemônica do curso. Tem sido necessário constante vigilância para que o cumprimento imposto pela infindáveis exigências burocráticas para inserção do curso nos sistemas da Universidade, sejam eles das datas das matrículas; do lançamento das menções; do período de oferta das disciplinas, não acabem comprometendo seriamente a concepção pedagógica que sustenta a Licenciatura em Educação do Campo, pois, embora o curso tenha se tornado permanente, as estruturas acadêmicas e adminstrativas da instituição ainda não tem os recursos necessários para dar sustentação a oferta de uma graduação em Alternância.

No âmbito das perspectivas, o que nos parece mais relevante nas atividades formativas da LEdoC é o desenvolvimento e internalização das habilidades necessárias para uma prática educativa que tenha como ponto de partida as condições reais onde se desenvolverão os processos formativos, relativos às diferentes etapas da Educação Básica no campo.

Todos os desafios que se colocam na execução do Projeto Político-pedagógico da LEdoC demonstram que se trata de um processo em permanente transformação. Um dos maiores desafios diz respeito à busca pelo equilíbrio entre o movimento permanente produzido pelos ritmos dos processos de ensino–aprendizagem coletivamente vivenciados na novidade da formação por área de conhecimento (tanto entre os docentes, quanto entre os educados), com a garantia da oferta e disponibilização de conteúdos imprescindíveis à prática de ensino destes futuros educadores.

Assim como registramos no trabalho produzido sobre a experiência da UFGM, no livro por eles organizados sobre a experiência da oferta da Licenciatura em Eduação do Campo naquela universidade, é extremamente desafiador assumir esta estratégia formativa, ainda mais nas condições da oferta em Alternância. Este princípio pedagógico, ao mesmo tempo que traz muitos benefícios para a construção da práxis educativa destes futuros docentes, traz também grandes desafios no que diz respeito à duração das etapas da Alternância, tanto no caso da longa extensão do Tempos Comunidades, quanto na insuficiente duração dos Tempos Escola.

Há grande preocupação dos docentes formadores envolvidos neste processo em relação à seleção daqueles conhecimentos, e com a construção de estratégias adequadas que garantam aos educandos a apropriação dos principais fundamentos das formas de conhecer de cada área de habilitação. Não é um percurso realizado sem temores e inseguranças, dada a ousadia e novidade do projeto formativo em execução. (Molina, 2009)

Além disto, é relevante destacar nas experiências até então vivenciadas, (repetindo a ressalva de estarmos falando de um processo ainda em curso), que temos também podido perceber, a partir das práticas de estágio já feitas pelos estudantes das Turmas I e II, que o trabalho com áreas de conhecimento fez com vários educandos, especialmente nos casos daqueles que estavam estagiando nas mesmas escolas do campo, buscassem articular, em diferentes intensidades, os trabalhos por eles desenvolvidos nos estágios. Ainda que se considere a diferença de formação anterior entre estes educandos; as áreas de habilitação escolhidas; e o processo de aprofundamento vivenciado por cada um deles durante o curso, o que nos importa destacar, como homogeneidade de atuação, foi a vontande e a intencionalidade percebida nas práticas educativas por eles construídas nos estágios, a partir das orientações vivenciadas no Tempo Escola, de buscar estratégias de trabalho integrado entre eles, e principalmente, de buscar promover a real articulação dos conteúdos a serem ministrados com a realidade dos estudantes das escolas do campo com as quais trabalhariam durante o Estágio.

Embora esta estratégia de formação e planejamento dos estágios esteja ainda em elaboração, há indícios de estarmos em um fecundo caminho para materializar uma nova prática para importante requisito da formação docente. Há uma outra perspectiva positiva para esta materialização que se dará com a implantanção em partes destes estágios do projeto que aprovamos no Programa de Bolsas de Incentivo à Docência – PIBID Diversidade, a partir do qual será possível apoiar não só mais amplamente o trabalho dos educandos nas escolas de inserção durante dos estágios, quanto disponibilizar bolsas para os educadores das escolas do campo nas quais estes licenciados se inserem que farão um acompanhamento sistemático deste trabalho.

São enormes os desafios para materialização de todos os aspectos formativos para o qual idealizaram-se os princípios da Licenciatura em Educação do Campo. Os entraves políticos, jurídicos, admistrativos e ideológicos à sua execução, excedem em nossa compreensão, as capacidades individuais de cada experiência da Licenciatura em andamento. O êxito e as perspectivas desta Licenciatura dependerão, em grande medida, da capacidade de articulação política ampla entre as diversas experiências em andamento e principalmente, da retomada do protagonismo dos sujeitos coletivos de direito que a puseram em marcha, para garantir todo o rico potencial que contém seu Projeto Político-pedagógico.

Referências

CALDART, R. S. – *Licenciatura em Educação do Campo e projeto formativo*: qual o lugar da docência por área? In MOLINA, M. C. e SÁ, L. M. (orgs.) Licenciaturas em Educação do Campo: Registros e reflexões a partir das experiências-piloto. Belo Horizonte, Editora Autêntica 2011. (95 – 121)

CAMPIONE, D. – Hegemonia e contra-hegemonia na América Latina. In *Ler Gramsci, entender a realidade*. Coutinho, C. N.; TEIXEIRA A. P. (orgs.). Rio de Janeiro: Civilização Brasileira, 2003 (51–66).

CASTRO, W. A formação de educadores do campo para uso das tecnologias digitais na educação na LEdoC-UnB. In: 3º Simpósio Hipertexto e Tecnologias na Educação. Anais Eletrônicos do Simpósio Hipertexto e Tecnologias na Educação. Recife: NEHTE/UFPE, 2010. http://www.ufpe.br/nehte/simposio/anais/Anais-Hipertexto-2010/Wanessa-de-Castro.pdf.

FREITAS, L. C. A luta por uma pedagogia do meio: revisitando o conceito. In: M. M. Pistrak, *A Escola-Comuna*. São Paulo: Expressão Popular, 2009.

FREITAS, L. C. A Escola Única do Trabalho: explorando os caminhos de sua construção. In *Cadernos do Iterra*, n 15, Veranópolis – RS, set. 2010

HADJI, C. Avaliação Desmistificada. Porto Alegre: Artmed, 2001.

HERNÁNDEZ, F. Cultura Visual, mudança educativa e projeto de trabalho. Porto Alegre: Artmed, 2000.

MOLINA, M. C. – Possibilidades e limites de transformações das Escolas do Campo: reflexões suscitadas pela Licenciatura em Educação do Campo, da Universidade Federal de Minas Gerais. In *Educação do Campo – desafios para a formação de professores*. ANTUNES-ROCHA, M. I. A e Martins, A. A. (orgs.) Belo Horizonte, Editora Autêntica 2009. (185 – 197).

MOLINA, M. C. e SÁ, L. M. – Desafios e perspectivas na formação de educadores: reflexões a partir da Licenciatura em Educação do Campo da Universidade de Brasília, in *Convergências e tensões no campo da formação e do trabalho docente*. Soares, L. et al (orgs.). Belo Horizonte: Autêntica, 2010 (369–388).

PISTRAK, M. M. *Fundamentos da Escola do Trabalho*. São Paulo: Expressão Popular, 2000.

QUEIROZ, J. B. P. Construção das Escolas Famílias Agrícolas no Brasil. Ensino Médio e Educação Profissional. UnB, DF, Tese de Doutorado. 2004

UNIVERSIDADE DE BRASÍLIA – Faculdade de Planaltina – Licenciatura em Educação do Campo – Projeto Político-pedagógico. Brasília: 2009

CAPÍTULO 3
Desafios da Educação do Campo na UFBA: proposições superadoras – o Sistema de Complexos

Celi Zulke Taffarel
Cláudio de Lira Santos Júnior
Carolina Nozella Gama
Jaqueline Ferreira de Lima
Kátia Oliver de Sá
Marize Souza Carvalho
Myna Lizzie Oliveira Silveira
Teresinha de Fátima Perin [1]

Do planejamento à realização

O Grupo de Estudo e Pesquisa em Educação Física, Esporte e Lazer (Lepel) da Faculdade de Educação (Faced) da Universidade Federal da Bahia (UFBA) e seus docentes, em especial dos departamentos I, II e III, defenderam e estão implementando, desde 2008, o Projeto Político-pedagógico (PPP) do curso de Licenciatura em Educação do Campo, em um esforço nacional conjunto com os movimentos sociais de luta, os sindicatos de trabalhadores rurais, Ministério da Educação (MEC), secretarias e outras universidades que defendem e estão implementando uma Política Nacional de Educação do Campo.

Assim, buscamos responder, juntamente com outras Instituições de Ensino Superior (IES) do Estado da Bahia e do Brasil, aos desafios da Educação do Campo, desenvolvendo experiências pedagógicas e pesquisas, entre as quais mencionamos o Programa Nacional de Educação na Reforma Agrária (Pronera), a participação no curso de Pedagogia da Terra (UNEB/MST), o desenvolvimento da Atividade Curricular em Comunidade (ACC) "Ações Interdisciplinares em Áreas de Reforma Agrária", elaboração de material didático para a escola do

---

[1] Componentes da equipe atualmente responsável pela Coordenação administrativa, financeira, pedagógica e política do curso de Licenciatura em Educação do Campo na UFBA.

campo e outras elaborações teóricas expressas em monografias, dissertações e teses sobre Educação do Campo.

Esse acúmulo possibilita-nos apresentar o contexto, os problemas, as consequências, as justificativas e diretrizes curriculares organizativas para a formulação e implantação de cursos de Licenciatura em Educação do Campo, para formação de professores dos anos finais (segundo segmento do Ensino Fundamental – 6ª ao 9ª ano – e Ensino Médio) em atendimento às demandas da execução das políticas públicas de Educação do Campo.

Partimos do reconhecimento dos dados da realidade, que demonstram a expropriação dos que vivem da e na terra, processo esse que culmina com a grande propriedade nas mãos de poucos, o latifúndio, e com o monopólio controlado pelos imperialistas (LENIN, 1987), onde o agronegócio organiza a produção e a circulação das mercadorias segundo a lógica dos interesses do capital. Culmina, também, na negação dos bens culturais, entre os quais a educação escolarizada da classe trabalhadora do campo. Portanto, as reivindicações dos trabalhadores que vivem no campo por Reforma Agrária massiva e redistributiva e por uma Educação do Campo referenciada em seu contexto e modo de vida e em um projeto histórico para além do capital (MÉSZÀROS, 2005) é justa e necessita ser atendida.

Partimos também da compreensão das relações Estado-Educação, em que constatamos o não atendimento das reivindicações e a retirada de direitos em decorrência dos ajustes estruturais do Estado brasileiro. Partimos da compreensão de que independente do território, conforme aponta Fernandes (2006), todos necessitam de um espaço de vida onde possam realizar todas as dimensões da existência humana. O campo, no entanto, tem uma característica própria: é o território onde vivem os que, em sua maioria, foram expropriados, apartados da terra enquanto meio de produção da vida – os sem terra, os quilombolas, os extrativistas, os atingidos por barragens, os povos indígenas, e os que detêm grandes quantidades de terra enquanto mercadoria e meio de produção de bens – os latifundiários.

Por Educação do Campo entendemos o processo de formação dos trabalhadores, por meio de uma política cultural, em um contexto de antagonismos de classe em que estão em disputa projetos históricos e de escolarização antagônicos, expressando-se aí o antagonismo mais geral do modo do capital organizar a vida, entre capital-trabalho (CALDART; 2010).

É preciso compreender, segundo Vendramini (2007, p. 123), que a Educação do Campo não emerge no vazio e nem é iniciativa das políticas públicas, mas emerge de um movimento social, da mobilização dos trabalhadores do campo, da luta social. É fruto da organização coletiva dos trabalhadores diante do desemprego, da precarização do trabalho e da ausência de condições materiais de sobrevivência para todos.

No que se refere à educação rural, segundo Vendramini (2007, p. 123-124), ocorre uma importante e significativa mudança de teoria e de prática, com o desencadeamento do movimento nacional para a construção de uma escola do campo, vinculada ao processo de construção de um projeto popular para o Brasil, que inclui um novo projeto de desenvolvimento para o campo.

Ao defendermos, portanto, a Educação do Campo, referenciada em um projeto histórico que supere o projeto histórico capitalista, estamos nos referindo à formação dos trabalhadores que hoje reivindicam uma Educação do Campo na perspectiva da emancipação humana Ou seja, da superação da sociedade estruturada em classes sociais, a classe que detém os meios de produção – terra, equipamentos, tecnologias, conhecimentos científicos – e os que detêm somente sua força de trabalho – os trabalhadores.

Entendemos, assim como Caldart, que a Educação do Campo possui características próprias.

> Uma das características constitutivas da Educação do Campo é a de se mover, desde o início sobre um "fio de navalha" que somente se consegue compreender pela análise das contradições reais em que está envolvida e que, nunca é demais repetir, não são as contradições do território estrito da pedagogia, mas das lutas de classe, particularmente de como se desenvolvem hoje no campo brasileiro, em todas as dimensões de sua realidade. Este "fio de navalha" precisa ser analisado, pois, no terreno das contradições e não das antinomias, estas últimas muito mais próprias ao mundo das ideias do que ao plano da realidade concreta, das lutas pela vida real em uma sociedade como a nossa: sim! A Educação do Campo toma posição, age, desde uma particularidade e não abandona a perspectiva da universalidade, mas disputa sua inclusão nela (seja na discussão da educação ou de projeto de sociedade). Sim! Ela nasce da "experiência de classe" de camponeses organizados em movimentos sociais e envolve diferentes sujeitos, às vezes com diferentes posições de classe. Sim! A Educação do Campo se move pela radicalidade pedagógica desses movimentos sociais e entra no terreno movediço das políticas públicas, da relação com um Estado comprometido com um projeto de sociedade que combate, se coerente for com sua materialidade e vínculo de classe de origem. Sim! A Educação do Campo tem-se centrado na escola e luta para que a concepção de educação que oriente suas práticas se descentre da escola, não fique refém de sua lógica constitutiva, exatamente para poder ir bem além dela enquanto projeto educativo. E, uma vez mais, sim! A Educação do Campo se coloca em luta pelo acesso dos trabalhadores ao conhecimento produzido na sociedade e ao mesmo tempo problematiza, faz a crítica ao modo de conhecimento dominante e à hierarquização epistemológica própria desta sociedade que deslegitima os protagonistas originários da Educação do Campo como produtores de conhecimento e não constrói referências próprias para a solução de problemas de uma outra lógica de produção e de trabalho que não seja a do negócio ou do trabalho produtivo para o capital." (CALDART, 2010; p. 05).

A Educação do Campo foi e está sendo incorporada e/ou valorizada na agenda de lutas e de trabalho de um número cada vez maior de movimentos sociais e sindicais do campo, com o envolvimento de diferentes entidades e órgãos públicos. O que pode ser conferido pelo conjunto de promotores e apoiadores das conferências estaduais e nacionais realizadas. A I Conferência Nacional, "Por uma Educação Básica do Campo", realizada em 1998, e organizada pelo MST, CNBB,UnB, Unicef e Unesco, inaugurou uma nova referência para o debate e a mobilização popular: Educação do Campo e não mais educação rural ou educação para o meio rural, ao reafirmar a legitimidade da luta por políticas públicas específicas e por um projeto educativo próprio para os sujeitos que vivem e trabalham no campo. A II Conferência Nacional por uma Educação do Campo, ocorrida em Luziânia (GO), em 2004, recebeu apoio e a participação de movimentos sociais, sindicais e outras organizações sociais do campo e da educação, de universidades, de ONGs e de Centros Familiares de Formação por Alternância, de secretarias estaduais e municipais de educação e de outros órgãos de gestão pública.

O esforço realizado apontou para a defesa dos interesses da classe trabalhadora do campo e para o enfrentamento das condições precárias da escola do campo, que contribuem na determinação dos péssimos resultados educacionais no campo. Levamos, em consideração, portanto as pesquisas educacionais que demonstram uma diferença acentuada entre os indicadores relativos às populações que vivem no campo e as que vivem nas cidades. Segundo o Panorama da Educação do Campo, realizado pelo Instituto Nacional de Estudos e Pesquisas Educacionais (INEP), em 2006, a educação para os povos do campo enfrenta ainda o desafio de superar um quadro de políticas públicas inadequadas ou a sua total ausência.

O estudo aponta, ainda, como principais dificuldades em relação às escolas do campo e ao desenvolvimento do meio rural:

> a) a insuficiência e precariedade das instalações físicas da maioria das escolas[2];
> b) as dificuldades de acesso dos professores e estudantes às escolas, em razão da falta de um sistema adequado de transporte escolar;
> c) a falta de professores habilitados e efetivados, o que provoca constante rotatividade;
> d) a falta de conhecimento especializado sobre políticas de Educação Básica para o meio rural, com currículos inadequados que privilegiam uma visão urbana de educação e desenvolvimento;
> e) a ausência de assistência pedagógica e supervisão escolar nas escolas rurais;
> f) o predomínio de classes multisseriadas com educação de baixa qualidade;
> g) a falta de atualização das propostas pedagógicas das escolas rurais; baixo desempenho escolar dos estudantes e elevadas taxas de distorção idade–série;

---

[2] *Panorama da Educação do Campo*. Brasília: Inep/MEC, 2006, p. 22.

h) os baixos salários e sobrecarga de trabalho dos professores, quando comparados com os que atuam na zona urbana;

i) e a necessidade de reavaliação das políticas de nucleação das escolas e de implementação de calendário escolar adequado às necessidades do meio rural.

No que diz respeito ao perfil socioeconômico da população rural, os indicadores mostram que é grande a desigualdade existente entre a zona rural e urbana e entre as grandes regiões. Segundo dados organizados pelo INEP, em 2004, cerca de 30,8 milhões de cidadãos brasileiros viviam no campo em franca desvantagem social. Apenas 6,6% da população rural economicamente ativa apresentava rendimento real médio acima de três salários mínimos. Na zona urbana, nessa mesma faixa de renda, concentravam-se 24,2% da população. O desamparo e a vulnerabilidade da população do campo refletem-se nos altos índices de analfabetismo e no baixo desempenho escolar. 25,8% da população rural adulta (de 15 anos ou mais) é analfabeta, enquanto na zona urbana essa taxa é de 8,7%.

No que diz respeito ao Ensino Médio, o estudo também aponta que entre os jovens de 15 a 17 anos, quando considerada a taxa de frequência líquida, o quadro é muito crítico na área rural: pouco mais de um quinto dos jovens nessa faixa etária (22,1%) estão frequentando esse nível de ensino contra 49,4% na zona urbana. Segundo o tipo de organização, temos 59% dos estabelecimentos rurais do Ensino Fundamental formados, exclusivamente, por turmas multisseriadas e unidocentes, as quais concentram 24% das matrículas. As escolas exclusivamente seriadas correspondem a cerca de 20% e concentram pouco mais de metade das matrículas (2.986.209 estudantes). As mistas (multisseriadas e seriadas) respondem por ¼ das matrículas (1.441.248 estudantes). Os professores da área rural enfrentam as consequências da sobrecarga de trabalho, da alta rotatividade e das dificuldades de acesso e locomoção. Além disso, recebem salários inferiores aos da zona urbana e estão entre os que têm menor nível de escolaridade.

Os dados e informações apresentados nos estudos e diagnósticos produzidos nos últimos anos pelo MEC confirmam as análises produzidas pelos movimentos sociais e justificam suas demandas. Os desafios para uma oferta de educação de qualidade para as populações identificadas com o campo foram discutidos e sistematizados na primeira e na segunda Conferência Nacional por uma Educação do Campo, realizadas em 1998 e em 2004, respectivamente. O Documento Final da segunda Conferência apresentou as seguintes demandas:

1) universalização do acesso à Educação Básica de qualidade para a população brasileira que trabalha e vive no e do campo; a construção de alternativas pedagógicas que viabilizem, com qualidade, a existência de escolas de educação fundamental

e de ensino médio no próprio campo; a oferta de educação de jovens e adultos; políticas para a elaboração de currículos e para escolha e distribuição de material didático-pedagógico, que levem em conta a identidade cultural dos povos do campo e o acesso às atividades de esporte, arte e lazer;

2) ampliação do acesso e permanência da população do campo à Educação Superior, por meio de políticas públicas estáveis;

3) valorização e formação específica de educadoras e educadores do campo por meio de uma política pública permanente;

4) respeito à especificidade da Educação do Campo e à diversidade de seus sujeitos.

Na Bahia, constata-se com maior dramaticidade, segundo dados oficiais, a intensificação da ausência de políticas sociais. As consequências dessa realidade exposta apresentam um quadro de exclusão escolar que se configura de diferentes formas ao longo do tempo e do espaço para aqueles que vivem e trabalham no campo.

Justifica-se, assim, a presente proposta encaminhada pela UFBA para a criação do curso de graduação – Licenciatura em Educação do Campo, que deve contar com a necessária implementação de um modelo de escola pautada na especificidade do campo e com um novo trato no conhecimento e na organização do trabalho pedagógico; assim como com profissionais qualificados, capazes tanto de entender as demandas apresentadas pela população, quanto de lhes proporcionar os meios necessários à implementação de processos de ensino de qualidade, conforme princípios e diretrizes dos termos da minuta MEC da política de Educação do Campo, dos quais destacamos:

- propostas político-pedagógicas que contemplem e articulem uma sólida formação do educador, nos princípios éticos e sociais e na compreensão teórico e prática dos processos de formação humana e na área de conhecimento escolhida, para sua atuação docente;
- ênfase na pesquisa, como processo desenvolvido ao longo do curso e integrador de outros componentes curriculares, culminando na elaboração de um trabalho monográfico com defesa pública;
- estágios curriculares que incluam experiências de exercício profissional na docência escolar na área de conhecimento escolhida, na gestão de processos educativos escolares e em projetos de desenvolvimento comunitário com as populações do campo;
- criar condições teóricas, metodológicas e práticas, para que os professores possam se tornar agentes efetivos na construção e reflexão do projeto político-pedagógico, planejamento e gestão da escola em que estão inseridos;
- avaliação interna e externa planejada e construída em conjunto com os estudantes-formadores envolvidos;
- organização curricular em regime de alternância, com etapas presenciais (equivalentes a semestres de cursos regulares) para permitir o acesso, a permanência e a relação prática-teoria-prática, vivenciada no próprio ambiente social e cultural dos estudantes; e

- possibilitar a participação de estudantes em estudos curriculares, em projetos de iniciação científica, em monitoria, em extensão, em vivências nas mais diferentes áreas do campo educacional.

Essas diretrizes foram instaladas no âmbito do MEC, a partir da orientação das demandas advindas dos 25 Seminários Estaduais de Educação do Campo. Parte dessas demandas materializou-se na implementação do projeto piloto de Licenciatura em Educação do Campo, no âmbito de quatro universidades federais indicadas: Universidade Federal da Bahia (UFBA), Universidade Federal de Minas Gerais (UFMG), Universidade Federal de Sergipe (UFS) e Universidade de Brasília (UnB).

O curso da UFBA seguiu, em termos gerais, os cinco eixos estruturantes das diretrizes iniciais, aprovadas em 7 de abril de 2006, quanto aos objetivos, diretrizes para o Projeto Político-pedagógico, que indica o perfil, bases curriculares da formação, a fundamentação e base legal e ainda as indicações das formas de implementação e financiamento advindo de recursos do Fundo Nacional de Desenvolvimento da Educação (FNDE/Secad/MEC), Programa de Apoio à Formação Superior em Licenciatura em Educação do Campo (Procampo).

O curso de Licenciatura em Educação do Campo da UFBA é, portanto, uma ação tática, que possibilita aproximar a Universidade da rede de ensino existente e dos movimentos sociais de luta, no enfrentamento de uma questão crucial na educação – a formação de professores. Trata-se, assim, de uma experiência ímpar, para assegurar a especificidade da formação na diversidade sociocultural, do direito universal dos povos do campo à educação pública de qualidade e referenciada nas lutas sociais.

Concepção teórico/metodológica da Organização Curricular

As principais categorias teóricas do curso são: formação humana omnilateral e o modo de produção da vida, ou seja, as relações socio-históricas, políticas, econômicas e culturais da classe trabalhadora do campo.

O foco da educação é o ensino-aprendizagem do conhecimento científico, com base no trabalho humano, que vem possibilitando ao educando, como sujeito histórico, o instrumental teórico necessário para o posicionamento crítico ante as problemáticas específicas do campo, a ciência moderna e a questão socioambiental do mundo atual, e as questões que tensionam a luta de classes no campo.

Para isso foi necessário que os canais de interação entre o corpo de trabalho das universidades – professores, estudantes, técnico-administrativos e demais envolvidos nas coordenações e atividades formativas e as bases comunitárias fossem estreitados na busca de um processo de identificação e amadurecimento da unidade teórico-metodológica. Realizamos, para tanto, seminários para divulgação da proposta na comunidade científica, no movimento de luta social no campo e visitas às unidades escolares dos educandos para ampliar a compreensão filosófica e teórico-metodológica do curso.

O projeto histórico hegemônico e sua transformação, as teorias do conhecimento, materialismo histórico dialético e as teorias educacional e pedagógica progressistas foram devidamente tratadas para que a opção teórica do curso não se desse de maneira aleatória.

Partimos da teoria do conhecimento que identifica todo o conhecimento historicamente, seja ele científico ou da prática social. Esse conhecimento é dado pela ação dos homens sobre a natureza e da sociedade pelo trabalho. Portanto, o conhecimento desenvolvido pelo trabalho humano e, em especial, o conhecimento científico, se dá pelas relações humanas em dados modos de produção. O desenvolvimento das funções psíquicas superiores decorrem de tais relações de transformação da natureza e de si próprio (LEONTIEV, 2004). Assim sendo, com relação ao trato com o conhecimento, a apropriação dos conteúdos pelos educandos é entendida como direito de acesso ao conhecimento socialmente produzido e historicamente acumulado pela humanidade. Essa apropriação consiste em dar subsídios aos educandos para a criação de estruturas de pensamento que lhes permitam refletir sobre a lógica capitalista perversa e destrutiva e possam desenvolver outra lógica científica de relações sociais que valorize o trabalho coletivo, a auto-determinação e as formas revolucionárias de organização. Portanto, foi necessário integrar a proposta do curso ao contexto social dos educandos, entender a relevância social dos conteúdos articulados ao projeto da classe trabalhadora, aprofundando-se o conhecimento das bases teóricas e da totalidade do conhecimento da humanidade e, em especial, o conhecimento científico relacionado ao campo. O conhecimento historicamente acumulado e socialmente produzido é tratado por professores e estudantes no trabalho pedagógico.

Um dos grandes problemas na organização do currículo do curso de Licenciatura em Educação do Campo é que na UFBA os departamentos organizam-se por disciplinas. Para enfrentar essa lógica departamental, fragmentada e isolada, organizamos o currículo por áreas de conhecimento. A isso correspondeu a articulação das quatro áreas do conhecimento propostas em nível nacional – área de Linguagens e Códigos, área de Ciências Naturais e da Matemática; área das Ciências Sociais e Humanas, área das Ciências Agrárias – e as duas áreas que estão sendo priorizadas na UFBA, a saber: Linguagens e Códigos e Ciências da Natureza e da Matemática.

Com uma base comum, em relação às concepções filosófica, teórico-metodológica, construída após muitos estudos, debates e assessorias, estamos viabilizando a materialização desses fundamentos do Projeto Político-pedagógico assegurados no texto básico do PPP, por intermédio da organização do trabalho pedagógico pelo Sistema de Complexos, que se tornaram, agora, mensuráveis, e comparáveis em atividades formativas concretas implementadas no curso que apontam para:

- a formação omnilateral, unidade teoria e prática;
- a historicidade do processo formativo;
- uma consistente fundamentação teórica;
- o compromisso social;
- trabalhos socialmente úteis, coletivos e interdisciplinares;
- uma unidade teórico-metodológica;
- a gestão democrática e participativa;
- a avaliação processual, coletiva, permanente.

Lógica da Organização Curricular – Proposição superadora no trato com o conhecimento: indicação de um dos avanços importantes para a formação de professores

Destacamos aqui como proposição superadora, construída a partir do desafio teórico-metodológico da questão do trato com o conhecimento, a organização do conhecimento em áreas, tratadas pelo Sistema de Complexos.

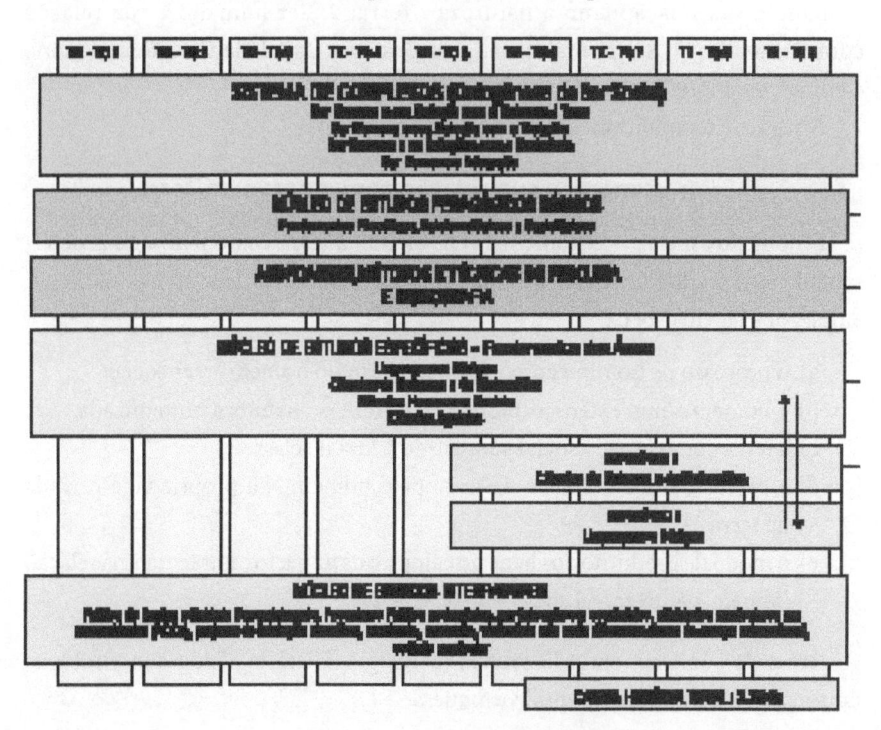

A proposta de trabalhar o currículo organizado pelo Sistema de Complexos possibilita alterar o trato com o conhecimento. Nesse sentido, segundo Pistrak (2000), a principal questão diz respeito a como vincular a vida escolar com um processo de transformação social, fazendo dela um lugar de educação do povo, para que ele se assuma como sujeito da construção de uma nova sociedade. O Estudo de Complexos só tem sentido na medida em que eles representam uma série de elos em uma corrente, conduzindo à compreensão e intervenção na realidade atual (PISTRAK, 2000, p. 14). O trabalho pedagógico organizado a partir do Sistema de Complexos provoca o olhar particular de cada área do conhecimento a situações problemáticas concretas, em uma perspectiva espiralada em que ocorrem as constatações, sistematizações, generalizações, explicações científicas, experimentações, ampliação, aprofundamento e a transformação do real pela ação coletiva.

Os Sistemas de Complexos do curso de Licenciatura em Educação do Campo da UFBA estão delimitados considerando a teoria que explica a ontogênese do ser social e propõe ações pedagógicas para alterar as condições objetivas de produção da existência humana e da educação no marco do capital. A proposta é estudar relações, nexos e determinações entre: 1. Ser humano e sua relação com a natureza / terra; 2. Ser humano e sua relação com o trabalho; 3. Ser humano e as relações com a sociedade; 4. Ser humano e educação enquanto política cultural.

A seguir, exemplificamos o Sistema de Complexos:

I – Ser Humano e sua relação com a natureza/terra

Fenômenos sociais – o homem e o trabalho na terra como fenômenos determinados por múltiplas relações a toda uma série de outros fenômenos análogos, enraizados na vida social:

a) o processo de hominização e humanização do homem – ser social;
b) o homem como extensão/parte da natureza e a natureza humanizada;
c) a terra como espaço social submetido à luta de classes;
d) a propriedade ontológica da terra pelo homem X a propriedade privada da terra;
e) o modo de produção dos bens no campo e os impactos ambientais na relação homem/natureza, na sociedade de classes.

Áreas de conhecimento: Filosofia, Sociologia, História, Geografia, Biologia, Educação Física, Artes e Língua Portuguesa.

II – Ser Humano e sua relação com o trabalho

Fenômenos sociais – a terra e o trabalho do homem como processo de produção material e social da vida:

a) o trabalho e a sua mercadorização;
b) desenvolvimento/destruição das forças produtivas;
c) os tipos de trabalho e a divisão social do trabalho ao longo da história;
d) a terra e os recursos naturais (solo, vegetação, relevo, clima) como fontes para a produção material e social da vida;
e) a ciência, as técnicas e os instrumentos do trabalho como formas elaboradas de apropriação e criação dos meios de existência do homem;
f) a importância da agricultura, indústria e das tecnologias para a produção da vida;
g) as formas de troca e comercialização dos produtos produzidos;
h) alternativas econômicas e sociais: cooperativismo, associativismo etc.;
i) o processo de internalização das relações sociais: trabalho e educação.

Áreas de conhecimento: Economia Política, Sociologia, Filosofia (Ontologia e Epistemologia), Educação, Geografia, Biologia, Educação Física, Artes e Língua Portuguesa.

III – Ser Humano e as relações com a sociedade

Fenômenos sociais – o modo de produção. A terra, o trabalho do homem, o conhecimento, a cultura. A produção determinada e determinante das relações sociais e culturais de produção e reprodução da vida, a organização social e a construção do mundo a cultura – a produção material e imaterial:

a) a agricultura e sua base tecnológica, suas produções e sistemas de troca;
b) os projetos históricos de sociedade e a construção das classes sociais: a luta e a consciência de classe no campo;
c) a sociedade, o Estado e a política;
d) a superação dos problemas sociais do campo pela organização coletiva.

Áreas de conhecimento: Ciências Agrárias, Matemática, Sociologia, Educação, Geografia, Artes e Língua Portuguesa.

IV – Ser Humano e a educação

Fenômenos sociais – a necessidade de apropriação da cultura humana historicamente construída para produção e reprodução da vida:

a) desenvolvimento social do pensamento, da linguagem e da corporalidade humana;
b) os processos de desenvolvimento psíquico do ser humano;
c) a construção do conhecimento pelo homem, em especial o conhecimento científico;
d) as possibilidades de formação emancipatória dos sujeitos do campo;
e) teorias do ensino–aprendizagem: os processos de internalização do conhecimento;
f) a construção do Projeto Político-pedagógico e a organização do trabalho pedagógico;
g) Educação do Campo.

Áreas de conhecimento: Psicologia; História da Educação, Filosofia da Educação, Didática, Metodologias Específicas, Política Educacional, Gestão Escolar, Língua Portuguesa, Estágio, Prática de Ensino.

A partir dessa estruturação por Sistema de Complexos, organizamos o currículo básico, por área, no qual cada área do conhecimento leva sempre em consideração os nexos, as relações e as contribuições das especificidades do conhecimento historicamente construído para responder e tentar superar as problemáticas suscitadas pelos fenômenos sociais em quatro níveis articulados de estudo: Núcleo de Estudos Básicos; Núcleo de Estudos Específicos; Núcleo das Atividades Integradoras e Núcleo de Estudos Básicos Pedagógicos. Esses núcleos se desdobram em: pesquisas didáticas, disciplinas específicas, seminários interativos, estudos independentes, estudos temáticos, oficinas de capacitação pedagógica, oficinas de produção de materiais didáticos, trabalhos de campo e projetos de inovação pedagógica, abertos a experiências, como:

- o Núcleo de Estudos Básicos é composto por estudos introdutórios ao pensamento científico, nas várias áreas de conhecimento, com fundamentos epistemológicos, filosóficos, história das ciências, articulados à metodologia do Sistema de Complexos;
- o Núcleo de Estudos Específicos refere-se à preparação para a docência multidisciplinar nas diferentes áreas do conhecimento no Ensino Fundamental nos anos finais (segundo segmento) e Ensino Médio;
- o Núcleo de Estudos Integradores refere-se às atividades complementares à prática docente, como: participação em seminários, estudos curriculares, projetos de iniciação científica, monitoria, extensão, vivências nas mais diferentes áreas do campo educacional, optativas e estágio curricular;

- o Núcleo de Estudos Básicos Pedagógicos refere-se ao estudo das teorias educacionais e pressupostos político-pedagógicos que orientam a ação do professor e para a gestão de processos educativos, escolares e não escolares.

Como estratégias para organizar o trabalho pedagógico, destacamos ainda o tempo pedagógico necessário para as aprendizagens que se dão em diferentes espaços – presenciais e nas próprias comunidades onde residem e trabalham os educandos. A formação deve garantir o acesso às diferentes formas de expressão e linguagens, comunicação e interação, para reconhecer, apreender, problematizar, sistematizar, explicar, propor, agir e superar a realidade concreta, a partir do confronto e contraposição entre o senso comum e o conhecimento escolar científico.

Esse trabalho árduo, complexo e exigente de implementação do curso de Licenciatura em Educação do Campo na UFBA está sendo desenvolvido por professores, estudantes – especialistas, mestres e doutores – de diferentes áreas do conhecimento e diferentes especialidades, bem como por pedagogos e metodólogos, preocupados em desenvolver o ensino de conteúdos específicos para além das abordagens unidisciplinares. A construção da equipe de trabalho, o coletivo que gerencia administrativa, financeira e pedagogicamente o curso demandou processos formativos específicos, assessoria e o desenvolvimento de uma pesquisa específica sobre formação de professores. Mas, temos que destacar, ainda, que dependemos do trabalho precarizado de docentes e estudantes, que, interessados e motivados pela Educação do Campo, buscam dar apoio e colaboram com as atividades educativas, visto não ter a própria universidade pessoal docente e técnico administrativo para suprir tal demanda especial. Para assegurar a Educação do Campo na UFBA será necessária uma política de expansão de vagas, de regularidade do curso, de contratação de pessoal e de inclusão no orçamento de recursos para tal.

Está sendo importante, ainda, na implementação do curso, a organização de práticas avaliativas formativas – a avaliação dos educandos como processo sistemático, acumulativo e participativo de acompanhamento de todos os tempos e espaços educativos, abrangendo aspectos qualitativos e quantitativos. Destacam-se nesse processo dimensões básicas como: a) crescimento da pessoa como ser humano, formação de seu caráter, valores, convivência solidária no coletivo, e participação no conjunto das atividades; b) domínio de conhecimentos gerais, desenvolvimento intelectual e desempenho nas práticas que integram o currículo de formação de professores para a Educação do Campo; e c) desenvolvimento das competências básicas identificadas como perfil profissional esperado no curso de formação de professores em Educação do Campo.

Vale destacar, ainda, na especificidade da UFBA, que as áreas de conhecimento estão se estruturando, agora visando aprofundamentos nas duas áreas eleitas, a saber: Linguagens e Códigos (2/3 da turma) e Ciências da Natureza e Matemática (1/3 da turma). Intensifica-se, agora, a atuação no Tempo Comunidade, com o estágio supervisionado, com as experiências do PIBID – o Programa de Bolsas de Incentivo à Docência, e com o desenvolvimento das Disciplinas Pesquisa e Prática Pedagógica II, que interagem e atuam articuladas.

A carga horária, distribuída em quatro anos e meio, além de cumprir a lei sobre Prática de Ensino e Estágio Supervisionado (800 horas), contempla as horas de atividades complementares (200 horas) e as horas presenciais, que representam o Tempo Escola em torno de 60% do total da carga horária.

Um dos avanços do curso foi a compreensão sobre as tecnologias, entendidas em três dimensões: a) como a base técnica das áreas de conhecimento que compõe o curso; b) as possibilidades de comunicação e expressão informacional e comunicacional; e c) as tecnologias educacionais. O curso vai instalar em dezessete municípios os Centros Digitais Tecnológicos (CDT), graças ao efetivo trabalho dos estudantes e professores do curso e do aporte financeiro conseguido na Secad/MEC, FNDE para equipamentos. Cada um dos estudantes do curso possui o seu notebook, e os principais livros indicados pelos docentes são comprados para cada estudante, que compõe, assim, a sua própria biblioteca.

O Coletivo do Curso organiza-se em brigadas, que assumem responsabilidades na gestão pedagógica e administrativa do curso, colaborando com o coletivo docente. Os estudantes têm sua representação estudantil – titular e suplente – que participa do colegiado unificado dos cursos especiais para formação de professores em exercício da Faced/UFBA. Além disso, o curso mantém e assiste os pais com filhos pequenos, que, no Tempo Escola os acompanham, com a instalação de "cirandas" – espaços educativos e formativos que zelam pela criança enquanto os pais estudam. São crianças de menos de três anos, em torno de três crianças por Tempo Escola, que ainda não podem ficar, por longos períodos, longe dos pais.

O curso tem possibilitado a elaboração de materiais didáticos, como, por exemplo, os portifólios, os cadernos de registro, os textos suplementares. Os estudantes têm participado de forma efetiva da elaboração de materiais didáticos para a escola do campo, por exemplo, criticando os *Cadernos Didáticos para a Escola do Campo*, elaborados pela equipe do Lepel/Faced/UFBA, com apoio de assessores, por encomenda do MEC/Secad.

Outro destaque é a pesquisa sobre formação de professores e o trato com conteúdos específicos da cultura corporal, considerando referências curriculares básicas em desenvolvimento para a rede pública de ensino da Bahia. O professor da Licenciatura do Campo terá um conhecimento e habilidades para, em equipes interdisciplinares, compreender, explicar e defender a Educação Física no Projeto

Político-pedagógico das escolas para elevar o pensamento teórico dos estudantes sobre a cultura esportiva. Isso não ocorre atualmente nos cursos de formação de pedagogos e de licenciandos, visto a área não estar contida nos currículos de formação de professores. E, por outro lado, na formação de licenciandos em Educação Física, as questões do campo não são tratadas.

A concepção de pesquisa matricial, pesquisa didática e monografia de base são concepções de trabalhos pedagógicos que sustentam procedimentos formativos, os quais estão sendo implementados desde o início do curso. Com isso, pretende-se fortalecer a atitude científica e a capacidade de trato com o conhecimento científico por parte dos estudantes, ou seja, o pensamento teórico dos estudantes que dependem da atividade prática das funções psíquicas superiores.

Destacam-se no curso da UFBA os convênios e tratados de cooperação com a Universidade Federal Rural da Bahia (UFRB), com o Instituto Técnico de Capacitação e Pesquisa da Reforma Agrária (Iterra), com a Universidade Estadual de Campinas (Unicamp), com a Universidade Federal de Santa Catarina (UFSC), com a Universidades de Habana e de Pinar del Rio (Cuba).

Outro avanço é a forma colegiada com que a Faced/UFBA organiza a gestão acadêmica dos cursos especiais de formação de professores em exercício. São atualmente cinco cursos oferecidos, gestados por um colegiado dos cursos integrados.

Como avanço que repercutirá para além do curso em si está a instalação do Polo de Referência em Pesquisa e Formação de Professores para a Educação do Campo da UFBA. O polo, que objetiva apoiar as pesquisas e cursos de formação de professores do campo, contribuirá para a instalação dos Centros Digitais Pedagógicos (CDP) nos dezessete municípios de onde advêm os professores em formação.

O acúmulo nesses dois anos de curso aponta para um trabalho complexo, dificílimo, mas necessário para a formação de professores para a escola do campo, com uma consistente base teórica, que deverá se tornar regular e permanente na UFBA, caso forem garantidas as condições necessárias para tal.

Estamos desenvolvendo a proposta com muitas dificuldades. Essas dificuldades foram apresentadas, sistematizadas e debatidas no II Seminário Nacional dos Cursos de Licenciatura em Educação do Campo, ocorrido em Brasília, em junho de 2010. Mas a elas correspondem a determinação de um coletivo de docentes nas universidades, que, juntamente com sindicatos do campo e demais movimentos sociais, demonstra a determinação para continuar em defesa da Educação do Campo. A criação do Fórum Nacional de Educação do Campo assim o demonstra. Ocorreu em Brasília, nos dias 16 e 17 de agosto de 2010, na sede da Confederação Nacional dos Trabalhadores na Agricultura (Contag), por auto-convocação, movimentos e organizações sociais e sindicais, universidades, institutos federais de educação e representantes convidados de organismos internacionais e dos Ministérios do Desenvolvimento Agrário e da Educação, após análise da situação do campo e da Educação do Campo no Brasil, decidiram pela criação do Fórum Nacional de Educação do Campo (Fonec). Um dos pontos de partida comum aos signatários da Carta de Criação do Fonec é a constatação da não implantação das normativas – Diretrizes Operacionais para a Educação Básica nas Escolas do Campo (Resolução CNE/CEB nº 1, de 03 de abril de 2002), e "Diretrizes Complementares" (Resolução CNE/CEB nº 2, de 28 de abril de 2008), no âmbito dos sistemas educacionais do país. Além dessas normativas não serem efetivadas nos princípios e determinações que as compõem – o que já caracteriza uma grave sonegação de direitos que deve ser cobrada –, elas são incompletas no que concerne, por exemplo, a ações de acesso e permanência ao ensino com qualidade, inclusive, de nível superior.

Esses desafios nos movem, juntamente com todos os setores que reconhecem as graves desigualdades sociais no Brasil e a necessidade da garantia da educação de qualidade no campo, o que passa pela formação dos professores.

Os principais problemas e indicações de saltos qualitativos

Um dos principais problemas diz respeito à responsabilidade da Universidade com o desenvolvimento do pensamento teórico dos estudantes, frente ao fato de que eles chegam à universidade tendo passado por um sistema educacional desarticulado e que não zelou efetivamente por isso. Constatamos de imediato, perante a seleção inicial, que o aluno requer conhecimentos básicos, e destacamos a dificuldade dos estudantes com o pensamento teórico–científico.

O ingresso dos estudantes no curso superior e o perfil das turmas estão sendo grandes desafios, porque, além de exigir vestibulares específicos que não podem ser contra a normatização e os princípios do direito de todos, há a necessidade de atender a uma demanda específica do campo; o que exigiu a definição de especificidades no único edital realizado até a presente data, vez que o curso continua sendo um curso especial com uma única turma. O perfil previsto na turma da UFBA era de professores em exercício, sem formação específica para tal[3]. As cinquenta vagas foram disputadas por aproximadamente duzentos inscritos.

O curso demanda uma infraestrutura e uma logística que não existe e está constantemente sendo construída, visto que atinge dezessete municípios que serão beneficiados com as atividades educativas do curso e pelo retorno de professores formados em Educação do Campo. A logística diz respeito às condições na Universidade de prestar assistência estudantil – hospedagem, alimentação, bolsas, creche

---

[3] Existem questões afetas à mobilização e participação efetiva do MST da Bahia no curso de Licenciatura em Educação do Campo oferecido pela UFBA que estão em estudo.

etc. para estudantes que vêm do interior e passam de trinta a cinquenta dias, em média, na capital para o Tempo Escola. Além disso, a participação dos estudantes, professores em exercício, requer nos municípios uma logística que deve ser apoiada pelas prefeituras, ou pelos movimentos sociais, o que demanda substituição em serviço. Convencer reitores, pró-reitores, conselhos e colegiados, prefeitos, secretários de educação, coordenações de movimentos tem sido uma das tarefas que o coletivo que gerencia o curso tem chamado para si.

Portanto, entre os problemas, destacamos os de ordem financeira, infraestrutural, administrativa e de gestão. A sustentabilidade política e financeira dos cursos nas universidades é uma ameaça. É necessário avançar de curso especial para professores em exercício para um curso regular, normatizado e assumido na matriz financeira e orçamentária da Universidade. É necessário superar a política de editais para uma política orçamentária prevista e planejada no conjunto das despesas da Universidade. A ação do Ministério da Educação deve ser na linha do reconhecimento dos cursos da Licenciatura em Educação do Campo, tanto no âmbito da Sesu/MEC, quanto nos demais ministérios do governo, bem como nas leis educacionais. As estratégias para consolidar a institucionalização/regulamentação dos cursos não podem perder a materialização de origem com as lutas pela Reforma Agrária e pela Educação do Campo. Isso implica o reconhecimento de um processo seletivo diferenciado dos estudantes do curso porque deve atender às especificidades da Educação do Campo.

Quanto à sistemática de avaliação desses cursos de formação de professores do campo, ela ainda necessita ser ajustada e considerada pelo MEC e seu Sistema Nacional de Avaliação do Ensino Superior (Sinaes). A normatização para além da universidade requer, ainda, uma normatização dos cursos e colegiados nas próprias universidades.

Destacamos, ainda, que o curso de Licenciatura em Educação do Campo da UFBA nos colocou desafios históricos, por exemplo, atentar para a não descaracterização do PPP, descolado da Educação do Campo e dos sujeitos coletivos do campo, o que significa, descolando-o da luta para alteração do modo de produção da vida. É necessário garantir a formação colada à luta da terra, na terra, pela terra, a luta pela Educação do Campo[4]. Dentro disso, a integração de diferentes instituições e o protagonismo das organizações da sociedade civil e movimentos de luta social na gestão dos cursos são um dos desafios frente à estrutura acadêmica e burocratização das universidades e seus currículos organizados disciplinarmente a partir

---

[4] Os movimentos de luta social no campo demonstram temor, explicitado em seminários regionais e nacional, frente ao descompromisso com a prática social do campo e o abandono da visão de escola e escolarização dos movimentos sociais e sindicais do campo. Esse desvio pode vir a descaracterizar completamente a proposta original de formação de professores para o campo, conforme defendido pelos movimentos sociais e sindicais do campo.

de departamentos que fragmentam as áreas do conhecimento e criam obstáculos a trabalhos interdisciplinares.

Conclusão

O presente texto buscou apresentar, a partir da realidade do campo e das problemáticas significativas da educação, a proposta de estruturação/Projeto Político-pedagógico do curso de Licenciatura em Educação do Campo que vem sendo desenvolvida na UFBA, em diálogo com outras IES e com os movimentos sociais. Ressalta-se que tal proposta foi/está sendo elaborada a partir das discussões realizadas no interior da Faced/UFBA, o que implica um processo de debate, conflitos e disputa de ideias. Portanto, a proposta apresentada e agora em desenvolvimento é a síntese possível desse processo, apresentando dificuldades, recuos e possibilidades de avanços na organização do trabalho pedagógico.

Contudo, fica clara a necessidade de avançarmos na consolidação das condições concretas que possibilitem aos trabalhadores do campo e da cidade o acesso a uma educação emancipatória, que, inserida no conjunto das lutas sociais e pela Reforma Agrária, aponte para além do capital. E isso passa sim pela formação dos professores que trabalharão nas escolas do campo. A educação é sim instrumento de formação teórica e estratégica essencial para que os povos do campo possam avançar nas suas lutas que se inserem na luta mais geral entre capital e trabalho, que encontra sua expressão no campo na luta entre o projeto dos latifundiários e a luta pelas reivindicações dos camponeses. A luta para que se efetive um sistema integrado nacional de educação, ao qual corresponda uma estrutura física que lhe dê materialidade, com um corpo docente bem formado, qualificado, bem remunerado e com uma carreira decente. A luta pela permanência dos jovens no campo e, fundamentalmente, a luta não apenas para impedir o fechamento das escolas no campo, mas para a construção de mais e melhores escolas no campo para que crianças e jovens estudem e permaneçam no campo.

Questões teóricas, curriculares, de gestão, administração, financiamento, diretrizes, bolsas e avaliação perpassam as experiências-pilotos (UFBA, UFS, UFMG e UnB), bem como, as demais trinta instituições que até agora aderiram à proposta de formar professores da Educação do Campo.

Enfrentar esses desafios intensificados pelas demandas e reivindicações colocadas pelos movimentos de luta social no campo e pelos sindicatos de trabalhadores do campo, assumidos pela política de governo (Secad/MEC – Procampo), por pressão social, implicará elaborações teóricas que permitam avançar a teoria pedagógica e a teoria educacional no Brasil.

A tarefa de desenvolver a teoria pedagógica é um projeto tripartite de longa duração (FREITAS, 1995, p. 92). Envolverá pesquisa com *pedagogos, especialistas* em várias disciplinas, que servem de referência à educação, e *metodólogos,* preocupados em desenvolver o ensino de conteúdos específicos, que devem trabalhar interdisciplinarmente, ou seja, tratando de um problema que em seu nascedouro é interdisciplinar, como a Educação do Campo.

Frente à profunda crise de decomposição e degeneração do capitalismo (*A verdade,* nº 62/63, janeiro 2009), que se expressa no Brasil na luta pela terra e pela Reforma Agrária, a formação de professores por intermédio dos cursos de Licenciatura em Educação do Campo, mesmo dentro de limites e dificuldades incomensuráveis, perfila-se junto a outras lutas, como a alteração dos índices de produtividade da terra para fins de Reforma Agrária, a delimitação da propriedade privada da terra, como as que estão no marco das lutas contra a mundialização da educação (MELO, 2004), contra o imperialismo, contra o capital e suas guerras, ou seja, lutas que constituem um programa de transição (Trotsky, 2009) do capitalismo ao comunismo.

Referências

CALDART. R. S. *Educação do Campo. Notas para uma análise de percurso.* 2010. In, MOLINA, M. C. (Org)Educação do Campo e Pesquisa II. Questões para Refrexão. Brasília, DF. Nead, 2010. p. 103 - 135.

COLETIVO DE AUTORES. *Metodologia do Ensino da Educação Física.* São Paulo: Cortez, 2010.

FERNANDES, B. M. Os Campos da Pesquisa em Educação do Campo: espaço e território como categorias essenciais. In: MOLINA, M. C. (Org*.). Educação do Campo e Pesquisa:* Questões para reflexão. Brasília: Ministério do Desenvolvimento Agrário, 2006, p. 28-39.

FREITAS, L. C. *Critica da Organização do Trabalho Pedagógico e da Didática.* São Paulo: Campinas, Papirus, 1995.

LENIN. V. I. *Imperialismo, fase superior do capitalismo.* 4ª. ed. São Paulo: Global, 1987.

LEONTIEV, A. *O Desenvolvimento do Psiquismo.* São Paulo: Centauro, 2004.

MARX, ENGELS, LENIN, TROTSKY. *O Programa da Revolução.* São Paulo: Editora , 2009.

MEC. *Diretrizes Operacionais para a Educação Básica nas Escolas do Campo.* Brasília: Secad, 2002.

MEC. *Panorama da Educação no Campo.* Brasília: INEP, 2006.

MELO, A. A. S. de. *A mundialização da educação*: consolidação do projeto neoliberal na América Latina. Brasil e Venezuela. Maceió: EDUFAL, 2004

MÉSZÁROS, I. *A Educação para Além do Capital.* São Paulo: Boitempo, 2005.

PISTRAK, M. M. *Fundamentos da Escola do Trabalho.* São Paulo: Expressão Popular, 2000.

PISTRAK, M. M. *A Escola Comuna.* São Paulo: Expressão Popular. 2009.

VENDRAMINI, C. R. Educação e trabalho: reflexões em torno dos movimentos sociais do campo. *In Cadernos Cedes,* vol. 27, nº 72, p. 121-135, maio/ago. 2007.

CAPÍTULO 4
Formação de professores para a Educação do Campo na Universidade Federal de Sergipe

Sonia Meire Santos Azevedo de Jesus[1]
Jaqueline Gomes dos Santos[2]

A Universidade Federal de Sergipe (UFS) possui uma tradição, ainda recente, iniciada em 1995, em trabalhar com a educação e os movimentos sociais. Atualmente, o Departamento de Educação abriga dois cursos especiais direcionados para a formação de professores do campo: o curso de Licenciatura em "Pedagogia da Terra", voltado para os assentados da Reforma Agrária, e o curso de Licenciatura em Educação do Campo.

Na UFS, a Licenciatura em Educação do Campo foi criada em 2008 para atender a uma demanda de formação de professores no Nordeste, com prioridade para o Estado de Sergipe. O processo teve origem a partir de convênio firmado entre a UFS e o Ministério da Educação (MEC), por meio das ações da Secretaria de Educação Continuada, Alfabetização e Diversidade (Secad/MEC). Em 2007, a Secad, por intermédio do Programa apoia as Licenciaturas em Educação do Campo (Procampo), iniciou o processo de negociação com quatro universidades públicas: UFMG, UnB, UFBA e UFS.

Como o curso de Licenciatura em Educação do Campo objetiva construir uma perspectiva de educação vinculada ao campo e voltada para a sua transformação foi de fundamental importância estabelecer um critério de seleção que garantisse que os estudantes pudessem contribuir com as suas comunidades. Dessa forma, o critério é a participação em algum movimento social, sindicato, associação ou comunidade de grupos minoritários, como os quilombolas, os assentados e os

---

[1] Sonia Meire Santos Azevedo de Jesus é Doutora em Educação e professora adjunta na Universidade Federal de Sergipe – Campus São Cristovão.

[2] Jaqueline Gomes dos Santos é Mestranda em Educação na Universidade Federal de Sergipe e Coordenadora Pedagógica do Curso de Licenciatura em Educação do Campo da UFS.

ribeirinhos. A proposta é a de formar uma turma que estabeleça um vínculo mais sólido com a comunidade para, mais tarde, entender a formação de professores com uma perspectiva transformadora.

Desde o ano de 2008, o projeto está se desenvolvendo com uma única turma, aprovada por vestibular especial, formada atualmente por 45 estudantes. De acordo com os relatórios do curso (2008), "houve uma desistência no início do curso, sem ser possível a sua substituição pelo excedente" (p. 22). No processo seletivo, foram inscritos 217 candidatos, e, dos cinquenta aprovados, dois deixaram de fazer matrícula, e, ao fim dos módulos iniciais, cinco desistiram.

O curso de Licenciatura em Educação do Campo, sob a responsabilidade do Departamento de Educação da UFS, tem o período de quatro anos para integralização de todas as disciplinas e oferece duas áreas de concentração: Ciências Humanas e Sociais e Ciências da Natureza e Matemática. Os estudantes do curso são oriundos de 24 municípios, sendo 23 de Sergipe e um de Alagoas.

Para compor o perfil da turma, vale destacar que 31 estudantes são do sexo feminino e quatorze, do sexo masculino. Com um grupo feminino tão predominante, a Ciranda Infantil representa um recurso pedagógico fundamental que busca garantir a tranquilidade da mãe estudante. No início do módulo, cerca de quatro crianças eram assistidas pelas cirandeiras. Durante o curso três alunas tiveram filhos nos últimos módulos, o que mostra a importância desse espaço.

O Estado de Sergipe possui oito territórios. Desses, sete possuem o Projeto de Licenciatura em Educação do Campo (Prolec). Como constatado, os estudantes residem em diferentes municípios e a infraestrutura de acolhimento dos alunos (a hospedagem e a alimentação), definida a partir de processo licitatório, tem sido objeto de interesse e implementada em espaços de organização política e sindical, como o Espaço de Formação do Quissamã (assentamento do Movimento dos Trabalhadores Sem-Terra) e a Federação dos Trabalhadores da Agricultura do Estado de Sergipe (Fetase).

Entre os alunos matriculados, dezesseis residem em áreas de assentamentos e dois em área remanescente de quilombo – a comunidade *Mussuca,* localizada no município de Laranjeiras. Vale destacar que dezessete alunos residem em um único município, Poço Redondo. Em Sergipe, esse é o município com a segunda maior população rural do Estado (74,47%) e com maior número de assentamentos de Reforma Agrária. Os municípios de Japoatã e Carira apresentam o segundo maior número: quatro estudantes em cada município. O primeiro, situado no território do Baixo São Francisco, e o segundo, no território do Agreste Central. A cidade de Japoatã tem uma população rural que equivale a 69,65% da população total, enquanto a população rural do município de Carira corresponde a 45,38%

do total de residentes. Ambos possuem altas taxas de analfabetismo a partir dos catorze anos de idade.

Vale destacar que a condição profissional de parte dos estudantes sofreu alteração desde o ingresso no curso, sobretudo a partir de concursos públicos e de contratação em redes escolares. Muitos alunos, cerca de vinte, já atuam como professores da rede pública municipal e estadual de ensino ou em coordenação pedagógica de escolas em área de assentamento ou em comunidade quilombola.

Baseado no recorte político, geográfico, cultural e social da turma, pode-se afirmar que o curso é marcado por uma diferença fundamental em relação aos demais cursos de licenciatura da universidade. A concepção política que se expressa na sua grade, na sua construção, na sua proposta pedagógica e na sua organização revela uma intencionalidade pedagógica diferenciada.

A construção do programa do curso foi elaborada a partir de uma matriz com enfoque transdisciplinar, com a ideia de macroconceitos comuns a diversas disciplinas de conhecimento, uma ferramenta útil na compreensão e na reflexão crítica da realidade. Dessa maneira, o programa do curso busca a construção de uma Educação do Campo vinculada à realidade com vistas à transformação de um cenário de discriminação e exclusão pelo qual parte dessa população ainda sofre.

Ademais, o curso tenta superar a forma tradicional de divisão de disciplinas que se mantêm estanques, sem diálogo entre si. É a partir da transdisciplinaridade que os módulos são organizados e estruturados pedagogicamente. Dessa forma, o curso se estrutura em duas grandes áreas sob a perspectiva da formação de professores: Ciências da Natureza e Matemática e Ciências Humanas e Sociais. A primeira engloba as áreas de Biologia, Química, Física e Matemática; a segunda, disciplinas da área de História, Geografia, Antropologia, Sociologia e Filosofia.

Conforme definido no projeto político-pedagógico, a proposta metodológica do curso se baseia na Pedagogia da Alternância, em que a aprendizagem dos educandos é mediada por momentos de estudo e reflexão no coletivo da sala de aula ao longo do Tempo Acadêmico (TA), ao mesmo tempo em que toma a realidade do alunado a partir das atividades de pesquisa e extensão que são desenvolvidas no Tempo Comunidade (TC).

A Pedagogia da Alternância pretende formar educadores reflexivos com vistas a estimular uma intervenção em sua realidade, buscando uma transformação que respeite o universo cultural e socialmente construído. De acordo com Antunes (2002), a Pedagogia da Alternância "contribui para superar um dos maiores desafios da escola do campo: construir condições para que a escola possa funcionar em diálogo com as práticas de trabalho, cultura, religião, lazer das famílias do campo".

Vale destacar que a prioridade do curso é formar professores com uma outra lógica sobre os conteúdos a serem abordados em sala e com uma nova relação pedagógica com os estudantes. Consiste em transformar a relação de aprendizagem de um ensino depositário e meramente conteudista em uma relação focada na realidade local e fazer da prática cotidiana relações com os conteúdos disciplinares, estabelecendo ligações entre eles para daí retornar à realidade e melhor compreendê-la e capacitar os estudantes a encontrar soluções para os problemas locais e, de articular intervenções para enfrentar os problemas sociais.

Tendo em vista o método de construção e a perspectiva política do curso, a auto-organização dos alunos durante os módulos estrutura-se em coletivos, tal qual pensado por Pistrak (2000). No Tempo Acadêmico, os estudantes se organizam por meio de plenárias e grupos de trabalho, com o objetivo de integrar o coletivo nas tarefas cotidianas. Servem também para discussões em grupo das atividades pedagógicas e políticas e de problemas que ocasionalmente possam surgir.

Ao longo dos primeiros módulos, a proposta da coordenação pedagógica era integrar os estudantes no ambiente acadêmico, além de garantir que a relação teoria e prática, na Academia, pudesse estar realmente articulada com a realidade do aluno.

No Módulo I, os estudantes foram orientados a escrever um memorial que pudesse registrar a vida e a trajetória escolar de cada um. A escrita do texto deu-se durante vários encontros, sobretudo nas aulas de Seminário de Produção de Texto I. Os alunos discutiram com o docente a relevância da atividade, a forma de elaboração, a leitura de vida, as técnicas de escrita etc. Ao final da primeira versão, pode-se notar na escrita traços marcadamente culturais que perpassam o espaço do campo a partir de temas centrais, tais como família, trabalho, escola, cultura:

> "... A minha família era formada por oito pessoas, quatro irmãos e duas irmãs e, claro, papai e mãe. Eles trabalhavam na roça e eu por ser a primeira filha tinha que cuidar da casa e das crianças..."
>
> "... Minha escola era pequena, tinha apenas duas salas e um pátio, as mesas e cadeiras eram de madeira e pintadas de azul..."
>
> "... O namoro durou 13 anos. Noivei, e após algum tempo retorno a São Paulo. Decidi ficar e acabar o noivado. Não quero aquela vidinha do Nordeste. Mulheres sofridas, vistas como escravas. A saudade de mamãe e papai me incomodava. Mamãe me escreve e me comove. Volto à terra Natal..."

A partir do segundo módulo, os alunos foram se inteirando do rigor metodológico e teórico da academia, foi nesse momento que os alunos puderam optar pela área de atuação. Vale lembrar que esse processo foi sendo construído desde o primeiro módulo quando os estudantes participaram de diversas atividades e de disciplinas para compreender o objeto de estudo das duas áreas. Os estudantes optaram pela área de maior identificação, usando como critério o número de representantes de cada localidade, a equiparação do número de alunos nas turmas, a demanda ou a carência da comunidade etc. Assim, na área de Ciências da Natureza e Matemática ficaram 23 alunos e em Ciências Humanas e Sociais, 25.

Desde o segundo módulo, os alunos, a partir da disciplina Seminário de Produção de texto II, tiveram acesso ao debate acerca do conhecimento científico e popular, seus efeitos na sociedade, além das orientações para a reconstrução dos saberes no diálogo com o rigor metodológico e científico da academia. A proposta era familiarizar os estudantes, de maneira crítica, para que pudessem produzir e compreender textos científicos entendendo a função social da pesquisa, além de suas diversas vertentes metodológicas.

Mais tarde, no quinto módulo, foram necessários espaços de formação elaborados pela Coordenação Pedagógica que dessem conta de aulas sobre a reescrita do memorial (escrito no primeiro módulo ao longo da disciplina Seminário de Produção de Texto I) e do acesso aos métodos e metodologias de pesquisa, além do exercício da problematização. Todas essas estratégias pedagógicas foram utilizadas para auxiliar na escrita científica dos alunos, sobretudo na produção da monografia. Além disso, as disciplinas de Metodologia e Técnicas de Pesquisa foram fundamentais para a formação de uma concepção de pesquisa e para a inserção acadêmica propriamente dita, a partir, sobretudo, da identificação de temas e de objetos de pesquisa em educação.

O corpo docente dos módulos do curso é composto basicamente por professores titulares e voluntários da UFS, e, ainda, por professores de outras instituições, como o Instituto Federal de Sergipe. Por isso, faz-se necessária a formação de uma equipe pedagógica que se articule no curso de forma contínua. Pode-se dizer, então, que o marco para a organização pedagógica da Licenciatura em relação aos módulos iniciais foi o processo de monitoria. Recurso pedagógico complementar, a monitoria articula a relação entre a teoria e a prática sem perder de vista a identificação das problemáticas que repousam no processo de ensino-aprendizagem a partir da provocação crítica. Assim, além da assistência aos docentes, garante aos alunos uma melhor compreensão dos conteúdos a partir da revisão ou fundamentação dos conceitos.

Dessa maneira, o curso conta, desde o quinto módulo, com seis monitores, sendo três da área de Ciências Humanas e Sociais, mais precisamente Geografia, História e Ciências Sociais; e três da área de Ciências da Natureza e Matemática: Física, Química e Matemática. Destacamos que as monitorias tiveram papel determinante no processo de ensino-aprendizagem, seja como um espaço de problematização, esclarecimento de dúvidas, revisão teórica, até na orientação para elaboração de trabalho. Assim sintetiza o monitor da disciplina História do Brasil no seu relatório de acompanhamento pedagógico:

A turma de humanas teve um bom desempenho (...) A participação dos estudantes em sala é constante, acima inclusive do que se verifica cotidianamente nos outros cursos de graduação na universidade. Isso ficou evidente também durante a monitoria, no esforço para tirar dúvidas e resolver as tarefas deixadas pelos professores das disciplinas, e pelas perguntas constantes sobre o conteúdo abordado. Por parte dos estudantes há, de fato, uma profunda identificação com o conteúdo e mais que isso, um esforço de compreensão do mesmo fazendo conexão com a realidade de seus locais de origem.

Todavia, ao fim do módulo, restou uma crítica ao excesso de carga horária, já que os espaços da monitoria aconteciam no final do dia, após dois turnos de aula. Por conta disso, nos módulos seguintes, os espaços de monitoria sofreram uma alteração e passaram a integrar o desfecho da disciplina, ainda de dia. Além disso, o curso passou a contar com dois espaços extracurriculares: o Espaço Lúdico, que, muitas vezes, toma a forma de uma mística ou ritual – mistura sons, cores e poesia em uma proposta de integração e relaxamento da turma; e o Espaço Político surgido no módulo V, dando conta de um debate norteado por um ou dois mediadores.

Entre os temas do "Espaço Político", como é chamado, pode-se destacar a "universidade", "a questão do negro", "o consumo rural e urbano", entre outros. O espaço geralmente segue uma dinâmica em que o mediador inicia o debate apresentando os conceitos fundamentais do tema presentes no texto ou filme. Durante o espaço sobre consumo, por exemplo, foi apresentado o curta-metragem *A história das coisas*. Assim, o debate se deu em torno do traçado histórico entre os temas: o campo e a cidade, o capitalismo, o imperialismo e as formas de alienação.

A atividade de organização do trabalho pedagógico, a partir de reuniões e espaços de formação, realizados entre a equipe pedagógica, formada por monitores e professores, busca articular as orientações para prover um suporte teórico e metodológico para todos os estudantes. Nesse processo, são sempre levados em consideração os conceitos trabalhados nas disciplinas, os instrumentais de avaliação dos módulos anteriores respondido pelos professores e pelos alunos, além das avaliações realizadas pela própria equipe e das reflexões advindas de uma reflexão teórica mais aprofundada.

Os instrumentais de avaliação docente procuram observar como o professor articula os conceitos da disciplina com a realidade do estudante, além de trabalharem com um levantamento das metodologias e estratégias de ensino já desenvolvidas. Assim, ao final de cada módulo, os professores respondem a um questionário que serve sempre como base para o planejamento pedagógico dos módulos seguintes. Com uma periodicidade maior, e com perspectivas mais amplas, os alunos são orientados a avaliar o curso técnica e pedagogicamente, ora nas reuniões e plenárias, ora nas respostas dos instrumentais. Os instrumentais, sistematizados ao longo dos processos avaliativos, subsidiam ainda à escrita dos relatórios.

É a partir do quinto módulo que o curso ganha diferentes direcionamentos, aqui destacados: a integração da turma em eventos políticos da categoria; posicionamentos políticos nos espaços acadêmicos e de organização da turma; maturidade teórica, a partir dos debates nas aulas, as produções e os seminários, além da participação e das colocações em eventos da Universidade. Assim, o curso, que inicialmente era visto pelos próprios alunos como um curso mais voltado para a prática, revela os frutos da fundamentação teórica em todos os seus espaços.

Além disso, é a partir do quinto módulo que surge uma proposta de ajuda de custo e de formação para os alunos. Essa proposta vai na contramão da maioria dos programas de pesquisa, pois é feita na pesquisa cotidiana do professor, que constrói e reconstrói sua prática. O Programa de Incentivo à Docência (Pibid) tem como objetivos centrais a formação do professor e o fomento de uma *metodologia diferenciada* na escola pública, sendo esta o objeto do Programa. Assim, o curso propõe uma formação completa, tecida a partir da pesquisa, do ensino, da extensão e da formação política.

Com o título *Formação e prática docente no Ensino Fundamental em escolas do campo*, o subprojeto, aprovado pelo Pibid, justifica-se pela necessidade de intervenção pedagógica nas escolas do campo. O programa contempla vinte alunos entre os cursos de Licenciatura em Educação do Campo e Pedagogia da Terra. Com o objetivo de possibilitar uma maior inserção dos bolsistas em suas comunidades, os estudantes devem desenvolver suas atividades nas próprias escolas do campo.

Vale ressaltar que a escolha dos municípios e das escolas que participam do Programa não se deu de forma aleatória, mas a partir dos seguintes critérios: os baixos indicadores educacionais; a alta taxa de repetência nos anos iniciais; e, ainda, as altas taxas de distorção idade-série nas escolas do meio rural. Os estudantes da Licenciatura devem se voltar ao estudo e ao desenvolvimento de metodologias e tecnologias que contribuam para melhorar o nível de aprendizagem do Ensino Fundamental. Eles devem ter um plano de trabalho para nortear suas intervenções que serão acompanhadas pelos supervisores e professores da Universidade.

Nesse contexto de novas atividades, surge a proposta do Tempo Comunidade, que se fundamenta no retorno à realidade local (da prática cotidiana) para melhor compreendê-la pelos diversos conceitos construídos de maneira interdisciplinar para intervir e transformar o cenário. Para tanto, faz-se necessário um bom conhecimento sobre a sua própria realidade local, a educação pode ser utilizada para compreender essa realidade e oferecer respostas capazes de levar a uma ação transformadora.

O I Curso de Extensão em Educação do Campo foi outra atividade realizada como complementar no curso de Licenciatura. Ele foi resultado das problematizações ocorridas ao longo do Tempo Comunidade. A ideia era integrar os demais sujeitos do campo no debate e na reflexão das problemáticas da Educação do Campo. Dessa forma, o Grupo de Pesquisa Educação e Movimentos Sociais/DED/NPGED planejou e organizou o I Curso de Extensão em Educação do Campo para professores e gestores da rede pública do Estado de Sergipe por meio da Pró-Reitoria de Extensão e Assuntos Comunitários e da Pró-Reitoria de Graduação da UFS, Campus São Cristóvão.

No que diz respeito à produção de materiais pedagógicos, os estudantes e professores estão em fase de elaboração direta nas escolas, discutindo com os demais estudantes do Ensino Fundamental e Médio, com as coordenações e professores das escolas públicas onde estão inseridos. O processo tem sido lento, mas acompanhado por professores e monitores da Universidade, tendo em vista que não há uma cultura da Educação do Campo nas redes.

Os estudantes têm adquirido bons conhecimentos durante a realização do curso. As monografias que estão sendo elaboradas serão o primeiro resultado direto dessa formação a ser divulgada ao final do curso de Licenciatura. No entanto, observa-se, também, nas diferentes composições dos trabalhos, que esse conhecimento coletivo extrapola os muros da Universidade. O Conselho Estadual de Educação já elaborou a lei que estimula o desenvolvimento de políticas públicas e os conselhos municipais de Educação também, em alguns casos, já dão os primeiros passos em defesa dos direitos à Educação do Campo, organizando seus documentos referências e decretos que a fortaleçam. Os monitores do curso têm produzido monografias de mestrado e teses de doutorado, iniciadas para refletir tal formação.

No entanto, não podemos deixar de situar que todo esse trabalho, por meio de um curso especial, continua se desenvolvendo na contramão de uma lógica de acesso que não tem como se manter se as universidades não tomarem medidas de uma abertura política pedagógica para atender aos diferentes, de modo também diferenciado. Isso ocorre desde a forma de acesso que não pode ocorrer pelo Exame Nacional do Ensino Médio (ENEM) ou por um vestibular geral, pois a tendência é de formarmos professores para o campo – que jamais conheceram – ou que irão atuar no campo. Os riscos de evasão das turmas já é uma realidade em algumas universidades que estão com ingressos de estudantes sem origem no campo e muito menos, em organizações sociais e sindicais.

Um outro fator, tão importante quanto à forma de ingresso, está na continuidade dos estudos. O Ministério da Educação e as universidades devem se preparar para atender e promover cursos nos quais os estudantes tenham as condições materiais suficientes para o seu estudo (professores concursados, bolsas de estudo para estudantes, restaurantes universitários acessíveis, residência universitária, bolsas de pesquisa, transporte, dentre outros, previstos nos orçamentos da própria instituição). Atualmente, o curso de Licenciatura em Educação do Campo na UFS tem voluntários em sua maior parte do corpo docente. Isso contraria a proposta da universidade que desejamos e ainda contribui para a precarização do trabalho docente e a descontinuidade das pesquisas e do projeto metodológico do próprio curso. Há uma necessidade de uma reflexão profunda sobre a universidade que temos e a que queremos, assim como a formação de professores qualificados para terem condições teóricas e práticas de promoverem as transformações necessárias ao meio rural.

A iniciativa é um compromisso do Grupo com a formação continuada em Educação, agrupando ações que hoje vêm-se desenvolvendo na UFS, cujo objetivo principal é o de fortalecer as ações dos cursos de Educação do Campo por meio da formação inicial e continuada de educadores e educadoras que atuam nas redes pública estadual e municipal de Sergipe, comprometidos com uma proposta de educação popular pública, democrática e socialmente referenciada pelos trabalhadores do campo e da cidade.

Referências

SERGIPE, Universidade Federal de Sergipe. *Relatório do I módulo do curso de Licenciatura em Educação do Campo*. São Cristóvão, 2008.

SERGIPE, Universidade Federal de Sergipe. *Relatório do II, III e IV módulo do curso de Licenciatura em Educação do Campo*. São Cristóvão, 2009.

SERGIPE, Universidade Federal de Sergipe. *Relatório dos módulos intermediários (V, VI e VII) do curso de Licenciatura em Educação do Campo*. São Cristóvão, 2010.

Segunda parte

**Reflexões sobre a formação
por áreas de conhecimento**

CAPÍTULO 5
Licenciatura em Educação do Campo e projeto formativo: qual o lugar da docência por área? [1]

Roseli Salete Caldart[2]

Eu quero uma escola do campo que tenha a ver com a vida da gente, construída e organizada e conduzida coletivamente. Eu quero uma escola do campo onde o saber não seja limitado que a gente possa ver o todo e possa compreender os lados...
(Canção "Construtores do futuro", Gilvan Santos)

Este texto integra o trabalho de pesquisa sobre a escola e a organização do trabalho pedagógico que acompanha a implementação do curso de Licenciatura em Educação do Campo (LEdoC), desde o projeto experimental desenvolvido pelo Instituto Técnico de Capacitação e Pesquisa da Reforma Agrária (Iterra), em parceria com a Universidade de Brasília (UnB). Tem como fonte principal os debates que fundamentam o planejamento pedagógico e o desenvolvimento das atividades deste curso; as discussões que têm sido feitas com as escolas de Educação Básica onde os estudantes da primeira turma desse projeto trabalham ou realizam suas práticas pedagógicas, fundamentalmente escolas de acampamentos e assentamentos de Reforma Agrária, vinculados ao Movimento dos Trabalhadores Rurais Sem Terra (MST) da região sul do Brasil; e o diálogo com outras experiências e discussões sobre o curso que tem acontecido nesse período.

A Licenciatura em Educação do Campo é um novo curso de graduação, que vem sendo implantado desde 2007 pelas universidades, com o apoio do Ministério da Educação, voltado especificamente para educadores e educadoras do campo.

---

[1] Texto publicado também em CALDART, Roseli Salete *et all* (Orgs.). *Caminhos para transformação da Escola*: reflexões desde práticas da Licenciatura em Educação do Campo. São Paulo: Expressão Popular, 2010, pág. 127-154 (Cadernos do Iterra n. 15, setembro 2010).

[2] Da Unidade de Educação Superior do Instituto Técnico de Capacitação e Pesquisa da Reforma Agrária (Iterra), integrante da coordenação pedagógica da Licenciatura em Educação do Campo, turma da parceria UnB-Iterra.

Nasceu das proposições da II Conferência Nacional Por Uma Educação do Campo, realizada em 2004. Sua proposta específica começou a ser construída no MEC, em 2005, por meio de uma comissão instituída pelo Grupo Permanente de Trabalho de Educação do Campo da Secretaria de Educação Continuada, Alfabetização e Diversidade (Secad) e que teve a participação de representante do Iterra. Em novembro de 2006, o MEC decidiu convidar universidades para a realização de projetos-piloto do curso.

Atualmente, estão sendo desenvolvidos quatro projetos-piloto com apoio do MEC. A parceria Iterra e UnB foi o primeiro a ter início, com a aprovação da criação institucional do curso realizada em julho de 2007, o vestibular em 2 de setembro e o início da primeira etapa em 24 de setembro de 2007. Acontece em Veranópolis, RS, na sede do Iterra, com uma organização curricular de etapas constituídas pela alternância entre Tempo Escola e Tempo Comunidade. A turma, que se autodenominou "Patativa do Assaré", em homenagem a esse poeta camponês, com conclusão do curso prevista para 2011, tem como um traço distintivo vínculo dos estudantes com movimentos sociais camponeses. Atualmente, são 35 estudantes provenientes dos Estados do RJ, SP, PR, SC e RS, vinculados a organizações da Via Campesina Brasil: MST, Movimento de Mulheres Camponesas e Pastoral da Juventude Rural. Os outros três projetos-piloto são da Universidade Federal de Minas Gerais (UFMG), Universidade Federal da Bahia (UFBA) e Universidade Federal de Sergipe (UFS).

A partir do início das turmas dos projetos-piloto, o MEC criou um programa específico de apoio à implantação de cursos de Licenciatura em Educação do Campo (o Procampo), lançando, anualmente, editais de convocação às Instituições de Ensino Superior públicas para que apresentem projetos de criação da nova Licenciatura, dentro dos mesmos parâmetros da proposição inicial. Estavam em andamento, até essa data, 30 turmas de Licenciatura em Educação do Campo em universidades públicas brasileiras.

O objetivo desse texto é contribuir com as reflexões sobre o projeto formativo do curso, especialmente em relação à turma de que participamos mais diretamente, mas também para o balanço que já se começa a fazer dos primeiros projetos experimentais apoiados pelo MEC e à projeção de novas turmas em diferentes universidades, algumas delas já no desenho de cursos regulares, embora mantidas algumas características do projeto originário.

Há muitos aspectos a serem refletidos sobre esse novo curso. Neste texto há uma focalização na questão da formação para a docência por área do conhecimento, que compõe a proposta do curso, e as implicações sobre a forma de organização curricular das escolas do campo. A pergunta indicada no título do texto visa problematizar certa primazia que vem sendo dada a essa dimensão nos debates sobre o curso, o que fazemos desde duas convicções fundamentais, para nós pressupostos do trabalho pedagógico nesta Licenciatura.

A primeira convicção é a de que a centralidade do projeto político-pedagógico da Licenciatura em Educação do Campo não está/não deve estar na questão da docência por área do conhecimento: ela é apenas uma das ferramentas escolhidas (dentro de circunstâncias históricas determinadas) para desenvolver uma das dimensões (a da docência) do projeto de formação de educadores que dê conta de pensar os caminhos da transformação da escola desde o acúmulo de reflexões já existente sobre isso no âmbito da Educação do Campo e, especialmente, dos movimentos sociais camponeses. Deslocada desse centro, a questão da docência por área tende a ser absolutizada, exatamente pela novidade e os desafios de sua implementação, e desloca a atenção e o trabalho educativo dos aspectos centrais em que essa discussão específica faz sentido, pelo menos desde as finalidades formativas que, entendemos, devem orientar este curso.

A segunda convicção é a de que a discussão ou a elaboração específica sobre a formação para a docência por área deve ser ancorada em um projeto de transformação da forma escolar atual, visando contribuir especialmente no pensar de dois dos seus aspectos fundamentais, que são: a alteração da lógica de constituição do plano de estudos, visando à desfragmentação curricular pela construção de um vínculo mais orgânico entre o estudo que se faz dentro da escola e as questões da vida dos seus sujeitos concretos; e a reorganização do trabalho docente, objetivando superar a cultura do trabalho individual e isolado dos professores. Ambos os aspectos devem estar orientados por uma concepção de educação e de escola ligada aos nossos objetivos formativos mais amplos, enquanto classe trabalhadora, e fundamentados em uma abordagem histórico-dialética de compreensão da realidade e do modo de produção do conhecimento.

Os tópicos em que o texto foi desenvolvido visam situar a questão da área no projeto formativo originário da proposição deste curso, buscando desenvolver argumentos e algumas ideias propositivas em relação a essas convicções indicadas. Não se trata de reflexões conclusivas, mas sim de uma tomada de posição desde uma prática concreta em andamento, visando participar dos debates necessários, e que já se realizam em torno dela, e da proposta geral deste novo curso.

Licenciatura em Educação do Campo e projeto formativo

Cabe retomar brevemente os motivos originários da proposta deste curso. O raciocínio básico que justificou a criação da Licenciatura em Educação do

Campo perante o sistema educacional brasileiro teve como principais argumentos os seguintes:[3]

- a situação educacional no campo é, do ponto de vista humano e social, discriminatória e injusta. E é muito preocupante porque é indicadora de uma situação social mais ampla, que inviabiliza qualquer iniciativa de construção efetiva de um projeto de Nação. As políticas gerais de universalização do acesso à educação não têm dado conta dessa realidade específica;
- essa situação fica insustentável pela contradição que estabelece: a dinâmica social do campo brasileiro e que fomenta hoje um debate sobre projetos de desenvolvimento do campo como parte de um projeto de país, projeto que é incompatível com a falta de tratamento público a várias questões da realidade vivida pela população do campo, entre as quais, a questão do acesso à educação;
- foi nesse contexto que surgiu a Educação do Campo, primeiro ponteada e organizada pelos movimentos sociais e organizações populares do campo, e, aos poucos, integrando, em um movimento tenso e contraditório, a agenda da sociedade, de alguns governos, do Poder Público. Não é por acaso que se têm multiplicado as experiências que buscam dar tratamento específico à formação de educadores do campo, tal como acontece, por exemplo, nos cursos de "Pedagogia da Terra", vinculados ao Programa Nacional de Educação na Reforma Agrária (Pronera);
- o debate com os diferentes atores desse processo tem nos mostrado que não se trata de expandir no campo o modelo de escola que hoje ali predomina, e mesmo o modelo constituído na lógica/forma urbana. A Educação Básica somente será garantida no campo, e com a qualidade a que seus sujeitos têm direito, desde uma outra lógica de organização escolar e do trabalho pedagógico. E as transformações não devem se sustentar em uma racionalidade apenas administrativa ou econômica, mas sim no próprio acúmulo pedagógico, cultural, político que existe nessa nova dinâmica social instituída pelas lutas sociais dos trabalhadores do campo, e dialogando com todo o debate pedagógico que está hoje no conjunto da sociedade e que também está em muitas escolas "da cidade";
- pretende-se que este novo curso possa ser gerador, impulsionador de um debate mais amplo sobre que Educação Básica, que organização escolar e pedagógica, que profissionais são necessários para essa realidade, continuando o debate proporcionado pela elaboração das "Diretrizes Operacionais para a Educação Básica nas Escolas do Campo". E isso articulando, na mesma reflexão, as instituições de ensino superior, as secretarias de educação, o MEC, o CNE, os movimentos sociais e, principalmente, os

---

[3] Apresentados pela Coordenação Geral de Educação do Campo (CGEC) à Câmara Temática de Formação de Professores do MEC, em sessão de trabalho no dia 7 de abril de 2006, e depois incorporados aos documentos de proposição do curso. Nessa ocasião, foram apresentadas também as diferentes características propostas para o desenho do curso: ser destinado a educadores que trabalham em escolas do campo e a jovens e adultos do campo com essa perspectiva de trabalho, desenvolver-se na lógica da alternância entre Tempo Escola e Tempo Comunidade, organizar-se por turmas específicas, ter um processo específico de seleção, prever na realização do curso pelas IES que se façam parcerias com secretarias de educação e com movimentos sociais ou outras organizações que realizem trabalho no âmbito da Educação do Campo.

próprios educadores do campo, organizados coletivamente para essa construção. A ideia, pois, não é o curso pelo curso, como iniciativa pontual de uma instituição ou outra, mas como parte desse movimento que busca construir um sistema público de Educação do Campo.

A proposição apresentada foi de "criação de uma Licenciatura que se constitua desde a especificidade da Educação do Campo (que inclui uma estreita relação entre educação e processos de desenvolvimento comunitário) e que faça a formação dos educadores que atuam/ou pretendem atuar nas escolas do campo". Trata-se de "desenvolver uma formação que articule as diferentes etapas (e modalidades) da Educação Básica, preparando educadores para uma atuação profissional que vá além da docência e dê conta da gestão dos processos educativos que acontecem na escola". De forma articulada com essa atuação mais ampla, esta Licenciatura "pretende habilitar os professores para a docência multidisciplinar em um currículo organizado por áreas do conhecimento"[4].

Desde essa proposição geral, o perfil profissional projetado para o curso incluiu três conjuntos de aprendizados básicos de formação para os educadores do campo: (1) docência multidisciplinar em uma das áreas de conhecimento propostas pelo curso: Linguagens, Artes e Literatura; Ciências Humanas e Sociais; Ciências da Natureza e Matemática; Ciências Agrárias; (2) gestão de processos educativos escolares, entendida como formação para a educação dos sujeitos das diferentes etapas e modalidades da Educação Básica, para a construção do projeto político-pedagógico e para a organização do trabalho escolar e pedagógico nas escolas do campo; (3) atuação pedagógica nas comunidades rurais, o que significa uma preparação específica para o trabalho pedagógico com as famílias e ou grupos sociais de origem dos estudantes, para liderança de equipes e para a implementação (técnica e organizativa) de projetos de desenvolvimento comunitário sustentável[5].

Do ponto de vista dos movimentos sociais envolvidos na proposição do novo curso, esta Licenciatura insere-se no contexto de luta social por políticas de ampliação da rede de escolas públicas que ofertem a Educação Básica no e do campo, com a correspondente criação de alternativas de organização curricular e do trabalho docente, que viabilizem uma alteração significativa do quadro atual, prioritariamente no que se refere à oferta dos anos finais do Ensino Fundamental e à oferta do Ensino Médio, de modo a garantir a implementação das "Diretrizes Operacionais para a Educação Básica nas

---

[4] Registros da exposição realizada na sessão, mencionada anteriormente, realizada em 7 de abril de 2006, com ideias depois incorporadas na Minuta de proposição formal do curso, em 19 de abril de 2006.

[5] Minuta de proposição do curso, de 19 de abril de 2006.

Escolas do Campo", em especial no que prevê o artigo 6º de sua Resolução (CNE/CEB 1/2002)[6].

Pelo menos entre os movimentos sociais camponeses da constituição originária da Educação do Campo havia a clareza de que não se estava propondo a criação de uma Licenciatura específica por considerar que a formação de educadores e sua correspondente ciência pedagógica devam ser diferentes para quem atua no campo, no sentido de ter outras bases, outra estrutura, outra concepção, que se justifiquem somente pela especificidade, mas porque desde o campo, e particularmente desde as práticas e reflexões sobre educação e sobre escola desses movimentos, não se estava satisfeito com a lógica dominante da formação de educadores nas chamadas licenciaturas, bem como com o desenho de escola que orienta seu projeto de preparação docente[7]. A LEdoC foi vista como uma possibilidade objetiva de provocar o debate sobre a necessidade de transformações na escola, em vista de outros objetivos formativos e desde seu acúmulo de discussão pedagógica e as matrizes da tradição de educação emancipatória que carregam e têm tentado levar aos educadores do campo, desde suas próprias atividades de formação. Esse é um entendimento que precisa ser realçado, porque não nos parece ser consensual entre os que hoje se identificam com a Educação do Campo e têm participado das discussões deste novo curso.

O encontro entre a Educação do Campo e uma Licenciatura só pode ser tenso. Primeiro porque o formato legal e institucional das licenciaturas existentes no sistema educacional é expressão de uma concepção de formação de educadores e de escola que diverge dos debates originários da Educação do Campo. Em segundo lugar, porque os sujeitos envolvidos nesse encontro, movimentos sociais, governos e universidades não têm, em seu conjunto, os mesmos interesses e objetivos e nem a mesma dinâmica de atuação, ou seja, se o curso mantiver sua proposta de origem, ele encarnará as tensões e contradições que estão hoje no conjunto da Educação

---

[6] Diz o artigo 6º: "O Poder Público, no cumprimento das suas responsabilidades com o atendimento escolar e à luz da diretriz legal do regime de colaboração entre a União, os Estados, o Distrito Federal e os municípios, proporcionará Educação Infantil e Ensino Fundamental *nas comunidades rurais*, inclusive para aqueles que não o concluíram na idade prevista, cabendo em especial aos Estados garantir as condições necessárias para o acesso ao ensino Médio e à Educação Profissional de Nível Técnico" (grifo nosso).

[7] É interessante mencionar que, na época da elaboração da Minuta do projeto da Licenciatura em Educação do Campo, alguns representantes do MEC chegaram a questionar, em algum momento da discussão, que certos traços colocados na proposta (especialmente a abordagem da Educação Básica como totalidade e a questão da formação por área) não se referiam ao campo, mas sim a uma proposição que também poderia servir à formação de educadores das escolas da cidade, não se justificando por isso a criação do curso. Na ocasião, a reação de representantes de movimentos sociais presentes nessa sessão de debate foi: Por que não podemos admitir que se produzam novas alternativas pedagógicas desde o campo para o conjunto das escolas? Por que o movimento tem que ser sempre o inverso, da cidade ao campo?

do Campo[8], talvez agravadas pelas tensões específicas do debate sobre formação de educadores que está no conjunto da sociedade[9].

Este texto não pretende se debruçar sobre essa análise mais geral das tensões e contradições do movimento entre Educação do Campo e Licenciatura, mas certamente ele integrará os esforços de balanço coletivo do processo de implantação do novo curso. Mas destacamos como alerta para nossas discussões que a expressão "se mantiver a proposta de origem", refere-se a um movimento já visível de tentar enquadrar o curso em uma lógica mais parecida com a vigente no sistema atual, e que a centralização exagerada no debate sobre a docência por área faz parte desse enquadramento.

Desde a ótica da proposição originária, pois, este curso insere-se em um conjunto bem amplo de desafios político-pedagógicos que conformam seu projeto formativo e que retomamos a seguir, em síntese, para ancorar depois a discussão específica sobre o lugar da docência por área neste projeto.

Um primeiro e principal desafio refere-se ao tratamento a ser dado ao foco de profissionalização do curso. O objeto central da Licenciatura em Educação do Campo é a escola de Educação Básica (com ênfase nas etapas que correspondem aos ciclos de formação da adolescência e da juventude), sua organização do trabalho escolar e pedagógico (que inclui o ensino), pensada nas relações que a integram em um projeto educativo e formativo mais amplo das novas gerações de trabalhadores do campo. A tarefa social posta ao curso é a de preparação de educadores para uma escola que ainda não existe, no duplo sentido, de que ainda precisa ser conquistada e ampliada quantitativamente no campo, e de que se trata de construir uma nova referência de escola para as famílias e comunidades, cuja organização da vida acontece em torno dos processos de trabalho/produção camponesa. Essa tarefa envolve um debate de concepção de educação e de escola e sobre que matriz formativa deve orientar a construção de uma nova forma de escola. E envolve também a capacitação dos educadores para a análise da escola atualmente existente, no geral e na situação particular da escola em que cada um atua.

Mas não é o curso em si mesmo que pode construir essa referência de escola, até porque em boa medida ela já existe, especialmente no acúmulo de práticas e reflexões pedagógicas de movimentos sociais camponeses que se pautam por um projeto histórico, e esteve presente nas próprias discussões de proposição da nova Licenciatura[10]. Cabe ao curso garantir a articulação e o aprofundamento desse debate a partir de seu vínculo orgânico com as escolas do campo e com

---

[8] Elementos dessa análise específica podem ser encontrados em Caldart, 2009.
[9] Questões importantes desse debate estão em Arroyo, 2003.
[10] Uma reflexão sobre a transformação da escola nessa perspectiva está em CALDART, 2010a.

os movimentos sociais, tendo como horizonte a construção da escola a que tem direito e que necessita a classe trabalhadora.

Um segundo desafio principal, que dá a direção política ao desafio de repensar a escola, é o de fazer do campo um objeto central de estudo sistemático e rigoroso do curso, integrando ao perfil de formação desses educadores o esforço teórico de compreensão e análise da especificidade do campo (nas tensões entre particularidade e universalidade) que se refere aos processos produtivos e de trabalho centrados ou de alguma maneira vinculados à agricultura, das lutas sociais e da cultura produzida desde esses processos de reprodução da vida, de luta pela vida. Na atualidade, esse desafio exige estudar como as contradições sociais do modo de produção capitalista se materializam no campo, notadamente nas relações entre burguesia agrária e campesinato e como os trabalhadores e suas organizações se movimentam e se formam nesse quadro, buscando retomar e transformar sua condição de camponeses, seja fazendo a luta por uma Reforma Agrária de cunho popular, seja produzindo alternativas para o avanço da agricultura camponesa. E também exige compreender a lógica da produção da vida camponesa não apenas como resistência social simples, mas como possibilidade (afirmação projetiva) de um outro modo de produção, que implica outra racionalidade que não a dominante, incluindo uma nova forma de relação com a natureza, outras práticas de geração de renda, de uso de produtos por meio da agroindustrialização popular e práticas cada vez mais amplas de cooperação entre camponeses[11]. Educadores do campo precisam compreender que processos de formação/deformação integram esses modos contraditórios de fazer a agricultura, que implicações trazem para o conjunto da vida social (no campo e na cidade) e como a escola se articula (ou não) com as relações sociais que produzem seu entorno na perspectiva de uma lógica ou outra.

Não se trata de um estudo separado do foco de profissionalização do curso, como uma espécie de formação geral, de qualquer forma necessária à preparação de educadores, atuem eles no campo ou na cidade. Mas, nesse caso, as questões ou as contradições fundamentais da realidade atual dos trabalhadores do campo precisam estar imbricadas nas diferentes dimensões da formação desses educadores, de tal modo que não se deveria considerar como licenciado em Educação do Campo quem não consiga formular sínteses básicas que permitam identificar e analisar o contraponto entre esses projetos de agricultura (basicamente entre agronegócio e agricultura camponesa) e, principalmente, tomar posição para desenvolver seu

---

[11] Um maior desenvolvimento dessa perspectiva de compreensão do campo hoje pode ser encontrado em Carvalho, 2010.

trabalho educativo considerando esse confronto e a luta de classes que ele expressa e reproduz desde a especificidade do campo.

Um terceiro grande desafio, necessário ao encontro do primeiro com o segundo, é o de organizar o curso como um processo formativo orientado por uma visão alargada de educação e pensar qual formação é necessária para um educador que assume essa concepção dentro da escola. Isso quer dizer assumir uma visão que vincula a educação a processos de formação do ser humano, que podem acontecer com intencionalidade pedagógica em diferentes lugares sociais, diferentes situações, diferentes tempos da vida. Essas intencionalidades implicam um mesmo desafio que é o de transformação do ser humano ou sua formação cada vez mais plena, em diferentes dimensões, mas que têm especificidades pedagógicas próprias aos diferentes sujeitos, aos seus tempos de formação, à materialidade de cada situação ou lugar e às ênfases que dela podem decorrer. Ou seja, educação não é igual a escola e escola não é igual a ensino ou instrução cognitiva. Mas há uma especificidade do processo educativo escolar (e da docência), e preparar-se para atuação (alargada) nele é um dos principais objetivos desta Licenciatura.

Esse desafio envolve tensões que precisam ser enfrentadas. Uma delas é a de descentrar a formação do educador da escola, mantendo-a como objeto central do curso (olhando-a, pois, em perspectiva, nas suas relações, internas e externas), trabalhando na prática o alargamento das tarefas e do horizonte de atuação do educador do campo, o que inclui seu necessário envolvimento nas lutas sociais e, particularmente, na luta por escolas no/do campo. Outra tensão é a de descentrar a formação do educador da docência, sem deixar de dar a ela o tratamento rigoroso que o objeto de profissionalização do curso exige, ou seja, é preciso superar uma dicotomia, que é histórica, entre docência e educação ou formação humana, trabalhando a docência como dimensão da prática do educador (daquele educador que atua em escola) e não em si mesma: conhecimentos de sua área a serviço de um projeto educativo que vise o desenvolvimento omnilateral do ser humano. Essa tensão acaba desdobrando-se em outra de mesma natureza, especialmente pela pressão dos tempos, da carga horária para os diferentes componentes curriculares, a qual se refere à necessidade de trabalhar, no próprio curso, ou na formação desses educadores, diferentes dimensões da formação humana, exatamente como se espera que trabalhem com seus educandos.

Outra tensão ainda é a de formar para uma nova concepção de Educação Básica, trabalhando-a como totalidade, mas sem deixar de focalizar a especificidade do trabalho pedagógico com os sujeitos dos anos finais do Ensino Fundamental e do Ensino Médio; Educação Básica, que deve ser trabalhada toda ela na perspectiva de universalidade e obrigatoriedade (o Ensino Médio obrigatório foi uma das lutas em que nos inserimos enquanto curso, enquanto Educação do Campo), superando o corte entre anos iniciais e anos finais, entre Ensino Fundamental e Ensino Médio, e superando a visão seletiva e propedêutica especialmente dessas etapas da Educação Básica.

Um quarto grande desafio do projeto formativo da LEdoC é o de construir estratégias pedagógicas, que materializem dentro do próprio curso o exercício da práxis, ou seja, que permitam ao educador aprender a juntar teoria e prática em um mesmo movimento que é o de transformação da realidade (do mundo) e de sua autotransformação humana, de modo que esteja preparado para ajudar a desencadear esse mesmo movimento nos processos educativos de que participe. Essa é uma preparação que inclui a capacidade do educador de trabalhar de forma articulada diferentes processos que integram a formação de um ser humano; articular diferentes conhecimentos, habilidades, valores, dimensões; saber formular sínteses básicas, que permitam fazer escolhas pedagógicas, fundamentadas em opções éticas, políticas e intelectuais conscientes e que efetivamente guiem sua ação diante de situações concretas do processo educativo.

E a tarefa maior que o curso deve assumir nessa perspectiva relaciona-se com o primeiro desafio indicado, que é o de construir a nova referência de escola, também a partir das próprias práticas desenvolvidas no curso ou a propósito dele, ou seja, que a organização do trabalho pedagógico do curso possa servir de parâmetro para repensar/refazer a forma escolar presente (ou ausente) hoje no campo e o curso ajude a articular e fortalecer o debate dos estudantes e seus coletivos sobre projeto de escola, por meio do vínculo entre as práticas pedagógicas e de pesquisa do curso e as escolas de atuação desses estudantes[12].

Faz parte do processo de construção do novo desenho de escola e do exercício da práxis uma reflexão epistemológica ou sobre como as práticas educativas escolares devem trabalhar com a dimensão do conhecimento, e como essa dimensão integra o processo educativo mais amplo: que conhecimentos, que modos de produção do conhecimento, que forma de trabalho pedagógico para garantir o movimento entre apropriação e produção do conhecimento e o engate entre conhecimento e processo formativo como um todo; que conhecimentos ajudam nos processos de formação do ser humano, na formação de sujeitos coletivos, nas lutas sociais

---

[12] Em nossa experiência de curso isso tem sido trabalhado por meio da estratégia identificada como "Inserção Orientada na Escola". Ela inclui, além da processualidade de práticas pedagógicas e estágios, o encontro sistemático entre curso e escolas de inserção, em seminários de discussão sobre questões de concepção de educação e de escola, da organização escolar e do trabalho pedagógico e sobre o próprio processo de inserção dos estudantes nas escolas, seja na condição já de educador integrado ao seu quadro ou de quem participa como aprendiz ativo de sua dinâmica.

emancipatórias; que conhecimentos se produzem nesses processos; que concepção de conhecimento, que matriz teórica de produção do conhecimento, de ciência, de pesquisa, nos deve servir como referência.

É nesse contexto que está a organização curricular por área do conhecimento, que tem neste curso como desafio principal a habilitação para a docência por área, mas também a organização do estudo para além das aulas, e as aulas para além de um ensino apenas transmissivo, mas que não descuidem da apropriação do conhecimento historicamente produzido pela humanidade e que ajudem na compreensão da realidade que precisamos transformar. Nesse âmbito, o desafio pedagógico de que as aulas do curso possam, pela sua forma, provocar a reflexão sobre didáticas, métodos de ensino e consideradas as distinções dos tempos da formação e etapas da educação escolar, incluindo o desafio de pensar em aulas que possam ser exposições ou produções teóricas exigidas pelas diferentes dimensões do processo formativo e/ou pelas diferentes atividades-processo que integram o currículo do curso. No mesmo contexto de debate pedagógico, está o desenvolvimento da pesquisa como estratégia pedagógica de integração curricular e como experiência específica de apropriação e produção de conhecimento, trabalhada de forma articulada com as atividades de inserção nas escolas e comunidades e com as práticas pedagógicas que integram o currículo do curso.

Para dar conta desses desafios indicados, é necessária uma determinada postura a ser assumida como educadores e como instituições formadoras, que precisa ser destacada, considerando, principalmente, as parcerias que se fazem para a realização do curso. Trata-se de aceitar pensar a formação de educadores concretos (não educadores "em tese"), esses que ali estão, em cada turma reconhecendo-os como sujeitos, pessoas e coletivos, que fazem parte de uma realidade específica, que são detentores de práticas, de conhecimentos, de valores, de concepções de campo, de educação. É preciso inverter a lógica escolar tradicional: exigir que a vida real esteja no curso, fazendo-o parte dessa vida, de modo que as pessoas entrem por inteiro e como sujeitos da produção coletiva do conhecimento e do seu próprio processo formativo.

Essa postura implica superar também uma visão discriminatória que pode não estar verbalizada, mas orientar a prática dos educadores, das instituições ou dos próprios estudantes do curso. Visão esta segundo a qual para quem vive ou vai trabalhar no campo "qualquer coisa serve", e a exigência da formação pode ser menor, sendo a própria opção de organização curricular por área adequada para as escolas do campo porque ali bastam os conhecimentos mais rudimentares. Na prática, essa postura implica algumas subversões e rupturas no jeito mais convencional de um curso de Licenciatura e um grau elevado de exigência, de rigor, de preparação dos educadores e docentes que vão trabalhar nele.

O debate sobre área

Por que foi feita a proposição da docência por área do conhecimento neste curso? Novamente parece-nos importante retomar a discussão originária, não porque se deva ficar nela, mas para ter presente o patamar de compreensão que orientou seu início e considerá-lo depois no balanço da experimentação[13].

A preocupação específica de preparação de docentes pelo novo curso era com os anos finais do Ensino Fundamental e com o Ensino Médio, pelo gargalo de acesso que essas etapas ainda representam na realidade educacional do campo. Por isso, a necessidade de entrada no âmbito das licenciaturas específicas, embora no início das discussões se tenha cogitado fazer a proposição de um novo curso de Pedagogia voltado à formação do profissional da Educação Básica (como totalidade) e incluindo a preparação para a docência. Essa ideia sequer foi amadurecida em função da coincidência do período em que a discussão estava sendo feita e a aprovação das novas diretrizes curriculares para o curso de Pedagogia, fixando-a no trabalho com os anos iniciais do Ensino Fundamental e educação infantil[14]. Considerou-se que essa coincidência tornaria ainda mais difícil a aceitação de um novo formato de curso de Pedagogia e, por isso, logo se passou a discutir outras alternativas, ainda que esta Licenciatura tenha permanecido como referência, pelas experiências de tratamento específico constituídas nos cursos que ficaram conhecidos como "Pedagogia da Terra", e pela preocupação com a formação mais ampla dos educadores, para além da docência.

A escolha de um curso nos moldes das licenciaturas disciplinares já existentes foi descartada por dois motivos principais. O primeiro motivo foi porque um dos problemas alegados para garantir escolas de Educação Básica completa nas comunidades camponesas é a inviabilidade de manter um professor por disciplina em escolas que nem sempre conseguem ter um número grande de estudantes e cuja localização torna mais difícil a lógica de cada professor trabalhar em diversas escolas para completar sua carga horária. À medida que não consideramos que essa é a lógica que deve ser a referência para as escolas do campo, não teria porque propor um curso específico que a reproduzisse. E o segundo motivo porque, se a referência fosse uma licenciatura disciplinar (especialmente do ponto de vista de legislação e diretrizes curriculares já consolidadas ainda que com muitas críticas), seria muito difícil conseguir aprovar as subversões necessárias na lógica do curso, em vista dos objetivos formativos mais

---

[13] Nossas fontes são os registros de participação na comissão de elaboração da proposta inicial do curso.

[14] As Diretrizes Curriculares Nacionais para o Curso de Pedagogia foram aprovadas pelo Parecer CNE/CP 3/2006.

amplos que estavam sendo discutidos. E o tratamento da especificidade do campo ou não seria aceito ou o seria da forma mais equivocada possível, considerando a diferenciação nos próprios conteúdos disciplinares (teríamos uma Geografia do campo ou uma Física do campo), algo que as concepções originárias da Educação do Campo sempre combateram com veemência.

A ideia da área já estava nas diretrizes do próprio MEC para as escolas de educação básica e, portanto, poderia ser uma forma mais facilmente aceita (pelo menos nessa instância de discussão). E a docência por área poderia ser trabalhada na dupla perspectiva de viabilizar a criação de mais escolas no campo (menos professores nas escolas com mais carga horária, assumindo a docência em mais de uma disciplina), e de constituir equipes docentes (por área), fortalecendo a proposta de um trabalho integrado em vista de superar a lógica da fragmentação curricular e seu afastamento das questões da realidade, algo tão criticado por todos. O trabalho por área poderia ser um bom pretexto para a rediscussão da forma de organização curricular das escolas do campo.

Notemos, no entanto, que a docência por área foi incluída na proposição do novo curso como um dos focos da profissionalização pretendida, mas não se optou por uma Licenciatura por área e, sim, pela formatação de uma Licenciatura em Educação do Campo, efetivamente uma nova concepção de Licenciatura[15]. A escolha foi feita em função da análise de que o foco na área, em si mesma, não alteraria os limites identificados nas licenciaturas disciplinares e também porque nessa outra formatação seria possível concentrar em um só curso a nova proposição, que incluiria as quatro áreas como possibilidades de habilitação diferenciada a ser definida para cada turma. Do ponto de vista legal, a nova Licenciatura poderia se pautar pelas "Diretrizes Curriculares Nacionais para a Formação de Professores da Educação Básica", mais gerais e, por isso, mais abertas às mudanças pretendidas em relação às demais licenciaturas.

Outra discussão de fôlego feita na comissão de elaboração da proposta inicial do curso foi sobre a designação "docência multidisciplinar na área de conhecimento" em vez de apenas "docência na área de conhecimento", uma decisão que levou em conta especialmente a validade da certificação a ser fornecida pelo curso. A palavra "multidisciplinar", entendida por alguns participantes do debate como um retrocesso (por manter a disciplina como referência), quis

---

[15] Essa novidade foi entendida por algumas pessoas como uma espécie de fusão entre certa concepção do curso de Pedagogia e a lógica das licenciaturas específicas, no que se refere à preparação de docentes para os anos finais do Ensino Fundamental e Ensino Médio, temperada com as características próprias da especificidade da abordagem da Educação do Campo. Ou seja, acerto ou erro, um desafio e tanto!

resguardar o direito dos novos licenciados em Educação do Campo de trabalhar nas escolas do campo, ainda que elas não tenham seus currículos organizados por área e antes que o novo curso pudesse influenciar na revisão do formato dos concursos públicos. Mas também foi uma opção de deixar em aberto, para posterior amadurecimento, a relação entre áreas e disciplinas, tanto no pensar a organização do currículo das escolas de Educação Básica como do próprio curso de formação de educadores, que na maioria dos casos não conseguiria se inserir no sistema de matrículas da universidade caso não mantivesse sua base curricular por disciplinas, ainda que pudessem ser subvertidas ou inovadas em sua concepção convencional e na forma de organização do trabalho docente. Nessa mesma linha de raciocínio, a interdisciplinaridade e a transdisciplinaridade foram colocadas como objetivos da formação, por se entender que indicavam muito mais perspectivas de trabalho docente do que a forma de uma habilitação específica.

Na tramitação dos projetos de curso no âmbito das universidades, a questão da docência por área acabou assumindo uma dimensão bem maior do que teve nos debates iniciais de proposição do curso, em alguns lugares superando o próprio debate da especificidade, em geral muito polêmico. Essa é uma questão que deverá ser analisada com mais cuidado no processo de balanço da implantação deste curso[16]. Mas parece-nos que, ao mesmo tempo em que essa constatação nos alerta para um possível desvio dos propósitos mais amplos da criação deste curso, também nos indica potencialidades importantes da opção pela área, relacionadas ao processo de desestabilização de uma ordem dada e de desnaturalização de uma forma curricular (a disciplinar) que é histórica, mas passa a ser assumida como a única possível no trabalho com o conhecimento, principalmente no âmbito da universidade e, consequentemente, para a formação dos docentes.

Feito esse pequeno resgate, também com o objetivo de contribuir para os registros de memória da criação da LEdoC, já nos parece possível estabelecer, para a continuidade de nosso debate, algumas balizas de compreensão sobre o lugar e a concepção do trabalho com as áreas no curso e nas escolas com as quais ele guarda relação, pensadas desde as práticas do curso de que participamos e das discussões de seu entorno.

---

[16] Balanço já iniciado em produções coletivas sobre a Licenciatura em Educação do Campo como as que podem ser encontradas em Antunes-Rocha e Martins (Org.), 2009. Este livro trata da experiência da UFMG, que já formou sua primeira turma deste curso em fevereiro de 2010, turma não referente ao projeto-piloto com o MEC, mas uma Pedagogia da Terra (Pronera), que no processo do curso foi convertida em Lecampo pela afinidade com a proposta em elaboração, na época.

Uma primeira baliza de compreensão diz respeito à relação que precisa ser estabelecida entre a discussão das áreas e a crítica à fragmentação do conhecimento que está na sociedade e não apenas na escola, movida fundamentalmente pelas exigências do mundo da produção. O modelo disciplinar integra historicamente a lógica do modo de produção da ciência próprio do modo de produção capitalista (modelo positivista de pensar o conhecimento, a ciência), que é caracterizado pelo isolamento e fragmentação: isolam-se recortes e constituem-se campos epistemológicos para produzir a ciência. Mas, em determinado estágio, esse isolamento é questionado pela realidade (que não é assim despedaçada), cujos problemas, cada vez mais complexos, exigem a desfragmentação. Surgem, então, as tentativas de reintegração por meio de esforços interdisciplinares e transdisciplinares[17], o que acontece antes no âmbito da pesquisa/produção da ciência, para mais tardiamente chegar à discussão do currículo escolar.

A ideia da interdisciplinaridade surge ligada à finalidade de corrigir possíveis erros e a esterilidade acarretada por uma ciência excessivamente compartimentada e sem comunicação entre si. Nesse sentido, a crítica à compartimentalização das matérias será igual à dirigida ao trabalho fragmentado nos sistemas de produção da sociedade capitalista, à separação entre trabalho manual e intelectual, entre teoria e prática, à hierarquização e ausência de comunicação democrática entre os diferentes cargos de trabalho em uma estrutura de produção capitalista, entre humanismo e técnica (SANTOMÉ, 1998, p. 62). E a interdisciplinaridade não supõe a eliminação das disciplinas, mas sim uma articulação entre elas, que pode chegar (especialmente no âmbito da produção científica) a modificar ou mesmo criar novas disciplinas.

Mas é preciso ter presente que a crítica à fragmentação é quase tão antiga quanto ela mesma. Se, pelo menos desde o século XVIII o modelo positivista controla a ciência e o pensamento ocidentais, Marx, no século XIX, ainda que não estivesse imune aos efeitos desse modelo, conseguiu, desde um contraponto

---

[17] Não vamos aprofundar neste texto a discussão sobre as diferenças entre inter e transdisciplinaridade, que envolve questões bem pouco consensuais entre educadores e pesquisadores do tema. Mas registramos aqui os conceitos que temos presentes quando mencionamos esses termos: a interdisciplinaridade, como método, "é a reconstituição da totalidade pela relação entre os conteúdos originados a partir de distintos recortes da realidade; isto é, dos diversos campos da ciência representados em disciplinas. Isso tem como objetivo possibilitar a compreensão do significado dos conceitos, das razões e dos métodos pelos quais se pode conhecer o real e apropriá-lo em seu potencial para o ser humano" (RAMOS, 2005, p. 116). A transdisciplinaridade pode ser entendida como um esforço de efetiva superação das fronteiras entre as disciplinas, compondo "novos arranjos de conteúdos das várias áreas do conhecimento, articulados por eixos temáticos definidos pela práxis social", ainda que sem desconsiderar no tratamento desses conteúdos os saberes disciplinares, mas podendo ir além deles (KUENZER, 2003).

de projeto histórico, radicalizar a crítica ao positivismo por meio da forma e concepção de sua própria obra e pelas formulações do materialismo histórico-dialético, que continuam influentes até hoje. Como afirma Santomé, "é possível que o marxismo tenha sido um dos modelos teóricos que mais ajudaram a promover a interdisciplinaridade. Uma boa prova disso está no impacto que essa teoria causou praticamente sobre todas as disciplinas e campos do conhecimento, da economia, sociologia, história, pintura, música, escultura, à biologia, ecologia etc." (1998, p. 50). E conseguiu isso porque seu objeto de estudo não era uma disciplina ou uma teoria, mas sim um fenômeno da realidade, que, pela complexidade, exigiu para sua análise, conhecimentos acumulados historicamente em várias ciências/disciplinas. Uma lição que continua muito importante para nossas discussões atuais de integração curricular.

Hoje, quando as necessidades da reestruturação das formas de produção capitalista tornam mais amplas e visíveis as exigências da desfragmentação (tornando interdisciplinaridade, integração curricular, transdisciplinaridade, palavras da moda) fica mais fácil de perceber que as razões e finalidades das propostas interdisciplinares (ou transdisciplinares) podem ser muito diferentes, mesmo contraditórias, ainda que coincidam na afirmação da necessidade de derrubada das fronteiras entre as ciências e, na educação escolar, de modificação das divisões e do tratamento dados às disciplinas para que se chegue a compreender o mundo em que vivemos e enfrentar os problemas cotidianos e futuros[18].

Essa compreensão é importante para percebermos uma contradição fundamental em que o debate das mudanças curriculares está inserido. A própria lógica da reprodução do capital exige iniciativas de desfragmentação do conhecimento, mas que, se radicalizadas, podem se tornar força material contra essa própria lógica. Por isso, essas iniciativas, de um lado, precisam ser acompanhadas de forte investida ideológica no individualismo para que a visão mais ampla, de totalidade da produção não repercuta em força política de classe para os trabalhadores, e, de outro lado, precisam ser dosadas, ou seja, a tendência de superação da histórica contradição entre trabalho manual e trabalho intelectual, que essas iniciativas de

---

[18] Como continua na reflexão Santomé: "Chama muito a atenção o fato de que um dos campos nos quais a interdisciplinaridade produziu e continua produzindo resultados mais frutíferos é o da pesquisa militar (...). As máquinas e tecnologias da agressão ou, falando eufemisticamente, de defesa, são fruto da colaboração de especificidades muito diferentes: biologia, química, física, engenharia, astronomia, até psicologia, sociologia, economia etc...." (Santomé, 1998, p. 53) "Os âmbitos mais antagônicos aos da guerra, como o pacifismo e a ecologia, também trabalham sempre com pressupostos interdisciplinares. Suas análises, propostas e soluções são resultado de pesquisas efetuadas por equipes de especialistas de uma grande variedade de campos de conhecimento social, científico e tecnológico (biologia, geologia, química, física, sociologia, antropologia, medicina, informática, engenharia etc)" (1998, p. 55).

desfragmentação projetam, não pode chegar à Educação Básica massivamente destinada à nova geração de trabalhadores, mas apenas a uma pequena parte deles em sofisticados cursos de educação profissional, já pensados nessa perspectiva[19]. Do ponto de vista de um projeto de transformação social, essa contradição poderá ser tanto mais potencializada quanto nos dermos conta dela.

Vista nesse contexto de debate, a questão da área entra no repensar do currículo da escola de Educação Básica, como uma referência de mediação entre uma tradição disciplinar fortemente arraigada, porque constituinte da própria forma escolar, e, por isso, difícil de mudar, e a pressão externa por iniciativas de reintegração ou desfragmentação curricular. Mas a área pode ser (tem sido) entendida de formas muito diferentes, desde um simples agrupamento multidisciplinar, visando promover algum diálogo entre docentes de disciplinas mais afins, o que não chega a alterar a lógica do trabalho escolar, até iniciativas de rearranjos curriculares que deslocam a referência das disciplinas, ou como uma forma de articulação de práticas inter e transdisciplinares, que mantém as disciplinas, mas as coloca em outra perspectiva de trabalho com o conhecimento. São diferentes formas que, por sua vez, podem estar orientadas por finalidades educativas também diferentes ou contraditórias, como acontece em suas discussões originárias, fora da escola.

Chegamos, assim, a uma segunda baliza fundamental de compreensão do debate das áreas, em nosso caso pensando nos desafios da formação docente no âmbito da LEdoC. Trata-se de vincular a questão da área com as discussões sobre concepção de escola, ou, mais precisamente, sobre as mudanças necessárias na escola, debate que hoje está sendo feito pelo conjunto da sociedade, mas, novamente, não com as mesmas finalidades ou com as mesmas referências de objetivos formativos e projetos mais amplos.

Uma análise do ponto de vista dos interesses da formação dos trabalhadores permite-nos afirmar (correndo o risco de certa simplificação, mas buscando demarcar melhor o debate) que a questão das áreas pode ser ancorada hoje em pelo menos três visões diferentes sobre os rumos da transformação da escola. Uma primeira possibilidade, cuja força é a da hegemonia do pensamento que a sustenta hoje na sociedade, é que a área seja ancorada em uma visão neoliberal de escola, como um instrumento da ilusão que precisa ser criada de uma pedagogia voltada à desfragmentação e que trata dos problemas da realidade dos estudantes, mas sem efetivamente garantir uma formação das novas gerações de trabalhadores com uma abordagem de totalidade fundamentada no acesso a uma

---

[19] O texto de Kuenzer, 2003, nos ajuda a compreender a complexidade dessas relações contraditórias no âmbito específico da Educação Profissional.

base de conhecimentos produzidos histórica e socialmente, e em uma formação geral mais ampla. Essa visão pode ser materializada sem a opção das áreas, mas essas podem ajudar a compor ou mediar iniciativas de desdisciplinarização do currículo desde um referencial pragmático e instrumental de ajustes necessários na forma escolar para que ela continue a cumprir sua função social relacionada às exigências (contraditórias) de reprodução da forma de sociedade que a criou e a sustenta[20]. Quase desnecessário dizer que, se for essa a ancoragem do trabalho por áreas na LEdoC, estaremos diante de uma traição às suas finalidades formativas de origem.

Uma segunda possibilidade, contraposta à primeira, é que a questão das áreas seja ancorada em uma análise histórico-crítica da escola, que não coloca a transformação no âmbito da forma escolar, mas sim da sala de aula, ou seja, na revisão ou reafirmação dos conteúdos (pela compreensão que a escola atual trabalha efetivamente pouco com conteúdos) e dos métodos de ensino que devem ser trabalhados, de modo a permitir à escola cumprir sua principal função social, ou seja, a de socialização do conhecimento, pensando especialmente na classe trabalhadora, e desde um referencial que contribua para a crítica das contradições da sociedade contemporânea. A busca da desfragmentação do conhecimento dá-se, nessa abordagem, pela contextualização dos conteúdos, por meio de uma didática que os relacione com dimensões da prática social, que nessa visão não tem como estar na própria vida da escola, mas que deve ser ponto de partida no trabalho com o conhecimento[21]. A área não costuma ser referência curricular para quem defende essa visão, mas ela pode compor (tem composto em algumas práticas) um esforço de articulação dos professores em relação à revisão dos conteúdos básicos das disciplinas, que continuam como o centro da organização do currículo, mas podendo integrar projetos interdisciplinares desde a perspectiva da contextualização do conhecimento, incluindo iniciativas de articulação dos quadros conceituais de disciplinas diferentes, que podem ajudar a uma compreensão mais rigorosa do objeto de estudo de cada uma delas.

E uma terceira possibilidade de ancoragem do trabalho por área, para nós a que deve ser assumida pela LEdoC, incorporando reflexões importantes da visão anterior, em especial sobre o trabalho com os conteúdos na perspectiva da apropriação do conhecimento pela classe trabalhadora, refere-se a uma visão também

---

[20] Uma análise de como essa visão se objetiva na chamada "pedagogia das competências", principalmente na Educação Profissional, mas também na Educação Básica, pode ser encontrada em Ramos, 2005 e 2010.

[21] Uma análise das potencialidades e dos limites dessa visão, no contraponto com a que será tratada a seguir, pode ser encontrada em Freitas, 2003 e 2010.

contraposta à primeira e com um entendimento diferenciado da segunda sobre a abrangência da tarefa educativa da escola (ainda que compartilhe com ela objetivos sociais e educativos mais amplos), que compreende a necessidade de sua transformação mais radical, projetando-a para além dos limites condicionados pela forma de sociedade atual e que, por isso mesmo, não se realizará integralmente fora de um conjunto maior de transformações sociais a que seu projeto educativo deve ser vinculado. Em texto anterior,[22] desenvolvemos com mais detalhes a compreensão de como se trata de recriar a "forma escolar" tal como instituída pela sociedade capitalista a serviço de sua lógica (que é a escola que conhecemos na atualidade), o que não diz respeito apenas ou principalmente aos conteúdos de ensino (ainda que sejam muito importantes), mas fundamentalmente se refere ao formato das relações sociais que acontecem no interior da escola, inclusive no trabalho pedagógico com os conteúdos, que determina o seu isolamento em relação à dinâmica da vida, das lutas sociais e conforma a educação das pessoas segundo a concepção de sociedade e de ser humano que essas relações representam. Nesse entendimento, a forma da escola educa, e não apenas seus conteúdos de ensino. Por isso, é essa forma, ou seja, a lógica do trabalho escolar como um todo, que precisa ser alterada para colocá-la na direção da sociedade dos trabalhadores (isso inclui os conteúdos, mas não se restringe a eles).

Transformar a escola é, de acordo com essa visão, e como também sintetiza Freitas (2010, p. 4), reconfigurar a forma escolar para poder restabelecer sua ligação com a vida, tomando-a (enquanto atividade humana criativa que tem por base o trabalho) como princípio educativo e vinculando os conteúdos escolares com os conteúdos da vida, que é também luta por ela e implica contradições a serem examinadas pelos estudos organizados pela escola. Isso significa ampliar sua tarefa educativa para além da sala de aula e romper com a ideia da aula como unidade única do trabalho pedagógico (Freitas, 2003, p. 34), redimensionando a lógica do estudo ou do trabalho com o conhecimento. Práticas inter ou transdisciplinares terão lugar pela mediação necessária das questões da realidade, que não têm como ser compreendidas pela abordagem fragmentada de cada disciplina. Do mesmo modo que são essas questões que podem exigir o contraponto ou o complemento entre diferentes formas de conhecimento.

O grande desafio curricular não é nessa visão apenas garantir momentos de contextualização dos conteúdos, mas sim o de juntar teoria e prática, integrando, em uma mesma totalidade de trabalho pedagógico, não somente disciplinas ou

---

[22] CALDART, 2010a. Na mesma perspectiva há elementos de reflexão sobre a transformação da escola que complementam esse raciocínio desde as concepções discutidas pelo MST em Caldart, 2010b.

conteúdos entre si, mas estudo e práticas sociais, fundamentalmente práticas de trabalho e de organização coletiva dos estudantes, totalidade inserida na luta pela criação de novas relações sociais e na formação omnilateral dos trabalhadores que lhe corresponde. O conhecimento é tratado, nessa concepção, como parte da educação omnilateral dos trabalhadores, em que a instrução integra um projeto de formação que tem objetivos de transformação coletiva da realidade, com intervenções organizadas na direção de um projeto histórico e assumida a orientação teórica e política do materialismo histórico-dialético para o trabalho pedagógico escolar. Temos presente que se a fragmentação e o descolamento da realidade, bem como a contradição entre trabalho manual e intelectual que os sustenta, não foram produzidos pela escola, também não terão solução plena somente ou primeiro nela. Mas como nos adverte Freitas (2010), os limites que possamos encontrar nas escolas atualmente existentes não podem ser os limites da teoria que projeta a direção do nosso trabalho em relação a elas.

Não pretendemos, nos limites deste texto, fazer uma análise mais aprofundada de cada uma dessas visões de escola e seus desdobramentos para o trabalho educativo. Identificá-las, como possibilidades diferentes de ancorar o trabalho docente por área, ajuda-nos a demonstrar como a área é meio, e não fim, e não pode ser discutida em si mesma. A não ser que o objetivo seja o de não explicitar as concepções de escola e de educação a que seu desenho acabará se vinculando. De qualquer modo, o trabalho por área problematiza a forma disciplinar do currículo e pode ajudar na desmistificação das disciplinas como se fossem as guardiãs absolutas do conhecimento. As disciplinas são a marca, inclusive simbólica da fragmentação, e por isso colocá-las em questão pode ser muito importante no processo de desnaturalização da forma escolar como um todo. Ainda que a problematização das disciplinas não seja suficiente na transformação da escola, ela também não pode ser considerada uma questão menor, exatamente porque há uma forte relação entre a tradição disciplinar do currículo, ou seja, a lógica de "compartimentalização dos conhecimentos e habilidades em matérias" (Enguita, 1989, p. 201) e todos os demais traços que compõem a forma escolar atual, ou "a face oculta da escola", como a analisa Enguita, e que temos como desafio transformar. Dificilmente, professores que não estejam dispostos a compartilhar seus "territórios de trabalho"[23] se engajarão em processos coletivos de transformação mais radical da escola. Mas, por isso, é que não se trata de dar centralidade à área e nem de trabalhá-la em qualquer

---

[23] É Santomé quem afirma que uma disciplina pode ser entendida como "uma maneira de organizar e delimitar um território de trabalho, de concentrar a pesquisa e as experiências dentro de um determinado ângulo de visão" (1998, p. 55).

direção. Tampouco trata-se de assumir uma posição antidisciplina como se todos os problemas da escola estivessem concentrados na existência delas.

Nesse raciocínio de compreensão que estamos formulando, uma terceira e última baliza diz respeito ao papel específico da área (ou da docência por área) e a forma de trabalho com ela nos desafios dessa visão sobre a transformação da escola em que, segundo nosso entendimento, a área deve ser ancorada, especialmente pensando nos objetivos que a instituíram na proposição da Licenciatura em Educação do Campo.

Trata-se, nessa visão, de construir uma forma de organização do currículo ou do plano de estudos da escola que desloca a centralidade das disciplinas e seu rol de conteúdos, não para que a escola deixe de ensinar conteúdos, mas sim para trabalhá-los de modo a garantir que os estudantes se apropriem de conhecimentos e de métodos de produção do conhecimento (ou de análise da realidade), indispensáveis aos desafios de compreensão e atuação sobre as questões da vida (humana e socialmente considerada). Note-se que não estamos trocando a centralidade das disciplinas pela das áreas, porque isso seria manter a mesma lógica da forma escolar atual. O desafio é construir um currículo, cujo centro esteja no estudo dos próprios fenômenos da realidade (da vida), mas, fazendo isso, conforme nos alerta Ramos (2005, p. 121), sem que se percam no plano de estudos da escola os referenciais das ciências básicas (bem como do conjunto de conhecimentos historicamente sistematizados, que inclui os conhecimentos do campo da arte), e sem desconsiderar que certos conteúdos implicam pré-requisitos e em métodos específicos para sua apropriação.

No trabalho de que participamos com a LEdoC houve uma decisão de retomar as discussões sobre os "complexos de estudo"[24] como alternativa de lógica de constituição curricular que vai nessa direção. A base dos complexos é constituída pelos fenômenos da realidade atual, selecionados como objeto de estudo direto pelos estudantes durante um determinado período e de modo articulado com o ensino dos conteúdos das disciplinas (que implicam métodos específicos de ensino/aprendizagem) e com práticas concretas (de trabalho e de auto organização dos estudantes). Essa articulação deve permitir uma compreensão das questões em estudo, pela abordagem agrupada dos fenômenos e o exame das contradições, transformações e relações entre eles.

---

[24] Os complexos de estudo integram a formulação para a organização curricular da escola na experiência do início da Revolução Russa (década de 1920, com destaque para o trabalho da equipe de Pistrak e Shulgin). Essa retomada dialoga com as pesquisas do professor Luiz Carlos de Freitas sobre esse período de formulação da pedagogia socialista, especialmente com as ideias desenvolvidas no capítulo introdutório à obra de Pistrak e sua equipe *A escola-comuna*, São Paulo, Expressão Popular, 2009, e no texto "A escola única do trabalho: explorando os caminhos de sua construção", junho, 2010.

Seja na alternativa dos complexos ou em outras formas que possam ser construídas, de modo a colocar como centro do currículo os fenômenos da realidade articulados com os conteúdos escolares e garantir a relação entre teoria e prática no próprio âmbito do processo educativo escolar, o papel das áreas parece-nos estar fundamentalmente no âmbito da *organização do trabalho docente,* o que quer dizer que não se trata de defender para nossas escolas que o currículo seja organizado por áreas, mas sim que a docência possa ser organizada dessa forma.

Organizar a docência por área significa prever, voltando a um dos motivos originários da proposta da Licenciatura em Educação do Campo, a possibilidade de não ter na escola um professor para cada disciplina, mas sim uma equipe docente trabalhando com o conjunto das disciplinas de cada área do conhecimento. Pensamos, então, em equipes de dois ou três professores, conforme a área e o espectro de componentes curriculares que ela envolva, trabalhando a área em cada ciclo[25] ou outra forma de agrupamento dos educandos correspondente aos anos finais do Ensino Fundamental e ao Ensino Médio, trabalhando em uma lógica de tempos educativos que já tenha deixado para trás a forma fragmentada dos períodos de aulas de 45 minutos, com docentes que tenham desenvolvido uma formação específica nessa direção.

Essa proposição de forma de organização do trabalho docente visa atingir dois objetivos muito importantes. O primeiro é o de instaurar ou organizar o trabalho coletivo dos educadores, o que é fundamental tanto do ponto de vista formativo mais amplo, ou seja, na perspectiva do padrão de relações sociais ("escola organizada e conduzida coletivamente" por educadores e educandos) que se quer que a escola também "ensine", como do ponto de vista de garantir a implementação da nova lógica de estudo não centrada no trabalho de disciplinas isoladas. E o segundo objetivo é o de resguardar no trabalho docente a especificidade das áreas do conhecimento na formulação dos objetivos instrucionais (aqueles relacionados especificamente à apropriação de conteúdos básicos), que devem acompanhar o trabalho pedagógico com o conhecimento dos fenômenos da realidade, e a preparação específica do ensino dos conteúdos disciplinares, que continua necessário, apenas não de forma independente nem descolada do trabalho educativo mais amplo da escola.

Ao se considerar a tradição curricular que temos, essa tarefa específica de relacionar conteúdos com o estudo de fenômenos da realidade, que pode implicar rever a "lista" de conteúdos de cada disciplina, seja na ordem de seu desenvolvimento ou pela necessidade de incluir novos conteúdos exigidos pelas questões reais, será mais

---

[25] Não entramos no debate sobre ciclos neste texto, mas é sempre bom deixar registrado que os ciclos, principalmente na sua concepção de ciclos de formação, se aproximam muito mais dos nossos objetivos formativos do que as séries, que representam outra das marcas constitutivas da forma escolar que precisa ser transformada.

produtiva se feita por área (ou entre disciplinas afins), pela maior possibilidade de percepção de que há conceitos ou conteúdos que são estudados em mais de uma disciplina (ou há alguns ainda não previstos em nenhuma disciplina), e de que é possível uma abordagem articulada, mesmo que específica. Temos percebido nas práticas da LEdoC (e de escolas do seu entorno) como essa forma de discutir o ensino de conteúdos é difícil, tanto para aqueles docentes com estudos muito especializados nas disciplinas (às vezes já em recortes ou subdivisões delas) como para aqueles que, tendo feito licenciaturas disciplinares, não chegaram por intermédio delas a identificar os conceitos estruturantes e o modo de conhecimento próprio à ciência que serve de referência para sua disciplina.

Nesse sentido, o esforço que está sendo feito pelos docentes da LEdoC, de ter que discutir com outros docentes de outras disciplinas o que deverá trabalhar na perspectiva da composição da área e ter de reavaliar o que realmente é básico na lista de conteúdos que está habituado a trabalhar em uma licenciatura específica, porque ela toda não cabe na carga horária desse novo curso, é uma situação para muitos deles inusitada e perturbadora. Mas mostra-nos a importância desse desafio para que se compreenda melhor os fundamentos de cada disciplina, a lógica do seu rol de conteúdos e como, afinal, os conhecimentos que ela trabalha podem integrar um projeto educativo mais amplo.

Mas quando pensamos no desafio da relação entre o estudo dos fenômenos da realidade e os conteúdos (tradicionalmente) escolares, há certamente uma necessidade de trabalho docente entre as áreas (para não ficarmos reféns de outro tipo de fragmentação), que pode então ter dois níveis, um primeiro relacionado ao conjunto dos educadores de um determinado ciclo ou grupo de educandos, e outro por área (em vez de por disciplina) para o planejamento e trabalho específico de ensino dos conteúdos.

É preciso considerar, ainda, que o papel da organização do trabalho docente por área será diferente em uma escola que já desencadeou mudanças na sua organização curricular, na direção discutida, em outra onde a reorganização do trabalho dos educadores talvez seja a primeira mudança feita, decorrente da própria formação específica. Por isso, aqui também vale a análise que fizemos em outro lugar sobre a necessidade de ter presente que qualquer desenvolvimento mais avançado, que aconteça em uma escola concreta, terá como ponto de partida a escola já existente. E, por isso, tão importante quanto ter as referências de onde queremos chegar é ter capacidade de uma análise rigorosa da realidade específica onde atuamos.

Para finalização deste texto, gostaríamos de chamar a atenção rapidamente para algumas implicações desse raciocínio exposto para o trabalho com as áreas no currículo da Licenciatura em Educação do Campo, tratando de duas questões combinadas:

o que é básico no que chamamos de formação específica para a docência por área e quais as tarefas da área em relação ao projeto formativo do curso como um todo.

Primeiro, é preciso firmar o entendimento de que a formação dos docentes para a concepção de escola que discutimos vai além do preparo para o ensino dos conteúdos, em sentido estrito (algo importante inclusive nas conhecidas disputas de carga horária no curso). A docência, vinculada ao objetivo de formação para a "gestão de processos educativos escolares", inclui um preparo para a organização do trabalho pedagógico, que supõe conteúdos e didáticas relacionadas às diferentes dimensões do processo educativo. O uso do trabalho como método de "ensino" ou o acompanhamento pedagógico às práticas de auto-organização dos estudantes exige uma capacitação didática específica.

Na focalização da área, entendemos que no momento atual (do modo de produção e divulgação do conhecimento científico na sociedade e de organização do trabalho escolar), essa formação específica deve incluir o estudo das disciplinas, tais como elas aparecem (dominantemente) nos currículos escolares. Isso para que os educadores compreendam a mediação necessária com a organização curricular que irão encontrar nas escolas concretas e tenham ferramentas conceituais necessárias para participar de novos desenhos curriculares e para que se assumam como construtores das alternativas de desfragmentação, e não simplesmente adotem alternativas previamente construídas pelos docentes do curso.

A formação específica deve garantir o domínio das bases das ciências a que correspondem as disciplinas que hoje compõem sua área de habilitação, o que quer dizer trabalhar no curso os conceitos estruturadores e básicos e a epistemologia de cada disciplina. Também é preciso aprender a identificar as aproximações possíveis entre as disciplinas atualmente existentes: entender porque se junta Física e Química, e não Física e Sociologia em uma mesma área, por exemplo, mas também que arranjos de docência podem ser criados dentro de sua própria área de habilitação, pensando nas equipes de docentes das escolas, antes mencionadas. Também é necessário trabalhar no curso a relação entre modos de produção de conhecimento e métodos de ensino. E nos esforços de integração entre as disciplinas, é preciso não descuidar de estudar conteúdos básicos de uma disciplina porque não combinam com as outras disciplinas da área. No caso da LEdoC isso pode acontecer, por exemplo, pela junção da Matemática com as Ciências da Natureza, já que o modo de produção do conhecimento matemático é bem específico.

Mas a formação para a docência por área não pode ficar restrita às disciplinas, e menos ainda às disciplinas convencionais e na lógica segmentada predominante nos currículos, tanto da Educação Básica como da Educação Superior, devendo incluir a apropriação de conhecimentos que já são fruto de esforços interdisciplinares ou transdisciplinares, de fusão ou de criação de novas disciplinas. Os estudantes da LEdoC precisam ter acesso ao debate sobre as transformações na produção do conhecimento, que hoje se vincula muito mais às exigências da reestruturação produtiva a serviço do capital, mas que também tem exemplos em práticas de resistência à lógica capitalista. Nessa perspectiva, é importante destacar a potencialidade de incluir, no currículo da área de habilitação, componentes que não sejam estritamente disciplinares, ou que já acompanhem o movimento de desfragmentação da própria ciência, como é o caso, por exemplo, do estudo da Agroecologia (que articula diferentes ciências na sua própria constituição).

Essa formação deve incluir também exercícios de trabalho pedagógico interdisciplinar, transdisciplinar ou de integração dentro de uma área ou entre áreas de conhecimento diferentes, entre disciplinas e outros tipos de atividades ou componentes curriculares, além do próprio debate crítico sobre o currículo atual das escolas e a participação em experimentações pedagógicas mais ousadas, sempre que isso integrar as discussões da rede de escolas em que o curso participa. Junto com isso, a formação desses docentes não pode descuidar do estudo das próprias questões da atualidade (e, em particular, no caso da LEdoC, das contradições fundamentais da realidade do campo brasileiro hoje) para que possam ter referência de conteúdo e de método para pensar em uma escola que integre o trabalho com o conhecimento aos aspectos mais significativos da vida real de seus sujeitos.

Nesse processo, será muito importante que os novos docentes se assumam como sujeitos de sua formação e participem do esforço dos educadores do curso na construção do trabalho por área, especialmente os da sua área de habilitação para a docência.

Ao se olhar para as tarefas da área em relação ao projeto formativo da LEdoC, o que também orienta o desafio da formação específica, consideramos importante destacar, primeiro, a importância de buscar ampliar o horizonte de trabalho pedagógico da área, pensando na dimensão formativa de seus conteúdos constitutivos para além do ensino e para além da própria escola, pensando na contribuição do conhecimento elaborado que lhe serve de referência na formação das novas gerações de trabalhadores e fazendo o crivo de projeto educativo e social para o conjunto de seu trabalho no curso e para além dele.

Segundo destaque é para sua contribuição específica a uma tarefa do curso relacionada à discussão do currículo atual da Educação Básica ou à análise do que têm sido as diferentes orientações de "listas" de conteúdos: qual sua origem, critérios, o que foi deixado de lado e por que, considerando os objetivos formativos mais amplos da escola, que exigem pensar muito rigorosamente também sobre os recortes da realidade atual a serem priorizados para estudo e qual a relação com faixa etária, nível de escolarização, realidade específica em que se situa a escola. Pensar a área (mesmo mantendo as disciplinas como referência) exige um repensar dos conteúdos trabalhados em cada disciplina que a compõem: o que de cada disciplina é realmente a base de sua ciência originária? por que trabalhar com esses e não com outros conteúdos? quais os critérios de seleção, que reafirmamos devem estar relacionados a uma questão ainda mais fundamental; que conhecimentos são necessários na formação dos educandos para que se desenvolvam como seres humanos mais plenos (considerado seu ciclo etário), para que compreendam e participem dos esforços coletivos de análise e de transformação da realidade atual?

E no trabalho da área há um esforço de pensar quais os temas, as questões, os conceitos básicos que podem compor os planos de estudo integrados, partindo da estrutura e do que costuma ser trabalhado em cada disciplina e, nas áreas em que isso for possível, avançando para o raciocínio dos conceitos estruturadores da área ou para novas possibilidades de arranjos de conteúdos, em novas disciplinas ou em outras formas de componentes curriculares que extrapolem o trabalho em sala de aula. Essa discussão será mais fecunda se já vinculada ao crivo da realidade, ou seja, se integrar iniciativas curriculares das escolas onde a reorganização do plano de estudos está sendo feita pela articulação dos conteúdos com fenômenos da realidade. Uma tarefa especialmente importante, se considerarmos que pode servir de suporte ao mesmo esforço que defendemos seja feito nas escolas, mas não em cada uma delas por sua conta e sim em uma articulação entre escolas, em nosso caso pela mediação de movimentos sociais, que compartilhem do desafio de construção dos caminhos de transformação da escola, na perspectiva de um mesmo projeto histórico.

Reafirmamos que as reflexões apresentadas neste texto não se pretendem conclusivas, mas visam tomar posição diante de questões que integram o diálogo necessário e em curso sobre os desafios de construção da Licenciatura em Educação do Campo. No debate específico proposto, é importante não perder de vista que para nós não se trata, como advertiu Marx em outro contexto de discussão, de uma "questão de reconciliação dialética de conceitos", mas sim "da compreensão das relações reais"[26], aquelas em que precisamos interferir para garantir os objetivos que nos movem.

As questões estão postas porque nos dispusemos a fazer algo novo, de forma organizada e coletiva e com intencionalidades que vão para além do mundo da pedagogia. A história dirá sobre a pertinência deste nosso esforço.

Referências

ANTUNES-ROCHA, M. I. & MARTINS, A. A. (Orgs.). *Educação do Campo:* desafios para formação de professores. Belo Horizonte: Autêntica, 2009.

ARROYO, M. G. Reinventar e formar o profissional da Educação Básica. *Educação em Revista*, n. 37, Belo Horizonte, pp. 7-32, julho 2003.

---

[26] *Apud* Shanin, 2005.

ARROYO, M. G. *Políticas de formação de educadores(as) do campo*. Documento para discussões da CGEC MEC, 2006.

CALDART, R. S. Educação do Campo: notas para uma análise de percurso. *Revista Científica da EPSJV/Fiocruz, Trabalho, Educação e Saúde*. Rio de Janeiro: v.7, n.1, pp. 35–64, mar./jun. 2009.

CALDART, R. S. A Educação do Campo e a perspectiva de transformação da forma escolar. Texto produzido a propósito do *I Seminário de Pesquisa sobre Educação do Campo*: desafios teóricos e práticos, UFSC, novembro de 2009. Concluído em janeiro de 2010a.

CALDART, R. S. *O MST e a escola*: concepção de educação e matriz formativa. Porto Alegre, julho de 2010b.

CARVALHO, H. M. *Na sombra da imaginação(2)*: a recamponesação no Brasil. Texto. Curitiba, maio de 2010.

ENGUITA, M. F. *A face oculta da escola*. Educação e trabalho no capitalismo. Porto Alegre: Artes Médicas, 1989.

FREITAS, L. C. *Crítica da organização do trabalho pedagógico e da didática*. 6ª ed., Campinas: Papirus, 2003 (1ª ed., 1995).

FREITAS, L. C. A luta por uma pedagogia do meio: revisitando o conceito. *In* Pistrak (Org.) *A escola-comuna*. São Paulo: Expressão Popular, 2009 (capítulo introdutório), pp. 9–103.

FREITAS, L. C. A escola única do trabalho: explorando os caminhos de sua construção. Texto produzido para *Cadernos do Iterra* nº.15, 2010.

KUENZER, A. Z. Competência como práxis: os dilemas da relação entre teoria e prática na educação dos trabalhadores. *Boletim Técnico do Senac*, Rio de Janeiro, v. 29, n.1, jan./abr., 2003.

MEC/Secad. *Minuta de proposta da Licenciatura em Educação do Campo*. Brasília/DF, 19 de abril de 2006.

RAMOS, M. Possibilidades e desafios na organização do currículo integrado. *In* FRIGOTTO. Gaudêncio. C. CIAVATTA, M. e RAMOS, M. (Orgs.). *Ensino médio integrado*: concepção e contradições. São Paulo: Cortez, 2005.

RAMOS, M. Pedagogia das competências (entrevista). *Revista Poli: saúde, educação e trabalho*. Rio de Janeiro: EPSJV, Ano II – n. 10, pp. 23–24, mar./abr. 2010, (sessão "dicionário").

RODRIGUES, R. *Reflexões sobre a organização curricular por área de conhecimento*. In MOLINA, M. C. e SÁ, L. M. (Orgs.) Licenciaturas em Educação do Campo: Registros e Reflexões a partir das Experiências-Piloto. Belo Horizonte, Editora Autêntica 2011. (123 – 147)

SANTOMÉ, J. T. *Globalização e Interdisciplinaridade*: o currículo integrado. Porto Alegre: Artes Médicas Sul, 1998.

SHANIN. A definição de camponês: conceituações e desconceituações – O velho e o novo de uma discussão marxista. *Revista NERA*, jul./dez. 2005.

CAPÍTULO 6
Reflexões sobre a organização curricular por área de conhecimento [1]

Romir Rodrigues [2]

Este texto sistematiza o debate ocorrido no planejamento, execução e avaliação do tempo-aula da área de Ciências Humanas e Sociais[3] nas etapas 2 e 3 do curso de Licenciatura em Educação do Campo (LEdoC) e possui dois objetivos principais. O primeiro, registrar a experiência realizada pela equipe da área de Ciências Humanas e Sociais, procurando identificar seus limites e avanços para, somado com outros documentos produzidos pelas diversas instâncias e sujeitos do curso, possibilitar a elaboração de uma memória coletiva do processo em desenvolvimento. O segundo objetivo, organicamente articulado ao anterior, é refletir sobre a questão da formação de educadores por área do conhecimento, uma das centralidades da proposta da LEdoC, procurando, a partir de um aprofundamento teórico sobre a questão da interdisciplinaridade, reforçar o caráter heurístico da experiência realizada para a continuidade do curso.

Tendo em vista o fato de que a equipe da área de Ciências Humanas e Sociais integra a coordenação da LEdoC, acompanhando o processo desde os primeiros movimentos, é importante apresentar algumas considerações sobre a objetividade dessa sistematização, para que não se estabeleça um aparente conflito com a con-

---

[1] Texto publicado também em Caldart, Roseli Salete *et all* (Orgs.). *Caminhos para transformação da escola:* reflexões desde práticas da Licenciatura em Educação do Campo. São Paulo: Expressão Popular, 2010, pp. 101-126 (Cadernos do Iterra nº 15, setembro de 2010).

[2] Do Instituto Federal de Educação, Ciência e Tecnologia do Rio Grande do Sul, *campus* Canoas. Participou como docente e membro da equipe de coordenação da Licenciatura em Educação do Campo, turma da parceria UnB-Iterra, no período de 2007-2010 (junho). Texto finalizado em agosto de 2009.

[3] Apesar de ter clareza que está sendo realizada uma redução, neste curso, as ciências que integram a área de Ciências Humanas e Sociais são História, Geografia, Sociologia e Filosofia por serem disciplinas obrigatórias dos currículos de ensino médio das escolas brasileiras, um dos principais focos de atuação dos futuros educadores que estão sendo formados.

cepção de isenção científica que impõe o distanciamento entre o pesquisador e seu objeto de estudo.

Essa imparcialidade está ligada a pressupostos positivistas de neutralidade da ciência e da adoção de metodologias próprias às ciências naturais para interpretação dos fatos sociais, e, conforme Michael Löwy (1989), deve ser compreendida como um erro fundamental. Para sustentar essa posição, o autor apresenta o caráter histórico dos fenômenos sociais, marcados pelo signo da transitoriedade e da transformação pela ação de homens e mulheres, o inevitável entrelaçamento entre o sujeito e o objeto de conhecimento, a característica dos problemas sociais em suscitarem a emergência de concepções antagônicas e as implicações político-ideológicas da teoria social, devido ao fato do conhecimento ter consequências diretas sobre a luta de classes. Nesse sentido, nossa preocupação foi a de estabelecer uma vigilância epistemológica que procurasse garantir a objetividade e rigorosidade da análise da experiência, sem deixar de lado, de fato, incorporando-as como elemento de análise, as concepções políticas e ideológicas da equipe da área de Ciências Humanas e Sociais.

Essa sistematização está organizada em quatro partes, cada uma explorando diferentes dimensões do processo instaurado pela área. A primeira parte objetiva compreender o papel previsto para a área de Ciências Humanas e Sociais no currículo do curso, indicando possíveis limites para o alcance do trabalho realizado. Na segunda parte, será analisada a questão da interdisciplinaridade, a partir de dois focos principais, a compreensão dos fatos sociais como totalidades e, dialogando com os trabalhos de Jurjo Torres Santomé e Ivani Fazenda, a superação do paradigma linear disciplinar, que, apesar das críticas realizadas, ainda predomina nas escolas e instituições de ensino superior. Dessa forma, será apresentada a base teórica utilizada para subsidiar as práticas implementadas pelos educadores da área de Ciências Humanas e Sociais. Uma análise do trabalho realizado pela equipe da área nas duas etapas em que atuou, demarcando a rota percorrida e a dinâmica dessa travessia é o objetivo da terceira parte desta sistematização. A última parte apresenta a síntese construída pela equipe, na qual emergem alguns indicativos que poderão contribuir para as análises que acompanharão a continuidade do curso e, em uma perspectiva ampliada, a construção do desenho de escola de Ensino Médio do campo.

As Ciências Humanas e Sociais no currículo da Licenciatura em Educação do Campo

Originado das discussões da II Conferência Nacional por uma Educação do Campo, ocorrida em 2004, o curso de Licenciatura em Educação do Campo é uma parceria entre o Ministério da Educação (MEC), a Universidade de Brasília (UnB) e o Instituto de Educação Josué de Castro, com o objetivo de formar educadores para a atuação na Educação Básica em escolas do campo. Essa atuação está prevista em duas dimensões principais: a gestão de processos educativos escolares e a docência por áreas de conhecimento, sendo prevista a formação em quatro áreas: Linguagens, Ciências da Natureza e Matemática, Ciências Agrárias e Ciências Humanas e Sociais.

No recorte específico desta turma, o Projeto Político-pedagógico (PPP) define que a habilitação dos educadores ocorrerá apenas nas áreas de Linguagens e das Ciências da Natureza e Matemática, devido à identificação de serem, atualmente, as principais carências das escolas do campo. Soma-se a isso a definição de que a formação deverá ocorrer visando a uma atuação pedagógica de perspectiva inter e transdisciplinar, que articule as diferentes dimensões da formação humana. Para tanto, o currículo da LEdoC está organizado em três níveis, articulados em cada etapa e ao longo do curso: o Núcleo de Estudos Básicos, o Núcleo de Estudos Específicos e o Núcleo das Atividades Integradoras.

No currículo deste curso, a área de Ciências Humanas e Sociais integra o Núcleo de Estudos Específicos, estando prevista como disciplina nas etapas 2 e 3, com o objetivo principal de construir uma base teórica e metodológica que permita conhecer os fundamentos da área e estabelecer, dessa forma, um substrato comum para que os educandos possam construir relações com as demais áreas de formação ao longo do curso e, posteriormente, nos futuros planejamentos que desenvolverão nas escolas[4].

Na etapa 2, foi desenvolvida a disciplina "Introdução ao Estudo da Área de Ciências Humanas e Sociais", com um total de 30 horas/aula, com o objetivo de estudar os processos de formação das ciências que compõem as Ciências Humanas e Sociais, relacionando, com os diferentes contextos históricos, os instrumentos e métodos de trabalho que as caracterizam e como são trabalhadas na escola de Educação Básica. Articulada à anterior, na etapa 3, foi ofertada a disciplina "Conceitos Organizadores da Área de Ciências Humanas e Sociais", com a previsão de 45 horas/aula e o propósito de construir alguns conceitos organizadores da área, tendo como contexto, principalmente, a realidade e a Educação do Campo brasileiro.

A retomada do papel previsto para a área de Ciências Humanas e Sociais no Projeto Político-pedagógico e no currículo desta turma tem como objetivo deixar clara a intencionalidade da intervenção originalmente prevista para, posteriormente,

---

[4] Nas outras turmas do curso, quando for ofertada a possibilidade de formação nas quatro áreas previstas inicialmente para a LEdoC, essas disciplinas têm, também, o caráter de subsidiar os educandos para a realização de sua opção de formação específica, que, de acordo com o currículo, passa a ser desenvolvida a partir da quarta etapa.

ser cotejada com o que foi desenvolvido concretamente. Alguns limites, porém, podem ser identificados desde já, como a dificuldade de pensar e agir como área, em contraponto à formação disciplinar dos educadores responsáveis por planejar e conduzir as práticas, a exiguidade do tempo para trabalhar temas complexos e a dificuldade de estabelecer um diálogo mais orgânico com as demais áreas.

Na próxima seção deste texto, aborda-se a questão da interdisciplinaridade, compreendida como elemento central para a constituição de um currículo que visa à formação por áreas do conhecimento e que esteve presente na base do trabalho efetivamente realizado pela equipe responsável pela área de Ciências Humanas e Sociais. Não se trata de esgotar o tema da interdisciplinaridade, até porque se trata de um termo polissêmico, mas sim de apresentar as opções teóricas realizadas para percorrer o caminho das Ciências Humanas e Sociais neste curso e que refletem a concepção de área construída.

A interdisciplinaridade como conteúdo, a área como forma: a compreensão das Ciências Humanas e Sociais na LEdoC

Desde as primeiras reuniões para planejamento, tanto do curso como um todo quanto da área de Ciências Humanas e Sociais, esteve presente a preocupação relacionada ao que seria, de fato, uma formação por áreas do conhecimento, quais os elementos que a diferenciam de uma formação específica e disciplinar e como operacionalizá-la efetivamente nas aulas.

Outros pontos de tensão apareciam nas questões envolvendo a discussão entre aprofundamento e generalização dos conhecimentos científicos, entre a realidade dos currículos das escolas do campo, na qual predominam a organização linear-disciplinar, e a proposta do curso de formatação de um currículo por área, além do conjunto de inseguranças que envolvem a implantação de novos processos na educação.

Nesse sentido, visando elaborar possíveis indicativos para a construção de respostas dentro do contexto da LEdoC, torna-se significativo retomar algumas discussões que envolvem a constituição histórica das disciplinas e a proposição da interdisciplinaridade como possibilidade de superação dos limites apresentados pelas ciências na explicação dos fenômenos surgidos, em especial, a partir da segunda metade do século XX. Como lembra Jurjo Torres Santomé (1998), a assunção da interdisciplinaridade nesse período histórico tem duas linhas principais de argumentação: a primeira, e que apresenta maior poder de convencimento, é a da complexidade dos problemas enfrentados atualmente pela sociedade, que só seriam explicáveis a partir da conjunção de vários pontos de vista. A segunda origina-se no questionamento aos limites entre as diferentes disciplinas e a organização do conhecimento, em uma perspectiva de unificação do saber.

Analisando essa questão, Luiz Carlos de Freitas (1995) identifica que, devido à intensa e crescente articulação entre ciência e as relações de produção capitalistas, a afirmação da interdisciplinaridade na atualidade está muito mais vinculada à sua utilidade para o processo produtivo do que a uma evolução do processo científico. Nesse mesmo sentido, Santomé (1998) alerta para a possibilidade de conceitos como interdisciplinaridade, democracia, participação, autonomia, entre outros vinculados a lutas históricas dos movimentos sociais e de grupos progressistas da sociedade perderem sua riqueza original ao serem absorvidos e adaptados nos discursos que justificam a reestruturação produtiva das grandes empresas e corporações e que acabam sendo reafirmados nas reformas educacionais implantadas pela maioria dos governos.

Para suplantar essa contradição entre a potencialidade de renovação do fazer científico presente na interdisciplinaridade e sua utilização prática nos processos produtivos capitalistas, Freitas (1995, p. 109) considera que "a interdisciplinaridade somente poderá ser equacionada como forma de resistência com a assimilação crescente do materialismo histórico-dialético. O uso das categorias do materialismo dialético poderá estimular a interdisciplinaridade no desenvolvimento científico".

Aceitando este desafio, de incorporar categorias do materialismo histórico-dialético na construção da concepção de interdisciplinaridade, julgamos necessário trabalhar a categoria da totalidade como eixo central da intervenção da área de Ciências Humanas e Sociais no curso. Para isso, e sem a perspectiva de esgotar todas as dimensões que a discussão desse termo abarca, realiza-se um diálogo com Karel Kosic, em especial a partir de seu livro *Dialética do concreto*, e com Milton Santos, destacando sua obra *A natureza do espaço*.

Kosik (2002) conceitua a totalidade como a compreensão da realidade como um todo estruturado, dialético, no qual qualquer fato só pode ser compreendido de forma relacional a essa mesma totalidade concreta. Não se trata de buscar conhecer todos os aspectos da realidade, mas sim concebê-la como um todo que possui sua estrutura própria, que está em permanente desenvolvimento e que vai se criando no tempo e a partir das contradições.

Essa concepção de realidade, como totalidade concreta e dialética, propõe a emergência de uma ciência unitária, fundamentada na existência de analogias estruturais entre os mais variados campos do saber do real, e encontra sua base, segundo o autor, no fato de "que todas as regiões da realidade objetiva são sistemas, isto é, conjuntos de elementos que exercem entre si uma influência recíproca" (KOSIK, 2002, p.46). Assim, o estudo das partes e dos processos isoladamente, por mais precisos que possam ser realizados pelos diversos ramos da ciência, não é suficiente para a compreensão da organização, da interação dinâmica e estrutural da realidade. Dessa forma, como fundamento de uma investigação dialética da realidade, tanto os fatos isolados são abstrações, separações artificiais de um todo que lhe dá sentido, quanto um todo no qual não são diferenciados os momentos também é abstrato. Nas palavras de Kosik (2002, p. 49),

> Um fenômeno social é um fato histórico na medida em que é examinado como momento de um determinado todo; desempenha, portanto, uma função dupla, a única capaz de dele fazer efetivamente um fato histórico: de um lado, definir a si mesmo, e de outro, definir o todo; ser ao mesmo tempo produtor e produto; ser revelador e ao mesmo tempo determinado; ser revelador e ao mesmo tempo decifrar a si mesmo; conquistar o próprio significado autêntico e ao mesmo tempo conferir um sentido a algo mais.

Nesse sentido, a reflexão sobre a sociedade e as relações sociais que a constituem nos diferentes momentos históricos e espaciais, objeto aglutinador dos campos do conhecimento que compõem a área de Ciências Humanas e Sociais, deve estar ancorada nesta análise dialética entre parte e todo. Como alerta Milton Santos, as mudanças nas sociedades acarretam alterações qualitativas e quantitativas no conjunto de suas funções e não se desenvolvem de forma linear em todos os espaços geográficos. Cada espaço, com seu movimento e caracterização específicos, tem um papel exclusivamente funcional nessas alterações, "enquanto as mudanças são globais e estruturais e abrangem a sociedade total, isto é, o Mundo, ou a Formação Socioeconômica" (SANTOS, 2008, p. 116).

A totalidade constitui-se, assim, em uma realidade em permanente construção, um processo dialético de desfazer-se para novamente se recompor, renovada, em um novo todo. Para buscar a compreensão dessa totalidade em permanente movimento, Santos (2008, p. 118) retoma duas noções centrais: "a primeira (...) é a de que o conhecimento pressupõe análise e a segunda (...) é a de que a análise pressupõe a divisão".

Dessa forma, retorna-se a instituição de duas verdades já relatadas no texto: que o todo só pode ser conhecido pelo conhecimento de suas partes e as partes somente podem ser conhecidas pelo conhecimento do todo. Milton Santos alerta, porém, que essas são verdades parciais e que, "para alcançar a verdade total, é necessário reconhecer o movimento conjunto do todo e das partes, através do processo de totalização" (2008, p. 120).

Dessa forma, podemos interpretar a totalidade, inalcançável em seu permanente movimento, como um real-abstrato, enquanto as formas sociais são a expressão da realização concreta dessa totalidade. Nas palavras de Santos,

> o movimento que a transforma em multiplicidade individualiza a totalidade por meio das formas. Os *fragmentos* de totalidade assim tornados *objetivos* continuam

a *integrar* a totalidade. Eles ocupam os objetos em sua essência e atividade, mas sempre como função da totalidade, que continua íntegra. Cada indivíduo é apenas um *modo* da totalidade, uma maneira de ser: ele reproduz o todo e só tem existência real em relação ao todo (SANTOS, 2008, p. 122).

Segundo esse autor (2008), é a ação que une o universal ao particular, e permite desvendar as formas sociais em sua dialética parte-todo, bem como implementar processos de totalização. Ao ser particularizado em determinado local, o universal absorve parte dos processos anteriores enquanto incorpora as novas possibilidades oferecidas pelo todo em permanente renovação. Dessa forma, cada formação social apresenta uma determinada configuração geográfica, expressão e condição de processos históricos, além de estar carregada de ideologias e símbolos.

Nas discussões realizadas pela equipe responsável por elaborar o planejamento da área de Ciências Humanas e Sociais no curso, a categoria totalidade ocupou uma posição central, tendo em vista a compreensão de ser a dialética parte-todo fundamental para pensar a articulação entre as diferentes ciências que compõem a área. Pensar de forma interdisciplinar remete à necessidade de compreender a realidade como uma totalidade concreta e dialética e cada ciência, nessa perspectiva, aponta possibilidades e limites para a interpretação dos fatos sociais. Quanto maior o número de relações estabelecidas para analisar determinado fenômeno, maior será a possibilidade de perceber a realidade em seu movimento permanente de desconstrução e reconstrução; portanto, cada ciência, parte e todo ao mesmo tempo, apresenta um instrumental singular e necessário para a apreensão desse processo.

Ao seguir esse caminho de reflexão, emerge a necessidade de discutir a interdisciplinaridade em sua aproximação com o fazer da educação, tendo em vista ser o curso em análise uma licenciatura, procurando debater o processo de especialização do saber, transposto para os currículos como disciplinas, seus limites e as possibilidades de superação a partir da integração dos saberes.

Originado nos anos 1970, em especial a partir dos trabalhos do pesquisador Georges Gusdorf, o termo "interdisciplinaridade", segundo Ivani Fazenda (2002b, p. 25), ainda não apresenta um sentido único e estável, tratando-se "de um neologismo, cuja significação nem sempre é a mesma e cujo papel nem sempre é compreendido da mesma forma". Portanto, torna-se significativo, para o entendimento do trabalho realizado pela área de Ciências Humanas e Sociais, a apresentação das principais ideias que fundamentaram o conceito de interdisciplinaridade adotado pela equipe.

Inicialmente, é importante entender como ocorreu o processo de fragmentação da ciência em disciplinas cada vez mais específicas, em um movimento de disjunção do saber no qual a preocupação com a parte deixa opaca sua relação com o todo e, dessa forma, limita a própria compreensão da parte em si. Na detalhada pesquisa realizada por Santomé sobre interdisciplinaridade, registrada em seu livro *Globalização e interdisciplinaridade*, o processo de industrialização promovido pelos modelos econômicos capitalistas a partir do século XIX é apontado como o momento de abertura do caminho para o parcelamento e a ruptura do conhecimento em disciplinas. Segundo o autor,

> a indústria necessitava urgentemente de especialistas para enfrentar os problemas e objetivos específicos de seus processos de produção e comercialização. À medida que a revolução industrial e a tecnologia se desenvolviam, surgiam novas especialidades e subespecialidades, que, por se basearem em algum ramo muito específico de um campo tradicional do conhecimento ou em uma nova metodologia e/ou tecnologia de pesquisa, exigiam maiores parcelas de independência até atingir a autonomia plena como campo profissional e de conhecimento (SANTOMÉ, 1998, p. 47 e 48).

O amálgama desse processo de especialização da ciência se dá a partir da consolidação da filosofia positivista, que, na avaliação de Michael Löwy (2003), pode ser estruturada a partir de três premissas básicas: a primeira, que a sociedade é comandada por leis naturais, invariáveis e independentes da vontade e da ação humanas; a segunda premissa, decorrência da anterior, é que ao ser assimilada epistemologicamente pela natureza, a sociedade pode ser analisada pelos mesmos métodos, procedimentos e processos utilizados pelas ciências naturais; e, por último, que as ciências, naturais ou sociais, devem ater-se à observação e à explicação apenas das causas dos fenômenos, buscando a objetividade, a neutralidade, sem julgamento de valor ou ideologias.

A partir desses processos com, a supremacia do positivismo na ciência, e sua ligação cada vez mais intensa como os processos produtivos, o conhecimento passou a ser também cada vez mais fragmentado e assume, especialmente quando nos referimos à escola, a forma de disciplinas. Como define Santomé (1998, p. 55), "uma disciplina é uma maneira de organizar e delimitar um território de trabalho, de concentrar a pesquisa e as experiências dentro de um determinado ângulo de visão". Dessa forma, cada disciplina mostra uma determinada dimensão da realidade, aquela delimitada pelo seu objeto de estudo, seus marcos conceituais, métodos e procedimentos específicos. Esse processo de especialização levou, inegavelmente, a uma vasta produção de conhecimentos como nunca antes vista na história da humanidade, porém, em uma verticalidade que impede, em muitos casos, o diálogo entre os campos do saber em uma perspectiva de totalidade.

É importante ressaltar que, por maior que seja a crítica que possamos realizar à fragmentação da ciência, para a implementação de processos interdisciplinares são imprescindíveis as disciplinas. São elas a base a partir da qual é possível construir novas formas de pensar a ciência, tornando mais permeáveis os limites que encapsulam as diferentes disciplinas. Como alerta Santomé (1998, p. 61), a "própria riqueza da interdisciplinaridade depende do grau de desenvolvimento atingido pelas disciplinas, e estas, por sua vez, serão afetadas positivamente pelos seus contatos e colaborações interdisciplinares". Portanto, se, por um lado, não se pretende anular as contribuições das diferentes ciências para o desenvolvimento de uma abordagem interdisciplinar, deve-se, por outro, ter o cuidado de não estabelecer hierarquias entre as ciências, dando uma maior valoração para determinados ramos do saber. Refletindo sobre essas questões em sua apresentação do livro de Ivani Catarina Fazenda (2002b), Hilton Japiassu, um dos pioneiros na pesquisa sobre a interdisciplinaridade no Brasil, afirma que, desde o início, a interdisciplinaridade

> se apresenta como um princípio novo de reorganização epistemológica das disciplinas científicas. Ademais, apresenta-se como um princípio de reformulação total das estruturas pedagógicas do ensino das ciências. Poderíamos dizer que ele corresponde a uma nova etapa do desenvolvimento do conhecimento científico e de sua repartição epistemológica. Ademais, exige que as disciplinas, em seu processo constante e desejável de interpenetração, fecundem-se cada vez mais reciprocamente. Para tanto, é imprescindível a complementaridade dos métodos, dos conceitos, das estruturas e dos axiomas sobre os quais se fundam as diversas práticas pedagógicas das disciplinas científicas. (JAPIASSU apud FAZENDA, 2002b, p. 14-15).

Nesse sentido, a interdisciplinaridade deve ser compreendida como processo, e não como um conjunto de procedimentos a ser seguido. A busca pela superação da fragmentação, de olhar para a realidade como uma totalidade, formada por diferentes dimensões que se interpenetram, é um objetivo nunca plenamente atingido. Dessa forma, para além de uma proposta teórica, a interdisciplinaridade consolida-se como prática, a partir do trabalho em equipe e da análise dos avanços e limites dessas experiências concretas. Além disso, como lembra Santomé (1998, p. 67), "uma nova reconstrução mais interdisciplinar do pensamento também implica recuperar dimensões que chegaram a ser satanizadas pelo forte domínio do positivismo, como a imaginação, a criatividade, a intuição, a incerteza etc.".

A caracterização da interdisciplinaridade como um devir, uma busca que incorpora as diferentes dimensões do humano em seu fazer, implica, antes de tudo, a proposição de uma nova atitude do pesquisador ou do educador, visando à passagem, nas palavras de Fazenda (2002, p. 18), "da subjetividade para a intersubjetividade". A autora apresenta, como primeiro movimento para a instauração de um ensino interdisciplinar, a supressão do monólogo por práticas dialógicas nas quais "a preocupação com a verdade de cada disciplina, seria substituída pela verdade do homem enquanto ser no mundo" (Fazenda, 2002b, p. 42). Dessa forma, por meio do estabelecimento de um diálogo criador, alterando a forma de pensar e de fazer a educação, será possível romper com os isolamentos característicos do cotidiano dos espaços de produção do conhecimento, quer no ensino superior, quer na escola básica. Ao analisar o ensino existente hoje nas escolas, Fazenda considera a interdisciplinaridade como

- meio de conseguir uma melhor formação geral, pois somente um enfoque interdisciplinar pode possibilitar certa identificação entre o vivido e o estudado, desde que o vivido resulte da inter-relação de múltiplas e variadas experiências;
- meio de atingir uma formação profissional, já que permite a abertura a novos campos do conhecimento e a novas descobertas;
- incentivo à formação de pesquisadores e de pesquisas, pois o sentido das investigações interdisciplinares é reconstituir a unidade dos objetos que a fragmentação dos métodos separou e, com isso, permitir uma análise das situações globais, dos limites de seu próprio sistema conceitual e o diálogo entre as disciplinas;
- condição para uma educação permanente, posto que através da intersubjetividade, característica essencial da interdisciplinaridade, será possível a troca contínua de experiências;
- como forma de compreender e modificar o mundo, pois sendo o homem agente e paciente da realidade do mundo, torna-se necessário um conhecimento efetivo dessa realidade em seus múltiplos aspectos;
- superação da dicotomia ensino-pesquisa, pois, nesse novo enfoque pedagógico, a pesquisa se constitui na única forma possível de aprendizagem (Fazenda, 2000, p. 32).

Porém, são possíveis de identificar alguns obstáculos que precisam ser superados visando à implantação de uma proposta interdisciplinar que suprima as barreiras entre as disciplinas e entre as pessoas que se disponham a colocá-la em prática. Na avaliação de Ivani Fazenda (2000), os principais obstáculos a serem transpostos são:

> "(i) epistemológicos e institucionais: como está fundamentada na aceitação de que cada disciplina tem sua verdade e essa é relativa quando se procura uma interpretação dos fenômenos em sua totalidade, a interdisciplinaridade pressupõe uma reorganização das estruturas institucionais que cristalizam a fragmentação das ciências; (ii) psicossomáticos e culturais: como o projeto interdisciplinar se constitui a partir do trabalho em equipe, a falta de compreensão de seu significado, de formação apropriada, a acomodação ao estabelecido e o temor da perda do prestígio pessoal são elementos que dificultam a abertura para o pensar coletivo e dialógico; (iii) metodológicos: a implantação de uma metodologia interdisciplinar leva, necessariamente, ao questionamento da forma como os conhecimentos são desenvolvidos por cada disciplina e impõe a convergência dos fazeres dos participantes em função do tipo de indivíduo a ser formado; (iv) formativos: como a interdisciplinaridade pressupõe a existência de uma postura dialógica, superando as relações pedagógicas baseadas apenas na transmissão do saber, é central o estabelecimento de processos de formação teórica e prática que exercite, desde o início, o trabalho interdisciplinar; e (v) materiais: como está baseado na experimentação e pesquisa, requerendo a constituição de coletivos

de trabalho que envolvam diversos profissionais, o projeto interdisciplinar necessita de um planejamento eficaz, com a proposição de novos tempos e espaços, e de uma previsão orçamentária adequada".

A superação desses obstáculos no âmbito escolar, especialmente quando falamos de escola pública, requer o estabelecimento de uma nova forma de compreender e de agir pedagogicamente, um repensar sobre a função social da educação e o rompimento de práticas que, se um dia poderiam possuir correlação com a realidade, atualmente se perpetuam a partir de uma inércia paralisante, deixando-as sem sentido real para educadores e educandos. A interdisciplinaridade, sem ser uma panaceia para a educação, visa, na conclusão de Fazenda,

> à recuperação da unidade humana através da passagem de uma subjetividade para uma intersubjetividade e, assim sendo, recupera a ideia primeira de cultura (formação do homem total), o papel da escola (formação do homem inserido em sua realidade) e o papel do homem (agente de mudanças no mundo) (FAZENDA, 2000b, p. 48).

As propostas interdisciplinares, nessa ótica, apresentam uma grande potencialidade de alteração das práticas curriculares e, por conseguinte, possibilitam que os educandos desenvolvam aprendizagens mais significativas e completas, pois relacionam conceitos, teorias, procedimentos, entre outros, a partir de estruturas compartilhadas entre as disciplinas. Como salienta Santomé (1998, p. 73 e 74), "alunos e alunas com uma educação mais interdisciplinar estão mais capacitados para enfrentar problemas que transcendem os limites de uma disciplina concreta e para detectar, analisar e solucionar problemas novos".

Ainda nessa questão, Santomé, ao analisar algumas áreas de conhecimento atuais, como a oceanografia, as neurociências e a ecologia, bem como os estudos sobre a mulher, minorias étnicas e culturais silenciadas e oprimidas, registra que

> precisamente quando se começam a estudar essas temáticas sociais conflituosas de perspectivas mais amplas que as disciplinares, é que se descobrem as distorções e omissões de informação que serviam para construir e reconstruir uma importante quantidade de preconceitos, a fim de legitimar situações de marginalização e opressão (SANTOMÉ, 1998, p. 79).

Outras críticas realizadas pelo autor ao currículo linear disciplinar, predominante em nossas escolas e reforçado pelos livros didáticos e institutos de formação docente são o desconhecimento dos interesses e das experiências prévias dos educandos no planejamento educacional, a invisibilidade imposta às problemáticas específicas do meio sociocultural das comunidades escolares, a incapacidade de analisar os problemas ou questões mais práticas (como a luta pela terra, a educação sexual ou a drogadição), a rigidez na organização dos tempos, espaços e dos recursos humanos e o fato de remeter para os educandos, individualmente e sem proporcionar suportes para isso, a tarefa de articular os conteúdos trabalhados pelas diferentes disciplinas.

Visando interferir nesse cenário na busca de implementar processos interdisciplinares que articulem as diferentes ciências, religando seus saberes, é que aparece a proposta de organização curricular e, no caso desta Licenciatura, de formação de educadores por áreas de conhecimento. O objetivo central consiste em reestruturar pedagogicamente o ensino das ciências de modo que os currículos escolares passem a ter sentido para os educandos e educadores, possibilitem a construção de conhecimentos por meio do diálogo e da constituição de uma intersubjetividade, rompendo, dessa forma, os estreitos limites do currículo linear disciplinar. As áreas de conhecimento seriam um novo referencial para a seleção dos conhecimentos integrantes dos currículos; portanto, são um instrumental para o planejamento e a avaliação curricular. Nas palavras de Santomé (1998, p. 124), essas "áreas de conhecimento e experiência tratam de identificar as principais vias pelas quais os seres humanos conhecem, experimentam, constroem e reconstroem a realidade; como organizam e sistematizam suas consecuções mais importantes e necessárias".

A utilização de áreas do conhecimento para a organização curricular não se apresenta como um fim em si mesmo ou como uma etapa obrigatória na implementação de projetos interdisciplinares voltados para a construção do conhecimento em uma perspectiva de totalidade, mas sua potencialidade está no estabelecimento de espaços de diálogo antes inexistentes no interior das escolas e centros de formação de educadores. Essa direção é apontada por Santomé ao analisar a realidade educacional espanhola, que pode ser transposta para o cenário brasileiro, quando afirma serem as áreas de conhecimento um facilitador para a superação do pensamento disciplinar predominante, pois

> é preciso levar em consideração a forte tradição que domina a formação da totalidade dos professores em nosso país. Os planos de formação de professores nas escolas universitárias de magistério e faculdades universitárias formam e continuam sendo disciplinares. E, em geral, a experiência profissional prática de grande porcentagem de professores e professoras, após sua formatura, também é de caráter disciplinar. (SANTOMÉ, 1998, p. 126).

Portanto, a implementação das áreas de conhecimento como matriz organizadora do currículo das escolas necessita, para desenvolver todas as suas possibilidades, de um processo de formação continuada. Pois, somente com um trabalho permanente e de longo prazo poderão ser rompidas as práticas solidificadas pela cultura escolar tradicional.

Para contribuir com esse movimento, nesta seção procurou-se detalhar e elucidar as bases teóricas que fundamentaram o planejamento e a concepção da área das Ciências Humanas e Sociais, partindo-se de uma discussão sobre a categoria da totalidade, central para a compreensão da metodologia de trabalho utilizada, que procurou incorporar o diálogo entre as ciências, alternando momentos de estudos específicos com a construção de sínteses coletivas, reafirmando a relação dialética entre parte-todo. Posteriormente, salientou-se a compreensão de interdisciplinaridade como processo, como forma de superar a fragmentação e, focalizando no fazer das escolas, como reestruturação pedagógica do ensino das ciências.

Apresentar e refletir sobre como essas questões teóricas foram trabalhadas nas práticas implementadas pela área das Ciências Humanas e Sociais nas duas etapas em que atuou será o objetivo principal da parte seguinte do texto, de forma a possibilitar o cotejamento entre a teoria e a prática, identificando os limites e os avanços do trajeto realizado.

Planejamento, interdisciplinaridade e possibilidades de pensar a partir da área

O ponto de partida desta seção é o trabalho realizado pelo coletivo da área de Ciências Humanas e Sociais nas etapas 2 e 3 da Licenciatura em Educação no Campo (LEdoC), cuja intenção principal foi elaborar uma base teórica e metodológica que possibilitasse a compreensão dos fundamentos da área e o estabelecimento de um substrato comum para o diálogo dos educandos com as demais áreas de formação ao longo do curso e, posteriormente, nos planejamentos escolares.

A intervenção realizada nas etapas previstas procurou, desde o início, constituir-se em um só movimento, apesar de ter sido desenvolvida a partir de duas disciplinas distintas: "Introdução ao Estudo da Área de Ciências Humanas e Sociais", na etapa 2, e "Conceitos Organizadores da Área de Ciências Humanas e Sociais", na etapa 3. O planejamento, portanto, abarcou esses dois momentos, procurando garantir a continuidade na construção e consolidação dos conceitos considerados centrais, mas, desdobrou-se em práticas e metodologias próprias de cada etapa.

Na etapa 2, o trabalho realizado teve como ponto de partida as disciplinas[5] de História, Geografia e Sociologia, por serem constituintes dos currículos do Ensino Médio[6], e baseou-se em uma dinâmica que alternou momentos de discussão es-

---

[5] É importante salientar a diferença entre ciência e disciplina: a primeira constitui um conjunto circunscrito de conhecimentos socialmente adquiridos ou produzidos, historicamente acumulados, dotados de universalidade e objetividade que permitem sua transmissão, e estruturados com métodos, teorias e linguagens próprias; a segunda consiste na transposição didática das ciências com a finalidade primordial do ensino escolar – a partir das definições constantes no **Dicionário Aurélio Eletrônico**, Versão 3.0, novembro de 1999.

[6] A área de Ciências Humanas e Sociais nos currículos do Ensino Médio no Brasil incorpora, também, a disciplina Filosofia. Porém, como a organização curricular do curso LEdoC apresenta a Filosofia no Núcleo de Estudos Básicos, tendo carga horária específica distribuída ao longo de várias etapas, optou-se por focalizar a discussão nas demais disciplinas da área.

pecífica de cada um dos ramos da ciência envolvidos com a construção de sínteses coletivas da área. Dessa forma, procurou-se evidenciar o movimento característico da evolução da ciência, no qual os novos desafios tensionam a base teórica anterior na construção de superações.

Esse movimento parte da existência da concepção de ciência originada historicamente a partir do processo de fragmentação de base positivista, intimamente articulado às demandas do setor produtivo e definidor da forma hegemônica de compreender e trabalhar as disciplinas, que está atualmente consolidada na maioria das escolas e instituições de ensino superior. Com a emergência de questões que não podem ser circunscritas a apenas um ramo científico, como a ecologia e as lutas sociais, essa forma de compreender a ciência passou a sofrer questionamentos na direção do rompimento das barreiras disciplinares e construção de novos paradigmas para o trabalho científico.

Na busca de evidenciar esse movimento, o planejamento da área para essa etapa teve os seguintes objetivos: analisar o processo epistemológico das Ciências Humanas e Sociais, com destaque para a História, Geografia e Sociologia; compreender os principais métodos e instrumentais utilizados no desenvolvimento de pesquisas na área de Ciências Humanas e Sociais; analisar a formatação, os limites e as possibilidades da área de Ciências Humanas e Sociais nos currículos do Ensino Médio; e iniciar um processo de construção de referenciais para a pesquisa e o trabalho por áreas de conhecimento na escola média.

Para implementar esses objetivos, foram desenvolvidas atividades que podem ser agrupadas em três momentos: o primeiro, a problematização inicial, procurou viabilizar a emergência dos conceitos, ideias e concepções que os educandos possuíam sobre os diferentes campos da área de Ciências Humanas e Sociais e sobre o trabalho por áreas do conhecimento; o segundo momento foi o do aprofundamento teórico, no qual os educadores realizaram diferentes aportes, individuais e coletivos, com o objetivo de questionar as concepções identificadas anteriormente e constituir uma nova base teórica; e, o terceiro momento, caracterizado pela elaboração de sínteses, no qual os educandos puderam avançar teoricamente, viabilizando a superação da visão primeira com o estabelecimento de entendimentos qualitativamente superiores.

Dentro dessa organização, foi proposta como problematização inicial a análise de uma história em quadrinhos de Robert Crumb[7], com o título "Uma breve história da América", que enfoca a evolução de um mesmo espaço através do tempo, desde a existência apenas de elementos naturais até o início dos anos de 1970, relacionando,

---

[7] CRUMB, R. *Blues*. São Paulo: Conrad, 2004.

especialmente, com o desenvolvimento tecnológico e a destruição da natureza. Essa problematização visava discutir a impossibilidade de analisar o processo descrito pela sequência de imagens da história apenas a partir do enfoque específico de cada um dos campos das Ciências Humanas e Sociais e que, quando pensamos a realidade como uma totalidade, elas se acham imbricadas umas nas outras. Dessa forma, para a compreensão mais aprofundada das questões sociais, econômicas e culturais, entre outras, é necessário romper as barreiras que compartimentalizam as disciplinas e a constituição de áreas pode ser uma das possibilidades de realizar essa interdisciplinaridade.

O aprofundamento teórico iniciou com a apresentação – cada educador individualmente – do processo histórico de constituição das disciplinas enfocadas, salientando seus respectivos objetos de estudo e as principais características de seu desenvolvimento escolar. Visando aprofundar as discussões realizadas, foi trabalhado o texto "Um discurso sobre as ciências", de Boaventura de Sousa Santos (1988), com a intenção de apresentar as questões que atravessam a discussão científica, no final do século XX, sob a ótica desse sociólogo português.

No terceiro momento, a partir da sistematização coletiva das discussões, foi possível definir quatro questões centrais que apontavam para a aproximação entre as trajetórias das ciências apresentadas, permitindo a configuração de uma área de conhecimento. A primeira está relacionada com a possibilidade de integração indicada pelos próprios objetos de estudo de cada um dos campos que compõem a área de Ciências Humanas e Sociais, tendo em vista que, para serem desdobrados em todas as suas dimensões, necessitam dialogar com as demais ciências. A segunda questão remete para a identificação que as ciências da área têm, cada uma de sua perspectiva, com o foco na ação humana, compreendida como causa e consequência dos processos históricos, espaciais e sociais. A utilização do materialismo histórico dialético como método de análise para implantar um patamar comum para unificar a interpretação das disciplinas da área de Ciências Humanas e Sociais foi a terceira questão sistematizada. É importante, neste ponto, trazer alguns elementos da reflexão de Luiz Carlos de Freitas (2007), que entende o materialismo histórico dialético como método em permanente recriação e redefinição, posto que é sua característica ser dialético, não se enquadrando em etapas, formulações simplistas ou manuais. Dessa forma, a questão central é trabalhar com conceitos e categorias que dão sentido ao materialismo histórico dialético, como contradição, totalidade, movimento e síntese, pois, como afirma Freitas,

> as categorias da lógica dialética, as categorias do conhecimento materialista histórico dialético são categorias que tentam reconstruir o desenvolvimento do pensamento humano e criar-recriar conceitos e categorias deste processo. (...)

Esse é o entendimento mais confortável do materialismo histórico dialético: como categorias do pensar. (FREITAS, 2007, p. 52).

A quarta questão apontada na sistematização foi a necessidade de implementação de processos interdisciplinares como forma de sustentação da proposta de organizar o currículo escolar por áreas do conhecimento. Como um permanente devir, a interdisciplinaridade deve ser compreendida, especialmente, na sua dimensão de prática de um fazer novo, capaz de articular os saberes das diferentes disciplinas na busca de dar sentido ao que é apreendido pelos educandos.

A partir dos elementos apresentados pela sistematização e os objetivos previstos no currículo da LEdoC, foi realizado o planejamento da etapa 3, cujo enfoque residiu na definição e compreensão dos conceitos articuladores das Ciências Humanas e Sociais. Apesar de ser mantida a estrutura da etapa anterior, organizada em três momentos distintos e articulados, as principais alterações dessa etapa foram:

- a utilização de um tema de estudo, no caso o Estado, visando atender a duas vertentes principais. Uma se refere à necessidade de estabelecer um foco de convergência para os olhares das diferentes disciplinas, de forma a permitir uma compreensão mais ampla do tema e, com isso, experimentar uma estratégia prática de implantação de processos interdisciplinares. A outra vem do diálogo entre as disciplinas e áreas da LEdoC durante o planejamento da etapa em foco, na qual foi identificada, pela equipe de trabalho responsável pelas aulas de Filosofia, a necessidade de aprofundar esse tema, tanto como reforço a alguns conceitos já trabalhados quanto como preparação para discussões que ainda iriam acontecer;
- a estratégia de não compartimentalizar a discussão nas disciplinas, ou seja, não haveria momentos específicos para a Geografia, a História e a Sociologia, mas sim o trabalho integrado e coletivo entre os educadores no estudo do tema previsto; e
- reforçando uma intencionalidade iniciada na etapa anterior, transformar a própria disciplina em uma experimentação didática, com a utilização de variadas fontes e técnicas para o trabalho da área, como histórias em quadrinho, músicas, filmes e dinâmicas de constituição de grupos.

Com esses cuidados, os objetivos da etapa 3 foram: trabalhar os conceitos/categorias articuladores da área de Ciências Humanas e Sociais; e realizar um exercício de articulação dos conceitos/categorias das Ciências Humanas e Sociais a partir do estudo sobre o tema "Estado". Visando à consecução desses objetivos, a problematização inicial da etapa 3 foi organizada a partir de duas atividades complementares. A primeira, com o objetivo de proporcionar a continuidade entre as etapas, constituiu-se na leitura e discussão da sistematização realizada pelos educadores da área de Ciências Humanas e Sociais referente às principais questões e aos pontos de tensão relativos ao trabalho por área levantados na etapa 2. A segunda atividade, realizada em grupo a partir de letras de músicas, proporcionou o levantamento das concepções e ideias dos educandos sobre o Estado e seu papel na sociedade. Com essas atividades, foi possível construir uma ligação entre as etapas, de forma a deixar mais evidentes os pontos de conexão, e demonstrar que o planejamento da etapa 3 proporcionava uma continuidade das reflexões da área de Ciências Humanas e Sociais. Além disso, a emergência das concepções sobre o tema em estudo expôs o limite de compreensão dos estudantes, seus pré-conceitos e, dessa forma, apresentou aos educadores as possíveis entradas para promover o avanço teórico da turma.

Nesse sentido, o aprofundamento teórico foi organizado a partir de intervenções dos educadores da área de Ciências Humanas e Sociais, que, sem trabalhar a partir de sua ciência específica, alternaram-se na explicação dos diferentes modelos de Estado que ocorreram através da história. A intencionalidade era proporcionar o estabelecimento do maior número possível de relações, envolvendo as várias ciências que integram a área de Ciências Humanas e Sociais, de forma a traçar um amplo painel analisando o tema proposto. Utilizou-se, para isso, uma divisão clássica dos modelos de Estado, desde o seu surgimento, na forma absolutista, passando pelas suas formatações liberal e fordista/keynesiano (bem-estar social) até chegar ao Estado neoliberal.

No terceiro momento, na elaboração da síntese, e partindo-se da análise realizada sobre o Estado, procurou-se discutir quais seriam os conceitos articuladores da área de Ciências Humanas e Sociais e qual sua utilidade para a interpretação dos fenômenos sociais que os educandos enfrentariam nas diferentes realidades.

Torna-se significativo, aqui, retomar alguns pontos da discussão ocorrida sobre conceitos, procurando esclarecer qual o entendimento alcançado coletivamente, portanto, quais as carências em sua formatação que, em um processo de continuidade do curso, deveriam ser retomadas.

A ideia-força trabalhada é serem os conceitos ferramentas de análise, confundindo-se, neste caso, com categorias, cuja função é elucidar o que está obscuro. São, portanto, estruturas mentais que possibilitam compreender, comunicar e fixar o significado dos fenômenos, sendo a base das teorias científicas, mas também da vida cotidiana, devendo ser entendidos como unidades simples do pensamento que exprimem uma ideia, cujos significados são declarados por definições, transitórias e históricas, que servem de referência para compreender o mundo real. A própria expressão conceito se relaciona ao verbo latim *concipere*, resultante da soma de *cum* mais *captare*[8], ou seja, mesmo etimologicamente, os conceitos servem para captarmos a realidade.

Na síntese construída, os conceitos articuladores da área de Ciências Humanas e Sociais são um conjunto de ferramentas que possibilita a análise dos diferentes processos e fenômenos da realidade, estando vinculados à estrutura das ciências que compõem a área e dotado de uma maior permanência. Para explicitar melhor essa questão, reafirmamos, dos limites da produção coletiva realizada, a globalização, por exemplo, apesar de ser um conceito, não seria articulador da área por ser transitório, vinculado a um determinado momento histórico. Enquanto espaço e modo de produção, para citar apenas dois, que permitem compreender diferentes dimensões da globalização, seriam considerados conceitos articuladores, pois desvendam ou possibilitam captar não só esse, mas grande parte dos processos históricos presentes na realidade. Dessa forma, foram considerados conceitos articuladores da área de Ciências Humanas e Sociais: espaço, escala, território, região, processo histórico–geográfico, temporalidade, modo de produção, totalidade, contradição, poder (relações de), ideologia, sociedade/classes sociais, forças produtivas, trabalho, hegemonia e cultura.

Essa identificação e aprofundamento de conceitos articuladores das ciências que integram a área de Ciências Humanas e Sociais permitem a constituição de um substrato a partir do qual pode ser estabelecido o diálogo fecundo intra–área e desse com as questões concretas a serem enfrentadas pelos educandos. Dessa forma, esses conceitos articuladores podem ser considerados a ossatura, a partir da qual novos conhecimentos podem ser construídos, não mais fragmentados e parciais, mas que procuram compreender a realidade em seu movimento permanente.

O estudo desses conceitos e, principalmente, sua utilização para a análise dos processos históricos, geográficos e sociais presentes nas vidas dos educandos seria um indicativo importante para a continuidade do curso da LEdoC, pensando em um quadro no qual ocorra a formação específica de educadores na área de Ciências Humanas e Sociais. No caso do curso em relevo, esse exercício permitiu a elaboração de um quadro conceitual que possibilita aos educandos, que se aprofundarão em outras especificidades, o início de um diálogo com as suas áreas de formação, estabelecendo pontes para potencializar a implantação de processos interdisciplinares nas escolas.

Na última parte do texto, a seguir, será realizada uma síntese das principais ideias trabalhadas ao longo da intervenção da área de Ciências Humanas e Sociais no curso,

---

[8] Conforme José Adelino Maltez, no endereço eletrônico <http://maltez.info/Curso%20RI/a_linguagem_e_os_conceitos_das_r.htm>, acessado em 2 de agosto de 2009.

visando construir indicativos para pensar sobre a organização curricular por áreas de conhecimento e, dessa forma, contribuir para o processo de reflexão da LEdoC em sua totalidade, bem como, de forma indireta, para as discussões que estão sendo realizadas em torno da elaboração de um desenho de escola de Ensino Médio do campo.

Reflexão e prática: alguns elementos para o trabalho por área do conhecimento

Em todo processo de inovação, que propõe rompimentos com as práticas tradicionalmente estabelecidas, é fundamental estabelecer momentos de reflexão sobre o que está sendo implementado para perceber os seus avanços e limites. Esse exercício, de olhar criticamente para o trabalho realizado de forma a extrair questões que possam ser generalizadas para a totalidade do curso, é o que caracteriza esta última seção. Retomando, o ponto de partida consiste na intervenção realizada nas etapas 2 e 3 pela equipe da área de Ciências Humanas e Sociais, portanto, limitando o alcance das questões ao que foi possível identificar a partir dessa experiência específica.

As questões, apesar de surgirem de uma mesma prática e, portanto, estarem articuladas no movimento do real, foram agrupadas a partir de três dimensões, de forma a dar destaque para aspectos considerados fundamentais à constituição de áreas como estratégia para a sistematização e produção do conhecimento, especialmente para o fazer das escolas. Assim, o primeiro grupo de questões refere-se à formatação de um currículo por área, destacando os principais elementos que possibilitam propor essa forma de organização curricular. A reflexão sobre as mudanças na formação dos educadores para implementar formas de trabalho interdisciplinar e, desse modo, efetivar as áreas de conhecimento como possibilidade, integra o segundo grupo de questões. O último grupo engloba alguns limites internos do próprio curso da LEdoC no que se refere à constituição das áreas de conhecimento como matriz de formação de educadores.

Formatação de um currículo por área

O currículo da escola deve ser entendido como a organização dos tempos e espaços do processo educativo, visando à construção de conhecimentos e, na concepção que tem embasado as discussões da Educação do Campo, envolve a totalidade da escola, para além dos tempos-aula. Porém, no caso específico deste texto, enfocamos primordialmente a adoção de áreas do conhecimento como estratégia para a organização e seleção dos conhecimentos que integrarão os currículos das escolas voltadas para a formação média das comunidades do campo. Portanto, as áreas do conhecimento devem ser compreendidas muito mais na dimensão da docência, como uma forma de implementar processos interdisciplinares com vista ao desenvolvimento de aprendizagens significativas do que, efetivamente, como forma de produção de conhecimentos científicos.

Nesse sentido, mesmo tendo partido da análise dos limites da produção científica atual, ainda marcada pela fragmentação da ciência em disciplinas cada vez mais específicas, apesar da ocorrência de movimentos contrários, a intervenção da área de Ciências Humanas e Sociais preocupou-se mais em dialogar com a realidade escolar e as possibilidades e aos limites para a implementação de uma organização curricular por área do conhecimento. A preocupação da equipe se traduziu na busca de implementar processos interdisciplinares que envolvessem, em um primeiro momento, as disciplinas escolares que compõem a área e, posteriormente, construir pontes com as demais áreas do currículo escolar. Nesse sentido, como reforça Ivani Fazenda,

> O sentido das investigações interdisciplinares é o de reconstruir a unidade do objeto, que a fragmentação dos métodos separou. Entretanto, essa unidade não é dada 'a priori'. Não é suficiente justapor-se os dados parciais fornecidos pela experiência comum para recuperar-se a unidade primeira. Essa unidade é conquistada pela 'práxis', através de uma reflexão crítica sobre a experiência inicial, é uma retomada em termos de síntese. (2002b, p. 45).

Na busca de elaborar essa síntese, apontando caminhos para a unidade entre os diferentes campos que embasam a área de Ciências Humanas e Sociais – transformados em disciplinas nos currículos escolares – foi construído coletivamente um objeto aglutinador para a área: analisar a sociedade e as relações sociais que a constituem nos diferentes momentos históricos e espaciais. Relacionado, mas, de certa forma, sobrepondo-se aos objetos específicos de cada uma das ciências da área, a emergência de um objeto comum abre a possibilidade da adoção de um olhar coletivo, que supere a parcialidade da perspectiva específica e proponha um planejamento e execução interdisciplinar das atividades pedagógicas.

Nesse sentido, é importante avaliar que, apesar dos esforços realizados, a área de Ciências Humanas e Sociais conseguiu produzir apenas uma integração entre os conhecimentos, métodos e teorias envolvendo as ciências da área, ou seja, nas palavras de Fazenda (2002b, p. 39), não foi possível atingir "uma relação de reciprocidade, de mutualidade, ou melhor dizendo, um regime de copropriedade que iria possibilitar o diálogo entre os interessados", que, segundo a autora, caracteriza a interdisciplinaridade. Porém, a integração é uma etapa, embora não a única ou obrigatória, da interdisciplinaridade, desde que seja esclarecido esse aspecto de estágio e não compreendida como um produto final. Como afirma Fazenda,

> Ao partir dela [a integração], as preocupações irão crescendo e desenvolvendo-se no sentido de questionar a própria realidade e suas perspectivas de transformação,

ou seja, a integração seria uma etapa anterior à interdisciplinaridade, em que se iniciaria um relacionamento de estudo, uma exegese dos conhecimentos e fatos a serem posteriormente interados. (Fazenda, 2002b, p. 48).

Mesmo não tendo conseguido superar a etapa da integração, alguns elementos para a implantação de processos interdisciplinares puderam ser identificados a partir da intervenção da área de Ciências Humanas e Sociais. O primeiro está relacionado com a necessidade de estabelecer um tema para a convergência dos olhares das disciplinas que compõem a área, pois, naturalmente, ou seja, sem criar estratégias que impulsionem o estabelecimento de um pensar coletivo, a inércia das práticas educativas não consegue ser superada. Importa deixar claro, porém, que, para a consecução dos objetivos da Educação do Campo, esses temas devem originar-se de uma pesquisa da realidade local, de forma a constituir-se em questões que, ao serem analisadas de forma interdisciplinar, contribuam para a transformação das situações inicialmente encontradas. O segundo elemento é a necessidade de estabelecer conceitos que articulem a área, formando um substrato comum para o desenvolvimento das análises, ou seja, apesar de originarem-se das ciências que compõem a área, a compreensão de suas variadas dimensões pressupõe a necessidade do diálogo, sendo, portanto, transversais a essas ciências. Esses conceitos, como frisado na seção anterior, não são o fim de um processo de pesquisa, mas sim o seu começo. Utilizando uma imagem mais simples, seriam óculos que a área utilizaria para captar diferentes aspectos da realidade, para compreendê-la e transformá-la.

Dessa forma, é importante reafirmar que, para a instalação da interdisciplinaridade, para que haja uma intervenção dialógica e integrada entre as ciências da área, é fundamental o domínio do saber específico produzido por cada ciência. Não foi possível vislumbrar, dentro das fronteiras da experiência realizada, como superar esse limite da produção dos saberes especializados em curto prazo. Mesmo que somente em um tempo longo as barreiras entre as disciplinas poderão ser erodidas e uma nova forma de produzir e conceber a ciência possa se estabelecer, desde já devem ser experimentados movimentos, como os realizados por este curso para que esse processo possa ser acelerado.

Com a análise das questões levantadas, é possível concluir que as áreas de conhecimento assumem uma das formas pelas quais é possível introduzir processos interdisciplinares no interior das escolas, a partir do estabelecimento de tempos e espaços próprios para o planejamento e a execução de práticas dialógicas. Como uma cunha, as áreas podem abrir caminhos na direção da superação dos paradigmas fragmentários, lineares e disciplinares que impõem condicionamentos para o fazer dos envolvidos no processo educativo. Especialmente quando falamos de Educação do Campo, a formação de educadores por área de conhecimento é um vetor importante, conquanto não o único, para garantir avanços na direção de uma formação articulada a uma concepção mais abrangente da organização e função social da escola, da produção coletiva de saberes vinculados às necessidades das comunidades e das lutas do campo.

Formação dos educadores

Apesar de importantes tentativas de superação, ainda predominam, nas escolas, práticas pedagógicas fragmentadas e, na maioria das vezes, desvinculadas da realidade das comunidades nas quais estão inseridas. Essas práticas consolidam concepções profundamente entranhadas nos educadores e, de certa maneira, no conjunto da sociedade, que apontam para uma forma tradicional de conceber a educação. Isso se reflete diretamente na atual organização escolar, parcelada em disciplinas que não dialogam umas com as outras, cujos conhecimentos trabalhados seguem listas pré-determinadas, definidas unilateralmente pelos educadores que, por sua vez, não possuem espaços orgânicos e eficazes para planejamento coletivo das atividades.

Os cursos de licenciatura, responsáveis pela formação dos educadores, também acabam por seguir essa mesma lógica fragmentada, reforçando uma formação especializada, muitas vezes desvinculada da realidade das próprias escolas para as quais preparam os profissionais. Em relação à formação para as escolas do campo, essa questão assume desdobramentos ainda mais complexos quando é possível identificar que, com exceção dos cursos específicos, ocorre uma valorização das temáticas relacionadas ao urbano e industrial.

Portanto, somente por meio de alterações nos processos formativos dos educadores será possível efetivar transformações no cotidiano das escolas, com o estabelecimento de processos interdisciplinares consistentes com os limites apresentados pelos diferentes contextos de atuação profissional e formalizados na organização dos tempos e espaços do currículo. Como lembra Ivani Fazenda (2002, p. 35), "proposições curriculares que apenas indiquem a interdisciplinaridade como objetivo, sem reflexão mais acurada, nem a investigação de uma realidade mais imediata, que considere as reais possibilidades e empecilhos com que se defrontam a escola e o professor em seu trabalho efetivo a nada conduzirão."

A organização curricular por área do conhecimento propõe a constituição de uma forma integrada de planejar o processo educativo, pois exige espaços e tempos para um pensar coletivo dentro da escola. A seleção dos conhecimentos, a preparação e a execução de atividades interdisciplinares e, portanto, a avaliação do trabalho desenvolvido deve se fundamentar no diálogo e na inauguração de uma intersubjetividade. Para isso, é central, usando as palavras de Fazenda (2002, p. 64), a consolidação de uma atitude interdisciplinar, que "não está na junção de conteúdos, nem na junção de métodos; muito menos na junção de disciplinas, nem na criação de novos conteúdos produto dessas funções; a atitude interdisciplinar está contida nas pessoas que pensam o projeto educativo". Assim, tanto a formação inicial quanto a continuada devem proporcionar a vivência de práticas coletivas, a experimentação de dinâmicas de trabalho nas quais as barreiras entre as disciplinas e, por conseguinte, entre as ciências que as estruturam, sejam permanentemente erodidas. Dessa forma, será possível a emergência de uma intersubjetividade, uma nova maneira de olhar e compreender a realidade e seus movimentos, que, entre outros elementos, contribua para a superação da dicotomia entre ensino e pesquisa nas escolas. Para a consolidação dessa nova atitude perante o conhecimento, Fazenda aponta como necessário

> (...) que se estabeleça um treino constante no trabalho interdisciplinar, pois interdisciplinaridade não se ensina, nem se aprende, apenas *vive-se, exerce-se*. Interdisciplinaridade exige um engajamento pessoal (...). Todo indivíduo engajado neste processo será, não o aprendiz, mas, na medida em que se familiarizar com as técnicas e quesitos básicos, o criador de novas estruturas, novos conteúdos, novos métodos, será motor de transformação, ou o iniciador de uma 'feliz liberação' (FAZENDA, 2002b, p. 56).

A partir dessas questões, torna-se fundamental reafirmar a importância da pesquisa no desenvolvimento das aprendizagens, que, em uma proposta interdisciplinar, não pode mais ser pensada apenas no polo do ensino. Essa nova postura do educador em sala de aula, de não se preocupar em apresentar ou possuir todas as respostas prontas, mas de estar permanentemente aberto à troca, à procura de soluções coletivas, que podem, em muitos casos, extrapolar os muros das escolas, deve ser experimentada desde a formação inicial e, mesmo tendo limites em sua operacionalização, foi um horizonte do trabalho desenvolvido pela área de Ciências Humanas e Sociais.

O olhar para a LEdoC

Um dos grandes diferenciais desta Licenciatura em Educação do Campo está na proposta de formação de educadores por área de conhecimento, em uma busca de superar a fragmentação presente na ciência atual e seus reflexos nos currículos das escolas do campo. Essa proposição, porém, apresenta um conjunto grande de obstáculos, como a falta do tempo necessário para o planejamento coletivo entre os diferentes educadores do curso, a formação disciplinar e especializada desses mesmos profissionais e a própria incerteza presente na implementação de novos processos.

Ao se deparar com essas *situações-limites*,[9] compreendidas, segundo Paulo Freire (2002, p. 107), como "realidades objetivas e [que] estejam provocando necessidades nos indivíduos", os educadores da LEdoC procuram, individual ou

---

[9] Categoria apresentada por Paulo Freire em seu livro *Pedagogia do Oprimido*.

coletivamente, compreendê-las teoricamente e propor formas de superá-las. Essas novas possibilidades, originadas nos diversos esforços realizados, caracterizam a LEdoC como um *inédito viável*[10] que nas palavras de Freire (2002), "se concretiza na ação editanda, cuja viabilidade antes não era percebida".

A construção desse *inédito viável* está articulada a um intenso processo de pesquisa, de compreensão das *situações-limites* e da forma de superá-las; trata-se, portanto, de uma descoberta, de um processo. Como analisa Ana Maria Araújo Freire,

> Esse 'inédito viável' é, pois, em última instância, algo que o sonho utópico sabe que existe, mas que só será conseguido pela práxis libertadora que pode passar pela teoria da ação dialógica de Freire ou, evidentemente, porque não necessariamente só pela dele, por outra que pretenda os mesmos fins. (FREIRE, 2003, p. 206)

É nesse sentido, na dimensão da descoberta, da busca pela superação das *situações-limites* apresentadas na formação de educadores para as escolas do campo que a categoria do *inédito viável*, proposta por Paulo Freire, pode ser utilizada para analisar a LEdoC, em seu conjunto, e a intervenção da área de Ciências Humanas e Sociais, no particular. O registro articulado a uma análise rigorosa das práticas realizadas nesta primeira edição do curso pode proporcionar elementos significativos para o avanço das demais edições e, em uma visão mais ampliada, tensionar a formação de educadores de modo geral.

A intervenção da área de Ciências Humanas e Sociais procurou, nesse sentido, consolidar-se como um exercício dialógico, aberto para a comunicação entre as ciências e sujeitos presentes no processo, de forma a proporcionar aos educandos uma experiência viva de integração e construção coletiva do conhecimento. Essa, talvez, tenha sido a principal contribuição da área de Ciências Humanas e Sociais para a formação dos educadores nos limites da LEdoC, a experimentação prática da interdisciplinaridade enquanto possibilidade, a compreensão de ser esse um caminho e não um fim, e que o mapa para esse caminhar deve ser desenhado a partir da realidade efetiva de cada escola e dos passos que forem sendo dados.

Referências

FAZENDA, I. C. A. *Integração e Interdisciplinaridade no ensino brasileiro*: efetividade ou ideologia. 5ª. ed. São Paulo: Edições Loyola, 2002b.

FAZENDA, I. C. A. *Interdisciplinaridade:* um projeto em parceria. 5ª. ed. São Paulo: Edições Loyola, 2002.

---

[10] Categoria apresentada por Paulo Freire em seu livro *Pedagogia do Oprimido* e retomada por Ana Maria Freire no livro *Pedagogia da Esperança*.

FREIRE, A. M. Notas. *In*: FREIRE, Paulo. *Pedagogia da Esperança*. 10ª. ed. São Paulo: Paz e Terra, 2003.

FREIRE, P. *Pedagogia do Oprimido*. 32ª. ed. São Paulo: Paz e Terra, 2002.

FREITAS, L. C. *Crítica da Organização do Trabalho Pedagógico e da Didática*. 8ª. ed. Campinas: Papirus, 2006.

KOSIK, K. *Dialética do Concreto*. 7ª. ed. São Paulo: Paz e Terra, 2002.

LÖWY, M. *As aventuras de Karl Marx contra o Barão de Münchhausen*: marxismo e positivismo na sociologia do conhecimento. 8ª. ed. São Paulo: Cortez, 2003.

SANTOMÉ, J. T. *Globalização e Interdisciplinaridade*: o currículo integrado. Porto Alegre: Artmed, 1998.

SANTOS, B. S. *Um discurso sobre as ciências*. Porto: Afrontamento, 1988.

SANTOS, M. *A natureza do espaço*. 4ª. ed. São Paulo: Edusp, 2008.

CAPÍTULO 7
Currículo por área de conhecimento na formação de professores para escolas do campo da UFS

Sonia Meire Santos Azevedo de Jesus[1]
Carlos Alberto de Jesus[2]

Analisar a experiência de formação de professores que atuam ou irão atuar no meio rural por meio da Licenciatura em Educação do Campo em desenvolvimento na Universidade Federal de Sergipe, a partir da compreensão do que constitui esta proposta por área de conhecimento, é um desafio porque estudantes e docentes deparam-se com um sistema universitário e escolar (Educação Básica) cujos currículos se orientam pela lógica disciplinar, seriada, fragmentada, como, também, a formação científica predominante na academia tem ignorado as práticas sociais e o movimento que vem ocorrendo no campo.

Estudar a proposta curricular a partir da concepção de área presente no projeto do curso e o desenvolvimento do seu currículo nos Tempos Acadêmico e Comunidade, bem como a concepção de ciência inerente às áreas para problematizar os elementos mais presentes nessa construção, foi o objetivo deste estudo. Tomou-se como referência os relatórios do projeto, as avaliações dos estudantes, os documentos oficiais e referências bibliográficas. A experiência em análise recoloca a relação entre o conhecimento por área na formação de professores como necessária a uma compreensão mais alargada do trabalho escolar e, com ela, também desafia a um vir a ser da formação de professores, exigindo novos compromissos das universidades tanto no âmbito da formação, quanto no âmbito da pesquisa em educação.

Nos últimos vinte anos, a reestruturação do capitalismo no campo vem ocorrendo com a implantação das grandes empresas internacionais para exploração do solo brasileiro e para a prática da biopirataria, das transformações de biomas e

---

[1] Sonia Meire Santos Azevedo de Jesus, Professora Doutora na Universidade Federal de Sergipe – Campus São Cristovão.
[2] Carlos Alberto de Jesus, Professor Doutor no Instituto Federal de Educação, Ciência e Tecnologia de Sergipe– Campus Aracaju.

de culturas e construção de hidrelétricas. Também os incentivos governamentais têm impulsionado o desenvolvimento do agronegócio; da implementação de alta tecnologia, para a produção da monocultura, como a soja e a cana-de-açúcar; da engenharia genética, que modifica as características dos alimentos por meio da transgenia; entre outros. Nessa lógica, interesses meramente econômicos reestruturam o campo, pois essa forma de produção não gera mão de obra, concentra renda, destrói os resíduos das práticas agroecológicas ainda existentes e as formas de organização do trabalho familiar e mantém estruturas arcaicas de relações de trabalho, incluindo o trabalho escravo.

Nesse projeto, o sistema capitalista também se mantém a partir da disseminação de um imaginário social, que dicotomiza campo e cidade, tratando tudo o que é rural como antigo, residual, não produtivo, atrasado; isto é, não desenvolvido. A cidade, desde a revolução industrial, passou a ser o *lócus* privilegiado da referência do desenvolvimento para onde todos deveriam se guiar[3].

As transformações ocorridas entre o final do século passado e este provocaram também diferentes problemas nos países da América Latina e novos modos de enfrentamento. Muitos dos que estão no meio rural vieram do trabalho de exploração de minérios, da construção civil, da agroindústria, e da própria agricultura. No caso do Brasil, os movimentos sociais do campo, nos últimos anos, têm-se organizado e promovido ocupações de terra em frações do território brasileiro: são os assentamentos de Reforma Agrária, a demarcação das terras indígenas e de negros.

No entanto, a diversidade dos movimentos, a exemplo dos povos indígenas, quilombolas, atingidos por barragens, mulheres, não têm sua origem e não se organizaram somente a partir da expulsão da terra, ainda que esta seja uma principal referência de luta e de classe social. Nos últimos anos, os trabalhadores combinam a luta pela terra com outras reivindicações, como: étnicas, linguísticas, culturais, ambientais, feministas, dentre outras. Esses são os movimentos sociais no Brasil e na América Latina, que, a partir dos anos 1990, se tornam muito mais complexos. Isso porque ocorrem transformações profundas operadas por novas organizações do trabalho no campo, além de uma crise do capital internacional, que obrigam

---

[3] Segundo Petras (1997), esse modelo de desenvolvimento tem afetado toda a América Latina e é nela onde os focos de resistência também se ampliam. Segundo ele, é na América Latina, onde tem-se concentrado a maior resistência do meio rural contra o avanço do capitalismo e isso tem gerado um movimento de aprendizagem política diferenciada, tendo em vista que o significado das lutas na Colômbia, Peru, Venezuela, Brasil, Uruguai e Paraguai têm-se dado pelas novas gerações de camponeses que se diferenciam das gerações tradicionais no enfrentamento ao capitalismo: (...) temos uma nova geração de camponeses que possuem características muito diferentes do campesinato tradicional, com melhor educação, um conhecimento bastante sofisticado da política nacional e internacional e estão comprometidos com a formação de quadros e dirigentes a partir das lutas no campo (p. 7).

os movimentos a se estruturarem e se construírem com muito mais habilidade política, porque o Estado no mundo globalizado do Século XX e XXI constitui-se com exigências regulatórias muito difíceis de serem cumpridas em economias pouco estáveis e mesmo nas mais estáveis não conseguem alcançar a equação da combinação entre crescimento econômico e bem-estar social.

No caso do Brasil, os ajustes vêm proporcionando um crescimento econômico que reforçam o campo como um espaço de grande reprodução do capital, combinando com políticas compensatórias de diminuição da pobreza, porém sem ampliar a redistribuição da terra. Politicamente, há um crescimento de diálogo entre Estado e movimentos sociais, mas aumenta também o controle e a fiscalização tendendo à criminalização do último. Os processos de democracia, no modelo existente, que garantem a governabilidade nos espaços de poder estatal, avançam a passos largos com o comprometimento das lutas radicais, no campo dos direitos sociais.

Os problemas do trabalho, da segurança, saúde, meio ambiente, educação, ainda estão muito longe de serem resolvidos. No entanto, o Estado dialoga, ouve os movimentos e propõe programas que amenizem as distorções existentes. O acesso à universidade e os programas de formação de professor são exemplos da materialização desses diálogos. Programas como Reuni, Procampo, Projovem Urbano e Rural são alguns resultados dessa política.

A Licenciatura em Educação do Campo (LEdoC) nasce como resultado dessa luta e das suas contradições. Daí a necessidade de discussão e aprofundamento do que significa uma formação diferenciada de professores em um espaço universitário, que possui sérios problemas, desde a sua concepção como produtor de conhecimento, até as condições de trabalho, que vêm sendo pautadas por uma lógica produtivista que afasta as possibilidades de se construir uma formação com base no tripé ensino-pesquisa-extensão. Isso porque a universidade também está no bojo das transformações econômicas e vem-se constituindo como uma instituição muito mais voltada aos interesses do mercado do que à produção do conhecimento de interesse social da classe trabalhadora.

A pesquisa que estamos desenvolvendo pelo Observatório de Educação[4] aponta alguns elementos críticos e mais ampliados sobre a universidade e sua relação com o desenvolvimento e sustentabilidade do campo. Neste artigo, iremos tratar da problemática do conhecimento a partir do currículo pensado por área de co-

---

[4] O Observatório de Educação, para tratar das questões da Educação no Campo, foi criado em 2007 a partir do Edital nº 1/2006/INEP/CAPES, quando três universidades (UnB, UFS, UFRN) iniciaram uma pesquisa conjunta intitulada "A Educação Superior no Brasil (2000-2006): Uma Análise Interdisciplinar das Políticas para o Desenvolvimento do Campo Brasileiro".

nhecimento na referida Licenciatura, por entender que podemos contribuir para um repensar tanto do papel da universidade na formação docente quanto sobre a escola no meio rural brasileiro e sergipano.

O currículo por área de conhecimento

A ideia de trabalhar por área do conhecimento tem origem em diversas inquietações. Uma delas, e talvez a mais disseminada, está na argumentação de que não é possível conhecer a realidade a partir de um campo específico de explicação científica. Essa crítica baseia-se no que comumente conhecemos por fragmentação do conhecimento ou conhecimento disciplinar. Essa forma de conhecimento está presente nos currículos escolares e universitários e tem sido alvo de muitas críticas.

No entanto, essas inquietações são antigas e têm fundamentos desde a história antiga nas bases filosóficas de como observamos e conhecemos o mundo, assim como as perguntas que levam à construção da certeza da verdade desse conhecimento. Essa preocupação continua presente nas diferentes ciências e vem sendo estudada a partir de diferentes referenciais das ciências físicas, humanas e sociais.

Segundo Videira (2006), o conceito do método científico passou por transformações ao longo da história e, "para que se possa caracterizar corretamente o método científico, é importante mencionar que ele sofreu transformações com o passar do tempo, isto é, à medida que a ciência se modificava, mudou também a concepção do que vem a ser método científico".

> Nesse sentido, o autor esclarece ocorrer o estudo geral do método em domínios particulares de investigação: ciência, história, matemática, psicologia, filosofia, ética. Obviamente, qualquer domínio pode ser investigado com mais ou menos sucesso, ou mais ou menos inteligentemente. É tentador, então, supor que existe um único modo de investigação, logicamente garantido, capaz de descobrir a verdade, caso algum método possa fazê-lo. A tarefa do filósofo de uma disciplina seria, então, revelar o método correto e desmascarar as falsificações. Apesar de ser uma crença muito próxima da filosofia da ciência positivista, são poucos os filósofos que, hoje em dia, a aceitariam. [Tal concepção] confia excessivamente na possibilidade de uma filosofia primeira *a priori* ou num ponto de vista que está para além dos praticantes que trabalham e a partir do qual os seus melhores esforços poderiam ser avaliados como bons ou ruins. Atualmente, esse ponto de vista parece ser uma fantasia para muitos filósofos. A tarefa mais modesta da metodologia é investigar os métodos que são realmente adotados em vários estágios históricos da investigação em diferentes áreas, com o objetivo não tanto de criticar, mas muito mais de sistematizar os pressupostos de um campo específico num tempo particular. Resta ainda uma função para disputas metodológicas locais no interior da comunidade de investigações de alguns fenômenos, com uma abordagem atacando outra como sem sentido e não

científica, mas a lógica e a filosofia não fornecerão, segundo a visão moderna, um arsenal independente de armas para tais batalhas". (VIDEIRA, 2006 op. cit., BLACKBURN, 1994).

Essa análise é importante quando se trata do currículo organizado por áreas do conhecimento, a exemplo do currículo do curso da Licenciatura em Educação do Campo da Universidade Federal de Sergipe (UFS), cuja proposta se inicia por questionamentos sobre a realidade, a escola nos lugares onde os estudantes vivem ou trabalham – o meio rural.

Dessa forma, o currículo inicia por perguntar qual seria então essa escola? Que escola poderia valorizar a melhoria da produção/terra? O projeto não responde a essas questões diretamente, mas dá indícios a partir dos seus princípios orientadores de que essa escola deve partir das indagações da realidade vivida e da organização do trabalho do professor. Entre os princípios, um merece destaque: o que trata da relação entre o conhecimento científico e os problemas concretos, nos quais os futuros professores atuam ou irão atuar: "Que concepção de ciência e de método científico pode ser desenvolvida de modo a conhecer e articular os saberes e práticas sociais a fim de possibilitar aos(as) educandos(as) a construção de respostas para os problemas concretos nas áreas deste projeto?" (UFS, 2007. p. 13).

Essa pergunta nos indica que o currículo do curso está estruturado de modo que os futuros professores possam intervir na sua realidade. No decorrer do projeto é possível identificar as preocupações com uma "pedagogia da práxis" em que a prática educativa a ser produzida leva em consideração "um modo de pensar e de agir de homens e mulheres, mediados pelo trabalho" em que o plano intelectual dessa prática se fundamenta, tomando o trabalho como princípio educativo (p.14–15).

Se o currículo explicita a necessidade dos estudantes aprofundarem os conhecimentos para intervir na realidade, isso implica uma formação preocupada com a produção do conhecimento que ultrapasse o mero estudo a partir da organização do conhecimento já produzido por outros. Tendo em vista a complexidade e a diversidade do campo, assim como as diferentes preocupações científicas implicadas nas disciplinas e nas áreas do conhecimento, há de se identificar que a quantidade e qualidade das perguntas oriundas da realidade exigem disciplina de estudo e métodos que conduzam as práticas curriculares a ultrapassar a aparência dos fenômenos educativos.

É possível identificar no currículo desse curso uma concepção estruturada a partir de uma base teórica que recupera o materialismo histórico dialético e a prática social dos docentes e das experiências educativas existentes no campo, ou provocadas por eles no processo de desenvolvimento dos seus estudos no próprio curso, a exemplo do que é realizado no Tempo Comunidade, quando os estudantes estimulam as escolas a realizar uma reflexão sobre a importância da educação na formação dos jovens que "resistem" no campo[5].

Os estudantes tomam por base a materialidade da vida dos sujeitos que vivem no meio rural, dialogam por meio de seminários, encontros de Educação do Campo, participação em programas de rádio comunitárias, nos conselhos de desenvolvimento territorial, entre outros. Nas práticas do Tempo Comunidade, em cada área de conhecimento em que os estudantes estão estagiando, eles são orientados a tomar por base de construção dessas práticas os Círculos de Cultura (CC).

> O CC é um instrumento político-pedagógico para o fortalecimento da cultura popular de um determinado grupo que já vem construindo sua identidade de classe social de trabalhadores/as, neste caso, da educação. Assim sendo, ele assume a estratégia de ação e reflexão para o desenvolvimento consciente da organização, mobilização, de desenvolvimento de uma prática pedagógica. (UFS, 2008/2009, p. 1).

Tudo o que é produzido nos Círculos de Cultura, nas práticas escolares, está sendo entendido como conhecimento novo produzido. O memorial dos estudantes e a monografia são frutos dessas intervenções que ocorrem nos estágios desenvolvidos no Tempo Comunidade e no Tempo Acadêmico. A base de verdade desse conhecimento está na prática social imersa na vida social e contraditória, pois muitos dos estudantes apresentam dificuldades para conseguir ser entendido pelos grupos, tanto onde residem, quanto nas escolas, onde continuam desenvolvendo práticas que obedecem à lógica disciplinar, desvinculada da vida e pouco significativa para os jovens.

As reclamações mais comuns dos jovens das escolas do campo ouvidas pelos discentes da Licenciatura era a de que "ia para a escola porque era necessário aprender algumas coisas para conseguir um emprego na cidade, mas que a escola não ajuda muito".

Como a educação desenvolve-se a partir de um conjunto de relações sociais, não é possível pensar os problemas de ensino–aprendizagem, do currículo, do acesso, fora dos limites de como se constitui o campo e as diversas formas de reconstituição desse espaço, inclusive, como meio apenas de reprodução do econômico, conforme explicitado na introdução deste texto. Sendo assim, os estudantes da Licenciatura têm um desafio enorme à sua frente. Os docentes também enfrentam as mesmas dificuldades, pois não foram preparados para trabalhar com essa complexidade, ainda

---

[5] É importante explicitar que durante o desenvolvimento do curso, os estudantes e docentes da UFS têm dedicado especial atenção sobre os estudos que tratam do fechamento das escolas no campo. Enquanto a universidade forma os docentes para atuar nesses espaços, os gestores fecham e nucleiam escolas, utilizando a política do transporte escolar para conduzir as crianças e adolescentes para as sedes dos municípios.

mais com a perspectiva de rompimento de fronteiras disciplinares para entender as questões postas pelos povos do campo.

Resta, então, entender que o trabalho por área de conhecimento implica o desenvolvimento de pesquisas, que tem características específicas de acordo com o que está presente na vida dos seres humanos, nos seus processos de vida em cada município, região ou país. Os estudantes desta Licenciatura têm origens em regiões geográficas diversas e, por isso, também têm problemas diversos, que podem gerar diferentes questões de pesquisa. É isso que pode ser estimulado no currículo. Mas as suas respostas também exigem um alargamento do entendimento sobre os problemas apontados, e uma disciplina sozinha, na maioria das vezes, não consegue apontar caminhos. Daí a formação por área que não é uma questão meramente metodológica, é de concepção de ciência e de método.

Isso implica retornar à discussão inicial sobre o campo da ciência. É necessário trabalhar com as questões epistemológicas que permeiam tanto o campo das Ciências Humanas e Sociais, quanto das Ciências da Natureza e da Matemática, áreas de concentração deste curso. No caso das Ciências Humanas e Sociais, as diferentes perspectivas de estudo recolocam a necessidade de uma compreensão profunda da dinâmica histórica e dos seus sujeitos.

> Se as Ciências Humanas pretendem ser adequadas ao seu objeto, então devem colocar a singularidade dentro de um contexto inteligível. Todo conhecimento é contextual, mas o conhecimento da realidade humana é mais contextual. É no enquadramento dentro de um todo maior que, a parte tem ou recebe o seu sentido.
> O contexto pode ser considerado estaticamente: o que, em um dado momento, envolve os indivíduos. Mas uma compreensão mais profunda é dinâmica, é histórica. A realidade humana é essencialmente histórica, no sentido forte do termo. O presente está esticado entre o passado e o futuro. O homem sempre re–interpreta o passado e projeta ansiosamente um futuro melhor. Portanto, há um bom fundamento para afirmar que as Ciências Humanas são Ciências Históricas. Isto significa que não compreendo adequadamente os homens se não os considero lutando por um sentido que justifica a sua vida. (RABUSKE, 1987, p. 69).

A área das Ciências Humanas e Sociais distingue-se da área de Ciências da Natureza e Matemática pelo seu objeto e por seu método de investigação. Ela se realiza pela integração das disciplinas que se preocupam fundamentalmente com o homem e a sociedade. Busca compreender as ações humanas, o que os levaram a agir, seus fins e o significado delas.

Os estudantes também estão construindo o seu conceito sobre o que significa estudar por área de conhecimento. É importante analisar a compreensão dos que estudam a área de Ciências Humanas e Sociais, sobre as práticas realizadas no Tempo Comunidade.

"Para organizar a pesquisa de campo, estamos vendo a necessidade de todas as áreas e cada uma tem o seu lugar. Não é tudo misturado, não. Cada uma é importante para uma coisa. Se não conhecemos a história das escolas rurais e quem são os nossos alunos, não podemos agir na comunidade e, se não conhecermos as estatísticas, os números que nos ajudam a entender porque os alunos abandonam, reprovam, quantos professores possuem em cada escola, quanto tempo os estudantes passam no transporte escolar... Sabemos que não é só os números, mas eles ajudam a gente a enxergar mais os problemas. Agora, saber como resolver é outra coisa, temos de aprender mais."

Estudante A

"Eu gosto da área de Ciências Humanas e Sociais porque me ajuda a entender melhor os problemas do homem e a sua história."

Estudante B

Nessa construção, os discentes apresentam uma atenção com a interdisciplinaridade entre os campos do conhecimento e os colocam nas suas posições, sem excluí-los ou hierarquizá-los.

Goldmam (1978), ao se referir ao método das Ciências Humanas, explica que são diferentes das Ciências da Natureza, denominadas por ela de "físico-químicas", pois essas últimas se preocupam com os fatos exteriores aos homens, o estudo sobre o qual recai sua ação. Diferentemente, as Ciências Humanas preocupam-se com "a análise dessa própria ação, de sua estrutura, das aspirações que animam e das alterações que sofre".

O que passa a prevalecer nessa análise é que, além de sua significação consciente no pensamento e na intenção dos sujeitos, o estudo histórico ou os fatos históricos e sociais possuem uma significação objetiva, não podendo se isolar dos que o pensaram e realizaram a ação.

Goldmam também chama a atenção para a importância do investigador procurar alcançar a realidade total e concreta, ainda que se saiba não poder alcançá-la, a não ser de uma maneira parcial e ilimitada. Para isso, deve esforçar-se para "integrar no estudo dos fatos sociais a história das teorias a respeito desses fatos, assim como por ligar o estudo dos fatos de consciência à sua localização histórica e à sua infraestrutura econômica e social" (1978).

É possível identificar no trabalho de campo desenvolvido pelos estudantes que há uma preocupação em articular os diferentes conteúdos das áreas para entenderem os problemas educacionais. Segundo o relatório do curso (2008/2009), "os estudantes, além de realizar a pesquisa sobre a história da escola em seu povoado ou município, também fizeram um levantamento do funcionamento de outras seis escolas cada um. Todo esse estudo está sendo acompanhado de uma análise sobre a questão agrária, as condições econômicas e sociais da região".

Ao analisar os instrumentos de pesquisa que os estudantes do curso estiveram ou estão trabalhando no desenvolvimento desse trabalho, pudemos observar a complexidade deles e as preocupações que os estudantes apresentavam, pois, na medida em que iam aplicando os instrumentos, observavam a carência de políticas públicas da educação. Nos próximos módulos do curso estão previstos momentos para a tabulação dos dados, a descrição e a análise como parte do conteúdo das disciplinas que serão cursadas em cada área.

A construção do conhecimento científico no campo das Ciências da Natureza tem produzido muitos avanços que podem contribuir para a compreensão da área, principalmente, a partir da Biologia e da Física. É com essa compreensão que podemos entender as teorias revolucionárias desenvolvidas por Albert Einstein, Niels Bohr e Heisenberg. Einstein, por meio da teoria da relatividade, contribuiu para uma nova leitura do binômio espaço–tempo, cujas interpretações à luz dessa teoria põem em questão a relação causa–efeito, uma vez que o tempo deixa de ter um caráter determinista para ter um caráter reversível, até então não admitido na física newtoniana.

Por esse princípio, o espaço não pode ser determinado aprioristicamente. Essa ideia é ampliada pelo princípio da incerteza de Heisenberg, inspirada, muitas vezes, pelos diálogos com Niels Bohr. O entendimento de Bohr influenciou um pensamento que inclui o sujeito observado nas observações. Para ele, o entendimento do mundo só pode ser nos estreitos limites dessa relação. As contribuições desses cientistas foram fundamentais e serviram como base para os princípios da teoria quântica, que propõe a introdução do sujeito, a sua intervenção no conhecimento do real.

É certo que o conhecimento científico em todos os campos se submete a uma dinâmica social. As Ciências da Natureza e a Matemática também sofrem essas interferências, mesmo que os conhecimentos historicamente produzidos continuem explicando parte da nossa realidade, outras interrogações surgem na própria transformação dessa sociedade. Nesse caso, a compreensão de que o mundo podia ser regido por leis imutáveis, que sustentou durante muitos séculos a nossa compreensão de mundo, é questionada e contribui para reorganizar os fundamentos epistemológicos da ciência.

Desse modo, as Ciências da Natureza, associada à Matemática, objetiva explicar os fenômenos da natureza e suas relações com o homem e com os construtos intelectuais oriundos dessa relação. No entanto, mesmo que em muitos momentos de sua construção, as Ciências da Natureza e Matemática trabalhem com métodos diferenciados das Ciências Humanas e Sociais, não podem estar desvinculadas dessas últimas.

No caso da Matemática, o seu objeto de estudo tem natureza abstrata, como números, figuras geométricas, relações e funções, e utiliza como método a dedução e a indução. Historicamente, em função de sua natureza abstrata, a Matemática alimentou discussões sobre ser ou não ciência e é, por muitos, considerada como ciência auxiliar às demais ou ferramenta de apoio ao desenvolvimento de outras ciências.

Mesmo com base nessa concepção de uma ciência auxiliar, que se entende hoje, a Matemática, com suas várias vertentes, contribue para alavancar os estudos de outras ciências, sejam elas Humanas e Sociais, ou da Natureza. No entanto, foram as Ciências da Natureza que contribuíram para a ideia de que a Matemática era uma ciência auxiliar, pois se utilizaram e ainda se utilizam da linguagem matemática para desenvolver seus objetos de estudo e seus métodos.

As Ciências da Natureza também se caracterizam por serem elaborações dos homens, cujo objeto de estudo da natureza situa-se na exterioridade, mas interage com ele de maneira a interferir no construto cultural, ético, moral e social. Portanto, distante de uma visão conservadora de que as Ciências da Natureza se constituem como um grupo de matérias disjuntas das Ciências Humanas, cujo método, que, na maioria dos casos, é experimental, as põe em posições distintas das Ciências Humanas e sem possibilidades de inter-relação com elas. Um dos principais desafios dos investigadores é o de estabelecer essa relação. Os estudantes da Licenciatura estão fazendo essa investida:

> "A área de ciências da natureza parece não ter nada a ver com a história, mas o que estamos vendo é que tem tudo a ver. Não é possível entender uma área sem o conhecimento das outras."
>
> Estudante H

> "Nós precisamos aprofundar mais os conteúdos das áreas para entender melhor como trabalhar com os nossos alunos e como ajudar a encontrar respostas para os seus problemas."
>
> Estudante M

Ainda que no imaginário social a área de Ciências da Natureza seja considerada difícil, os estudantes estão se desafiando constantemente, mesmo porque a escolha da área deu-se no terceiro módulo do curso, segundo a Resolução Conep nº 08/2008. Eles tiveram a oportunidade de discutir a opção.

> "Eu tinha medo de pegar a área de Ciências da Natureza e Matemática porque sempre fui ruim em Matemática e fiquei com medo de não conseguir aprender nada. Mas agora estou satisfeita com ela. Afinal, todos nós temos de dominar uma parte para contribuir com as escolas do campo. Já pensou se todo mundo fosse para a área de Humanas?
>
> Estudante A

É interessante observar o que representa a área de Ciências da Natureza e Matemática para as pessoas, em especial para futuros docentes. Ainda que o cientificismo tentasse, a partir de uma ciência positiva, expandir a compreensão de método de investigação nas Ciências Biológicas e Físicas, bem como as históricas e sociais, tornando as primeiras mecanicistas, e as segundas descritivas e empíricas, muito se avançou no sentido de libertar os campos do conhecimento às coisas sem sentido. As Ciências da Natureza e Matemática não podem ser compreendidas, fora das condições sociais e culturais que a geraram, assim como não podem contribuir para as transformações sociais, se ficarem fechadas e independentes de quem as pensa – os pesquisadores.

No campo da educação, essa problemática constitui-se com muita complexidade, pois são questões nem tão resolvidas, no campo das ciências, que se colocam no processo de aprendizagem. Isso exige uma formação docente crítica em relação à compreensão dos campos do conhecimento e à função social da escola na transmissão do conhecimento e na formação dos conceitos em campos tão distintos do conhecimento.

Uma das questões que estão postas no processo de desenvolvimento da Licenciatura em Educação do Campo em Sergipe está no modo de articulação entre as áreas. Os estudantes têm questionado sobre a relação entre as disciplinas e, ao fazer isso, eles estão, no fundo, questionando sobre a relação entre os conceitos das diferentes áreas, como também de que modo eles podem entender a sua realidade com disciplinas tão distintas. Questionam se a sua opção pela área foi a melhor. Apresentam receios de não dar conta, alguns ainda trazem no seu imaginário uma ideia de que as Ciências da Natureza são difíceis e que não possuem capacidade e questionam sobre a sua abstração no desenvolvimento das disciplinas.

Mas como toda prática educativa é humana e intencional, é importante que desenvolvamos estratégias para compreender o sentido da ação educativa. É mais que explicar a ação, pois essa atitude, se analisada em um sentido restrito, pode levar a subsumir um fenômeno ou uma prática particular a uma regra geral. No caso da compreensão, sua diferença está em procurar apreender o indivíduo ou uma ação humana na sua singularidade e na sua relação com o todo a que pertence (RABUSKE, 1987, p. 69).

Essas posições exigem uma vigilância na reflexão crítica sobre os objetivos da prática educativa para não cairmos na redução que fecha a educação em si mesma. Segundo Savianni,

> enquanto atividade especificamente humana, a educação se caracteriza pela intencionalidade, isto é, pela antecipação mental de seus resultados na forma de objetivos a serem alcançados. É mister, pois, que no curso da ação se mantenham continuamente presentes os objetivos que são a razão de ser mesma da atividade que está sendo realizada. Sem isto, a prática degenera em burocratismo, o qual consiste na aplicação mecânica, a um novo processo, de formas extraídas de um processo anterior do qual foram autonomizadas, passando a justificar-se por si mesmas. (SAVIANI, 1990, p.7)

Isso significa dizer que é sempre necessário colocar qualquer singularidade em estudo dentro de um contexto inteligível em um todo maior em que a parte tem ou recebe o seu sentido. A realidade do campo, e tudo o que a ele está vinculado à questão agrária, o faz como um espaço de singularidade, mas que não pode ser analisado isoladamente sem uma reflexão sobre os modos de produção econômicos e sociais dos espaços, sejam rurais ou urbanos, como os trabalhadores organizam a sua vida, traçam estratégias de sobrevivência, enfrentam os problemas e potencializam suas condições, ainda que adversas.

Como essa realidade possui vários determinantes políticos, econômicos, ambientais e socioculturais, obrigam-nos a buscar lentes de aumento que ultrapassem as fronteiras disciplinares, ainda que elas sejam importantes para compreender outras singularidades presentes na realidade dos sujeitos.

Ao analisar os relatórios do terceiro e quarto módulo, observamos que ouve uma preocupação com essas questões e podemos inferir que isso levou os professores do curso a adotarem uma prática de trabalhar em função da religação entre as áreas, por meio da ideia dos Conceitos Integradores[6] em cada disciplina e nas atividades práticas, que implicavam a compreensão alargada de tais conceitos.

Esses conceitos são integradores porque se constituem em campos de estudo específicos e em diferentes áreas, mesmo com diversas interpretações. Entretanto, essas interpretações são complementares e não disjuntas, possibilitando ampliar a compreensão da realidade. Assim, estudar, por exemplo, os conceitos de tempo, espaço, energia, transformação, trabalho, entre outros, do ponto de vista histórico, filosófico, físico, biológico, químico, foi uma das estratégias metodológicas e de entendimento das áreas que pode contribuir para uma formação diferenciada, mais abrangente, totalizadora do conhecimento.

A perspectiva é trabalhar os conteúdos das disciplinas de um campo de estudos relacionando-os com as áreas por meio dos Conceitos Integradores, no sentido de ampliar a compreensão da totalidade da realidade e das práticas sociais.

As descobertas que os estudantes estão realizando no Tempo Acadêmico e no Tempo Comunidade estão contribuindo para a elaboração coletiva (docentes e discentes) do que estamos chamando de mapas conceituais interdisciplinares das áreas.

A construção desses mapas está se dando na prática curricular de forma contínua, ao integrar as atividades dos Tempos Acadêmico e Comunidade e

---

[6] Esta ideia está fundamentada nos Conceitos Unificadores das Ciências da Natureza, propostos por Angotti (1991), pois, podemos entender que a fragmentação, totalidade, especialização e interdisciplinaridade permeiam as atividades científicas e pedagógicas. Se a fragmentação é necessária para o estudo localizado e profundo de um problema, extraído de uma parte da realidade, a interdisciplinaridade é fundamental para possibilitar as análises de problemas mais complexos, que exigem a compreensão e integração das várias visões especializadas de cada um dos campos de estudos e das áreas, de maneira a contribuir para a busca de soluções e conhecimento da realidade em caráter mais amplo e mais extenso.

os Conceitos Integradores da área. Vão para além das disciplinas, do campo de estudo e das áreas, como veremos nos diagramas mais adiante. Os mapas conceituais apontam como se articulam as dimensões, fragmentação, totalidade, conhecimento especializado e interdisciplinaridade, não só nos momentos de pesquisa, mas nos momentos de desenvolvimento do currículo do curso, nas aulas práticas educativas e no Tempo Comunidade, possibilitando, dessa forma, o alargamento do conhecimento da realidade quando os estudantes necessitam interpretar os problemas encontrados em sua realidade.

Assim, a utilização dos Conceitos Integradores como estratégia metodológica de encaminhamentos das atividades de ensino nas duas áreas do curso de Licenciatura em Educação do Campo tem-se constituído em uma ferramenta útil da compreensão mais estruturada e totalizada do conhecimento.

Os mapas conceituais, que estão em construção neste curso, ilustram os Conceitos Integradores eleitos pelos docentes e, principalmente, pelos discentes. Eles contribuíram para pautar os Círculos de Cultura, que estão possibilitando encaminhar as pesquisas sobre a realidade das escolas do campo em Sergipe e os momentos de estudos disciplinares no Tempo Acadêmico.

Ciências Humanas e Sociais

Figura 1. Mapa conceitual estruturado pelos estudantes e docentes a partir do entendimentos dos campos de estudo – Ciências Humanas e Sociais

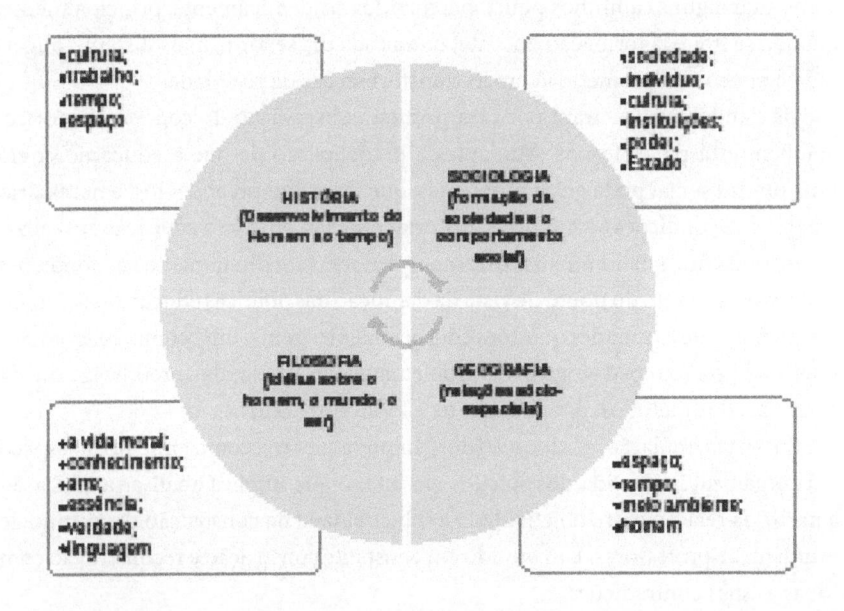

Ciências da Natureza e Matemática

Figura 2. Mapa conceitual estruturado pelos estudantes e docentes a partir do entendimentos dos campos de estudo

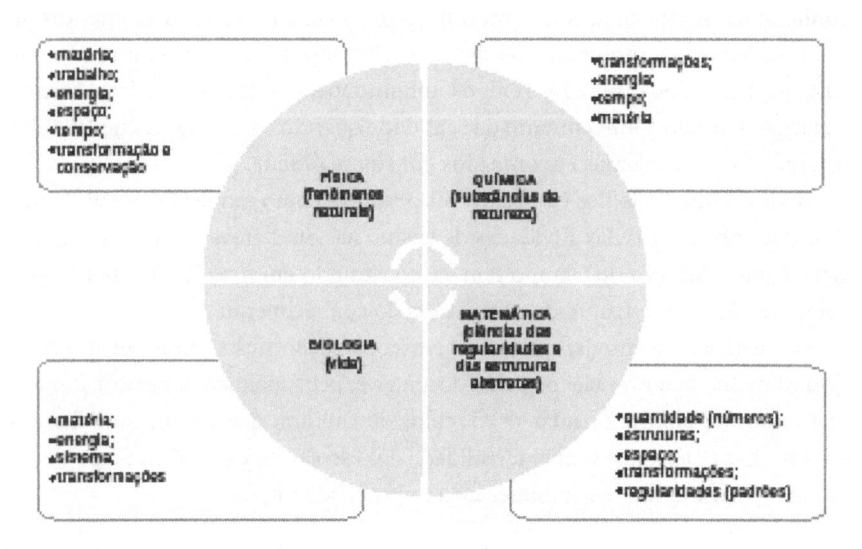

Fonte: Elaborado pela equipe da Licenciatura em Educação do Campo–UFS.

O desenvolvimento das práticas educativas podem assinalar "equívocos" no modo de pensar as estratégias de ensino aprendizagem por área, mas podem também apresentar alguns caminhos pouco percorridos academicamente, principalmente, quando se trata da formação docente, que a cada dia se torna mais distante, aligeirada e pouco comprometida com as transformações da realidade.

Os estudantes passaram por essa primeira observação do contexto histórico. Também está presente nos estudantes a preocupação de que a educação como uma prática social pode gerar problemas, que, para compreendê-los, é necessário entender as condições econômicas, histórias e sociais em que a educação se realiza. Essas condições – denominadas externas – influenciam diretamente nas condições educacionais, tanto do ponto de vista da definição das políticas educacionais, como também do que as grandes questões educacionais exigem – uma compreensão mais interna do projeto pedagógico, da problemática de acesso, da aprendizagem e da avaliação, dos métodos, dos sujeitos, da escola, entre outros.

Em sua formulação, a Educação do Campo requer o reconhecimento do espaço e da organização da vida dos sujeitos em luta, o que implica analisar a educação a partir da relação entre objetividade e subjetividade na construção do mundo de estudantes e professores. Um mundo em constante construção e reconstrução com todas as suas contradições.

Considerações finais

Parece oportuno, diante das condições em que os cursos de Licenciatura foram criados, afirmar a importância das universidades desenvolverem currículos que possam superar a relação subordinada e hierarquizada de conhecer. Igualmente importante, desenvolver pesquisas que possam dar visibilidade ao campo e aos seus processos de luta, resistência e produção de cultura, que, no plano teórico e inicial do desenvolvimento do curso em análise, se pode inferir que a universidade e os estudantes estão tentando vencer as barreiras que o cercam.

Como destaque positivo dessa experiência, podemos apontar que a articulação entre Tempo Acadêmico e o Tempo Comunidade, por meio das estratégias metodológicas, possibilitou também iniciar um processo de articulação das dimensões ensino, pesquisa e extensão, citadas na introdução deste texto, vez que as pesquisas sobre a realidade das escolas do campo construídas e em avaliação no Tempo Acadêmico e no Tempo Comunidade, com caráter de intervenção, estão permitindo a construção dos mapas conceituais, os quais subsidiam não somente o ensino, mas as pesquisas e as atividades do Tempo Comunidade e assumem características de atividades de extensão, mostrando que nessa perspectiva de trabalho pedagógico essas dimensões não estão desarticuladas como historicamente se apresentam nas universidades.

Porém, essa experiência não abarca a totalidade dos cursos de licenciatura da UFS e não parece ser que ela se estenderá. Tão pouco, pode-se ter uma inferência mais rigorosa do que virá a ser o curso de Licenciatura na UFS e em outras universidades, tendo em vista o seu pouco tempo de implementação.

Como o futuro ainda é algo que não existe, podemos ficar com a construção e a análise do presente como um campo de possibilidades que a experiência nos fornece: sua inovação, a ousadia de romper, ainda que temporariamente, com a arrogância disciplinar, com uma perspectiva de se pensar em uma pedagogia social por meio das licenciaturas onde o coletivo ainda tem um lugar na formação de professores para a Educação Básica como um profissional no sentido público. É este presente analisado parcialmente no desenvolvimento do seu percurso que pode contribuir para acumular sinergias e redes de comunicação científicas comprometidas com a transformação da escola, da universidade e da sociedade.

Referências

ANGOTTI, J. A. P. *Fragmentos e totalidade no conhecimento científico e no ensino de ciências.* Dissertação de Mestrado apresentada ao Programa de Pós-Graduação em Educação da USP em 1991.

ARRUDA, M. A articulação trabalho-educação visando uma democracia integral. *In Trabalho e conhecimento*: dilemas na educação do trabalhador. GOMEZ, C. M.; FRIGOTTO, G. *et al.* (Orgs.). São Paulo: Cortez, 2004.

DELIZOICOV, D; ANGOTTI, J. A. e PERNAMBUCO, M. M. *Ensino de Ciências*: Fundamentos e métodos. São Paulo: Cortez Editora, 2002

GATTI, B. A. A produção da pesquisa em educação no Brasil e suas implicações. In.: *A construção da pesquisa em educação no Brasil*. GATTI, B. A. (Org.). Brasília: Plano Editora, 2002. (Série Pesquisa em Educação. V. 1).

GOLDMANN, L. *Ciências humanas e filosofia*. São Paulo: DIFEL, 1978.

GRAMSCI. A. *Os intelectuais e a organização da cultura*. Rio de Janeiro: Civilização Brasileira, 1995.

MEC. Secad. Rede de formação do campo. Documento para operacionalização do Plano de Formação dos Profissionais da Educação do Campo. Brasília. DF. 2004, (texto digitalizado).

MEC. Secad. Educação do Campo: diferenças mudando paradigmas. Caderno Temático nº 2 /Secad. Brasília: DF, 2007, p. 81.

MENEZES, A. *Pedagogia da Terra e a formação de professores para a Educação do Campo na UFS e UFRN*. Dissertação de Mestrado. Programa de Pós-Graduação em Educação. Universidade Federal de Sergipe. São Cristovão, SE, 2009.

PETRAS, J. As esquerdas e as novas lutas sociais na América Latina. In *Lutas Sociais, nº 2*, São Paulo, junho de 1997.

RABUSKE, E. *Epistemologia das Ciências Humanas*. Caxias do Sul: EDUCS, 1987.

SAVIANI, D. Contribuições da filosofia para a educação. *Em Aberto*. Brasília, ano 9, nº. 45, jan-mar, 1990. Capturado do sítio http://www.emaberto.inep.gov.br/index.php/emaberto/article/viewFile/715/638 , acesso em 09 de março de 2009.

UFS. Projeto do Curso de Licenciatura em Educação do Campo. São Cristovão, 2007.

UFS. Relatório do Projeto de Licenciatura em Educação do Campo. São Cristovão, 2008/2009. p. 86.

VIDEIRA, A. A. P. Breves considerações sobre a natureza do método científico. In.: *Estudos de História e Filosofia das Ciências*. SILVA, C. C. (Org.). São Paulo: Editora Livraria da Física, 2006.

CAPÍTULO 8
Formação de professores e professoras em Educação do Campo por Área de conhecimentos – Ciências da Natureza e Matemática

Néli Suzana Britto[1]

O presente texto visa estabelecer interlocuções sobre os princípios políticos e pedagógicos que perpassam a formação de professor@s[2] por área de conhecimentos e o curso de Licenciatura em Educação do Campo. Sua tessitura é resultante de muitos diálogos, estudos e reflexões que temos[3] estabelecido diante dos desafios de atuar no curso de Licenciatura em Educação do Campo – Formação na área de Ciências da Natureza (CN) e Matemática (MTM) e de Ciências Agrárias – na Universidade Federal de Santa Catarina[4] (UFSC).

Das indagações ao tracejar de uma caminhada...

Os processos formativos tem suscitado inúmeras discussões e anseios de mudanças nas quais se fazem presentes preocupações em buscar outras lógicas de organização do conhecimento. Nessa discussão, está em pauta a integração dos diferentes campos de conhecimento, pois

> a justificativa do tratamento integrado das ciências naturais deriva da preocupação com as finalidades do processo educativo. Isso implica que a integração de campos disciplinares de referência, no caso das ciências, não é uma exigência das especificidades desses campos, mas um processo de construção social de uma disciplina escolar. (LOPES e MACEDO, 2002, p. 82)

---

[1] Professora de Ensino de Ciências e Biologia na Licenciatura em Educação do Campo na Universidade Federal de Santa Catarina.

[2] O símbolo @ é utilizado com artifício nas palavras que devem ser lidas o/a(s) no sentido de evidenciar a importância de alterarmos a tendência sexista de manter todas as palavras no masculino, mesmo em situações que o universo é majoritariamente feminino.

[3] A redação está na primeira pessoa do plural porque ecoa as vozes de um coletivo, principalmente daqueles estabelecidos entre o grupo de professoras da área CN e MTM: Claudia Glavam Duarte (MTM), Néli Suzana Britto (Biologia), Rejane Maria Ghisolfi da Silva (Química).

[4] A matriz curricular do curso Licenciatura em Educação do Campo na UFSC estabelece a formação nessas duas áreas.

Tecermos certas considerações sobre a temática em foco e refletirmos sobre a formação de professores e professoras em Educação do Campo por áreas de conhecimentos, nos provocam questões:

– Como isso se aplica de forma prática na formação de professor@s?

– Em especial na área CN e MTM, como superar as rígidas barreiras disciplinares dos campos de conhecimentos: Biologia, Química, Física e Matemática?

– Como a formação por área de conhecimentos pode contribuir com uma prática educativa reflexiva e inovadora perpassada por uma postura político-pedagógica e pedagógico-política?

Ressaltamos que não temos respostas definitivas para tais questões, mas pensamos que o diálogo entre a nossa experiência no curso de Licenciatura em Educação do Campo e os estudos reflexivos sobre a formação de professor@s, o exercício docente e a Educação no/do campo, nos permite inferir algumas idéias.

O curso de Licenciatura em Educação do Campo desenvolvido na UFSC se integra às várias ações articuladas pelo Instituto de Educação do Campo[5], cujo conjunto visa à melhoria da Educação Básica e superação de um processo de desvantagem educacional que tem demarcado a trajetória escolar das populações do campo. Diante do cenário contemporâneo – onde a grande maioria das crianças e jovens do campo e da cidade é excluída do acesso aos bens produzidos; as instituições educativas ainda ensinam conteúdos marcados por uma visão eurocêntrica centrada em sujeitos masculinos, heterossexuais, brancos e bem sucedida economicamente –, os desafios emergem e são imensos, principalmente no âmbito dos cursos de formação de professor@s e suas interfaces com as temáticas atuais.

Nessa direção, as Diretrizes Operacionais para a Educação Básica das Escolas do Campo (2001) contemplam e refletem um conjunto de preocupações conceituais e estruturais presentes historicamente nas reivindicações dos movimentos sociais. Entre essas, podemos citar o reconhecimento e valorização da diversidade dos povos do campo; a formação diferenciada de professor@s; a possibilidade de diferentes formas de organização da escola; a adequação dos conteúdos às peculiaridades locais; o uso de práticas pedagógicas contextualizadas; a gestão democrática; a consideração dos tempos pedagógicos diferenciados; a promoção, através da escola, do desenvolvimento sustentável e do acesso aos bens econômicos, sociais e culturais.

---

[5] O Instituto de Educação do Campo agrega e articula ações, entidades e programas como: o FOCEC (Fórum Catarinense de Educação no Campo), Observatório; Programa Escola Ativa; Programa Pro – jovem/ Saberes da Terra; PRONERA (Programa Nacional de Educação na Reforma Agrária)–, entre as quais se integra o curso de Licenciatura em Educação do Campo. Envolvendo os Departamentos de Metodologia de Ensino e de Estudos Especializados no Centro de Ciências da Educação da UFSC.

A proposta de formação por área se insere sob tais pressupostos que requer uma abordagem integrada dos campos de conhecimentos, diferente da disciplinarização dos conhecimentos pautados pela lógica da especialização e pela linearidade de conhecimentos, o que nos exige olhar para história das ciências e dessas disciplinas e sua relação com a hierarquização dos saberes. Para pautarmos essa reflexão, recorremos a estudos recentes (BRITTO, 2010) sobre a Ciência Biologia e o Ensino das Ciências Naturais no Brasil.

Tais estudos indicam que inicialmente a disciplina Ciências Naturais apresentava-se sob diferentes denominações e sob a ênfase da História Natural e privilegiava os estudos da natureza focada pelas Ciências Biológicas (Botânica e Zoologia) bastante atrelada às Ciências Físicas (Física e Meteorologia), Ciências Químicas (Química) e, por vezes, pelas Ciências Geológicas (Mineralogia). Sendo que professor@s que atuavam nessas disciplinas não tinham formação didática – pedagógica específica, mas conhecimentos sobre os conteúdos pertinentes a suas respectivas profissões.

A importância da Biologia, no final do século XIX e inicio do XX, estava enfatizada pelas noções de higiene e saúde relacionada aos estudos dos fenômenos biológicos a sua aplicabilidade nas instituições escolares e como diretriz científica aliada a estudos psíquicos. Na década de 1910, a disciplina de Ciências estava centralizada nas Ciências Naturais e seus campos de estudo: Física, Química, Botânica, Zoologia e Biologia. Tendo como finalidade uma melhor compreensão do desenvolvimento humano e sua interação com o meio, assim como a transposição e aplicabilidade do método científico às demais áreas de conhecimentos. Na década de 1940, a disciplina Biologia Educacional – ocupa o lugar de uma área de conhecimentos fundante na formação de professor@s.

O lugar dessa disciplina vai ocupando outros espaços na organização curricular dos cursos, assim como as suas finalidades, influenciadas pelos interesses por uma escolarização brasileira baseada numa ciência positivista, sob estratégias higienistas, eugênicas, e a ênfase dos saberes médicos nas práticas educativas em busca de uma identidade única. Essa argumentação evidencia o caráter utilitário e mais pedagógico que é atribuído às disciplinas de CN, na busca de validar sua inserção no ensino e conquistar seu *status* como disciplina escolar.

Desse modo, a história das disciplinas de CN evidencia o imbricamento entre os estudos da história das Ciências, da chamada História Natural e das Ciências Biológicas/ Biologia. Assim como, a produção científica em Biologia no Brasil está vinculada às marcas de um legado deixado por uma trajetória que se inicia já no século XVI [6]. Por sua vez, a historicidade das ciências e das disciplinas escolares é

---

[6] Tais estudos encontram-se sistematizados por Britto (2010). Ver indicações na bibliografia.

uma ótima ferramenta para argumentarmos e definirmos a finalidade da formação por área de conhecimentos, pois segundo Attico Chassot (2008, p. 99) "é preciso que entendamos a Ciência como um todo e não fracionada nas divisões artificiais criadas para facilitação das especializações."

Os estudos realizados sobre o Ensino de Ciências e Biologia, as tradições curriculares e as concepções de educação e ciência (BRITTO, 2010) corroboram com essas reflexões quando apontam que as disciplinas escolares e as disciplinas acadêmicas estiveram sob a influência de um movimento mais amplo da história da educação e da ciência que tanto influenciou as tradições curriculares quanto as concepções das diferentes áreas de conhecimento.

O ensino de Ciências e de Biologia e as perspectivas de educação que perpassam essas tradições relacionam-se ao *status* dessa disciplina, que não é algo dado, pois trata-se de um movimento de resistência às práticas consolidadas pela história e sua inserção nos currículos escolares e acadêmicos. As relações entre este cenário e as tradições curriculares, o ensino de ciências e a formação de professor@s, levam a proposições de práticas curriculares integradas.

Entremeios a tais reflexões, o exercício da docência no curso de Licenciatura em Educação do Campo tem exigido uma dedicação bastante intensiva por nossa parte nas atividades de ensino, extensão e pesquisa, pois se trata de um curso novo na UFSC, e também para nós que tivemos nossas trajetórias como educadoras comprometidas com a formação de professora@s, mas limitadas pela formação em campos de conhecimentos específicos e pelo olhar marcado pelo contexto urbano. Condições que remetem a um processo contínuo de ação–reflexão–ação para ajustes e consolidação do Projeto Político-pedagógico e matriz curricular[7] do curso.

> Sob a organização curricular em alternância, o curso tem uma dinâmica singular, o que exige predominantemente estudos concentrados num período, e viagens de campo e atitude investigativa no outro. As atividades – científico–acadêmicas e de cunho didático–pedagógico – são debatidas pelo coletivo de professor@s envolvidos com o curso. O planejamento coletivo é uma prática presente no cotidiano educativo do curso, que vem procurando manter-se coerente com a proposta curricular definida em seu Projeto Político-pedagógico. O grupo de professor@s reúne-se periodicamente para planejar, acompanhar e avaliar sistematicamente todas as atividades desenvolvidas, pois há o entendimento que essa é uma das formas para transpor da organização do conhecimento por disciplinas para outra forma organizada por áreas e, necessita, pelo caráter diferenciado da proposta, de discussões e o desenvolvimento

---

[7] A organização curricular está sob os princípios da Pedagogia da Alternância, que se estrutura alternando Tempos Universidades – aulas presenciais e em tempo integral, concentradas no campus universitário–, e Tempos Comunidades – período em que @s educand@s realizam pesquisa empírica e atividades de campo, preferencialmente nos municípios de origem, acompanhados e orientados por professor@s.

de um trabalho sistemático, coletivo, instituído por meio da criação de uma "equipe docente" que acompanhe, avalie e realimente a implantação do curso.

A realização de uma prática pedagógica menos fragmentada, capaz de romper com os limites entre os componentes curriculares sob a perspectiva de uma visão mais unitária dos conhecimentos, é um dos desafios que nos deparamos, pois as limitações logo se evidenciaram, ao discutirmos teoricamente e, depois, ao organizarmos as ações formativas de forma integrada entre os diferentes campos de conhecimentos: Biologia, Química e Matemática, visto que usualmente os conhecimentos são abordados de forma desarticulada, ou seja, estuda-se os fenômenos do meio real como fatos isolados. Esse quadro justifica uma reflexão sobre as experiências de práticas que busca articular e relacionar os diferentes conhecimentos.

Nessa perspectiva, as questões interrogativas, os propósitos assumidos nos conduziram a optar por uma abordagem qualitativa apoiada nos princípios do curso para assim darmos conta da singularidade, dinamicidade e abrangência da nossa prática educativa, compreendida como processo de criação, num contexto intersubjetivo de múltiplas interações entre nosso grupo de docentes e a proposta pedagógica do curso.

Ainda há uma constante e polêmica questão das discussões realizadas pel@s professor@s de CN e MTM sobre o que e como ensinar na escola quando se refere a área de conhecimentos, pois as práticas pedagógicas se mantem marcadas por conteúdos compartimentados pelas disciplinas, onde são trabalhados e ensinados de maneira bastante fragmentada e desvinculada da realidade, nas diferentes séries/anos. No caso das disciplinas escolares de CN aparecem distribuídos ou talvez reduzidos a quatro blocos na Educação Fundamental: o corpo humano; os seres vivos; os seres não vivos; e meio ambiente. A abordagem de tais conteúdos escolares está longe de uma aproximação efetiva sobre as demandas do contexto em que @s estudantes estão inserid@s, à medida que a escola mantém-se sob uma perspectiva tradicional[8] de currículo.

Desse modo há a necessidade da criação de um espaço para estudos sobre as práticas de ensinar, diferentemente de cursos pontuais (definidos por assuntos ou por uma listagem linear de conteúdos), desarticulados do universo curricular em que se inscreve de fato, qual seja, as práticas educativas das escolas públicas do/no campo. Tal condição pode vir a resultar no desenvolvimento de novas práticas

---

[8] Segundo José Pacheco, (2005), refere-se à organização curricular entre espaço/tempo/ conhecimento que se mantem de modo linear, fragmentada e repetitiva, na qual o conhecimento escolar privilegia a estrutura das disciplinas e secundariza os saberes ligados aos sentidos político, social e moral da ação humana.

pedagógicas produzidas no âmbito do planejamento didático compartilhado e da atuação nas aulas, por meio de atividades mobilizadoras de uma nova relação d@s estudantes e professor@s com o conhecimento das disciplinas escolares.

Em meio a esse exercício de diálogo coletivo sobre o processo de ensino, o grupo de professor@s da escola poderia partilhar um modo mais complexo de observação e de explicação sobre o modelo de organização dos conteúdos. O que promove o reconhecimento da importância de definir critérios para seleção dos conhecimentos, recursos, estratégias e atividades trabalhadas para possibilitar aos estudantes a percepção crítica da realidade, assim como minimizar o distanciamento, a fragmentação e a desarticulação dos conhecimentos escolares. Outros aspectos bastante específicos à organização curricular e que foram por nós percebidos referem-se a hierarquização dos saberes e conseqüentemente das áreas disciplinares; dificuldades na realização de um planejamento coletivo; aspectos referentes aos sujeitos e as limitações da formação inicial d@s profissionais.

Ademais, temos que atentar às denúncias dos movimentos sociais em relação às desigualdades sócio-econômicas tanto dos sujeitos da cidade como do campo e o silenciamento secular de muitos segmentos da sociedade. Nesse bojo se insere o movimento social pela Reforma Agrária que denuncia as desigualdades presentes nas relações com o campo, provenientes da concentração de renda e de terras por pouc@s e a exploração de muit@s trabalhador@s.

No que se refere à relação entre a área CN e MTM e os processos de reorganização curricular, constata-se a participação expressiva de educador@s/pesquisador@s das universidades brasileiras em estudos da Educação em Ciências e Educação Matemática que referenciaram e assessoraram esses processos, principalmente aquel@s atuantes nas disciplinas dos cursos de formação inicial de professor@s, da pós-graduação em educação e formação continuada. Foram importantes as colaborações daquel@s que realizaram seus estudos pautados nas categorias: dialogicidade, problematização, contradição e interdisciplinaridade como orientadoras das reflexões/ações na prática educativa desenvolvidas na interface entre as teorias freireanas, currículo e Educação em CN e MTM. Esses estudos[9] estimularam e desencadearam processos de reflexão e reorganização curricular nos cursos de formação inicial de

---

[9] Relatam experiências e produções literárias desenvolvidas por grupos de estudos e pesquisa como o GREF – Grupo de Reelaboração do Ensino de Física (PIERSON, 1997); projetos de formação de professores realizados no Estado do Rio Grande do Norte e no exterior como a da Guiné Bissau (PERNAMBUCO, 1988; DELIZOICOV, 1983); processos de reorientação curricular como o da Rede Municipal de Ensino de São Paulo, de Porto Alegre, Angra dos Reis e outras (PREFEITURA MUNICIPAL DE SÃO PAULO, 1991; DELIZOICOV E ZANETIC, 1993; GOUVEA, 2004); ou ainda outras publicações como dissertações e teses (DELIZOICOV, 1982; DELIZOICOV, 1991) que discutem a relação teórica com algumas práticas realizadas.

professor@s, e também de formação continuada de educador@s caracterizado como espaço contínuo de reflexão e de estudo acerca das práticas educativas cotidianas, permitindo assim que os educador@s pudessem repensá-las.

Foram estudos e ações que vieram ao encontro da reafirmação de uma prática educativa "*transformadora*" de muitos professor@s, visando à possibilidade de superação das práticas educativas tradicionais e conservadoras, à medida que esses movimentos de reorganização curricular reforçaram a vontade de mudança latente que já havia por parte de muit@s profissionais, havendo, assim, ressonância de algo já existente, por conta da singularidade das diferentes trajetórias docentes. (BRITTO, 2000)

Algumas trilhas tracejadas esboçam nossa caminhada

Num processo de construção e desenvolvimento de uma prática dialógica, a nossa prática educativa enquanto professoras na Licenciatura em Educação do Campo vem sendo desenvolvida pelos componentes curriculares que se distribuem da 1ª a 6ª fases, os seguintes:

O primeiro módulo[10] – Ecossistema orienta a 1ª e 2ª fase, quando, respectivamente, temos Ciclos Biogeoquímicos da Produção da Vida I e II (articulado pelos campos de conhecimentos: Biologia e Química).

O segundo módulo – Fundamentos das Ciências concentra o cerne da área CN e MTM, que perpassa da 3ª a 6ª fases, assim temos respectivamente: Ciências da Natureza e Matemática: Relações com o campo I, II, III e IV; Produção do Conhecimento I, II, III e IV e Aprofundamento Temático I, II, III e IV. Especificamente na 5ª e 6ª fase temos a inclusão do Estágio Docência e Projetos Comunitários I e II (Tempo Comunidade) e do Laboratório I e II. O conjunto de componentes curriculares nesse módulo está articulado pela Biologia, Química, e Matemática.

A construção dos programas e planos de ensino foi realizado de forma colaborativa e reflexiva. Inicialmente, traçou-se um cronograma de reuniões/encontros entre os professor@s com o intuito de "submergir em uma dada realidade, conhecê-la para poder transformá-la". (FREIRE, 1987). Tomando nossas experiências e reflexões, passamos a pensar em um projeto de formação como interface da ação, mudança e intervenção no campo. Delineamos algumas proposições para a elaboração dos planos curriculares. Entre elas podemos citar a necessidade de diálogo entre os diferentes

---

[10] A matriz curricular está organizada por três módulos: Ecossistemas – 1ª. e 2ª. fases – se estabelece pela relação homem/trabalho/meio ambiente; Fundamentos da Ciência –3ª. a 6ª. fases – relações com os saberes e os processos de sustentabilidade; e Agroecologia – 7ª. e 8ª. fases.

campos disciplinares de conhecimentos buscando superar a visão fragmentada dos tradicionais currículos de formação docente; a seleção de temas integradores e/ou articuladores de conceitos referentes aos dos módulos; a pesquisa como princípio educativo; a relação teoria/prática e o protagonismo d@s estudantes.

Sob tais reflexões esboçamos e propusemos as seguintes orientações para o planejamento desses componentes curriculares tendo como finalidades: formar professor@s comprometid@s com a realidade de seu tempo, a fim de atuarem em prol de uma educação no campo mais consciente, justa e democrática, valendo-se de um corpo de conhecimentos dos fenômenos químicos, físicos, biológicos e matemáticos do mundo vivido dos estudantes.

O componente curricular – Ciclos Biogeoquímicos da Produção da Vida I e II – compreende o estudo de elementos constituidores do nosso Planeta (meio ambiente): terra, água, ar, luz e as diferentes formas de vida (diversidade biológica). A teia de relações complexas entre os organismos e os fenômenos da natureza, sob os efeitos dos múltiplos fatores como a sócio-biodiversidade, as regularidades/ transformações e a produção de energia. A ação humana "cuidadora" e/ou devastadora do/no equilíbrio dinâmico dos recursos naturais e os diversos ecossistemas.

Tendo como conhecimentos-chave: ecossistemas; ciclos; espécie humana; energia; evolução; reprodução; reciclagem; natureza/ sociedade; através de temas aglutinadores como: O planeta Terra e a sócio-biodiversidade; Os processos cíclicos da/na vida; A reciclagem dos recursos naturais. E a indicação de desdobramento nos conteúdos pedagógico-escolares: origens e evolução das espécies vivas; a espécie humana; os fenômenos naturais; ciclos: oxigênio, água, nitrogênio, fósforo, enxofre, carbono; ciclos e funções vitais dos organismos; sucessão vegetal; cadeia alimentar, etc.

A realização de momentos de estudo e reflexão propiciaram a compreensão de que o currículo não se restringe ao programa de conteúdos, mas é algo que está implicado em relações de poder, classe, gênero e raça-etnia, vinculado à organização da sociedade e da educação. Sendo compromisso dos processos de formação inicial garantir a articulação de muitas ações que vão se tramando e cercando as necessidades do cotidiano escolar para possibilitar a urgente qualificação social das escolas públicas da cidade e do campo.

Sob esta perspectiva, se evidenciou o quanto devem ser ampliadas e priorizadas as discussões sobre o ensino das CN e MTM em espaços de interlocução coletiva, possibilitando aos professor@s a atualização sobre os novos conhecimentos científicos e tecnológicos para que se possam selecionar os conhecimentos necessários e adequados à realidade vivenciada pel@s estudantes. Mostrou ser imprescindível refletir sobre o papel d@s professor@s no ensino das CN e MTM, no sentido de evidenciar o compromisso que esses sujeitos tem ao ensinar e favorecer à apropriação do conhecimento historicamente e culturalmente elaborado e a compreensão da realidade, assim como explicitar a dinamicidade e a historicidade das práticas sociais que compõem a realidade e que, evidentemente, perpassam essa área de conhecimentos.

Desse modo, os componentes curriculares da área em CN e MTM entre a 3ª e 6ª fases, também contém o desafio de selecionarmos e trabalharmos os conceitos–chave; temas aglutinadores e a indicação e/ou de desdobramento de conteúdos pedagógicos–escolares. Por sua vez a aproximação vinculada à área de conhecimento específica de formação e atuação – Biologia, Química e MTM – e seus desdobramentos levou a compreensão que esses componentes curriculares teriam que associar os estudos sobre a abordagem metodológica à seleção de conteúdos escolares e sua relação com a atualização sobre os novos conhecimentos científicos e tecnológicos; o papel d@s professor@s no ECN e MTM diante do desafio de ensinar e favorecer a apropriação do conhecimento historicamente e culturalmente elaborado, assim como sua vinculação à compreensão da realidade pel@s estudantes.

Ao mesmo tempo é importante condicionar essas reflexões à clareza de uma concepção de Ciência, compreendida como uma atividade humana, ou seja, social, histórica e cultural, que não é neutra nem linear e é produzida a partir da interação entre sujeito e realidade social, contrapondo–se a visão mecanicista. Uma concepção de Ciência, compreendida como atividade humana imbricada pelas ações culturais, por conseguinte indissociável dos aspectos sociais, econômicos e políticos que interagem na relação entre Ciência, Tecnologia e Sociedade.

O olhar diferenciado sobre a área de conhecimentos das CN e MTM é uma das alavancas iniciais para o distanciamento e reflexão sobre alguns traços marcantes na formação nessa área. Dessa forma, destacamos a importância dos cursos de formação de professor@s que favoreçam a construção de subsídios que situem e fundamentem uma prática no ensino de CN e MTM propiciadora da apropriação de conhecimentos científicos e tecnológicos significativos aos estudantes, ou seja, que el@s possam analisar e compreender melhor a relação homem/natureza/sociedade e a ocorrência de fenômenos nos diferentes ambientes. Tal formação permite outro posicionamento diante dos aspectos sócio–político–econômicos que envolvem as questões ambientais, étnicas/raciais, saúde/doença, gênero/sexualidade, etc.

> Desse modo reorganizamos e renomeamos os componentes curriculares na 3ª e 6ª fases condicionados aos indicativos oriundos dos saberes construídos nos Tempos Comunidade e Tempos Universidade (particularmente aqueles produzidos durante o primeiro módulo). O que resultou na construção de teias indicadoras de problemas identificados e evidenciados pelos diálogos entre os conhecimentos acadêmicos e os dados das realidades em estudo. As teias nos permitiram eleger temas aglutinadores

para o estudo de conceitos; selecionar de bibliografias sobre os fundamentos e metodologias sobre a área; e definir temas de aprofundamento pautados pela relação entre ciências e temáticas contemporâneas.

As alterações realizadas nos componentes curriculares estão vinculadas às reflexões expostas, anteriormente, acrescidas pela preocupação em demarcarmos o que e como seria trabalhado nas respectivas carga horária de cada componente e a compreensão de totalidade dos quatro semestres dentro do módulo Fundamentos das Ciências:

Ciências da Natureza e Matemática: Relações com o campo I, II, III e IV – Passou a denominar–se **Práticas Educativas do/no Campo I, II, III E IV –**, delimitamos que os estudos se estabeleceriam a partir do entendimento das CN e da MTM como parte da cultura para a formação de cidadãos e cidadãs do campo, na sua relação com a tecnologia e a sociedade na contemporaneidade, através de interlocuções conceituais situadas pela historicidade das CN e da MTM para compreensão da realidade, em suas especificidades com o campo (relacionados ao estudo das realidades e temas contemporâneos no/do Tempo Comunidade). E estabelecemos aproximações metodológicas para a aprendizagem de conceitos. Dessa maneira, o percurso nesse componente curricular seguiu o seguinte movimento: 1º– aproximação com o Tempo Comunidade (mapeamento dos problemas sócio–econômico–ambientais, os sujeitos e a atividade humana) e a seleção de temas (inventário de conceitos); 2º– aprofundamento de conceitos, a seleção de novas temáticas e aproximações metodológicas; 3º– articulação entre as práticas sociais do campo e a construção de teias temáticas e conceituais nas práticas escolares.

Produção do Conhecimento I, II, III e IV – mudou a denominação para **Saberes e Fazeres I, II, III e IV – área CN e MTM.** Nesse componente curricular passamos a focar os estudos sobre os fundamentos e metodologias na área, através do seguinte movimento: 1º– interlocução entre saberes populares e conhecimento científico, e as relações entre os saberes e as implicações na educação escolar no/do campo; 2º– a área de conhecimento e os saberes silenciados no currículo escolar ao longo da história, e também a Educação em CN e MTM como campo de conhecimentos: historicidade e perspectivas atuais, incluindo as diferenças entre ensino e educação e as implicações curriculares; 3º– reflexões sobre a educação em CN e MTM no espaço escolar e a ação pedagógica, relacionando teoria e prática, objetivos, conteúdos e metodologia, adequados às necessidades educativas no Ensino Fundamental e no Ensino Médio.

Aprofundamento Temático I, II, III e IV acrescentamos a essa denominação o nome da **área CN e MTM** – esse componente curricular passou a alocar o espaço de estudos e diálogos entre a área CN e MTM e temas contemporâneos, através de reflexões e aprofundamento de questões que atravessam a educação no/do campo como: as Etnociências; as compreensões e representações de etnia, raça e precon-

ceitos raciais; as mulheres e a ciência e as compreensões e representações de gênero, sexualidade e homofobia; e as dimensões das ciências, tecnologias e a sociedade.

Estágio Docência e Projetos Comunitários I e II: Área CN e MTM foi mantida sua denominação, o qual ocorre nas escolas dos municípios em foco, durante o tempo comunidade na 5ª. e 6ª fases, enfatizando e efetivando a experiência da docência na escola e sua relação com a comunidade em estudo desde as fases anteriores.

Laboratório I e II – Área CN e MTM não é um espaço de técnicas laboratoriais, mas sim um laboratório de metodologias, no qual serão vivenciadas diferentes iniciativas didático-metodológicas, através da produção de materiais de apoio pedagógico afinados com os estudos teórico-metodológicos realizados.

Dessa maneira nossa prática docente foi se consolidando, agregado por outras reflexões sobre a formação de professor@s nos cursos de licenciaturas. As ações educativas e reflexivas foram desencadeadoras do interesse em pesquisar e contribuir com a ampliação dos estudos sobre a formação e o exercício da docência, e também os desafios à prática educativa comprometida com a democratização do acesso à produção cultural, científica e tecnológica; bem como a contestação às desigualdades sociais e econômicas.

Inseridas nesse contexto, como "formadoras" de professor@s para escolas do/no campo, do curso de Licenciatura em Educação do Campo – habilitação nas áreas de Ciências Natureza e Matemática, e Ciências Agrárias – temos como preocupação constante e central, a construção de um projeto formativo que supere a compreensão generalista, na qual predomina uma visão única e fragmentada de conhecimentos, de pensamento, de verdade e de ciência. Tal preocupação se manifesta no sentido de situar, tanto no plano epistemológico como metodológico, modelos e formas de organização dos conhecimentos químicos, biológicos e matemáticos mais adequados para uma formação que permita aos futuros professor@s uma visão globalizada e articulada dos conhecimentos. Na verdade,

> O desafio de por o saber científico ao alcance de um público escolar em escala sem precedentes – público representado, pela primeira vez em nossa história, por todos os segmentos sociais e com maioria expressiva oriunda das classes e culturas que até então não freqüentaram a escola, salvo exceções – não pode ser enfrentado com as mesmas práticas docentes das décadas anteriores ou da escola de poucos para poucos. (DELIZOICOV; ANGOTTI; PERNAMBUCO, 2002, p.33)

Cicillini et alli já em 1993, ao refletir sobre a função social da escola, comentava que essa é um espaço privilegiado, onde o conhecimento científico é uma ferramenta fundamental para a compreensão da realidade e possíveis ações em prol ações transformadoras. Sob essa perspectiva, a autora afirma:

> "De nada adianta... utilizar novas metodologias sem uma reflexão mais ampla do ensino. O 'o que' e 'como' ensinar são questões diretamente vinculadas 'para quem',

'para que' e 'onde' se ensina". Sendo assim se faz necessário que "o professor tenha conhecimento dos aspectos cognitivos emocionais dos alunos, de seus traços culturais, bem como do contexto histórico-social em que se desenvolve a prática político-pedagógica." (CICILLINI, 1993, p.104)

As questões apontadas acima delineiam alguns eixos imbricados na prática educativa, o que conflui em direção dos argumentos tecidos pela autora Dicker (1997) quando aponta as mesmas questões como eixos e acrescenta:

> No campo da formação e da prática dos educadores, recuperar a tradição democrática da qualidade supõe formular-se ao mesmo tempo quatro tipos de perguntas:
> 1. O que se deve ensinar?, que é uma pergunta sobre a cultura.
> 2. Por que? , que é uma pergunta sobre a cidadania.
> 3. A quem?, pergunta que remete à consideração do outro.
> 4. Como?, que é uma pergunta sobre a comunicabilidade do saber.
> Essas perguntas, que são ao mesmo tempo pedagógicas e políticas, reinscrevem à escola no espaço do público, e devem ser respondidas, portanto, no quadro de uma discussão... (Dicker, 1997, p. 234-235)

Os professores e professoras para refletirem sobre essas questões precisam fazê-lo a partir do cotidiano escolar, ou seja, na e sobre a prática educativa, pois, ao responderem sobre "o que ensinar", deverão ter clareza de que os conhecimentos selecionados para serem ministrados são resultantes do uso de critérios bem elaborados e diretamente vinculados a quem são @s estudantes, para que e por que está ensinando, pois essas questões remetem a respostas que se delineiam nos objetivos do seu planejamento, ao considerar os aspectos culturais, étnicos-raciais, de gênero e de classe do perfil das crianças e/ou jovens que compõe a sala de aula.

Demailly (1995) destaca que é importante quando @s professor@s tem "vontade de mudar seu método", contudo reforça o entendimento de que as definições do "como" ensinar estão diretamente relacionadas às demais questões pontuadas anteriormente, pois a decisão tomada sobre a forma de trabalhar é resultante da clareza d@s professor@s sobre quem são @s alun@s, que sujeitos querem "formar" e para que tipo de sociedade querem contribuir.

Sob esse entendimento, cabe aos professor@s o papel de mediador@s entre os conhecimentos científicos e os conhecimentos populares e cotidianos. O que vem ao encontro de uma prática educativa reflexiva e inovadora resultante de um trabalho permanente de reflexão acerca do cotidiano escolar e de uma ação político-pedagógica que implica em ações pedagógicas mais políticas, ao mesmo tempo em que esta se traduz em múltiplas ações realizadas pelos alun@s inseridos num contexto sócio-histórico e cultural. (BRITTO, 2000)

A constatação e reflexão sobre as diversas inquietações evidenciam que, embora para algumas já tenhamos elaborado muitas respostas e realizado ações, muitas outras ainda permanecem como parte integrante do cotidiano de várias instituições educativas de Educação Básica, originando novas questões. Assim como temos aquelas que até pouco tempo estavam praticamente ausentes e/ou no anonimato dos debates acadêmicos, ou restritos a grupos envolvidos com os estudos, e principalmente militância dos/nos Movimentos Sociais, nesse caso insere-se a Educação no Campo e as condições de precariedade e quase extinção das Escolas Rurais, aliadas a ausência de política públicas que apoiassem a formação de pouc@s professor@s que se inseriam no desafio de atuar em tais escolas.

De acordo com a autora Lima (2010) precisamos estar atent@s que a Licenciatura em Educação do Campo visa formar professor@s para atuar nos anos finais da Educação Fundamental e Média, porém não se trata de uma formação específica em Biologia ou Química ou Matemática, pois está referenciado pelas Diretrizes Curriculares Nacionais quanto à proposição por áreas de conhecimentos. Desse modo a autora destaca que estamos tratando de uma formação de professor@s comprometida com a história de quem vive e trabalha no campo e de professor@s que irão educar crianças, jovens e adult@s seja numa sala de aula de uma escola num assentamento ou acampamento do MST; ou numa escola nucleada ou não que atende agricultor@s familiares; ou ainda em instituições de gestão pública de educação.

Dessa maneira esperamos que as questões e reflexões expostas favoreçam o diálogo coletivo entre professor@s e estudantes dos diferentes cursos/ações que tem como foco a Educação do Campo para que possamos seguir compartilhando nossas reflexões e tecendo nossas ações na formação de professor@s. Por ora recorremos mais uma vez a autora Lima (2010), cujas palavras corroboramos quando afirma que a inversão se estabelece quando se parte daquilo que os sujeitos julgam que precisam aprender ao invés de partir daquilo que julgamos importante e queremos ensinar. "O desafio atual do currículo de ciências é tratar uma gama de conhecimentos a partir de suas dimensões mais amplas como formação histórica e epistemológica, bem como encontro de diferentes racionalidades." (LIMA, 2010, p.178).

Por fim sem a intenção de concluirmos, mas continuarmos o debate, retomamos as questões iniciais:

– Como isso se aplica de forma prática na formação de professor@s?

– Em especial na área CN e MTM, como superar as rígidas barreiras disciplinares dos campos de conhecimentos: Biologia, Química, Física e Matemática?

– Como a formação por área de conhecimentos pode contribuir com uma prática educativa reflexiva e inovadora perpassada por uma postura político–pedagógica e pedagógico–política?

Uma reflexão que segue... E cabe reafirmarmos o compromisso com a formação de professor@s por área de conhecimentos, de acordo com a autora Britto (2000) sob as tramas de uma prática educativa reflexiva e inovadora e ações educativas que clamam e fazem o pedagógico mais político (a escola concebida como parte de projetos sociais e a tradução dessa concepção numa prática educativa reflexiva e inovadora); e o político mais pedagógico (a educação em CN e MTM sob uma perspectiva transformadora e emancipadora).

Referências

BRASIL, Ministério da Educação, CNE/CBE. *Diretrizes Operacionais para a Educação Básica das Escolas do Campo*, Brasília, 2001.

BRITTO, N. S. *A Biologia e a história da disciplina Ensino de Ciências nos currículos de Pedagogia da UFSC (1960-1990)*. 2010. Tese (Doutorado em Educação). Programa de Pós-Graduação em Educação, Universidade Federal de Santa Catarina, Florianópolis, 2010. p. 113-148.

BRITTO, N. S. *Grupo de Formação de Ciências no Movimento de Reorientação Curricular na RME de Florianópolis:* Espaço Coletivo e Reflexões acerca de uma Prática Inovadora. 2000. Dissertação (Mestrado em Educação). Programa de Pós-Graduação em Educação, Universidade Federal de Santa Catarina, Florianópolis, 2000.

CHASSOT, A. *Sete escritos sobre educação e ciência*. São Paulo: Cortez, 2008.p 93-142.

CICILLINI, G. A. et alli. Atualização ou Restruturação educacional? Concepção de Educação e Metodologia do Projeto Educação para a Ciência/ Uberlândia-MG, *Educação e Filosofia*, 7(13), jan./jun. 1993.

DELIZOICOV, D; ANGOTTI, J. A. e PERNAMBUCO, M. M. (Orgs). Desafios para o ensino de ciências. In: _____ . *Ensino de Ciências:* Fundamentos e Métodos. São Paulo: Cortez, 2002. Cap. 1, p 23-42.

DEMAILLY, L. Modelos de Formação contínua e estratégias de mudança. In NÓVOA, A . *Os professores e a sua formação*. 2 ed. Lisboa: Nova Enciclopédia, 1995.

DICKER, G. A formação e a prática do professorado: passado, presente e futuro da mudança. In SILVA, L.H. da (Org.) *Identidade Social e a Construção do Conhecimento*. Porto Alegre. Ed. Secretaria Municipal de Educação de Porto Alegre – Prefeitura Municipal de Porto Alegre, 1997.

FREIRE, P. *Pedagogia do Oprimido*. Rio de Janeiro: Paz e Terra, 1987.

LIMA, M. E. C. C. Uma formação em Ciências para educadores do campo e para o campo numa perspectiva dialógica. *In*: CUNHA, A. M. de O. [et al] (Orgs) *Convergências e tensões no campo da formação e do trabalho docente*. Belo Horizonte: Autêntica, 2010. p.167-183

LOPES, A. C. e MACEDO, E. A estabilidade do currículo disciplinar: o caso das ciências. In: LOPES, A. C. e MACEDO, E. (Orgs). *Disciplinas e integração curricular:* História e políticas. Rio de Janeiro: DP&A Editora, 2002. p. 73-94.

Capítulo 9
Estética e Educação do Campo: movimentos formativos na área de habilitação em Linguagens da LEdoC[1]

Ana Laura dos Reis Corrêa
Bernard Herman Hess
Deane Maria Fonsêca de Castro e Costa
Manoel Dourado Bastos
Rafael Litvin Villas Bôas
Rayssa Aguiar Borges[2]

Na luta (de classe) contra o latifúndio e outras estruturas de exploração pelo capital, as linguagens artísticas constituem-se um importante articulador entre a arma da crítica e a crítica das armas. Esse papel, porém, não é um raio despencado em céu azul, mas o resultado da compreensão dos mecanismos de funcionamento do combate. Se a cultura, em tempos de sociedade do espetáculo, transforma-se em uma perigoso atrativo para a desmotivação política dos espoliados pelo capital, é o caso de reconhecer aí também os meios de recusa e suas formas. Ou seja, não se trata de aceitar os termos da oferta de bens culturais, como se o acesso na forma de tema, modificado por ornamentos cintilantes e esvaziados, pudesse ser entendido como aquilo a que as classes populares realmente almejam. Como veremos, a história das lutas populares pelo acesso à terra ganhou novo capítulo no momento em que a indústria cultural passou a ser devidamente mobilizada como instrumento de cooptação nessa estrutura do capitalismo dependente.

Mas a reação também se deu à altura. Ancorados em uma acumulação de experiências que ganhou terreno em áreas inesperadas como a pedagogia e a produção e a crítica de arte, os trabalhadores rurais sem-terra ampliaram o escopo de sua resposta política aos desmandos do capital. É essa história, em

---

[1] Licenciatura em Educação do Campo.

[2] Os cinco primeiros autores são professores doutores integrantes do grupo de pesquisa Literatura e Modernidade Periférica, do TEL/UnB. Todos os autores lecionam na área de Linguagens do curso de Licenciatura em Educação do Campo da UnB.

breves e grossos traços, que pretendemos contar a partir de agora. Seu principal motor é o encontro do debate sobre cultura dos movimentos sociais do campo com grupos de professores e pesquisadores que resguardaram aspectos centrais da tradição crítica brasileira, calcada no materialismo histórico dialético. A força desse encontro fundamentou a organização do campo estético[3] da área de Linguagens da Licenciatura em Educação do Campo (LEdoC), no âmbito de sua primeira turma, que se deu em parceria da UnB com o Instituto Técnico em Capacitação e Pesquisa da Reforma Agrária (Iterra).

De especial interesse para o processo específico aqui observado é a "simbiose produtiva" entre o Coletivo Nacional de Cultura do MST e o grupo de pesquisa Literatura e Modernidade Periférica, do Departamento de Teoria Literária e Literatura da UnB, que ocorre desde 2005. Alguns integrantes do grupo atuam, direta ou indiretamente, em atividades dos movimentos sociais do campo há mais tempo, assumindo um papel de integração entre o debate sobre a cultura no interior dos movimentos sociais e a pesquisa crítica desenvolvida no espaço universitário. Desse modo, a participação de integrantes do grupo na produção do Projeto Político-pedagógico (PPP) da LEdoC, em 2006, permitiu a potencialização da construção do campo estético da área de Linguagens, pois contava com a força da experiência daquela "simbiose produtiva".

Como se sabe, a história a contrapelo, determinada a reconhecer a força que se concentra nas classes populares – ainda que atacadas e impedidas no mais das vezes de tecer o fio de continuidade entre seus combatentes, suas esperanças, seus desapontamentos, seus fracassos, suas derrotas –, é um caminho tortuoso, retorcido. Assim também o será esse texto que espera dar a tal experiência uma formalização – é preciso encaminhar um trajeto demorado, cheio de volteios, para que a força das fileiras que agora se apresentam seja compreendida em sua inteireza.

Com esse intuito analisamos a origem e o momento atual da discussão sobre cultura no MST; buscamos compreender o desenvolvimento histórico da área de Linguagens e os impasses advindos dos desenlaces autoritários que marcam a história do país; também os limites impostos pelo aparelho escolar; abordamos a demanda pelo combate aos padrões hegemônicos de representação da realidade sistematizada nos cursos de formação em comunicação e cultura do MST e da Via

---

[3] Existem quatro componentes de Arte e Sociedade (dois voltados para o teatro, um para a música e um para as artes plásticas) na área de Habilitação em Linguagens da LEdoC. Há ainda quatro componentes de Estudos Literários. Apresentam conceitos definidores da área dois componentes: "Mediações entre forma estética e forma social" e "Estética e Política". Esses componentes, em sua unidade complexa, podem ser entendidos como o "campo estético" da área de Linguagens. A área inclui também outras importantes dimensões formativas, como Linguística, Língua Portuguesa, Letramento e Tecnologias da Comunicação e Informação.

Campesina; em seguida abordamos a configuração em processo de construção da área de Linguagens do curso de Licenciatura em Educação do Campo, parte em que optamos por dar ênfase às experiências das disciplinas de tronco comum "Mediações entre forma estética e forma social" e "Estética e Política", e de Literatura, Teatro e Música, restritas para os que optaram pela área de habilitação em Linguagens; por fim, dedicamos atenção a uma questão latente relativa às providências que devem ser tomadas, no âmbito da práxis, no que tange a necessária articulação entre exploração objetiva e opressão subjetiva, que remete diretamente aos vínculos entre classe, raça e gênero.

Os focos de abordagem do texto expõem a seu modo o processo de construção do campo de estudos específico no interior da área, que parte da junção de duas frentes de articulação: a experiência orgânica da luta social dos movimentos sociais na interface das esferas da cultura, economia e política; e o trabalho de grupos de pesquisa situados na Universidade que investigam os impasses do processo incompleto de formação do Brasil e as mediações entre arte e vida social.

Articulação entre Cultura e Política como demanda e contraponto às contradições estruturais do país

Essa história é também de longa data. Não por acaso, um artista plástico nos dá mote para começar a jornada.

> *"A situação do camponês do Brasil é pior do que a de um cão. Sim, porque os cachorros podem ao menos escolher o lugar onde se deitam e têm liberdade de ação, enquanto que o nosso caboclo tem que se sujeitar às fétidas pocilgas que o senhor da terra lhe dá para morar, ficando tão endividado diante do regime do vale, que só fugindo da fazenda poderá temporariamente fugir da escravidão. Paga o nosso homem do campo pelo crime de ser trabalhador".*
> (Cândido Portinari, em entrevista ao jornal Hoje São Paulo: 17 de janeiro de 1947).

Sessenta anos após a declaração do pintor comunista Cândido Portinari (1903-1962), autor da famosa série "Os retirantes", podemos notar que, a despeito da diferença de contexto e da dinâmica do sistema agrário brasileiro, a primeira e a última frase da epígrafe acima citada ainda fazem jus à realidade dos trabalhadores rurais brasileiros. Ainda que a forma de exploração descrita por Portinari não seja mais o vetor dominante, interessa notar que o aspecto arcaico dos métodos de exploração da força de trabalho ainda persistem, em conjunto com as técnicas modernas de superexploração do trabalho no campo, agenciadas pelo agronegócio. Focos de trabalho escravo convivem harmonicamente com fazendas bem equipadas voltadas para o plantio em larga escala de soja para exportação: retrocesso e modernidade são faces recíprocas da dinâmica de acumulação de capital pela via fundiária brasileira.

O país que se orgulha de ser um dos principais celeiros do mundo – recordista em produção e exportação de diversos gêneros alimentícios – é o mesmo marcado por 350 anos de escravidão, por ter sido o último país do mundo a decretar a abolição e por ser hoje o país com maior índice de desigualdade na repartição de terras do mundo – 1% de proprietários detém mais de 46% das terras agricultáveis do território brasileiro. Além de recordista em exportação de soja e de carne, o Brasil exporta telenovelas, disseminando pelo mundo a imagem de um país harmônico, integrado sócio-racialmente, a despeito da embalagem não corresponder com a realidade de país segregado, marcado pela violência física, espacial e simbólica. Embora sequer tenhamos consolidado o processo de formação da nação, a expectativa de que chegaremos um dia ao concerto das grandes nações fora já substituída pelo blefe publicitário dos setores da classe dominante – agronegócio, sistema financeiro, burguesia industrial e setores governamentais –, interessados na atração de investimentos estrangeiros para maximização dos lucros de seus negócios locais.

Enquanto o progresso é privilégio da pequena fração de proprietários, aos trabalhadores rurais sem-terra[4], punidos pelo crime de serem trabalhadores, se descortinam dentre outros os seguintes destinos: a marginalização nos centros urbanos como consequência do abandono, ou da expulsão, da vida no campo; a submissão a uma das inúmeras variedades de subemprego que se apresentam no campo; ou, o engajamento em algum movimento social de massa que lute pela Reforma Agrária, em busca de uma porção de terra para tirar o sustento da família.

O Brasil assistiu, nas décadas posteriores à redemocratização, ao acirramento das contradições da questão agrária: de um lado, a progressiva aliança entre latifúndio e capital transnacional do agronegócio intensificou a matriz colonialista do projeto agroexportador brasileiro, de outro lado, os movimentos sociais de massa do campo, cujo maior expoente é o Movimento dos Trabalhadores Rurais Sem Terra (MST), acumularam força e experiência no enfrentamento permanente contra o latifúndio e atualmente apresentam um grau de maturidade e complexidade de suas organizações como nunca antes ocorrera na luta camponesa brasileira (MANÇANO: 2005).

---

[4] Os sem-terra são camponeses expropriados da terra, ou com pouca terra, os assalariados e os desempregados. São trabalhadores na luta pela reinserção nas condições de trabalho e de reprodução social, das quais foram excluídos, no processo desigual de desenvolvimento do capitalismo. Suas lutas são pela conquista da terra, pela Reforma Agrária e pela transformação da sociedade. Questionam o modelo de desenvolvimento e o sistema de propriedade, lutam contra o modo de produção capitalista e desafiam a legalidade burguesa, em nome da justiça (MARTINS, 1984, p. 88).

Esse grau de organização do MST implica no aumento das ocupações de terra, em ações organizadas nacionalmente e, por consequência, em maior pressão em defesa da política da Reforma Agrária, da soberania alimentar, da distribuição de créditos agrícolas, contra a liberação dos alimentos transgênicos e contra a presença indiscriminada das empresas multinacionais que atuam na área de monocultivo de eucalipto, de pinus, de soja, cana e algodão.

Mas, um dos principais avanços organizativos foi proporcionado pela consciência de que a educação é direito de todos e dever do Estado. Essa percepção qualificou a luta por Reforma Agrária, pois, para além do paradigma da Reforma Agrária clássica, pressuposto para o avanço da sociedade capitalista em função do aumento potencial do mercado consumidor interno, a luta por educação trouxe a reboque a consciência de que não seria possível dentro da lógica capitalista garantir os direitos básicos prometidos em lei para toda a população; logo, a luta pela Reforma Agrária deveria se confrontar com o princípio de acumulação excludente da mais valia e da lógica da propriedade.

Em represália, os latifundiários e grupos empresariais que se beneficiam da concentração da terra no Brasil atacam permanentemente o MST por meio de publicidade comercial paga na TV, nos jornais, nas revistas e nos *out-doors*, pela linha editorial dos telejornais, programas de rádio, jornais e revistas, pelas diversas instâncias da via jurídica e pela via parlamentar, por meio da ação organizada da bancada ruralista. Recentemente passaram a tentar impedir a continuidade de cursos em andamento do Programa Nacional de Educação da Reforma Agrária (Pronera), como é o caso do curso de Direito para trabalhadores rurais, promovido pela Universidade Federal de Goiás, interrompido por decisão do Superior Tribunal de Justiça.

Foi em meio a esse campo de conflito e contradições que de modo pioneiro o MST passou a encarar a necessidade de articulação entre política e cultura como uma questão estratégica para a organização da classe trabalhadora e para o fortalecimento da luta, em diversas esferas: na qualificação da formação política dos seus militantes, no fortalecimento dos canais de comunicação e articulação com a sociedade e no combate aos padrões hegemônicos de representação da realidade, exercidos pelos monopólios midiáticos que atuam no país de modo intrinsecamente atrelado aos interesses do setor do agronegócio.

Origem e atual estágio da discussão cultural nos movimentos sociais do campo

Os movimentos de trabalhadores rurais que ressurgem na década de 1970, em contraposição à política higienista e desmobilizadora de colonização agrária empreendida pela ditadura militar, passam a fazer uso da tática de ação direta de ocupação de latifúndios como meio principal de luta pela conquista da terra. Para a realização da Reforma Agrária, prevalecia desde então a consciência de que a luta pelo acesso à terra é indissociável da luta pelo domínio dos meios de produção. A conquista da terra dá-se em nome da retomada do direito de produção, para auto-sustento e para comercialização do excedente.

Todavia, a consciência do direito e da necessidade objetiva da produção com a terra, e na terra, não ocorreu da mesma forma com a discussão sobre a demanda de produção dos bens simbólicos. Ou seja, no âmbito cultural, não ocorrera o mesmo salto da condição de expropriados para a de produtores. No máximo, o que prevaleceu foi a consciência da necessidade de preservação de determinados valores e manifestações tradicionais da cultura camponesa, em pleno acordo com a reivindicação pelo acesso aos bens culturais do meio urbano.

Dentro da lógica da Reforma Agrária clássica, a aparente duplicidade de posição é coerente com a demanda de ampliação do mercado consumidor para o campo brasileiro. O que estaria em jogo era a manutenção de certa identidade cultural, e não de classe, dos trabalhadores rurais, casada com a luta pelo direito de usufruir dos bens culturais ofertados massivamente pela indústria cultural. O amálgama entre o estereótipo do mundo rural e a sofisticada engrenagem de mercantilização da indústria cultural consumou-se com a identidade da moda sertaneja, que integra os universos da música, da vestimenta, do espetáculo de rodeio, do agroshow, do cinema etc[5].

A duplicidade do apelo pela preservação da tradição e reivindicação do acesso ao novo passou a se configurar como contradição a partir do momento em que o MST percebeu que no atual sistema, que sequer realizou a Reforma Agrária clássica, seria impossível a efetivação da Reforma Agrária radical. Contribuiu para isso a avaliação dos limites estruturais impostos pela classe dominante que rege o Estado brasileiro a um governo de conciliação de classes que tem como representante um político proveniente do operariado. Sem a perspectiva da revolução na pauta do dia, tornou-se necessário repensar a estratégia e as táticas de luta.

Já no contexto da discussão sobre a Reforma Agrária popular, a organização passou a olhar com mais atenção a necessidade da luta pelo domínio dos meios de produção e representação da realidade. Essa consciência em crescente imprime potencialmente um salto qualitativo no arranjo organizativo do Movimento, na medida em que na negação da demanda pelo acesso aos bens culturais está a

---

[5] O clímax da representação estetizada do mundo dos negócios rurais no campo ocorreu no momento em que o assunto foi eleito para tema de uma das telenovelas da Rede Globo.

recusa da perspectiva de progresso da classe dominante, pautada pela promessa de inclusão de todos, porém apenas no universo do consumo. Os monopólios da terra e dos meios de produção e representação da realidade passam a ser vistos como um problema comum.

Na sequência de iniciativas de organização de seminários para debate da questão cultural e do papel da arte no MST, iniciados em 1998, o Seminário Nacional Arte e Cultura na Formação, organizado pela Escola Nacional Florestan Fernandes (ENFF), foi um marco divisor para o trabalho do MST na área cultural. Nessa ocasião, foram elaboradas as linhas políticas de atuação na esfera cultural dessa organização e essas definições passaram a pautar o planejamento dos cursos e seminários seguintes. De acordo com o Coletivo Nacional de Cultura do MST, o saldo teórico desse seminário contemplou três perspectivas intercaladas:

a) entendimento da lógica da mercadoria como dado prioritário para reflexão sobre o significado contemporâneo da luta de classes;

b) estrutura do favor como mediação do funcionamento do capitalismo no Brasil;

c) entendimento da forma como dado estético organizador da matéria (conteúdo) social (MST, 2005, p. 05).

Na apresentação de um caderno de ensaios resultante deste Seminário de 2005, este Coletivo pondera:

> Entendemos que diante da eficiente hegemonia burguesa no âmbito da cultura – e não só dela –, ao darmos vazão ao processo de multiplicação corremos o forte risco de reforçar, sem perceber, as formas de representação da estética dominante, ou seja, corremos o risco de "fazer de graça o trabalho do inimigo".
>
> Portanto, ao mesmo tempo em que multiplicamos, temos que qualificar nossa formação. Daí vem a convicção coletiva de que não basta termos acesso aos meios de produção para fazer *também*, com as mesmas formas. É preciso fazer diferente. Não lutamos pela inclusão dos pobres no capitalismo – eles só podem ser incluídos nesse sistema se a condição da desigualdade for mantida. Lutamos por transformação social *(idem, ibidem)*.

Essa experiência de acumulação tem influenciado de modo relevante a construção da Área de Linguagens dos cursos viabilizados pelo Pronera (Curso de Artes para assentados da Reforma Agrária da UFPI; Cursos de Ensino Médio em Comunicação e Cultura do Iterra; Curso de Jornalismo da Terra da UFC; Curso de Letras da UFPA; Campus de Marabá; algumas turmas de Pedagogia da Terra, que deram ênfase na dimensão cultural), pois, por meio dela, compreende-se que a esfera da cultura deve estar sempre articulada com a esfera da política e da economia e que o método de apropriação das linguagens deve evitar a segmentação do conhecimento consequente da divisão alienada do trabalho, lidando sempre que possível com a proposta de articulação das diversas linguagens, considerando o lastro histórico de seus desenvolvimentos específicos.

A demanda por uma Área de Habilitação em Linguagens em perspectiva histórica

Como as experiências de trabalho com Linguagens Artísticas e a retomada dos métodos de alfabetização popular são contemporâneas do revigoramento da luta de classes no campo brasileiro, podemos considerar que a demanda social por formação na Área de Habilitação em Linguagens tem início no momento em que os movimentos sociais de massa organizados por trabalhadores rurais de diversos estados se organizam para retomar a luta pela Reforma Agrária, sobretudo nos últimos anos da década de 1970.

Um dos aprendizados com as lutas de décadas anteriores foi a providência de lutar pela Reforma Agrária não apenas no âmbito da conquista da terra, mas também nas trincheiras da educação, cultura, comunicação, saúde, direitos humanos, produção agrícola, levando em conta a dimensão de totalidade de um projeto popular para o país, pautado pela democratização radical dos meios de produção e do acesso aos bens produzidos nas diversas esferas. Portanto, trata-se de uma demanda e de um processo de acumulação forjados na luta, que tem como uma das consequências a progressiva necessidade de capacitação e formação de seus integrantes.

O fato de os movimentos sociais que lutam pela implementação e ampliação da proposta da Educação do Campo terem colocado em pauta a necessidade de refletir sobre como ensinar linguagens artísticas e português nas escolas do campo acontece em um momento em que a percepção crítica sobre as consequências alienadoras do monopólio dos meios de comunicação de massa se avoluma em diversos segmentos de classe da sociedade brasileira. A passividade diante da ideologia dominante começa a gerar mal-estar e despertar providências práticas.

A relação alienada com os meios de comunicação hegemônicos é consequência do processo de inserção na modernidade pela via exclusiva do consumo, mediante o desconhecimento generalizado dos modos de produção, das técnicas e das intenções políticas dos meios de comunicação de massa. Os indivíduos são encarados como massa consumidora e, sem formação que lhes permita a crítica aos padrões estéticos hegemônicos, ficam suscetíveis a toda ordem de impulsos e manobras de legitimação do *status* da classe dominante.

Esse processo foi acelerado e consolidado com a ditadura militar iniciada em 1964, que interrompeu experiências contra-hegemônicas de educação popular em perspectiva emancipatória, que trabalhavam de forma coesa e produtiva as esferas da cultura, educação, economia e política, como, por exemplo, a proposta da Pedagogia do Oprimido, eixo principal do Movimento de Cultura Popular de Pernambuco (MCP), coordenado por Paulo Freire, durante o governo de Miguel Arraes no estado, e os Centros Populares de Cultura (CPCs) que se espalharam por mais de doze capitais do país por meio da parceria da União Nacional dos Estudantes (UNE) com artistas e movimentos sindicais e camponeses.

Essas ações foram interrompidas pela ditadura, que teve como um dos primeiros atos a interrupção dos laços políticos entre os segmentos operário, camponês e estudantil, que viabilizavam a troca de experiência, fortaleciam a consciência política de classe dos participantes e tornavam possível a transferência dos meios de produção de diversas linguagens artísticas.

Como consequência, o aparelho escolar ficou vulnerável à influência da indústria cultural no Brasil. Os danos são perceptíveis na rotina das salas de aula, pois, em geral, os professores ignoram por completo o fato de que, para além da alfabetização escrita, muitas vezes precária, que destina boa parte de nossa população ao analfabetismo funcional, seria necessária uma espécie de alfabetização estética em sentido amplo, que permitisse a compreensão do sentido social das estruturas formais das obras e programas.

Combate aos padrões hegemônicos de representação da realidade

Um dos desafios que surgiu no decorrer dos estudos e debates dos Setores de Cultura e Comunicação do MST foi como elaborar uma perspectiva contra-hegemônica de abordagem da realidade articulada a uma proposta que seja capaz de contemplar a especificidade do modo de sobrevivência das populações do campo. Como fazer com que esses dois movimentos dissonantes possam ao mesmo tempo dialogar, em uma perspectiva dialética?

No ensaio *Direitos Humanos e Literatura*, após definir o conceito de literatura em sentido amplo[6], Antonio Candido ressalta:

> Assim como não é possível haver equilíbrio psíquico sem o sonho durante o sono, talvez não haja equilíbrio social sem a literatura. Deste modo, ela é fator indispensável de humanização e, sendo assim, confirma o homem na sua humanidade, inclusive porque atua em grande parte no subconsciente e no inconsciente.

---

[6] Nesse ensaio, Candido define Literatura da seguinte forma: "Chamarei de literatura, da maneira mais ampla possível, todas as criações de toque poético, ficcional ou dramático em todos os níveis de uma sociedade, em todos os tipos de cultura, desde o que chamamos folclore, lenda, chiste, até as formas mais complexas e difíceis da produção escrita das grandes civilizações".

Neste sentido, ela pode ter importância equivalente à das formas conscientes de inculcamento intencional, como a educação familiar, grupal ou escolar (1995, p. 243).

Destarte, um dos desafios que se coloca para os cursos que contemplam a Área de Linguagens é a formação estética e política de educadores para que eles sejam capazes de desmistificar os sentidos hegemônicos das obras e dos programas, por meio da compreensão da relação dialética entre a forma estética e a forma social. Candido explica o potencial emancipatório da percepção crítica dessa relação, atualmente ofuscada pela ideologia:

> Em palavras usuais, o conteúdo só atua por causa da forma, e a forma traz em si, virtualmente, uma capacidade de humanizar devido à coerência mental que pressupõe e que sugere. O caos originário, isto é, o material bruto a partir do qual o produtor escolheu uma forma, se torna ordem; por isso o meu caos interior também se ordena e a mensagem pode atuar. Toda obra literária pressupõe esta superação do caos, determinada por um arranjo especial das palavras e fazendo uma proposta de sentido (*Op. Cit*, p. 246).

A prática predominante do ensino de linguagens no aparelho escolar convencional corre pelo sentido inverso: as obras de diversas linguagens são selecionadas exclusivamente pelo conteúdo, ou seja, pelo que supostamente abordam, ignorando a dimensão formal, isto é, a questão de como tal conteúdo é abordado. Dessa maneira, a especificidade formativa e desideologizadora do estudo crítico das linguagens é soterrada, e o ensino de artes e de português é ofertado apenas como suporte para as outras áreas de conhecimento. Então, é comum os professores de artes serem solicitados para "ajudar" a área de Ciências a explicar determinado fenômeno por meio de um "teatrinho", ou músicas serem selecionadas exclusivamente pelo que diz a letra das canções, ou ainda, filmes serem selecionados para substituir a aula dos professores, como ilustração do conteúdo, e não como uma matéria para a reflexão em si. São sintomas de nossa deficiência estrutural no campo do ensino na Área de Linguagens.

Williams afirma que a "verdadeira condição da hegemonia é a autoidentificação efetiva com as formas hegemônicas" (1979, p. 121). Se assim for, um dos primeiros passos para a ação contra-hegemônica é a formação política e estética que dê condições às pessoas de estranharem o que parece natural, de desnaturalizarem o olhar para o que é de hábito e de, ao perceberem que a visão de mundo consensual é na verdade a visão de mundo da classe dominante, tomarem providências individuais e coletivas para construir atitudes e formas de representação da realidade em perspectiva antissistêmica.

A estruturação da área de Linguagens da Licenciatura em Educação do Campo na UnB e sua primeira experiência na Turma I em parceria com o Iterra.

Organizada a partir da dimensão da formação por área de conhecimento, em lugar do elenco de disciplinas relativamente autônomas compondo uma grade curricular; do regime de Alternância, articulando o Tempo Escola ao tempo de atuação e pesquisa na comunidade, como alternativa ao período regular do ensino formal em que a produção do conhecimento fica mais estreitamente ligada ao tempo de permanência no espaço da sala de aula; e ainda da relação entre Tempo Trabalho e Tempo Escola, que se constituem de forma integrativa e não opositiva conforme predomina no âmbito escolar convencional, a lógica estruturante da Licenciatura em Educação do Campo (LEdoC) é, em muito, responsável pela possibilidade de uma práxis efetiva na produção do conhecimento. O aspecto integrador, sempre vivido como um desafio, uma vez que a integração proposta só se traduz em práxis na medida em que é uma experiência de enfrentamento de contradições, é, portanto, um elemento central do processo formativo que nos impulsiona a uma radicalidade, nem sempre disponível.

Esse processo, ao sair do papel para a vida concreta, se estabelece como forma questionadora que, até certo ponto, consegue desestabilizar a força fossilizante da institucionalidade a que a produção do conhecimento está enredada pelas disposições legais que pretendem promovê-la, mas acabam por imobilizá-la, tornando-a frequentemente inócua. A integração entre tempo escola e Tempo Comunidade, entre Tempo Trabalho e Tempo Escola coloca em xeque a histórica divisão social injusta do trabalho entre intelectual e manual, e, mais ainda, evidencia a severidade do trabalho alienado e reificado e fortalece a utopia do trabalho livre e coletivo. Assim, o momento formativo ensaia, em uma esfera até agora micro, a capacidade potencializadora da crítica e da emancipação, na medida em que este coletivo, a princípio gerado pela prática militante, passa a envolver aqueles que participam do processo formador como educadores. Sentimos, portanto, como é possível que se alterem as condições de produção do conhecimento, que encontra brechas para se construir como processo verdadeiramente efetivo para quem dele participa.

A primeira experiência em sala de aula da construção do campo estético da área de Linguagens desenvolveu-se em um território dos movimentos sociais do campo, posto que a primeira turma da LEdoC ocorreu no e em parceria com o Instituto Técnico em Capacitação e Pesquisa da Reforma Agrária (Iterra). Isso foi muito importante para os desdobramentos da Licenciatura como um todo, para a área de Linguagens em especial e para o campo estético em particular. Esse território dos movimentos sociais do campo, entendido como a configuração de um espaço e tempo com suas premissas determinadas pela luta fundamental de seus sujeitos, proporcionou um solo fértil para que aquela "simbiose produtiva" se desenvolvesse. Certamente, a experiência desenvolvida nesse território promoverá ensinamentos para a continuidade da LEdoC em outros territórios.

A articulação entre Estética e Política, e as mediações entre forma social e forma estética

No espírito, dialético por princípio, da "simbiose produtiva", os diversos professores envolvidos no processo de definição dos pontos de apoio críticos para o campo estético da área de Linguagens da LEdoC encontraram suas bases para o reconhecimento da crítica materialista da arte como seu caminho adequado, tal qual o coletivo de cultura do MST também já estava reconhecendo. Cumpriu papel especial nesse processo o trabalho transformador com o conceito estético de *forma*, desde uma visada caracteristicamente materialista. Colocava-se em jogo o aproveitamento criativo da tradição crítica que lidou com a estética como ferramenta de compreensão das obras de arte, entendidas por sua vez como meios de conhecimento social e político. Segundo essa tradição, que vai de Georg Lukács a Raymond Williams, Theodor Adorno a Terry Eagleton, com a devida matriz hegeliana e marxista apresentada, as articulações entre estética e política, tematizada na noção das linguagens artísticas como elementos da luta contra o latifúndio, definem-se segundo a determinação das mediações entre as formas estéticas e as formas sociais das quais aquelas fazem parte.

Assim, ancoradas principalmente pela prática de reflexão sobre a eficácia da produção artística no seio do MST, que chegou à necessidade de um desdobramento crítico relativo à compreensão histórico-social de suas matrizes estéticas, as disciplinas que materializam essa aposta teórica foram constituídas. Pensadas amplamente, debatidas no pormenor de suas ementas e seus programas, definiram-se duas disciplinas que fundamentam, ao mesmo tempo em que apresentam, as questões prioritárias da área de Linguagens. São elas: *Mediações entre forma social e forma estética* e *Estética e Política*. Com a primeira, pretende-se dar conta das principais categorias e conceitos desenvolvidos no seio da visada materialista da estética. Com a segunda, pretende-se desenvolver de maneira mais próxima a relação entre estética e política.

A primeira experiência com as disciplinas foi muito produtiva. Ela se desenvolveu com a primeira turma de Licenciatura em Educação do Campo, a partir de 2008. Antecedeu-se a elas uma apresentação geral da área de Linguagens aos educandos, na primeira etapa da turma, em 2007. Na oportunidade, a área foi introduzida mediante o debate em torno de um trecho dos *Manuscritos econômico-filosóficos*, de Karl Marx. Ele aponta para a dimensão histórica dos "cinco sentidos":

> Assim como a música desperta primeiramente o sentido musical do homem, assim como para o ouvido não musical a mais bela música não tem nenhum sentido, é nenhum objeto, porque o meu objeto só pode ser a confirmação de uma das minhas forças essenciais, portanto só pode ser para mim da maneira como a minha força essencial é para si como capacidade subjetiva, porque o sentido de um objeto para mim (só tem sentido para um sentido que lhe corresponda) vai precisamente tão longe quanto vai o meu sentido, por causa disso é que os sentidos do homem social são sentidos outros que não os do não social, é apenas pela riqueza objetivamente desdobrada da essência humana que a riqueza da sensibilidade humana subjetiva, que um ouvido musical, um olho para a beleza da forma, em suma as fruições humanas todas se tornam sentidos capazes, sentidos que se confirmam como forças sociais humanas, em parte recém cultivados, em parte recém engendrados. Pois não só os cinco sentidos, mas também os assim chamados sentidos espirituais, os sentidos práticos (vontade, amor etc.), numa palavra o sentido humano, a humanidade dos sentidos, vem a ser primeiramente pela existência do seu objeto, pela natureza humanizada. A formação dos cinco sentidos é um trabalho de toda a história do mundo até aqui (2004, p. 110).

Com isso, estava dada a senha para a compreensão da estética desde um ponto de vista histórico, com o que também se esperava apontar para sua qualidade de força produtiva e, por isso mesmo, elemento de embate político. O detalhamento dessa proposta ocorreria nas duas disciplinas introdutórias da área. Vale lembrar que tanto a apresentação da área de Linguagens quanto as duas disciplinas são parte do eixo comum a todos os educandos, ainda não separados em suas áreas específicas.

Uma das ideias operadas nessas disciplinas básicas foi a de apresentar as categorias críticas da estética materialista por meio da análise e interpretação de obras específicas, escolhidas a partir de sua proximidade com temas fundamentais do debate político sobre a "matéria brasileira". Também, foi decidido ampliar o escopo das linguagens a serem trabalhadas nessas duas disciplinas, para tentar abranger maior possibilidade de interação com as expectativas dos educandos. Assim, buscou-se apresentar diferentes linguagens artísticas (da canção ao cinema, do teatro ao jornal) no calor do debate concernente às lutas sociais. Fundamento o trabalho pedagógico a noção de que o raciocínio estético permite dinâmicas de conhecimento e crítica social. Ainda que essa ideia tenha em si a força da estética materialista, na medida em que busca lidar com a matéria propriamente dita, que é a obra de arte em sua configuração primeira, surtiu dificuldade a ausência de uma explicação anterior e sólida das categorias e conceitos que se apresentavam ao longo da análise e interpretação das obras escolhidas. Os educandos expuseram a necessidade mesma de uma exposição que apresentasse a própria ideia de estética – esta, tão decantada em sua eficácia durante a disciplina, estava desprovida de uma definição que permitisse aos educandos se apoderar dela. Com isso, conceitos como forma e conteúdo careciam de fundamentação anterior que justificasse a aposta na estética como caminho de amarração da atividade dos educandos interessados em compactuar arte e política.

Essa dificuldade apontou-nos a necessidade de desenvolver com maior acuidade os conceitos e categorias trabalhados. Era preciso vencer o pudor, fundamentado na própria convicção teórica, de uma exposição detalhada da história da estética materialista no sentido de reconhecê-la politicamente enquanto método, que supera a separação entre arte e política, teoria e prática. Isso foi feito a partir da produção de uma espécie de glossário, que desenvolveu os termos utilizados a partir da caracterização histórica do problema. Por exemplo, a compreensão do que vem a ser estética, desde uma visada materialista, recorria à compreensão dela de Hegel a Adorno e esses se tornavam um elo possível para a definição do trabalho artístico proposto pelos educandos, que, por sua vez, retornava questões aos problemas teóricos apresentados. O salto de qualidade foi grande, porque a própria teoria foi tomada como assunto de discussão e não apenas como postulado em forma de axioma ou argumento surgido como que por milagre, muito menos como uma produção elitista a ser recusada – os educandos passaram a se reconhecer efetivamente na compreensão histórica do debate estético no seio da tradição crítica materialista.

Estamos diante, enfim, de um projeto de repasse de meios. Se fizer sentido a ideia de que o assim chamado "marxismo ocidental", quanto mais em seu capítulo nacional, desenvolveu técnicas e meios de crítica ao capital sem vencer a distância (diga-se prontamente: mantida a ferro e fogo em meio ao combate) entre os achados teóricos e as classes populares, torna-se agora o caso não só de compreender e tematizar a separação entre trabalho manual e trabalho intelectual, mas de superá-la. Como se sabe, a estética foi um campo desenvolvido com especial interesse e força pelo "marxismo ocidental" – para o embate enfrentado pelas forças populares contra o latifúndio e congêneres, pelos motivos apresentados até aqui, é a hora certa de ativar a estética em seu favor. Assim, por exemplo, diante do mundo de empulhação que vivemos diariamente diante dos televisores – empulhação essa com eficácia ideológica sem precedentes –, levando ainda em conta que esse aparato é usado como armamento efetivo contra as classes populares, tornou-se imperativo ampliar os meios de recusa aos termos da indústria cultural. Alguns momentos das duas disciplinas foram dedicados a debater os "padrões hegemônicos de representação da realidade", em contraste e comparação com outras formas de representação. O interesse recaiu sobre eixos de articulação temática. Uma das aglutinações propostas foi, na disciplina "Mediações entre forma estética e forma social" o debate conjunto do filme "Tropa de elite" (aproveitando o calor de seu sucesso), com o filme "Quanto vale ou é por quilo", de Sérgio Bianchi e com o conto "Pai contra mãe", de Machado de Assis. Entremeado com esse fio temático, foram discutidas canções de Ismael Silva ("Antonico"), Paulinho da Viola ("14 anos") e um rap dos Racionais MC's ("Diário de um detento"). Portanto, percebe-se que o eixo temático fundante desta etapa dizia respeito a uma dinâmica chave da experiência brasileira, que é a relação entre raça e classe. Adiante falaremos mais dessa questão em seu mérito social e sua presença no interior dos movimentos sociais. Para o que interessa agora, cumpre ressaltar que, baseado exatamente nos aspectos da estética materialista tal qual resumidamente apresentada acima, esse eixo temático, que é percebido em primeira instância na aparência do conteúdo das diferentes obras citadas, foi tomado pela dialética entre forma, conteúdo, expressão e material – que eram os conceitos operados durante a disciplina.

Entraram no debate, ainda, os filmes *Brava Gente e Lutar sempre!*, relativos ao MST, o primeiro financiado pelo governo estadual do Paraná, o segundo feito pela Brigada de Audiovisual da Via Campesina. Os diversos momentos renderam bons debates. Havia, contudo, um certo afoitamento para que a operação crítica se desse de imediato – o salto qualitativo era perceptível, mas era inicial; o temor e estranheza diante de certas questões da estética materialista surgiram como obstáculos complexos, mas que, de fato, já estavam sendo superados no próprio estranhamento, como foi possível perceber na etapa seguinte.

Ademais, uma experiência fascinante foi desdobrada nesse mesmo momento: a leitura dramática de *A decisão,* de Bertolt Brecht. Com essa, a materialidade da vivência militante era confrontada, exigindo uma apreensão crítica da forma teatral apresentada, o que suscitou bons debates que, partindo da compreensão estética da peça, dirigiam-se a elementos do cotidiano de lutas dos trabalhadores rurais sem terra. Assim, não só não se negava o debate sobre uma peça complexa, amparada por debates teóricos profundos, como também não se negava o fato de que, por tudo isso dizer respeito aos trabalhadores sem-terra, a experiência destes, reconhecida enquanto tal, tinha algo a retornar àqueles assuntos complexos e profundos. A articulação entre experiência brasileira, indústria cultural, teoria crítica, estética materialista e militância nos movimentos sociais dava-se no esforço de compreensão das bases e possibilidades de superação da exploração social, a que cada elemento daqueles dava uma resposta.

Sobre os disfarces da Literatura

Em 2005, quando o grupo de pesquisa Literatura e Modernidade Periférica iniciou sua participação nos cursos de formação do Movimento dos Trabalhadores Rurais Sem-Terra, em Encontro de Formação no Assentamento Gabriela Monteiro, em Brasília, seu Cícero, um dos militantes do MST, fez-nos uma pergunta instigante: "Se vocês fossem escrever um livro, falariam tudo diretamente ou ficariam disfarçando as palavras para ninguém entender?"

A pergunta era um golpe direto no peito da literatura e da sociedade brasileira e, assim, a resposta a ela era inescapável e, ao mesmo tempo, exigia de nós não um contragolpe imediato, mas nos levava ao canto do ringue para que nós, professores e estudantes de literatura, tomássemos o fôlego necessário para nos confrontarmos honestamente com o efeito real que a pergunta conseguia armar. A imagem do ringue não é exagero metafórico e situa o problema no espaço de luta real da vida e da literatura brasileiras, ainda (e até quando?) um espaço em disputa entre o direito à emancipação e o contínuo escamotear desse direito à condição de favor prestado ao homem do povo, do campo e da cidade.

Essa pergunta dificilmente seria feita por um acadêmico de letras nos bancos da universidade, embora remeta a questão central do estatuto do literário enquanto mediação da forma social. A impossibilidade de formulação dessa pergunta nos meios universitários regulares assinala a naturalização dos procedimentos literários criativos, cuja força contraditória e tensa sofre a ameaça de frouxidão e infertilidade imposta pela rigidez da institucionalidade escolar. Considerando o pouco espaço para a força contraditória da literatura nos espaços oficiais de ensino e produção do conhecimento, a pergunta de seu Cícero, formulada em sinal negativo em face da positividade do valor da literatura, envia a resposta para o campo da literatura também como negatividade. Além disso, o incômodo de seu Cícero provoca o seu interlocutor na medida em que abre a possibilidade de olhar para a literatura sob outra perspectiva, que, afinal, é talvez a sua própria e mais legítima natureza: a transfiguração.

Nesse sentido, o olhar não institucionalizado e cravado na luta objetiva pelo direito à emancipação acorda a necessidade de transformação do mundo, que dormita em um dos braços da própria lógica da universidade, muitas vezes esquecida de sua função de socializar o saber e de apreender o andamento da lógica histórica para além do ritmo das convenções sociais ao compasso da dança do mercado. Por outro lado, a pergunta de seu Cícero também deixa escapar a naturalização de uma prática social dominante e perversa, que ainda predomina entre adereços de valorização da cultura popular pelo escopo universitário: aos setores populares e, especialmente, aos pobres fica interditado o terreno do hermético; assim, torna-se mais profundo o abismo entre erudito e popular – ou se referenda a interdição ao homem simples diante da porta do castelo de complexidades, ou se fazem pesquisas no registro do campo de altos estudos acerca da cultura popular e se abandona de vez a não mais tão boa e agora muito velha literatura, com seus poetas e romancistas elitistas.

Desde a pergunta de seu Cícero, nosso grupo, como um coletivo que busca a crítica militante em parceria com um coletivo de militância crítica, tem tentado pensar o trabalho com a literatura a partir desse confronto: a literatura, em sua dimensão mais oficial e institucionalizada, com sua natureza considerada hermética, é um direito e uma necessidade das classes populares? Interessa ao pobre ler Cláudio Manoel da Costa, Clarice Lispector, Goethe ou Camões? E para os movimentos sociais, qual a importância dessa literatura? Qual a relevância da literatura na luta pela terra e pela emancipação? Ler Machado de Assis pode ser considerado um ato revolucionário? E acaso não é essa a pergunta da própria literatura?

> Preso à minha classe e a algumas roupas,
> Vou de branco pela rua cinzenta.
> Melancolias, mercadorias espreitam-me.
> Devo seguir até o enjôo?
> Posso, sem armas, revoltar-me?
> (DRUMMOND, 2003, p.36)

Como alguma coisa tão dura e hostil ou tanto desejo, esperança e luta podem se transformar em outra coisa: em ritmo, em verso, em rima, em narrador e em personagens organizados em um mundo de papel, onde as leis de espaço e tempo se descolam de nossas servidões e, ao mesmo tempo, nos fazem reconhecê-las? Como pela voz de um poeta, vestido com o peso de sua classe costurado em suas roupas, pode ecoar o enjôo da melancólica nação virada em mercadoria?

Fazendo perguntas, mais do que formulando respostas, embarcados no país entrincheirado pelo capital transnacional, mas seguindo ventos que sopram entre as brechas abertas pelas lutas sociais na via reformista, chegamos à Licenciatura em Educação do Campo, e a pergunta de seu Cícero e todas as outras que nos perseguiam estavam lá, no momento de discutirmos como seria a participação da literatura no eixo de Linguagens do curso. O problema era lidar com a força das questões aproveitando o que nelas ultrapassava a ideologia dominante e seus efeitos na vida bruta e, ao mesmo tempo, reconhecendo os limites impostos pelo que, nelas, era obediente àquilo que se busca transformar. Mas esse, como sabemos, é o dilema da própria literatura, a um só tempo, imagem e transfiguração do mundo, para o bem e para o mal, mas sempre, quando de fato se torna objeto estético eficaz, forma de reorganização do caos:

> Por isso, um poema hermético, de entendimento difícil, sem nenhuma alusão tangível à realidade do espírito ou do mundo, pode funcionar nesse sentido, pelo fato de ser um tipo de ordem, sugerindo um modelo de superação do caos. (CÂNDIDO, 2007, p.31-32)

Nenhum poema, nenhum romance pode ser negado a seu Cícero ou a cada um que se constitui como herdeiro de um sistema literário que se formou em um país impedido de se formar de fato. O dilema da literatura é também o dilema de ser brasileiro e, por isso, é um direito de todos. A construção do programa desse componente da área de Linguagens do curso, portanto, não poderia ser guiada apenas pela escolha de um *corpus* cuja temática fosse associada diretamente à realidade do campo ou explicitamente engajada nas lutas sociais, pois, na estrutura de todo texto literário, está a história transfigurada no corpo de personagens que compõem uma genealogia criada pelo trabalho de muitos escritores: Lucrécia, a menina escravizada e torturada, do conto "O caso da vara", de Machado de Assis (2008); Sepé e Cacambo lamentando que o mar não tenha impedido o contato com o colonizador, no "Uraguai", de Basílio da Gama (1982), encontro que foi posteriormente selado pelo casamento da virgem indígena Iracema com o português Martim, por José de Alencar (1998); a vida de Paulo Honório, proprietário da Fazenda "São Bernardo" (2004a); o destino da escrava Bertoleza e a beleza exótica da terra impregnada na mulata Rita Baiana, em "O cortiço", de Aluísio Azevedo (1995); a desfaçatez de classe nas "Memórias Póstumas de Brás Cubas" (1982); as perguntas e cismas do silencioso vaqueiro Fabiano ou o sonho de Baleia com um mundo cheio de preás (2004b)... E mais, o poeta, o leitor e a própria escrita literária transfiguram-se em matéria para a representação estética. A escravidão, o latifúndio, a invenção do passado, a promessa de emancipação, a reificação da vida e a impossibilidade de uma nação emancipada estão transfiguradas em versos duros como penhascos, compostos por Claudio Manoel da Costa (1982), ou no reinado dos objetos a que conduzem os corredores escuros do castelo parnasiano onde se esconde uma donzela morta esculpida nos versos de "Fantástica", de Alberto de Oliveira (2004). Acaso ser desterrado na própria terra ou viver entre campo e cidade, enfrentando terríveis restrições locais e imposições cosmopolitas perversas é condição restrita ao poeta da "Canção do exílio" (1982) ou diz respeito ainda mais ao homem do povo e aos movimentos sociais? No ritmo poético e nas rimas de Olavo Bilac em "Pátria", árvore golpeada e insultada, cujas raízes se estorcerão de dor, não ressoa, como ameaça ao projeto republicano de nação, a demanda de um projeto popular pelo qual os "dias felizes" (1980, p.25), o subir ao céu de galho em galho na árvore da pátria e a própria literatura deixem de ser um privilégio para tornarem-se um direito? "Os bens e o sangue" de Drummond são herança do poeta construída em uma lógica na qual "trocar é nosso fraco e lucrar é nosso forte" (2003, p.86)... E não é essa a verdade do passado nacional desde as "Oitavas" de Alvarenga Peixoto que, sob o véu da transfiguração das riquezas naturais mercantilizadas, revelam "como em grandezas tanto horror se troca" (1982, p.80)? Como parte desses bens, em uma sociedade onde a distribuição dos bens é perversamente desigual, a literatura, como a terra, está em disputa. Mas a pergunta do poeta, "E agora, José?" (2003, p.30), é dirigida a quem? A metonímia José refere-se mais aos letrados, aos ricos e aos latifundiários do que aos que estão sem saída num mundo onde "Minas já não há" (2003, p.31)?

Toda literatura é feita de palavras disfarçadas, que, pelo trabalho estético, se tornam um mundo em si mesmas, compõem um outro mundo que formula a utopia de um mundo outro, e se configuram como um território em disputa, no qual as lutas sociais não são apenas encenadas, mas travadas, palavra a palavra, pelo poeta e pelo leitor, seja lá de que lado eles estejam no campo minado do conflito. Os disfarces, portanto, se por um lado servem ao propósito de que não sejam entendidos, na medida em que a sociedade estratificada institucionaliza a divisão social injusta dos bens produzidos, por outro lado, são condição fundamental para que essa mesma sociedade seja submetida ao processo da transfiguração pela literatura, que, na sua dinâmica histórica e dialética, alcança a materialidade da vida ao expor o nervo da contradição que dá a ver aquilo mesmo que a organização social esconde e que, no entanto, lhe dá sustentação: a lógica histórica que deve ser negada para que a realidade se estruture como tal. Essa lógica invertida é veiculada pelo trabalho do escritor e internalizada nas formas por ele produzidas. Como produção que engendra uma história fictícia, o objeto estético produzido pelo autor é também sujeito de uma transfiguração que, por ser relativamente autônoma com respeito aos limites do cotidiano ordinário, embora deva ser também obediente ao desejo de alcançar a máxima resolução estética possível, pode comunicar ao leitor, além dessa mesma rotina que preenche o tempo e o espaço que já lhe são conhecidos, a lógica histórica que lhe é sabotada diariamente. Essa comunicação, entretanto, não se apresenta de maneira linear no texto literário, pois está colada à forma estética produzida pelo autor, que em cada obra se constrói de modo peculiar. Para produzir uma forma estética capaz de representar as complexidades dinâmicas da realidade como processo, como história em movimento e, assim, comunicar ao leitor algo efetivamente convincente ainda que não seja verossímil, o autor não reproduz simplesmente o que já está dado na experiência, embora possa ter aí o seu ponto de partida, antes busca construir o que ainda não está dado e que se torna conhecido por meio das conexões propostas pelo texto literário, não tanto pelo que se quer representar, mas, sobretudo, pela maneira como se representa.

Considerando essa problematização, imposta pela própria natureza da literatura, natureza que a faz efetivamente ligada à força contraditória da vida, buscamos organizar um programa de estudo em torno de algumas questões:

a) a formação literária brasileira e sua constituição como objeto estético, político, social e histórico que formula, pela sua dialética básica entre cosmopolitismo e localismo, a lógica contraditória do país mercantil;
b) a narrativa histórica composta pelo sistema literário nacional em descompasso com a desagregação da nação, que dá a ver o Brasil e a literatura como problema;
c) a relação entre o personagem brasileiro e o escritor periférico, a partir da perspectiva da literatura como espaço de disputa estética entre forças discursivas que dá a ver a forma peculiar da luta de classes no Brasil;
d) a produção poética nacional na perspectiva da relação entre lírica e sociedade que produz uma lógica histórica e evidencia, na forma estética da transfiguração lírica, a problematização do dilema de ser brasileiro.

Esse programa saiu do papel para a sala de aula em maio de 2009, como parte dos componentes Estudos Literários I e, em outubro do mesmo ano, Estudos Literários II. Ele começou a ser vivido por nós em parceria com a primeira turma da Licenciatura em Educação do Campo, criando uma composição, para nós, extremamente rica e fecunda, que, em quase 17 anos de trabalho na vida universitária, revelou-se como uma forma bastante rara de produção do conhecimento.

Como participantes desse processo, nós, professores, junto com a turma da LEdoC I, fomos construindo um espaço de discussão muito fecundo, no qual os problemas propostos pela literatura, sua natureza de representação dialética da história, alcançaram uma dimensão que consideramos muito avançada em relação ao que, geralmente, conquistamos em nossa experiência com as turmas de graduação regulares.

Nossas discussões acerca da literatura brasileira tiveram como ponto de partida a decisão teórica, crítica e política de enfrentar os disfarces da literatura como elemento nuclear da relação entre as formas literárias e o processo social brasileiro em sua integração anômala ao sistema literário europeu universalizado e ao concerto das nações centrais. Os disfarces e artifícios é que constituem a literatura como trabalho transfigurador da realidade, entendido como mediação entre o texto produzido pelo escritor e a materialidade histórica de sua produção, por essa razão, é fundamental considerá-los nos estudos que se querem literários:

> Esta liberdade, mesmo dentro da orientação documentária, é o quinhão da fantasia, que às vezes precisa modificar a ordem natural do mundo justamen-

te para torná-la mais expressiva; de tal modo que o sentimento da verdade se constitui no leitor graças a essa traição metódica. Tal paradoxo está no cerne do trabalho literário e garante a sua eficácia como representação do mundo. Achar, pois, que basta aferir a obra com a realidade exterior para entendê-la, é correr o risco de uma perigosa simplificação causal. (CÂNDIDO, 1976, p.13)

Nossa proposta construiu-se sem desconsiderar a relação entre o texto literário e o contexto social, histórico, político e econômico de sua produção, mas buscava refutar a expectativa de uma relação direta com a realidade na qual o texto estava inserido. Procuramos resistir ainda à perspectiva de ressaltar, como fator positivo, o engajamento imediato do texto literário em causas extraliterárias, tanto conservadoras quanto progressistas ou revolucionárias. Outra providência crítica adotada foi a de recusar uma instrumentalização do texto literário como ferramenta estética para uma demanda não estética, o que aumentaria o risco de fazer do texto literário um objeto ilustrativo de determinada tendência, que, no terreno ambivalente da literatura, especialmente a brasileira, desliza com facilidade da esquerda para a direita; além disso, ao tomar o texto literário como técnica a ser transmitida como ferramenta crítica para causas não-literárias, a ameaça de perder o próprio senso histórico das formas, técnicas, disfarces e artifícios da arte literária se potencializa, uma vez que o próprio trabalho da transfiguração literária é, em suas formas, forjado nas contradições da história; assim, nenhuma técnica literária pode ser pura técnica, assim como nenhuma estética é pura estética. Por isso a opção de abordagem do texto literário que nos desafiamos a assumir seria aquela

> que pudesse rastrear na obra o mundo como material, para surpreender no processo vivo da montagem a singularidade da fórmula segundo a qual é transformado no mundo novo, que dá a ilusão de bastar-se a si mesmo. Associando a ideia de montagem, que denota artifício, à de processo, que evoca a marcha natural, talvez seja possível esclarecer a natureza ambígua, não apenas do texto (que é e não é fruto de um contato com o mundo), mas do seu artífice (que é e não é um criador de mundos novos). (CÂNDIDO, 2004, p.06)

Buscando essa perspectiva, nossa turma avançou em direção ao estudo de textos literários e críticos, e dedicou-se a um debate honesto em torno das questões que os textos nos armavam. A força dos debates gerou algumas sínteses para o nosso processo formativo como coletivo de professores e estudantes. A principal delas parece-nos ser a de proceder a uma leitura literária e crítica da literatura, que, por ser, sobretudo, literária, possibilitou-nos ver no processo de formação e consolidação do sistema literário brasileiro os dilemas que apontam para a desagregação objetiva do processo social no país que "nasce torto"[7] e formula uma "genealogia" literária que, como a de Brás Cubas, escamoteia a ascendência popular em favor dos acadêmicos da Metrópole. As reflexões a seguir pretendem dar sinal da formulação de dilemas que ainda temos que enfrentar a partir das discussões nascidas na dinâmica coletiva dos componentes Estudos Literários I e II.

A presença da literatura não é um fato natural na vida. De forma geral, não se lê como se trabalha, não se lê como se come, não se lê como se conversa. O acesso à literatura é algo difícil. Não se vive com literatura quando não se ouvem estórias na infância ou quando não se vai à escola. A literatura é algo, portanto, que se ensina, algo que depende, quase sempre, de um conflituoso aprendizado. Para além da constatação da separação entre literatura e vida, é preciso indagar como tal situação se apresenta tão naturalizada na prática comum cotidiana quanto nas concepções, as mais bem intencionadas, acerca do acesso e do direito à literatura.

Tais posturas indicam, reproduzem e aprofundam a autonomização da literatura, que decorre da divisão do trabalho em uma sociedade de base capitalista, intensificada pela especialização dos campos de conhecimento, incluída aí a literatura, com consequências de grave abrangência. Entretanto, a crescente desconexão entre a literatura e a contingência humana não é igual a si mesma em todos os tempos e lugares. Pense-se no Brasil, um país que nasce torto, embarcado em duas canoas, uma rumando em direção à Metrópole e outra, em busca das próprias margens locais. A literatura aqui chegou como parte do pacote civilizador, por veios contraditórios de esclarecimento e sujeição, como arma colonizadora e, ao mesmo tempo, formulação que deixava ver antagonismos sociais profundos. O caráter autônomo da literatura curvou-se à necessidade de construção da nação, sem que se curvasse igualmente sua verve ornamental, de pura arte. em um país de escravos e senhores, a literatura ocidental mais refinada aqui chegou e tornou-se moeda, algo como um capital literário a imaginar um novo mundo – moderno –, na tentativa de materializá-lo efetivamente. O problema nacional tornava-se, assim, literário.

A ideia de nação, de universal, viria a adquirir feições próprias no chão da história local, com perversa ênfase na desigualdade cultural obedecendo à mesma proporção de destinação assimétrica dos bens materiais. Constrói-se uma genealogia literária de conteúdo popular na tonalidade da cor local, mas de método

---

[7] Essa expressão foi formulada pela turma da LEdoC I, durante os debates de Estudos Literários I. Também as expressões "genealogia" literária, "duas canoas", "moeda literária" e "restos literários", empregadas por nós ao longo desse texto, são formulações da tradição crítica que foram apropriadas pela turma.

aristocrático, caracterizado pela impossibilidade de acesso aos bens culturais por parte das classes populares.

A literatura, entretanto, não pôde manter sua função histórica de positividade no empenho de construção da nação, pois, ao esgotar-se tal função, com a independência política, estava pronta para tomar a direção anunciada por Machado:

> Esta outra independência [a da literatura] não tem sete de setembro nem campo do Ipiranga; não se fará num dia, mas pausadamente, para sair mais duradoura; não será obra de uma geração nem duas; muitas trabalharão para ela até perfazê-la de todo. (MACHADO DE ASSIS, 2008, p.147).

Na verdade, o próprio Machado representaria o momento síntese da formação da literatura brasileira com a constituição do sistema literário, momento no qual "tomávamos consciência de nossos problemas literários e tentávamos resolvê-los."

Ainda em outros momentos da nação, como em 1930, retorna a tentativa de ação direta da literatura nos rumos do país, mas esta teve que enfrentar os efeitos perversos do processo segregador. Como teve também de enfrentar o lugar secundário que passou a ocupar.

No quadro atual, fala-se da desintegração, de diluição da literatura, de esvaziamento de funções históricas ao mesmo tempo em que se constata a eliminação de seu prestígio com o advento das formas típicas da indústria cultural e da tecnologia da informação. Cabe perguntar em que consistiria a desintegração do sistema literário como se esta não fosse a base do modelo de representação que aqui foi-se sedimentando desde sua origem.

A complexidade da formação literária do presente, portanto, só acentua a aparente cisão entre a literatura e a vida sob variados paradoxos: como instituição literária, a obra tem lugar marcado na escola e nas academias, com boa dose de inocuidade por seu insulamento; como bem cultural está onde a mão da maioria não pode alcançar; como mercadoria, no entanto, mergulha na vida de forma tão completa que torna imperceptível o funcionamento, que lhe é próprio, da forma mercadoria, a reproduzir-se e perpetuar-se. Essa última é, pois, a forma mais acabada de sua função histórica, mais atual que nunca. A apreensão dessa lógica é o meio de que se dispõe para estabelecer nexos que evidenciem um movimento que nunca esteve separado.

Assim, pois, a desintegração do sistema literário pode ter a ver com a ilusão de autonomia da arte, entre cujos efeitos estão o desprestígio e a marginalidade do papel atual da literatura, enquanto tradição superada. Mas pode ter ligação também com seu aparente antípoda, a atribuição de uma instrumentalidade à obra de arte literária, que a obrigue compulsoriamente a uma função diretamente transformadora, o que, não obstante a boa intenção, enche infernos e infernos de ilusão. O sintoma dessa postura é a pouca convicção do papel humanizador e emancipador da tradição literária, a reticência e a timidez em encará-la como um ato com o qual se deve dedicar o precioso e produtivo tempo; a hesitação em destinar-lhe espaço tão relevante quanto ao do planejamento organizador da vida material.

Se a recusa da tradição parece ser uma forma avançada de se subverter o caráter excludente dessa mesma tradição literária, tal negação pode ser simplificadora e corre o risco de produzir a ilusão e o atraso de que pretendia escapar. A tradição não existe para ser cultuada como ornamento vazio, mas só pode ser superada em direção ao seu avanço objetivo quando incorporada na integralidade de sua contradição, isto é, como "literatura de dois gumes" (CÂNDIDO, 2001, p.176).

No momento atual, não haveria mais vantagem em apostar na secundarização da literatura, no desprestígio que se observa, no esvaziamento de sua função distintiva de posição social, no seu isolamento diante de formas mais midiáticas? Há muita vantagem no fato de a literatura existir como restos do ornamento que era. Há muito a fazer com eles, porque os restos quem os produz é a história e não o sujeito individual. No nosso país, ainda é o impasse, a contradição que expõe o nervo brasileiro. O problema literário é, assim, ainda nacional.

Práxis teatral e o registro dramatúrgico dos ciclos de modernização conservadora do país

Na área de Linguagens há dois componentes com carga horária de sessenta horas cada destinados para a linguagem teatral. O desafio é trabalhar as diversas dimensões do ofício teatral – dramaturgia, encenação, interpretação, didática etc. – habilitando o educador para o trabalho com teatro na escola e na comunidade.

A experiência da Brigada Nacional de Teatro do MST foi determinante para a organização do trabalho na LEdoC, por se pautar pela transferência dos meios de produção da linguagem teatral visando a formação de grupos e multiplicadores nas áreas da Reforma Agrária, e por se confrontar sistematicamente com a lógica do espetáculo.

Assim como a literatura, a dramaturgia brasileira expressou impasses e momentos decisivos da dinâmica social do país, antecipando, se comparado aos tratados de interpretação das ciências sociais, a percepção crítica sobre nossa condição permanente de país periférico no sistema mundial, garantia da modernidade e avanço do centro colonizador. O que confere a possibilidade de que as obras teatrais sejam tomadas como documento histórico não é a esfera do conteúdo como reflexo do processo social, mas a mediação dialética entre forma estética e social, expressa por meio do permanente atrito entre o drama e o épico na estrutura das obras.

O estudo obra a obra dessas mediações permite-nos depreender e sistematizar aspectos centrais do funcionamento da ideologia no Brasil e da estrutura de poder hegemônica, secularmente consolidada. Mecanismos sociais de racionalização da desigualdade e naturalização da violência de uma sociedade calcada na escravidão, como o mito da democracia racial, a consciência amena do atraso do país mediante a promessa de que a especificidade trágica de nossa condição nos legaria posição privilegiada no concerto das nações, e a mediação da política do favor são questões que aparecem desde as obras teatrais de meados do século XIX.

O trabalho com o texto dramatúrgico é iniciado com a leitura coletiva da obra, e prossegue com o debate cena a cena sobre a relação entre o conteúdo social e a estrutura formal da peça. De modo intercalado, são realizadas sessões de laboratório de interpretação e encenação com base em exercícios de improvisação a partir da peça lida. Conforme perspectiva do teatro dialético, por meio da elaboração crítica do gesto social, os educandos procuram formalizar cenicamente contradições inerentes ao processo social transfigurado pelas obras.

Como não há interesse em demonstração de resultado fechado, em forma de um produto final resultante do trabalho, investimos no processo continuado de reflexão e prática com os textos trabalhados, priorizando o ensinamento de exercícios e jogos úteis para as diversas situações dentro e fora da sala de aula que os educandos encontrarão. Ao desenvolvermos procedimentos que visam um experimento-montagem, damos ênfase às possibilidades diversas de adaptação do texto, procurando estabelecer conexões com impasses contemporâneos que se apresentam como desdobramentos de problemas enquadrados nas peças. Isso ocorreu, por exemplo, com as obras "O escravocrata" (1884), de Artur Azevedo, e "Mutirão em Novo Sol" (1961), redação coletiva que envolveu Augusto Boal e Nelson Xavier, entre outros.

Além disso, ainda que não seja possível com a carga horária disponível a abordagem detalhada das principais peças dos períodos históricos do desenvolvimento teatral no Brasil, realizamos seminários sobre o nascimento da comédia no Brasil, o drama histórico nacional, o teatro de revista, o Teatro Experimental do Negro (TEN) e as experiências de teatro político do Centro Popular de Cultura (CPC) e do Movimento de Cultura Popular (MCP), para situar historicamente as obras analisadas e viabilizar a compreensão do desenvolvimento histórico do problema. A demanda por esse tipo de proposta partiu dos próprios educandos, cientes do risco da organização conteudista do material, mas preocupados com a transmissão dos conhecimentos estruturantes do legado estético e dos fundamentos históricos e conceituais da linguagem teatral.

No trabalho com a peça "O escravocrata", por exemplo, embora os autores definam a peça em termos de sua função política, a do engajamento na luta pela abolição da escravidão, já no título há a opção pela redução estrutural do conflito épico nas fronteiras estreitas da forma dramática. "O escravocrata" do título sugere que se trata da história de um protagonista proprietário de escravos. O transcorrer das cenas caracteriza-se pelo confronto permanente entre a dimensão épica das relações sociais e comerciais de uma sociedade escravista, e os conflitos dramáticos do núcleo familiar de Salazar, o escravocrata. Nos laboratórios foram solicitadas improvisações de cenas que estabeleçam ou ressaltem contradições com o texto dramatúrgico. As situações improvisadas por vezes evidenciam o caráter inconsciente da reprodução da ideologia, na medida em que o resultado crítico esperado pelo grupo surte efeito contrário, dramático, ainda que os procedimentos trabalhados possam ser da família épica. Em utros casos, as improvisações procuram meios cênicos para debater alternativas para a resolução dos problemas, e o debate recai de modo fértil sobre as circunstâncias históricas e a consciência possível de cada contexto abordado. O exercício exemplifica como é potente e promissor o vínculo que o teatro pode estabelecer com as Ciências Sociais no Brasil.

Por fim, são trabalhadas nas duas disciplinas as formas cênicas do teatro político de agitação e propaganda, como o teatro jornal, o teatro invisível, o teatro fórum, sistematizados por Augusto Boal na poética do Teatro do Oprimido.

Encontros políticos da música na LEdoC

> *Não podemos nos tornar muito confortáveis ou ficar satisfeitos com os efeitos musicais usuais, mas devemos aspirar a algo mais que isso, examinando e melhorando nossos métodos sempre de modo que as incríveis tarefas que a luta de classes coloca diante da música possam ser executadas.*
> Hanns Eisler, *Progresso no movimento musical dos trabalhadores*, 1931.

Durante o componente de Estética e Política, começou a surgir uma pequena pulga atrás (ou melhor, *dentro*) da orelha quando se leu Walter Benjamin, em "O autor como produtor", comentando sobre um certo Hanns Eisler e suas concepções a respeito da relação entre música, palavra e política, tendo em vista o conceito brechtiano de "mudança de função". Quem teria sido esse Hanns Eisler? Que tipo de música ele tinha produzido? Quais eram suas posições teórica e prática – ou, para seguir o arco de argumentativo de Benjamin, qual era sua posição no interior da luta de classes? Era um campo de perguntas que parecia-nos bastante relevante e que nos colocava diante de um caminho possível para trilhar o debate musical nos termos críticos colocados pelos componentes iniciais da área de Linguagens da LEdoC. Mas, para adentrar nesse campo de perguntas, outras questões precisavam ser compreendidas.

A primeira questão dizia respeito ao momento específico da música no interior dos movimentos sociais do campo. O debate musical no seio dos movimentos ainda não havia assimilado em sua integralidade as conexões estabelecidas no Seminário de 2005. Por outro lado, inquietações sobre o "lixo cultural" e sobre aquelas que até então apareciam como as únicas mostras de canção política na história da música brasileira (ou seja, aquilo que conhecemos por "canção de protesto", fechando essa categoria basicamente a algumas poucas canções de Geraldo Vandré e uma ou outra de Chico Buarque, mais um Edu Lobo aqui e acolá...), oriundas basicamente da indústria fonográfica e radiofônica, surgiram na turma, como expressão dos problemas musicais com os quais os movimentos sociais do campo se deparavam e gerando debates que apontavam para a necessidade de qualificar suas concepções musicais. Mostrou-se urgente que era preciso um referencial que nos tornasse capazes de acompanhar, no debate musical, aquilo que gerou grande acúmulo crítico na tradição crítica brasileira, no que tange a literatura, e no que diz respeito à práxis artística específica dos movimentos da Via Campesina, no que se liga ao teatro. Mesmo sem saber com maior precisão quem era Hanns Eisler, era certo que sua produção teria muito a contribuir para o debate sobre música nos movimentos sociais e na LEdoC em particular.

Aos poucos, fomos juntando conhecimento sobre ele. Hanns Eisler, que era alemão, fora taxado por um de seus detratores como "o Karl Marx da música". A frase, que impressiona a todos que cultivam o coração do lado certo, dava mais impulso a nossos intentos. Nesse encontro do compositor comunista do início do século XX e do conjunto de movimentos populares com uma das maiores ressonâncias no Brasil da atualidade, as possibilidades críticas são imensas, na medida em que tanto Eisler quanto a produção musical dos movimentos venham a adquirir novo fôlego.

Descobrimos que, inclusive, Eisler está, sem que soubéssemos, mais presente nos movimentos sociais do campo do que imaginávamos. Por exemplo, o Hino do MST tem letra de Ademar Bogo, militante histórico do movimento, e música de Willy Corrêa de Oliveira, compositor vanguardista de esquerda, professor da USP e profundo conhecedor da obra de Eisler. Logo, a inspiração eisleriana já ressoava em todos os diversos momentos em que o hino é cantado nos espaços do movimento – por exemplo, no Iterra. Mas, parece certo dizer que só agora a militância dos movimentos sociais do campo começa a tomar consciência das possibilidades produtivas abertas pelo parceiro de Brecht e compositor do Hino da defunta República Democrática da Alemanha (RDA).

Não que os próprios movimentos já não fizessem canções de luta, muito pelo contrário. As canções dos movimentos são com certeza alguns de seus resultados políticos mais impressionantes. E foi exatamente tal qualidade produtiva que permitiu um contato mais forte com esse que foi um dos compositores mais importantes da história da música como política. Conhecer com mais condições críticas as engenhosas elucubrações sobre a "canção de luta" e os "coros de trabalhadores" desenvolvidos por Eisler só foi possível porque a militância da Via Campesina já havia avançado concepções musicais firmes, com técnicas próprias e possibilidades criativas disseminadas pela presença marcante da música nos diferentes espaços dos movimentos e conhecimento de tradições populares com traços políticos latentes.

Agora, essa relação de Eisler com a identidade Sem-Terra impulsiona uma dupla possibilidade: de um lado, o desenvolvimento da consciência da história musical no seio dos movimentos sociais do campo e as possibilidades produtivas desdobradas desse conhecimento, muito além do espaço delimitado da música; de outro, o avanço no conhecimento das próprias questões que envolviam Eisler e o debate sobre a arte como política no início do século XX. Quer dizer, só o desenvolvimento do conhecimento crítico e histórico das possibilidades produtivas na luta pela Reforma Agrária e soberania popular travada agora permite uma visada mais eficaz sobre aquele momento da música como política de tamanha importância, como foi o contexto revolucionário (e contra-revolucionário...) da Europa até o fim da década de 1930, momento em que as delimitações das linguagens artísticas especializadas foram pensadas em novas articulações.

Em 2009, em uma experiência paralela à LEdoC, uma turma de Comunicação que desenvolvia suas atividades na Escola Nacional Florestan Fernandes (ENFF), em Guararema/SP, já tinha disponível um pequeno texto de Eisler (chamado "Progresso Musical de Trabalhadores", escrito pelo compositor em 1931) e dele tirou consequências práticas: uma composição que aliava música vocal (desenvolvida em outro âmbito por militantes da Via Campesina em oficinas com a Cia. Do Latão), uma "orquestra" de enxadas, prato e faca, carrinho de mão e pedaços de pau, mais a leitura estranhada de trechos de jornal da mídia hegemônica, intentando abordar a crise econômica e a aliança dos trabalhadores do campo e da cidade. A possibilidade de integração das linguagens artísticas foi testada; recursos cênicos adentravam como elemento da composição musical, sem com isso desestabilizar o nexo da produção artística compreendida no interior da ação política.

No início de 2010, a turma da LEdoC já contava com dois textos de Eisler (o outro chama-se "Os construtores de uma nova cultura musical", que é uma palestra de Eisler para atores que ensaiavam, em 1931, a peça "A decisão", que ele e Brecht tinham acabado de finalizar) e iniciou, junto com uma turma de Comunicação e Cultura, que também desenvolvia suas atividades no Iterra, um experimento com a estrutura de coral. Com uma composição que trata da fome, produzida naquele exato momento, desdobrada em torno de uma pequena instabilidade do centro tonal, com sobreposição de linhas melódicas com textos diferentes, o experimento contou com sessenta vozes, com resultados altamente relevantes.

O debate sobre música como política foi a pontos cada vez mais complexos, desde os argumentos de Theodor Adorno sobre o fetichismo na música e a regressão da audição como elementos conceituais para a compreensão do "lixo cultural", passando pelo rap dos Racionais MCs e chegando ao debate sobre moda de viola, samba e música brega.

Isso tem aberto o interesse e as condições de conhecer as canções de luta, os corais de trabalhadores e as músicas para cinema nos contextos de Revolução Russa e depois, da Alemanha e suas contradições em plena República de Weimar, a Espanha de Guerra Civil e Brigadas Internacionalistas, situações nas quais, em maior ou menor grau, Eisler teve intensa participação produtiva. Mas, abriu também os caminhos para o conhecimento da música como política no contexto de revolução e contra-revolução na América Latina em meio à Guerra Fria; os experimentos musicais e cênicos dos trabalhadores nos EUA do início do século e depois, inclusive com gravadoras ligadas diretamente ao Partido Comunista; a música anarquista no Brasil de fins do século XIX e início do XX; a música brasileira em torno do Centro Popular de Cultura da União Nacional dos Estudantes (CPC-UNE). São todas experiências mais ou menos conhecidas, mas que se reencontram na atividade político-musical, de caráter crítico, desenvolvidas agora pelos movimentos sociais do campo.

Outro aspecto da máxima importância está na constituição de um novo critério para a observação da história da música popular brasileira. A hipótese é que a reativação dos entrelaçamentos da produção musical com a luta política dos movimentos organizados possa indicar um critério de abordagem da experiência musical brasileira que fuja da hegemonia do aparato fonográfico e radiofônico. Sem desconsiderar a produção que vem do seio da indústria cultural, esse critério de abordagem oriundo das lutas políticas recusa o caráter inexorável dos meios de produção em sua forma hegemonizada pelas classes proprietárias. Ele também não se fixa em uma salvação da produção cultural popular interessada em transformá-la em resultados pitorescos. Com esse novo critério político para a abordagem da experiência musical brasileira, sua periodização padrão certamente não se sustentará mais. A produção fonográfica e radiofônica será apenas um dos resultados existentes no sistema musical brasileiro, reconhecido em seu aspecto de funcionamento hegemonizante. O material popular ganha vida e deixa de ser tão-somente o repositório reificado onde os "grandes mestres" vão buscar inspiração; a produção política de música deixa de ser observada apenas pelo resultado mais evidenciado pela indústria de reprodução musical; os próprios critérios produtivos atuais ganham nova face. Os caminhos abertos são vastos, buscando se desvencilhar dos padrões hegemônicos que insistem em se apresentar como únicos.

Mais um aspecto relevante no debate sobre música em meio à LEdoC diz respeito às tradições musicais estabelecidas em cada região e seu uso na canção política. Sempre há o risco de se entender essas tradições musicais com condescendência populista, transformando-as unilateralmente em suporte político por sua suposta origem popular, desconsiderando as contradições próprias delas. Assim, perde-se exatamente a riqueza radical que pode estar contida em tais tradições. Por outro lado, há também aquele risco correlato de entendê-las como um suporte vazio para conteúdos políticos que não podem emanar delas. O esvaziamento dessas tradições, em favor de um conteúdo supostamente mais revolucionário, também deixa para trás a complexidade delas. É preciso estabelecer uma nova concepção das tradições musicais, com a necessidade de reconhecer nelas não a imagem fechada de algo belo e fixo, com essência inerentemente popular, mas o impulso aberto e radical para a luta que emana delas mesmas. Isso significa também superar essa clássica justaposição de letras supostamente revolucionárias com estruturas musicais populares que cumprem o triste papel de suporte. A capacidade de atualizar as tradições musicais com novos conteúdos políticos não pode simplesmente usá-las como algo vazio, mas reconhecer nelas os elementos radicais. Isso implica, obviamente, em reconsiderações sobre a força política radical de questões que fogem ao escopo original das classes como mero critério financeiro – ou seja, a confusão de classe com estrato social. Repensar as tradições musicais é repensar o próprio contexto da luta de classes no Brasil, em que racismo, patriarcado e outras formas de exploração são elos fundamentais da dinâmica do capital. Todas estas questões estavam na pauta de discussões do componente de música na turma 1 da LEdoC – com debates cerrados em aspectos formais e sociais da moda de viola e do samba, como dois exemplos possíveis de questões a serem colocadas.

Enfim, esse reencontro da identidade Sem-Terra com Eisler e vice-versa, possibilitado pelo componente de música no interior da LEdoC, é um pequeno sintoma da atual situação das forças produtivas musicais e o enfrentamento das relações de produção vigentes. Há bastante para ser descoberto. Mas, assim com aconteceu com Eisler, que soube perceber que os avanços técnicos resultantes da crise do sistema tonal, assim como as forças desabrochadas com a reprodutibilidade técnica do fonógrafo e da radiodifusão, só ganhariam sua densidade exata se reconhecessem as possibilidades de desenvolvimento recíproco bem como a produtividade oriunda no "movimento musical de trabalhadores" – com todas as contradições aí implicadas –, os músicos, do movimento ou não, interessados na dimensão política de sua atividade, precisam reconhecer o contexto musical atual num sentido mais amplo do que aquele impingido pela indústria fonográfica, tida agora como inexorável. E esse esforço de manter acessa a chama da memória de nossas lutas é um passo fundamental. Passo esse que os movimentos sociais reconhecem como uma de suas principais tarefas, sempre crítica e produtiva. E que certamente desenvolverá seus frutos com as dinâmicas educativas que desabrocharão da LEdoC.

No início de um de seus textos, Eisler ressalta como os espaços educativos conquistados pelos movimentos de trabalhadores nos anos 1920 na Alemanha foram fundamentais para as discussões musicais de que ele foi um dos participantes mais importantes e que mantiveram a linhagem moderna de produtores de canções políticas. O contexto não é o mesmo, mas a situação é muito próxima: o espaço conquistado pela turma 1 da LEdoC pretende ser também um ambiente em que a produção de canções políticas continue ativa, qualificando-se cada vez mais. Com isso, a turma 1 da LEdoC reconheceu o ambiente de estudo sobre a música como um espaço realmente formativo.

Referências

ALENCAR, J. *Iracema*. São Paulo: Ática, 1998.

AZEVEDO, A. *O cortiço*. São Paulo: Moderna, 1995.

ANDRADE, C. D. "A flor e a náusea", "José" e "Os bens e o sangue". *In*: *Antologia poética*. Rio de Janeiro: Record, 2003.

BILAC, O. "Pátria". *In*: *Olavo Bilac*. Literatura comentada. São Paulo: Abril Educação, 1980, p.25.

CÂNDIDO, A. *Educação pela noite e outros ensaios*. São Paulo: Ática, 2001.

CÂNDIDO, A. *Literatura e sociedade*: estudos de teoria e história literária. São Paulo: editora Nacional, 1976.

CÂNDIDO, A. *O discurso e a cidade*. Rio de Janeiro, São Paulo: Ouro sobre Azul, Duas cidades: 2004.

CÂNDIDO, A. "O direito à literatura". *In*: *Literatura e formação da consciência*. Cadernos de Estudo ENFF. São Paulo: Escola Nacional Florestan Fernandes, 2007, v.2.

COSTA, C. M. "Destes penhascos fez a natureza". *In*: MARTINS, H. *Neoclassicismo*. Brasília: Academia Brasiliense de Letras, 1982, p.45.

DIAS, G. "Canção do exílio". *In*: BRAIT, B. *Gonçalves Dias. Literatura comentada*. São Paulo: Abril Educação, 1982, p.11-12.

GAMA, B. *O Uraguai* (trechos selecionados). *In*: MARTINS, H. Neoclassicismo. Brasília: Academia Brasiliense de Letras, 1982, p. 58.

MACHADO, A.; Joaquim, M. *Memórias póstumas de Brás Cubas*. São Paulo: Abril Cultural, 1982.

MANÇANO, B. *A formação do MST no Brasil*. Petrópolis: Vozes, 2000.

MACHADO, A. e Joaquim, M. Espacio, resistência y lucha. La resistência de los campesinos sin tierra em Brasil. *In*: *Ensayo brasileño contemporáneo*. Habana, Cuba: Editorial de Ciências Sociales, 2005.

MARTINS, J. S. *A militarização da questão agrária*. Petrópolis: Vozes, 1984.

MARX, K. *Manuscritos econômico-filosóficos*. São Paulo: Boitempo Editorial, 2004.

MST, Coletivo Nacional de Cultura do. *Ensaios sobre Arte e Cultura na Formação*. Rede Cultural da Terra – caderno das artes. São Paulo: Anca, 2005.

MST, Coletivo Nacional de Cultura do. *Teatro e transformação social*. São Paulo: Cepatec, 2007.

OLIVEIRA, A. "Fantástica". *In*: CÂNDIDO, A. *Na sala de aula*. São Paulo: Ática, 2004, p.54.

PEIXOTO, A. "Oitavas". *In*: MARTINS, H. *Neoclassicismo*. Brasília: Academia Brasiliense de Letras, 1982, p. 79-84.

RAMOS, G. *São Bernardo*. Rio de Janeiro, Record: 2004a.

RAMOS, G. *São Bernardo. Vidas Secas*. Rio de Janeiro: Record: 2004b.

WILLIAMS, R. *Marxismo e Literatura*. Rio de Janeiro: Zahar, 1979.

TERCEIRA PARTE

Ensaios político-pedagógicos sobre a Licenciatura em Educação do Campo

CAPÍTULO 10
Diálogo entre teoria e prática na Educação do Campo: Tempo Escola/Tempo Comunidade e alternância como princípio metodológico para organização dos tempos e espaços no curso de Licenciatura em Educação do Campo[1]

Maria Isabel Antunes–Rocha[2]
Maria de Fátima Almeida Martins[3]

Neste trabalho temos como objetivo iniciar um processo de sistematização e análise do uso da alternância como um dos procedimentos que estruturam a Educação do Campo. Falamos de um lugar, no caso da experiência acumulada nos projetos de formação inicial e continuada desenvolvidos no Núcleo de Estudos e Pesquisas em Educação do Campo (EduCampo), sediado na Faculdade de Educação da Universidade Federal de Minas Gerais (FaE/UFMG). Focalizaremos a prática desenvolvida no curso de Licenciatura em Educação do Campo (LEdoC). Temos já uma turma que concluiu a formação, outra em andamento com apoio do Procampo/Secad/MEC e duas turmas que se iniciaram como oferta regular (ANTUNES–ROCHA, 2010).

O desafio de construir a LEdoC como oferta regular nos instiga a produzir essas reflexões como uma ação necessária, tendo em vista que a alternância entre Tempo Escola/Tempo Comunidade joga sentidos em muitos lugares. Consideramos este texto um ensaio, uma abordagem inicial na perspectiva de traçar caminhos para estudos mais verticalizados, notadamente por meio da pesquisa. É também um

---

[1] Partes das reflexões feitas neste texto foram também utilizadas para elaboração de reflexões sobre o Tempo Escola/Tempo Comunidade como forma de organização dos projetos do Pronera.

[2] Maria Isabel Antunes–Rocha é mestre em Psicologia Social. Doutora em Educação. Professora Adjunta da Faculdade de Educação/UFMG. Coordenadora do Núcleo de Estudos e Pesquisas em Educação do Campo (EduCampo – FaE/UFMG). Membro da Comissão Pedagógica Nacional do Programa Nacional de Educação na Reforma Agrária (Pronera/Incra). Coordenadora do Observatório da Educação do Campo – Parceria CAPES – UFC/UFPA/UFPB/UFMG. Vice–Coordenadora do GT Psicologia da Educação/ANPED.

[3] Maria de Fátima A. Martins é mestre e doutora em Geografia. Professora Adjunta da Faculdade de Educação/UFMG. Coordenadora do Colegiado do Curso de Licenciatura em Educação do Campo. Coordenadora da área de Ciências Sociais e Humanas do LEdoC. Membro do Núcleo de Educação e Trabalho (Nete).

registro dos estudos que fizemos nos últimos anos visando construir referenciais para iluminar a prática cotidiana de organização do curso. Vale também ressaltar que as ideias aqui expostas integram o que denominamos do curso como espaço de produção do conhecimento, isto é, saberes produzidos na e pela prática.

Partimos do pressuposto de que a *educação é fundante na formação humana*. Por que então falar de uma Educação do Campo, e mais ainda como nela a formação? Entendemos que *do campo* anuncia que a formação não é universal, homogênea, igual. Formar o humano acontece na tensão entre as desigualdades e diversidades. Nesse sentido, ela é emancipadora e transformadora. Ser *do campo* também anuncia o pertencimento, no sentido de "elaboração da própria identidade e de projetos coletivos de mudança social a partir das próprias experiências". (SADER: 1988, p. 53)

Foi considerando a especificidade desta formação de professores do campo, tendo em vista os sujeitos envolvidos, que apresentamos como forma metodológica para a organização dos tempos e espaços para a formação deles, a incorporação ao processo de ensino aprendizagem, a prática cotidiana, assim como os contextos referentes à reprodução ampliada do capital que se realiza no campo. Os tempos e espaços, neste sentido, tornam-se estruturantes para a viabilidade e concretização do curso de Licenciatura do Campo. Ou seja, concebidos a partir de uma dimensão que é prática, é preciso dialogar com os sujeitos e suas práticas e, ao mesmo tempo, realizar o movimento reflexivo para que possam pensar o seu espaço e o próprio fazer. Em outras palavras, descobrir como os elementos constitutivos da vida no campo entram no processo de ensino e aprendizagem.

Dessa forma, o termo *Tempo Comunidade* constitui-se no diálogo com outro termo, *Tempo Escola*, no contexto da luta e construção de possibilidades da escolarização dos povos do campo. Esses termos não podem ser compreendidos de forma separada, porém são distintos no que diz respeito ao espaço, tempo, processos e produtos relacionados à formação pedagógica. Intrinsecamente ligados às formas de morar, trabalhar e viver no campo, falam-nos de limites e possibilidades para a organização da educação escolar, mas muito mais do que isto, anunciam outra forma de fazer a escola do campo, de avaliar, da relação com os conteúdos, das mediações pedagógicas, da relação entre quem ensina e quem aprende.

Compreendendo que o formato da alternância tem raízes em experiências desenvolvidas em várias partes do planeta, mas aqui consideramos aquelas que mais diretamente se vinculam ao que é desenvolvido nos projetos de formação de professores, notadamente nos cursos de Licenciatura em Educação do Campo, buscaremos na experiência dos Centros Familiares de Formação por Alternância (Ceffas), do Pronera e do Procampo os elementos para descrever, analisar e propor caminhos para a organização curricular da Educação do Campo na perspectiva da alternância. Isso porque essas três experiências constituem-se como espaços que estruturam, organizam, mantêm e orientam em termos políticos, conceituais e metodológicos a *materialidade em torno da qual se tece a alternância no contexto brasileiro*.

Dessa forma, consideramos como relevante mostrar de maneira resumida como a alternância é trabalhada nesses diferentes contextos. Em seguida, apontar as conquistas nos campos institucionais e legais. Concluímos com o apontamento dos desafios e das possibilidades que a alternância indica para a organização pedagógica e política dos processos de formação de educadores.

Esperamos que este trabalho possa contribuir para iluminar as interrogações da prática cotidiana, bem como apontar os desafios e possibilidades que a organização em Tempo Escola/Tempo Comunidade traz para a ação pedagógica. É nosso desejo também que essa sistematização inicial incentive os coordenadores, professores e alunos dos cursos, nas universidades e movimentos sociais, a descrever, analisar, registrar, publicar e divulgar as experiências que estão sendo desenvolvidas. As reflexões até então acumuladas sobre essas experiências ainda são escassas, mas o suficiente para darmos um passo rumo à compreensão do que estamos fazendo, do que pode ser mantido e o que precisa ser modificado. Entendemos que só assim conseguiremos construir uma matriz teórica e metodológica coerente com o projeto de Educação do Campo pelo qual lutamos.

Espaços e Tempos de produção e afirmação da Alternância: Alternância Escola/Família – a experiência dos Centros Familiares de Formação por Alternância

A alternância enquanto metodologia tem uma de suas raízes fincadas na França, nas décadas iniciais do século XX. Agricultores e agricultoras, preocupados com a escolarização e o futuro dos filhos no campo, empreenderam esforços para criar uma escola cujo funcionamento possibilitasse a permanência deles junto à família. Em meados do século, há um processo de expansão dessa experiência para vários continentes.

A primeira experiência brasileira ocorreu em 1969, na cidade de Anchieta, no Estado do Espírito Santo. O movimento iniciou-se como uma experiência educativa alternativa, isto é, fora do sistema oficial de ensino, realizando uma formação de caráter profissional. Ao longo das décadas estabeleceu diálogos com o sistema público e passou a ofertar as séries finais do Ensino Fundamental e o Ensino Médio articulado à formação profissional.

Na atualidade, os Ceffas congregam as Escolas Famílias Agrícolas (EFAs), Casas Familiares Rurais (CFRs) e Escolas Comunitárias Rurais (Ecors), contando com cerca de 250 experiências, espalhadas por mais de vinte Estados do país.

Queiroz (2004) caracteriza como experiências dos Centros Familiares de Formação por Alternância:

a) *Escolas Famílias Agrícolas:* contam com 127 centros e estão presentes em dezesseis Estados brasileiros, nas regiões Norte, Nordeste, Sudeste e Centro-Oeste. Desenvolvem Ensino Fundamental (segundo segmento), Ensino Médio e Educação Profissional em nível técnico.
b) *Casas Familiares Rurais:* contam com 91 centros e estão presentes em seis Estados das regiões Sul, Norte e Nordeste. Desenvolvem Ensino Fundamental (segundo segmento), Ensino Médio e Educação Profissional em nível técnico.
c) *Escolas Comunitárias Rurais:* contam com quatro centros e estão localizados no Estado do Espírito Santo. Desenvolvem Ensino Fundamental (segundo segmento).
d) *Escolas de Assentamentos:* contam com oito centros e estão localizados no Estado do Espírito Santo. Desenvolvem Ensino Fundamental (segundo segmento).
e) *Programa de Formação de Jovens Empresários Rurais (Projovem):* contam com sete centros e estão localizados no Estado de São Paulo[4].
f) *Escolas Técnicas Estaduais:* contam com três centros localizados no Estado de São Paulo.
g) *Casas das Famílias Rurais:* contam com três centros localizados nos Estados da Bahia, Pernambuco e Piauí. Desenvolvem Ensino Fundamental (segundo segmento).
h) *Centro de Desenvolvimento do Jovem Rural (Cedejor):* conta com quatro centros localizados nos Estados da região Sul do Brasil[5].

A alternância é a espinha dorsal dos Centros Familiares de Formação por Alternância. Não significa apenas um alternar físico, um tempo na escola separado por um tempo em casa. Os processos de ir e vir estão baseados em princípios fundamentais, tais como: a vida ensina mais do que a escola; que se aprende também na família, a partir da experiência do trabalho, da participação na comunidade, nas lutas, nas organizações, nos movimentos sociais. Segundo Begnami (2003), o conceito de alternância vem sendo definido, entre muitos autores, como um processo contínuo de aprendizagem e formação na descontinuidade de atividades e na sucessão integrada de espaços e tempos. A

---

[4] Não trabalha com educação formal, desenvolve cursos de qualificação profissional.
[5] Não trabalha com educação formal, desenvolve cursos de qualificação profissional.

formação está para além do espaço escolar e, portanto, a experiência torna-se um lugar com estatuto de aprendizagem e produção de saberes, em que o sujeito conquista um lugar de ator protagonista, apropriando-se individualmente do seu processo de formação.

Nesse sentido, como princípio, a alternância agrega necessariamente o movimento do sujeito no mundo, em seus diferentes contextos em que estejam inseridos, de forma que esta alternância seja integrativa. Nessa perspectiva analítica e prática, na alternância, a realização das atividades é entendida não como complementar, mas de interação permanente entre as atividades formativas e o trabalho do formador no processo educativo, em que os sujeitos e os sistemas constituem-se em um movimento dinâmico de formação e não uma mera transmissão de conhecimentos. Assim, os alternantes são considerados pessoas autônomas, responsáveis, autoras de si mesmas no processo formativo e a interdisciplinaridade é central para a orientação do trabalho pedagógico.

Como espaços de realização dessas práticas, os Centros Familiares de Formação por Alternância buscam estabelecer uma dinâmica entre a família e a escola. No Tempo Comunidade, os educandos trabalham e convivem com a família e a comunidade. No tempo em que os alunos estão na escola, reelaboram, discutem e refletem sobre o Plano de Estudo, ou seja, a pesquisa realizada na família e na comunidade. No retorno para a família, os estudantes levam consigo o compromisso de aplicar o que aprofundaram na escola. O processo como um todo organiza-se no Plano de Formação, que, por sua vez, está ancorado na tríade "Observar, Refletir, Agir/Transformar".

A experiência dos Centros Familiares de Formação por Alternância nos ajuda a observar, refletir e transformar a alternância em três perspectivas. A primeira diz respeito à centralidade na relação família e escola. O eixo do Plano de Formação é a participação das famílias no processo de construção das práticas pedagógicas desenvolvidas na família e na escola. Da experiência dos Centros Familiares de Formação por Alternância podemos ter como referência a consolidação da alternância na perspectiva da relação família e escola.

A segunda nos informa sobre os diferentes formatos que essa relação assume no que diz respeito à participação das famílias na escola. É possível encontrar uma série de experiências e teorias educacionais que utilizam o princípio da alternância e vão caracterizando as variações da Pedagogia da Alternância. Queiroz (2004) descreve os seguintes formatos:

- *Alternância justapositiva*: caracteriza-se pela sucessão dos tempos ou períodos consagrados a uma atividade diferente: trabalho ou estudo. Esses dois momentos não têm, nos casos extremos, nenhuma relação entre eles: nenhuma lei os rege e o conteúdo de um não tem repercussão sobre o conteúdo do outro.

- *Alternância associativa:* trata-se de uma associação por alternância de uma formação geral e de uma formação profissional. Esse tipo de alternância permanece equilibrada e se descobre aí a existência da relação entre a atividade escolar e a atividade profissional, mas é, de fato, constituída por uma simples adição e esse vínculo aparece apenas no nível institucional.
- *Alternância real ou copulativa ou integrativa*: é a compenetração efetiva de meios de vida socioprofissional e escolar em uma unidade de tempos formativos. Esta alternância supõe uma estreita conexão entre esses dois momentos de atividades em todos os níveis, quer sejam individuais, relacionais, didáticos ou institucionais. Os componentes do sistema alternante recebem um lugar equilibrado, sem primazia de um sobre o outro. Além disso, a ligação permanente que existe entre eles é dinâmica e efetua-se em um movimento de perpétuo ir e vir, facilitado por essa retroação, a integração dos elementos de uma a outra. É também a forma mais complexa da alternância, seu dinamismo permitindo uma evolução constante. As relações alternantes são essencialmente dinâmicas.

A terceira informa-nos sobre a possibilidade do uso da alternância no segundo segmento do Ensino Fundamental e no Ensino Médio Profissionalizante. A duração das atividades varia entre três e quatro anos, em regime de semi-internato, com a adoção do método de alternância, no qual os jovens passam duas semanas na propriedade, no meio profissional rural, e uma semana no Centro de Formação. Isso representa quatorze semanas por ano em atividades letivas presenciais no Centro de Formação e 28 semanas de atividades práticas à distância nas propriedades rurais de suas famílias, acompanhados por monitores e técnicos, visto que a propriedade agrícola funciona de forma ininterrupta durante o ano.

No caso específico do Projeto Pedagógico do Ensino Médio Experimental em Pedagogia da Alternância da Casa Familiar Rural da Universidade Regional Integrada do Alto Uruguai e das Missões (URI), no ensino presencial, consideram-se quatorze semanas por ano, sendo que cada semana é composta por cinco dias de dez horas, totalizando 2.100 horas/aula durante os três anos. Porém, o jovem permanece cinco dias de 24 horas em um ambiente educativo. Para o ensino à distância, consideram-se 28 semanas por ano com acompanhamento, sendo cada semana composta de cinco dias de, pelo menos, dez horas, totalizando 4.200 horas/aula em três anos. O jovem permanece em sua propriedade estudando, experimentando, pesquisando e desenvolvendo projetos de acordo com suas atividades.

Quadro representativo de dias letivos e hora/aula

Pedagogia da Alternância	Dias letivos durante o curso	Horas/aula/curso
Ensino presencial integral	210	2.100
Ensino à distância acompanhado	420	4.200

Fonte: Universidade Regional Integrada do Alto Uruguai e das Missões. Projeto Pedagógico do Ensino Médio Experimental em Pedagogia da Alternância da Casa Familiar Rural, 2004.

Alternância Comunidade/Escola: Experiência do Programa Nacional de Educação na Reforma Agrária

O Programa Nacional de Educação na Reforma Agrária (Pronera), é produto e processo da luta pela Educação do Campo, realizada por diferentes sujeitos, notadamente os movimentos sociais, universidades e organizações não governamentais. Essa conquista coletiva expressa-se na gestão, nas orientações metodológicas, administrativas e financeiras para elaborar, executar e avaliar os projetos. No Manual de Operação, esta dimensão de conquista, resistência e produção coletiva aparece já nas diretrizes para organização do projeto.

Quando o Manual indica a exigência da parceria entre movimentos sociais e universidades na elaboração, execução e avaliação, os mesmos estão plantando a semente da alternância como uma relação da escola para além da família. A presença de sujeitos, que não necessariamente estão na escola, ou que tenham filhos em idade escolar, na discussão e gestão dos projetos possibilitou, desde o início do Programa, que as ações pedagógicas passassem a integrar a discussão dos grupos gestores dos movimentos sociais em luta pela terra.

Assim, a alternância assume no Pronera o sentido da comunidade, enquanto espaço físico, social e político como dimensão formativa. Esse espaço inclui a família, mas não a tem como centralidade. Garantir esse espaço como dimensão formativa é o princípio fundamental do Programa.

Em termos da prática, a alternância inicialmente aconteceu para atender a necessidade de formação dos monitores, que residiam nos assentamentos, para atuarem como alfabetizadores de adultos. Contribuindo para o desenvolvimento desse processo, as universidades e os movimentos sociais elaboraram projetos pedagógicos prevendo a formação em alternância. Neste, os educadores se deslocavam para os *campi* universitários em períodos trimestrais e/ou semestrais. Por meio desses encontros, que variavam segundo o nível de ensino, os professores habilitavam os educadores para a docência.

Outra prática relevante na construção da alternância na perspectiva da relação comunidade/escola foram os cursos de Ensino Fundamental, Médio e Superior. Surgem assim as habilitações: Normal Médio, Pedagogia da Terra e Pedagogia do Campo. De forma concomitante, criam-se os cursos Profissionalizantes e de Pós-Graduação. Mais recentemente, as Licenciaturas (habilitação para as séries finais do Ensino Fundamental e para o Ensino Médio), graduação em Direito, Agronomia, Veterinária, entre outros.

Ao ampliar a relação da escola para a comunidade, o Pronera cria condições para que as redes da escola possam tecer laços com a prática social. Envolve sujeitos para além das famílias com filhos em idade de escolarização. Evidencia o compromisso e a responsabilidade de todos na afirmação dela como produto e processo da sociedade.

Programa de Apoio à Formação Superior em Licenciatura em Educação do Campo

O Programa de Apoio à Formação Superior em Licenciatura em Educação do Campo (Procampo) é uma iniciativa da Secad/Sesu/MEC, cujo objetivo é apoiar programas integrados de licenciaturas que proponham alternativas de organização do trabalho escolar e pedagógico, que viabilizem a expansão da Educação Básica para o campo.

O Procampo cumpre um papel importante na luta pela Educação do Campo à medida que amplia a oferta da formação a professores em exercício, bem como futuros profissionais, nas escolas do campo da rede pública, dos Centros de Formação por Alternância, de experiências alternativas, profissionais que atuam em programas educativos em organizações governamentais e não governamentais. Nesse sentido, a alternância na Educação do Campo assume um espaço institucional à medida que um número expressivo de universidades participam da experiência proposta pelo MEC, constituindo o curso como regular.

A alternância no curso de Licenciatura em Educação do Campo da FaE/UFMG

A Licenciatura em Educação do Campo, em desenvolvimento pela Faculdade de Educação da Universidade Federal de Minas Gerais, considera a relação escola/comunidade como matriz do projeto pedagógico. O curso organiza-se visando garantir 30% do total de horas para o Tempo Comunidade. Cada curso tem em média três mil horas, com duração de quatro anos. A prática do curso busca afirmar que a escola e a comunidade são tempos/espaços para construção e avaliação de saberes. Busca superar a perspectiva de que a escola é lugar da teoria e a comunidade é lugar da aplicação/transformação. A possibilidade de se alternar tempos e espaços têm como objetivo uma atuação pedagógica orientada pela lógica da articulação teoria/prática, visando instrumentalizar o educando na percepção dos problemas vivenciados em sua realidade cotidiana, bem como intervir significativamente neste campo de atuação. Ainda nessa perspectiva, o projeto pretende ter uma relação educador/educando mediada pelos conteúdos e por ferramentas como texto impresso, web e vídeos, entre outros.

Desde 2005, ano da implantação da primeira turma do curso de Licenciatura em Educação do Campo (LEdoC), observamos a emergência de um significativo número de mediadores na relação Tempo Escola/Tempo Comunidade. Entre eles, ressaltamos o *Orientador de Aprendizagem*, os *Guias do Tempo Comunidade* e os *Trabalhos do Tempo Comunidade*.

Ser *Orientador de Aprendizagem* é literalmente um mergulho no desconhecido. Essa função, criada para garantir um apoio aos educandos, seja nos aspectos da organização dos estudos, das dificuldades de aprendizagem e/ou de inserção no ambiente universitário, vem passando por inúmeras transformações. Desde então tem-se como referência que é necessário um estudante de Pedagogia para os anos iniciais de formação e um estudante de um dos campos disciplinares que compõem a área do conhecimento para os anos intermediários e finais do curso. Isto é, o *Orientador de Aprendizagem* é um acadêmico em formação. Mas na fase de elaboração de monografia já sabemos que essa função precisa ser exercida por um professor.

Para Jucélia Marize Pio[6], a experiência como *Orientadora de Aprendizagem* a faz percorrer o caminho da formação de professores para as escolas do campo como uma aprendizagem mútua. De mãos em vários sentidos, inclusive para o diálogo com os professores.

> O Tempo Comunidade é o período em que os alunos estão em suas comunidades. Nesse momento, procuro auxiliá-los por meio de telefonemas, cartas e mensagens eletrônicas. Entretanto, esse acompanhamento encontra dois grandes desafios. O primeiro são as "subáreas" que contêm a área CVN. Eu, formada em química, me esforço em acompanhar as atividades nas áreas de biologia, física e geografia física, contudo procuro orientações com amigos de outros cursos, formados especificamente nas áreas. O segundo desafio é a localização em que se encontram algumas comunidades, que impossibilita o contato do aluno com o monitor. Alguns apresentam dificuldade em fazer contato por telefone, outros não têm internet e algumas correspondências

---

[6] *In* Diniz *et alii* (2009: 188).

se perdem no caminho até a Universidade. Diante de algumas situações, procuramos ir às comunidades do aluno. Estive em um assentamento em Itamaraju (BA), onde fiquei hospedada na casa de uma aluna do curso. Ali pude conhecer as dificuldades que essa aluna encontra na caminhada rumo ao diploma de professora Licenciada, por isso as impressões que guardo daquele lugar procuro passá-las para os docentes da Universidade, a fim de criar subsídios para que a construção do currículo seja voltada, ainda mais, para o povo do Campo. (Relato de Jucélia Marize Pio)

O *Guia do Tempo Comunidade* contém planos de aula, elaborados por cada professor, contendo os assuntos abordados no Tempo Escola e os temas que devem ser estudados no Tempo Comunidade. De posse do *Guia*, o estudante elabora os trabalhos do Tempo Comunidade. Enquanto o *Guia* se destina ao Tempo Comunidade, os *trabalhos* retornam para a escola. Há sempre um tempo para apresentação e discussão dos *trabalhos*. Estes também são analisados e avaliados pelos professores. Enfim, a dinâmica é tecida por meio de instrumentos que mobilizam e organizam a ação de cada estudante.

Não há como analisar o *Guia* e os *Trabalhos* separadamente. Fazem parte de um mesmo contexto. Nesse sentido, *Guia* e *Trabalhos do Tempo Comunidade* constituem uma díade. Em geral, os *trabalhos* trazem as sínteses dos estudos dos textos e também os resultados das observações, entrevistas e intervenções feitas na realidade. Na categoria de *Trabalhos do Tempo Comunidade* incluem-se o Relatório de Estágio e a Monografia. Em cada *trabalho*, temos a possibilidade de vivenciar a presença da terra como matriz formadora, os elementos da identidade cultural, os valores e as crenças, as práticas de produção, entre outras. Teoria e prática concretizam-se no *Guia* e nos *Trabalhos*. A escola se constitui como lugar da prática/teoria e comunidade como lugar da teoria/prática.

O Guia nasceu com o propósito de ser uma mediação, um instrumento para orientar e organizar as atividades. Ao longo do tempo vem ganhando novos contornos, novos rumos. O uso do ambiente de aprendizagem virtual constitui-se como uma situação nova nas turmas e consequentemente aponta para a organização da alternância. Até o momento percebe-se que facilita o contato cotidiano, em alguns casos em tempo real, bem como o uso de diferentes ferramentas como fotos e vídeos. Não sabemos ainda do impacto dessa forma de comunicação para o diálogo entre escola/comunidade, entre teoria/prática.

A foto a seguir ilustra a escola como lugar da prática. Mostra um grupo de estudantes da Turma Dom Mauro (ingressantes em 2008) em visita ao Horto Florestal da Universidade. Ali conhecem novas possibilidades de cultivo, de cuidar da terra, de aprender e ensinar a produção da vida de forma sustentável.

Trabalho de Campo da Turma Dom José Mauro/ Habilitação em
Ciências da Vida da Natureza - Acervo EduCampo/FaE/UFMG - 2009

Possibilidades e desafios da alternância na Educação do Campo

A construção da alternância está alicerçada em experiências diferenciadas, mas que estão conectadas pela necessidade de promover a escolarização das crianças, jovens e adultos que residem no campo em todos os níveis de ensino. O acúmulo de nossa experiência permite-nos a sistematização de algumas características em diálogo com o que já conseguimos conhecer de outras práticas, notadamente nos projetos de formação de professores.

- *A organização dos tempos/espaços é diferenciada conforme a natureza do projeto.*

Vale ressaltar que a diversidade com relação ao formato da distribuição das horas guarda relação com a distância da universidade ao local de moradia dos alunos, a dispersão em termos geográficos dos locais de residência dos educandos, a disponibilidade dos educadores e a negociação do espaço nas universidades. Existem projetos em que a alternância concretiza-se por uma intensificação de carga horária no Tempo Escola. Em alguns, todo o tempo previsto na legislação é realizado no Tempo Escola. Nesses, o Tempo Comunidade constitui-se como espaço para realização de atividades escolares, como observação, descrição e análise da realidade.

- *O Tempo Escola, via de regra, ocorre nos meses de férias escolares no sistema público de ensino.*

Existe uma tensão nessa forma de organização quando o curso se torna uma oferta regular. Isto porque, como oferta experimental e/ou piloto, a maioria das experiências são consideradas como extensão ou prestação de serviço. Não é, portanto, considerada na carga horária letiva do professor. Ao ser ofertado nas férias, cria impedimentos para a participação de docentes, bem como para a integração com os discentes dos outros cursos da universidade.

- *Há intencionalidade em todos os projetos em garantir o desenvolvimento de atividades relativas à observação, descrição e análise da realidade, isto é, garantir a pesquisa como eixo estruturante da alternância entre escola e comunidade.*

Está presente a compreensão de que ao redimensionar o espaço/tempo da sala de aula, considerando a dimensão educativa de outros espaços de convivência, afirma-se um processo de formação humana.

A organização da dinâmica escolar na alternância Tempo Comunidade/Tempo Escola interroga todas as práticas e elementos que compõem a ação pedagógica na escola, cuja ação se concentra no modelo do encontro diário entre professores e alunos. Como estratégia, a alternância, como proposta metodológica, permite que as práticas educativas ultrapassem "[...] os muros da escola e de seus ritos, para considerar de outra maneira os conhecimentos..." (FONSECA e MEDEIROs, 2006: 115). Ou seja, pode configurar na organização curricular da Educação do Campo uma articulação e um diálogo entre teoria e prática entre Tempo Escola e Tempo Comunidade. Por isso, exige um novo olhar, um novo fazer, uma nova forma de compreender a organização dos conteúdos, do trabalho do educando e do educador, de produzir e utilizar os materiais pedagógicos, de proceder a avaliação, enfim, aponta para uma outra concepção do que seja ensinar e aprender.

Um dos desafios do estudante em Tempo Comunidade é o trabalho com o coletivo da comunidade. Diferente do Tempo Escola, em que o coletivo é formado por outros estudantes e pelos professores, nesse Tempo o estudante encontra um grande desafio que coloca à prova os conteúdos apreendidos, em que tem de relacionar diferentes saberes.

- *O projeto pedagógico dos cursos considera que o Tempo Escola e o Tempo Comunidade são processos contínuos de ensino e aprendizagem. A experiência vem exigindo uma reelaboração do formato do que se ensina, como se ensina, da avaliação e da relação educadores e educandos.*

Os conteúdos trabalhados englobam os conhecimentos cientificamente produzidos e acumulados em estreita relação com o conhecimento empírico, fruto dos saberes da tradição e da realidade na qual está inserido o estudante. De modo que a alternância promove os Tempos Comunidade – Escola, como forma de associar os processos de aprendizagem tanto para a aquisição/construção de conhecimentos/saberes necessários à vida cotidiana quanto para a qualificação da formação profissional. Sua realização possibilita a relação teoria–realidade por meio da reflexão e da atividade empírica, condição essencial para a construção do conhecimento. Trata-se de uma práxis educativa. Considera-se, portanto, que essa forma de organização do processo educativo por alternância é a que melhor se aproxima de uma educação no/do campo, por ser esta a que qualifica no movimento da prática educativa os diferentes sujeitos (educandos, educadores, mediadores) e práticas do campo.

- *As atividades do TC não são uma sequência de exercícios para o educando fazer sozinho (à distância). O roteiro de trabalho a ser desenvolvido no TC exige uma conexão planejada que faça a interação entre o TE – TC – TE1 – TC1 – TE2 – TC2 etc, na compreensão da indissociabilidade das relações teoria–prática–ciência–política. Diferencia-se, assim, de uma perspectiva de ensino presencial / ensino a distância, pois não se refere apenas ao fato do educando estar ou não na sala de aula. O TC explicita a territorialidade da sala de aula, em que o educando está efetivamente presente "na sua comunidade", na sua realidade, confrontando-a com a teoria trabalhada na sala de aula.*

- *As equipes pedagógicas investem na construção de mediadores que permitem efetivar e garantir a continuidade do processo, por meio de ferramentas que potencializam a interatividade e a cooperação entre professores e alunos em uma comunidade de aprendizagem.*

A produção de material para atender às demandas de formação requer pensar um formato de materiais impressos que atenda à especificidade, articulando com os textos acadêmicos. Introduzir os recursos multimídia, garantindo o acesso das populações do campo ao sinal de satélite garantiria o uso dos recursos da *web* (ambiente *on-line*, teleconferências, pesquisa, *chat*, fóruns, dentre outras).

Os Ceffas vêm produzindo ferramentas pedagógicas específicas para o ensino por alternância: o Plano de Estudos, Caderno da Realidade, Visita às Famílias, Fichas Pedagógicas, entre outras. Nas experiências do Pronera, o Caderno de Campo, o Guia de Estudos. Na experiência da LEdoC/FaE/UFMG, o uso do *Guia do Tempo Comunidade* e dos *Trabalhos do Tempo Comunidade*.

Com relação ao material impresso, vale ressaltar que alguns projetos investem na produção de material próprio. Mais recentemente amplia-se a utilização da *web* por meios dos e-grupos, contatos por e-mails, ambientes on-line com fóruns e chats. A biblioteca virtual operacionalizada por CD e DVD, utilização de vídeos e estações de rádio já se constitui como realidade em vários projetos.

Mas, sem sombra de dúvida, a principal mediação do Orientador de Aprendizagem é um desafio para os processos formativos por alternância. Como alguém que liga, que faz a ponte, entre o Tempo Escola e o Tempo Comunidade, o Orientador assume especial relevância. A flexibilidade para construir elos entre a Universidade e a Comunidade é talvez o maior desafio. Em vários projetos, o orientador está vinculado aos movimentos sociais. Em outros, está vinculado à universidade.

Dada a natureza da população assentada e dos camponeses em geral, a alternância foi criada ao mesmo tempo como uma estratégia e uma necessidade pedagógica. A partir de uma concepção dialética de educação, estratégia e necessidade foram transformadas em uma metodologia, que, na prática, interage dois tempos fundamentais do processo de construção do conhecimento: o Tempo Comunidade (TC) com o Tempo Escola (TE).

Realidades, ciências, políticas, compreensão e transformação/conservação são indissociáveis. De modo que a alternância promove os Tempos Comunidade-Escola, como forma de associar os processos de aprendizagem para a qualificação da formação profissional. Sua realização possibilita a relação teoria – realidade por meio da reflexão e da atividade empírica, condição essencial para a construção do conhecimento. Trata-se de uma práxis educativa, o que significa o estabelecimento obrigatório de relações de mútua fecundação entre dois tempos primordiais da aprendizagem humana.

Ressalte-se que o processo de aprendizagem humana não obedece tais separações, principalmente quando se tem o trabalho/construção da existência humana como o princípio educativo. Essa separação, pois, é apenas e tão somente um recurso didático-pedagógico de que se lança mão para melhor organizar a "aprendizagem formal" dos educandos que acorrem ao auxílio de uma escola. Trata-se de um recurso de organização escolar em que no Tempo Escola reserva-se mais tempo para reflexão no coletivo, didaticamente organizada, para exercitar as mediações teóricas, inclusive com a presença física mais efetiva de orientadores.

No Tempo Escola, os educandos formam um coletivo, muitas vezes oriundo de diferentes comunidades, que, ao trazer questões, reflexões, problematizações das suas localidades específicas, ampliam o processo de reflexão sobre as realidades do campo, confrontando as múltiplas situações que as compõem.

No Tempo Comunidade, cada educando, individualmente, ou em pequenos grupos, deve reafirmar seu envolvimento com sua comunidade, desenvolvendo nela as atividades de pesquisa, reflexão, problematização e, em alguns casos, intervenção. Dessa forma, cria-se um novo coletivo de ação (educando – comunidade), que permite, inclusive, a participação indireta do conjunto da comunidade no processo educativo, reforçando a relação escola-comunidade.

Para continuar a conversa...

Existem discussões sobre a abrangência da aplicação da alternância nas escolas do campo em relação aos níveis de ensino. Tem sido consenso que a Educação Infantil, 1º segmento do Ensino Fundamental e a Alfabetização de Jovens e Adultos devem ser realizados como atividades escolares sem alternância, isto é, com períodos diários na escola. O 2º segmento do Ensino Fundamental, o Ensinos Médio e Superior podem ser realizados em alternância.

Não há ainda uma discussão mais sistematizada, mas já emergem debates, nos quais se veicula a ideia de que mesmo com a escola situada próximo à residência do educando, ela deveria se constituir no princípio da alternância, isto é, com tempo para pesquisas e intervenções em sua comunidade. Nessa perspectiva, o sentido de espaço educativo amplia-se para além da sala de aula, contribuindo assim para resignificar as distâncias construídas entre saber formal e informal, saber do senso-comum e saber científico, saberes práticos e teóricos.

A organização do estágio é, sem dúvida, um dos desafios para os cursos de formação de professores. Mas é possível estabelecer parâmetros para ele a partir da alternância. O princípio do estágio é garantir ao educando a possibilidade de vivenciar uma experiência profissional no espaço onde irá atuar. O educando do curso em alternância tem como tarefa localizar e definir as possibilidades de estágio nos locais onde reside e trabalha. Uma situação concreta que estamos vivenciando diz respeito ao estágio dos educandos dos cursos de Licenciatura. A maioria dos educandos não encontra escolas de 2º segmento do Ensino Fundamental e de Ensino Médio no campo. Para tanto, só existem dois caminhos: localizar um estabelecimento escolar mais próximo, que atenda aos alunos de sua comunidade, para atender ao imediato da exigência de formação, ou organizar estratégias para lutar por escolas no lugar onde estão as crianças, jovens e adultos de sua comunidade, para que os futuros educandos tenham onde realizar o estágio sem precisar se deslocar para a cidade.

Além disso, é necessário construir uma prática que potencialize a autonomia dos discentes na prática de estudo e pesquisa que venha dialogar com os tempos e espaços do curso organizado por alternância. O desenvolvimento de uma prática de ensino nas diferentes áreas em que estão organizadas as licenciaturas constitui outro aspecto ou dimensão do desafio representado pela Educação do Campo. É importante lembrar que é preciso enfrentar essa forma de organização curricular como desafio que deve ser superado por meio de uma prática que venha reforçar, por exemplo, como o Tempo Comunidade possibilita e pode desencadear procedimentos reflexivos sobre a prática educativa no movimento de uma ação–reflexão–ação.

Referências

ANTUNES-ROCHA, M. I. Desafios e perspectivas na formação de educadores: Reflexões a partir do curso de Licenciatura em Educação do Campo desenvolvido na FaE/UFMG. *In* SOARES, Leôncio *et alii*. *Convergências e tensões no campo da formação e do trabalho docente:* Educação do Campo. Belo Horizonte: Autêntica, 2010 (p 389–406).

DINIZ, L. S. *et all*. Reflexões sobre o papel da monitoria no curso de Licenciatura em Educação do Campo – Turma 2005. *In* ANTUNES-ROCHA, M. I. e MARTINS, A. A. (Orgs). *Educação do Campo:* desafios para a formação de professores. Belo Horizonte: Autêntica, 2009, p.177–191

FONSECA, A. F. e MEDEIROS, M. O. Currículo em alternância: uma nova perspectiva para a educação. *In* QUEIROZ, J. B. P.; SILVA, V. C.; PACHECO, Z. *Pedagogia da Alternância: construindo a Educação do Campo*. Goiânia: Ed. da UCG; Brasília, Ed. Universa, 2006.

Parecer CNE/CEB nº 1/2006, aprovado em 1º de fevereiro de 2006 Considera como dias letivos o calendário escolar da Pedagogia de Alternância aplicado nos Centros Familiares de Formação por Alternância (CEFFA).

Lei de Diretrizes e Bases da Educação Nacional – Lei nº 9.394, de 20 de dezembro de 1996.

QUEIROZ, J. B. *Construção das Escolas Famílias Agrícolas no Brasil: Ensino Médio e Educação Profissional*. (Tese de Doutorado). UnB, 2004.

SADER, E. *Quando novos personagens entram em cena*: experiências, falas e lutas dos trabalhadores da Grande São Paulo, 1970/1980. 2ª edição. Rio de Janeiro: Paz e Terra, 1988.

Capítulo 11
Licenciatura em Educação do Campo: Integração das disciplinas Pesquisa e Prática Pedagógica II, Estágio Curricular e Programa de Bolsa de incentivo à Docência

Celi Zulke Taffarel
Carlos Roberto Colavolpe
Edílson Fortuna de Moradillo[1]

Um projeto histórico aponta para a especificação de um determinado tipo de sociedade que se quer construir, evidencia formas para chegar a esse tipo de sociedade e, ao mesmo tempo, faz uma análise crítica do momento histórico presente. Os partidos políticos (embrionários ou não) são os articuladores dos projetos históricos.
A explicitação de como articulamos essas três instâncias parece ser essencial à própria pesquisa pedagógica. A necessidade de um projeto histórico claro não é um capricho. É que os projetos históricos afetam nossa prática política e de pesquisa, afetam a geração dos próprios problemas a serem pesquisados.
(Luiz Carlos de Freitas, 1995. 142)

O presente texto apresenta elementos sobre a articulação entre as disciplinas de Pesquisa e Prática Pedagógica, Estágio Curricular e o Programa de Bolsa de Incentivo à Docência (Pibid). Busca relacionar e estabelecer nexos entre o trabalho pedagógico e a luta mais geral de superação do modo do capital organizar a vida (MÉZSÁROS, 2005), teoria do conhecimento, teoria educacional, teoria pedagógica e projeto histórico.

O ponto de partida é a conjuntura real, concreta que demonstra a crise estrutural do capital, que é permanente e que se aprofunda cada vez mais, e o embate de projetos para a formação dos trabalhadores, expressos nas tendências da educação e da pedagogia nas séries finais do Ensino Fundamental e no Ensino Médio. É, também, a especificidade do trabalho pedagógico, na formação

---

[1] Celi Zulke Taffarel, Professora Doutora da Faced/UFBA, Coordenadora Geral do curso de Licenciatura em Educação do Campo. Carlos Roberto Colavolpe, professor doutor Faced/UFBA, Coordenador do Pibid – Educação do Campo. Edílson Fortuna de Moradillo, Professor Doutor do Instituto de Química/UFBA, coordenador de Estágio Curricular do curso Licenciatura em Educação do Campo.

acadêmica e na escola, baseado na pesquisa, desenvolvido no Estágio Curricular e nas inovações pedagógicas propostas no Pibid.

O ponto de chegada é a formação de professores para a Educação do Campo, no curso de Licenciatura em Educação do Campo (LEdoC), para responder aos desafios da escola pública, em especial nas classes de 6ª. a 9ª. séries do Ensino Fundamental e no Ensino Médio.

O desafio do trabalho pedagógico do professor nas escolas, na formação dos trabalhadores será vivenciado nessa fase da formação em experiências concretas, articuladas no curso pelos componentes curriculares Pesquisa e Trabalho Pedagógico II, Estágio e Pibid.

Apresentaremos, especificamente, um plano de estudo estruturado na proposta do Sistema de Complexos (PISTRAK, 2000)[2], articulando a pesquisa, a prática do ensino, o estágio e o Pibid. Para introduzir o trabalho que integra agora a Pesquisa e Prática Pedagógica II, o Estágio e o Pibid, com carga horária dividida no Tempo Escola, presencial, e no Tempo Comunidade, desenvolvido nas escolas do campo, escolas de inserção dos estudantes da Licenciatura, partimos da análise de conjuntura.

Análise de conjuntura

A análise de conjuntura permite-nos: relacionar historicamente os fatos e os acontecimentos, com a crise estrutural e conjuntural do capital; identificar o grau de desenvolvimento da luta de classes, luta esta que é econômica, ideológica e

---

[2] O Sistema de Complexos foi desenvolvido por Pistrak (2000), educador russo que defendia a Revolução Socialista e propunha a organização do trabalho pedagógico por meio de um sistema que garante uma compreensão da realidade atual de acordo com o método dialético pelo qual se estudariam os fenômenos ou temas articulados entre si e com nexos com a realidade mais geral, numa interdependência transformadora. O Complexo, segundo Pistrak, deveria estar embasado no plano social, permitindo aos estudantes, além da percepção crítica real, uma intervenção ativa na sociedade, com seus problemas, interesses, objetivos e ideais. Pistrak apresenta-nos o ensino pelo Sistema de Complexos pelo qual se estudam os fenômenos agrupados, enfatizando a interdependência transformadora, essência do método dialético. Isso o leva a enfatizar o princípio ativo e a aplicação do princípio da pesquisa ao trabalho escolar, condição para a transformação do conhecimento e concepções ativas. Pistrak concebe a escola do trabalho como um instrumento que capacite o homem a compreender seu papel na luta internacional contra o capitalismo, o espaço ocupado pela classe trabalhadora nessa luta e o papel de cada um, no seu espaço, para travar a luta contra as velhas estruturas. Caldart (In Pistrak, 2000, p.08) destaca que a maior contribuição de Pistrak foi ter compreendido que para transformar a escola, para colocá-la a serviço da transformação social, não basta alterar os conteúdos nela ensinados. "É preciso mudar o jeito da escola, suas práticas e sua estrutura de organização e funcionamento, tornando-a coerente com os novos objetivos de formação dos cidadãos, capazes de participar ativamente do processo de construção da nova sociedade". Na obra de Pistrak destacam-se três aspectos centrais que são objeto de discussão dos educadores: "as reflexões sobre a relação entre a escola e o trabalho; a proposta de auto-organização dos estudantes; e a proposta de organização do ensino através do Sistema de Complexos". O estudo de Complexos só tem sentido na medida em que eles representam uma série de elos numa corrente, conduzindo à compreensão da realidade atual para transformá-la (PISTRAK, 2000: p. 14).

política; definir estratégia e tática no processo de formação de professores para a Educação do Campo; definir estratégias e táticas, em especial, para o curso de Licenciatura em Educação do Campo e, em particular, para o trabalho integrado entre a disciplina Pesquisa e Prática Pedagógica II, Estágio Supervisionado e o Pibid. Vamos nos valer do livro do professor Luiz Carlos Freitas, *Crítica da Organização do Trabalho Pedagógico e da Didática* (1995, pp.114 a 142), para argumentar teoricamente a respeito do rumo dos estudos nos planos de estudos do Tempo Escola e do Tempo Comunidade dos estudantes do curso de Licenciatura em Educação do Campo da UFBA.

Os fatos demonstram que:

- Ao contrário do que alguns arautos do capitalismo apregoam, a luta de classes não acabou. Estamos vivendo um momento de acirramento da luta de classes, com a iniciativa e a ofensiva nas mãos das forças imperialistas, nas mãos da direita internacional. Evidências disso, na América Latina, são governos de direita assumindo o Estado, a exemplo do Chile, e os rumos conservadores da economia, a exemplo da Argentina e, a exemplo do Brasil, com sua ênfase nos consensos e nas políticas compensatórias de alívio à pobreza. Na Europa, os exemplos estão em todos os países, da Inglaterra a Grécia, com a aplicação dos ajustes na economia política, ajustando a estrutura capitalista para manter-se hegemônica, manter as taxas de lucro do capital, à custa da perda de direitos dos trabalhadores e da superexploração da mais-valia[3]. O "Estado de bem-estar social"[4] está em franca degeneração e decomposição. Exemplos são os ajustes violentos contra os trabalhadores e os serviços públicos – saúde, educação, assistência, previdência –, aplicados na Grécia, e a redução de salários (Espanha e Portugal), pagamento de taxas nas universidades (Alemanha) aumento dos anos para aposentadoria (Portugal, Espanha) e os ajustes nas políticas de Estado na Inglaterra, que também recaem na perda de benefícios dos trabalhadores.
- É nos períodos de crise que o capitalismo introduz modificações tendentes a garantir taxas de exploração mais adequadas aos seus objetivos. Nesses

---

[3] Mais-valia é um conceito chave da teoria marxista, que explica o que é o capital. Mais-valia é tudo que os trabalhadores produzem com seu trabalho e que é apropriado pelos que detêm os meios de produção, gerando lucros que não são repassados, divididos, socializados com os trabalhadores. Esta teoria está explicada na obra de Karl Marx, *O Capital*.

[4] Estado de bem-estar social é a designação atribuída às políticas públicas e de Estado, conquistadas pelos trabalhadores durante a Guerra Fria (guerra capitalista X socialismo, guerra econômica entre Leste Europeu X Ocidente), que retornam aos trabalhadores, em forma de garantia de direitos, aquilo que é gerado com o lucro dos trabalhadores e repassado ao Estado, que garante infraestrutura de produção, segurança, direitos à educação, à saúde, assistência, previdência, esporte, lazer, entre outros direitos constitucionais.

períodos, muda-se o papel do Estado, o papel da produção de tecnologia, o papel da educação e a composição da classe trabalhadora, com impactos significativos na luta política e ideológica (Freitas: 1995, p. 114).
- No plano das ideias, a ofensiva não é menor. Procura-se colocar como referência a própria "ausência de referência", caracterizando-se a incerteza como única verdade e fazendo-se uma assepsia das relações sociais presentes na prática social (Freitas: p. 116).
- A ofensiva da "nova direita" visa desmobilizar várias esferas. Destacamos aqui duas: quebrar a resistência dos trabalhadores no seio da produção e introduzir um novo padrão de exploração; desmobilizar o debate político e ideológico no plano das ideias – em especial no seio da intelectualidade. Os intelectuais silenciam e os organismos da classe paralisam suas forças (Freitas: p. 117).
- A ofensiva, por um lado, é produto das lutas entre os próprios capitalistas, e, por outro, é, fundamentalmente, uma resposta do capital à pressão exercida pelas lutas dos trabalhadores (Freitas: 1995, p. 121). A luta pelo atendimento de suas reivindicações. O exemplo da luta dos aposentados no Brasil e o reajuste conquistado são emblemáticos, vez que, ao conceder um pífio reajuste de 7%, é esquecida a tirania do fator previdenciário, que vem prejudicando enormemente a classe trabalhadora porque reduz o piso do valor da aposentadoria.
- O denominado pós-moderno ou a contemporaneidade, que significa a decomposição e degeneração acelerada do capitalismo, não é uma forma de superação do moderno, mas o aprofundamento, sob outras bases, das formas de exploração do homem pelo homem, exploração da natureza e sua paulatina e rápida destruição (Freitas: 1995, p. 123).
- Não há nada de novo na "contemporaneidade" ou na "pós-modernidade", exceto a forma de exploração e suas consequências "culturais". A essência é a mesma do que foi exaustivamente explicado por Marx e Engels em suas obras.
- Retirando as referências e criando um clima de incerteza, o capital tenta passar a "contemporaneidade", ou a "pós-modernidade", como se representasse uma ruptura com o passado, quando o que temos é o velho capitalismo de antes, agora na versão da terceira revolução industrial em curso (FREITAS: 1995, p.124).
- No campo, o atual embate econômico, político e ideológico pode ser constatado no seguinte embate: agronegócio *versus* Reforma Agrária[5]. Terras improdutivas e devolutas que deveriam ser empregadas para a reforma agrária agora são disputadas pelo agro-hidronegócio, que tem sua raiz na

---

[5] http://www4.fct.unesp.br/nera/publicacoes/AgronegocioeReformaAgrariA_Bernardo.pdf
Bernardo Mançano em seu texto debate os conceitos de campo – o campo do agronegócio e o campo da agricultura familiar.

concentração, na exploração e na exclusão, pela intensificação da produção do mais lucrativo. Desconsidera-se a função social da terra e não se utiliza a desapropriação para fins da Reforma Agrária. Outro indicador é a atual disputa política no Parlamento pela alteração dos índices de produtividade da terra[6]; pela disputa na alteração do Código Florestal Brasileiro, que poderá vir a anistiar até R$ 10 bilhões em multas a desmatadoras, além de diminuir a área de proteção ambiental. A Contag retirou seu apoio à proposta em elaboração pelo deputado Aldo Rabelo porque o conceito de agricultura familiar não está contemplado no anteprojeto de alteração da lei do Código Ambiental[7]. Outro dado são os R$ 100 bilhões destinados à produção agrícola, principalmente aos grandes produtores em latifúndios. Outro dado é a criminalização dos movimentos sociais[8] e a perseguição aos lutadores do povo, aos lutadores da terra, aos trabalhadores rurais, praticados pelos agentes do Estado, conforme apontam os dados da Comissão Pastoral da Terra (CPT), em matéria publicada no jornal *Brasil de Fato*, ano 8, nº 372, 15 a 21 de abril de 2010. Outra luta visível é o exemplo do uso de agrotóxicos no Brasil. Somos os maiores consumidores de veneno do planeta. As leis aprovadas, como a lei nº. 7.802, de 1989, o decreto n º. 4074, de 2002, que dizem expressamente a quem cabe fiscalizar os ingredientes ativos sobre os quais há suspeita de risco para a saúde humana, de uso na agricultura, na farmacologia, na agroindústria, nunca foram plenamente cumpridas. Somente em 2009, em um período de transição no controle e na regulamentação do uso de agrotóxicos, observam-se algumas iniciativas por parte da Agência Nacional de Vigilância Sanitária (Anvisa),

---

[6] O índice de Produtividade da Terra serve de parâmetro para classificar uma propriedade como produtiva ou improdutiva. Segundo a Central Única dos Trabalhadores (CUT), a atualização nada mais é do que a revisão de índices defasados há 29 anos. Ver http://www.cut.org.br/content/view/16530/170/ Segundo a proposta do Ministério do Desenvolvimento Agrário (MDA), os índices – que servem de parâmetro para classificar uma propriedade como produtiva ou improdutiva – serão atualizados com base na Produção Agrícola Municipal (PAM), feita pelo Instituto Brasileiro de Geografia e Estatística (IBGE), por microrregião geográfica. Isso significa que haverá uma análise caso a caso das propriedades para definir o nível de produtividade. Os atuais índices foram fixados em 1980, com base no Censo Agropecuário de 1975 – época em que a agricultura não tinha a mecanização nem a tecnologia atuais, que elevaram e muito a produtividade. A atualização vai levar em conta a média de produtividade dessas microrregiões entre 1996 e 2007. Dados do estudo "Fontes e Crescimento da Agricultura Brasileira" mostram que, de 1975 a 2008, a taxa de crescimento do produto agropecuário foi de 3,68% ao ano, o que dá suporte à atualização dos índices. No período de 2000 a 2008, o crescimento anual foi de 5,59%. A pesquisa foi divulgada em julho de 2009 pelo Ministério da Agricultura.

[7] *Folha de S. Paulo*, 08 de julho de 2010, A 14 Ciência.

[8] Ver mais In: http://www.reformaagraria.blog.br/2010/04/13/mst-denuncia-mais-uma-tentativa-de-criminalizacao-de-katia-abreu/.

neste sentido, sob os protestos da bancada ruralista. Linhas de produção da Basf, Bayer, Syngenta, que são as maiores fabricantes do mundo, são interditadas, mas isso incomoda o agronegócio. São dez grandes empresas que detêm 80% do mercado[9]. Outro exemplo da ferrenha guerra entre os proprietários dos meios de produção e os trabalhadores do campo é a gigantesca corrida pela terra por parte de bilionários, megacorporações, empresas internacionais do agronegócio, bancos de investimentos, fundos hedge, comerciantes de *commodities,* que, com subsídios do Estado, prevendo a escassez ou até a falta de alimentos e água no planeta, compram as terras mais baratas do mundo. Pelo menos vinte países africanos estão vendendo ou arrendando terras para cultivo intensificado em escalas chocantes. Um exemplo é a Etiópia, um dos países mais famintos do mundo, com mais de 13 milhões de pessoas necessitando de ajuda alimentar, e, paradoxalmente, o governo está oferecendo 7,5 milhões de hectares para os países ricos. Pesquisas apontam "a fome fabricada", a "sede fabricada" pela concentração de terra, pela monocultura, pela superexploração da força de trabalho desses países[10].

- A degradação de nossas vidas passa por dimensões não muito visíveis, como o veneno que ingerimos diariamente nos alimentos, como, por exemplo, na destruição de nações. A Grécia é agora a "bola da vez". Vem de um longo período de recessão e crise política, crise esta que a classe trabalhadora deve pagar com a retirada de direitos. Mas os trabalhadores não estão dispostos a pagar pela crise e já ocorreram na Grécia duas grandes greves gerais, violentamente reprimidas pelo aparato militar.
- No quadro de permanente crise do capitalismo, assediado pelos trabalhadores ao longo da História, as contradições afloram em outros níveis e preparam novas crises (FREITAS: 1995, p. 124).
- O padrão predominante de exploração da classe trabalhadora brasileira está baseado na fragmentação do trabalho, associada à rotatividade do trabalhador. Nesse modelo de exploração, a educação do trabalhador não tem papel central. Trata-se de treiná-lo rapidamente, dentro da empresa, para executar tarefas repetitivas durante algum tempo (um ano ou dois), após o qual ele é mandado embora para que se contrate outro por um salário menor. Esse padrão predatório da força de trabalho não requer maior preparação do trabalhador (FREITAS: p. 125). No campo, a tática é manter o trabalhador na ignorância, longe do

---

[9] Ver mais a respeito In: *Le Monde Diplomatique.* Brasil, ano 3, n º. 33.

[10] Ver mais a respeito In: *Brasil de Fato*, ano 8, nº 368, 18 a 24 março de 2010.

acesso das políticas públicas, mesmo as compensatórias de alívio à pobreza, assistencialistas.
- O Brasil sofre hoje as consequências dessa política mais geral do capital de subsumir o trabalho – exploração da mais-valia absoluta e relativa –, que se expressa em políticas educacionais de baixo investimento público.
- As consequências sociais são o embotamento no desenvolvimento humano, a "mão de obra desqualificada" e ou "na falta de mão de obra" e o estrangulamento no acesso à universidade. Os dados demonstram que os trabalhadores do campo e da cidade permanecem respectivamente 3,5 e 7,6 anos na escola, aproximadamente, segundo dados do MEC. Estudos recentes evidenciam, ainda, que a média dos estudantes das escolas do campo é 18% menor em matemática e 6% menor em língua portuguesa do que estudantes de escolas da cidade – http://www.clicrbs.com.br/especial/rs/portal-social/19,0,2911445, As-diferencas-da-educacao-nas-areas-urbana-e-rural.html.
- Quanto ao Índice de Desenvolvimento da Educação Básica (IDEB)[11], que avalia o desempenho do estudante, com a referência de 0 a 10, os dados do Censo Escolar 2009 revelam que são 31.705.528 matrículas no Ensino Fundamental e 8.337.160 no Ensino Médio no Brasil. Os dados demonstram ainda que ocorreu crescimento nas médias no Ensino Fundamental e que o Ensino Médio se mantém estagnado. A média nacional é de 3,6[12]. A respeito do Ensino

---

[11] Segundo o sítio do INEP, o IDEB foi criado em 2007, em uma escala de zero a dez. Sintetiza dois conceitos igualmente importantes para a qualidade da educação: aprovação e média de desempenho dos estudantes em língua portuguesa e matemática. O indicador é calculado a partir dos dados sobre aprovação escolar, obtidos no Censo Escolar, e médias de desempenho nas avaliações do Inep, o Saeb e a Prova Brasil. A série histórica de resultados do Ideb inicia-se em 2005, a partir do estabelecimento de metas bienais de qualidade a serem atingidas não apenas pelo país, mas também por escolas, municípios e unidades da Federação. A lógica é a de que cada instância evolua de forma a contribuir, em conjunto, para que o Brasil atinja o patamar educacional da média dos países da OCDE. Em termos numéricos, isso significa progredir da média nacional 3,8, registrada em 2005, na primeira fase do Ensino Fundamental, para um Ideb igual a 6,0 em 2022, ano do bicentenário da Independência. http://www.inep.gov.br/imprensa/noticias/ideb/news10_01.htm.

[12] Ver mais no sítio do Ministério da Educação e do Instituto Nacional de Estudos e Pesquisas Educacionais Anísio Teixeira (Inep). Foi divulgado no dia 1º de julho o resultado nacional do Índice de Desenvolvimento da Educação Básica – Ideb 2009 que mostra uma evolução na qualidade da educação em todos os níveis de ensino – primeira e segunda etapas do Ensino Fundamental e ensino médio. As metas de progressão estabelecidas foram superadas. Segundo o INEP "Na primeira fase do Ensino Fundamental, o Ideb passou de 4,2 para 4,6, superando a meta prevista para 2009 e atingindo antecipadamente a de 2011. A análise do crescimento nesse nível mostra que o aumento de notas dos estudantes nas provas responde por 71,1% do acréscimo no Ideb. O percentual de 28,9% da evolução deu-se em razão da melhora nas taxas de aprovação escolar." Ainda segundo o INEP "Nos anos finais do Ensino Fundamental, o Ideb do País evoluiu de 3,8 para 4,0, superando a meta para 2009 e também ultrapassando a de 2011, que é de 3,9. O aumento nas notas que os estudantes obtiveram na Prova Brasil explica 64% desse crescimento, enquanto os outros 36% são decorrentes da melhora nas

Médio, a pesquisadora Wanda Engel, da PUC-RJ, alerta[13] que "a sociedade brasileira parece não ter-se dado conta da verdadeira crise de audiência que vem afetando o Ensino Médio". Trata-se de uma verdadeira bomba relógio. O Ensino Médio não está formando para a emancipação humana, para a profissionalização, para a universidade e para o desenvolvimento científico e tecnológico do país. Somente 16% da população economicamente ativa chegam ao Ensino Médio. Na faixa etária de 18 a 24 anos, são 68% fora do Ensino Médio. Cerca de 90% dos que frequentam o Ensino Médio estão sendo preparados para a universidade, aonde não chegarão, visto que somente 10% conseguem entrar e destes a maioria entra nas universidades privadas com baixos índices de desempenho escolar. Quanto às metas para os próximos dez anos, constatamos que estamos longe de atingi-las. Eunice Durham[14] afirma: "Continuamos muito atrasados em relação a outros países". Segundo o ministro Fernando Haddad (jornal *O Estado de S. Paulo,* 2 de julho, página A19) a "recessão educacional" que o país viveu na era de Fernando Henrique Cardoso exige o estabelecimento de metas a serem atingidas até 2011 e que os índices de melhora são consistentes e que chegaremos a patamares razoáveis em dez anos. Segundo Haddad, o desempenho baixo no Ensino Médio já era esperado, visto que hoje estão no Ensino Médio os que em 2001 estavam no Ensino Fundamental e demonstravam baixo desempenho, que não foi recuperado o suficienete nos anos seguintes. Ainda quanto ao IDEB, os dados revelam que, em Salvador, estamos situados entre os de mais baixo índice de desempenho e que, apesar de evoluirmos, estamos entre os Estados de pior desempenho no Brasil. Para exemplificarmos – Salvador: 1ª. a 4ª. séries em 2005 = 2,8; em 2007 = 3,5; em 2009 = 3,2 (projetadas). De 5ª. a 8ª. séries em 2005 = 2,5; em 2007 = 2,7; em 2009 = 2,5 (projetadas). No que diz respeito à política educacional para enfrentarmos os enormes desafios da educação nacional e avançarmos rumo a metas que pretendam colocar o Brasil entre os países de boa educação, consta o Plano Nacional de Educação – com suas diretrizes e estratégias de ação[15] tramitando no Parlamento, o que exigirá mobilização nacional para que prevaleçam as reivindicações encaminhadas

---

taxas de aprovação. No caso do ensino médio, o Ideb do Brasil avançou de 3,5 para 3,6, superando a meta nacional de 2009.

[13] *Folha de S. Paulo,* 29 de junho de 2010, p. 3.
[14] Em entrevista ao jornal *O Estado de S. Paulo,* 2 de julho, p. A19.
[15] http://www.inclusive.org.br/?p=15653.

na Conferência Nacional de Educação (CONAE 2010)[16]. Outro ponto de enfrentamento na política educacional que está na pauta é o Exame Nacional de Ingresso na Carreira Docente, que vem sendo severamente criticado pelas entidades do campo da educação e já mereceu de nossa congregação uma moção de apoio pela sua rejeição.

- O capital procurará equacionar a contradição educar/explorar, tentando controlar mais diretamente o aparelho educacional e impondo seu projeto político (Freitas: 1995, p. 128). Este projeto político do capital de desqualificar a classe trabalhadora em seu processo de escolarização, no processo de formação acadêmica é visível, por exemplo, na falta dos 350 mil professores do Brasil, e, em especial na Bahia, na falta dos 80 mil professores para atender à Rede de Ensino. É visível também na divisão, já na formação, entre os professores que atuarão no sistema formal e no sistema "não formal" da educação, ou seja, dentro e fora da escola.
- Estes movimentos contraditórios, de luta, disputa, confronto e conflito, ainda se fazem sentir fortemente no Brasil. O professor Luiz Carlos de Freitas menciona em seu livro, "um relatório, preparado por um grupo de educadores que examinou as relações entre a educação fundamental e as novas exigências de competitividade industrial". A proposta desses educadores sugere que "para que o Brasil se viabilize como Nação qualificada para participar da competição internacional" é preciso que estabeleçam metas a serem atingidas nos próximos vinte anos e que pelo menos 90% da população estudantil concluam o ensino de primeiro grau – Ensino Fundamental e, pelo menos 60% concluam o segundo grau – Ensino Médio. Segundo os autores, "nenhum país do mundo conseguiu resolver de maneira cabal, permanentemente e definitiva os problemas da educação". E concluem os estudiosos que: "A educação é algo que só se resolve

---

[16] O documento final da Conferência Nacional de Educação indica concepções, proposições e potencialidades para as políticas nacionais de educação, bem como a sinalização de perspectivas direcionadas à garantia de educação de qualidade para todos/as. É um marco para a construção de um novo Plano Nacional de Educação com ampla participação das sociedades civil e política. O processo poderá possibilitar, ainda, o aprofundamento da discussão sobre a responsabilidade educacional, envolvendo questões amplas e articuladas como gestão, financiamento, avaliação, formação e valorização profissional, em detrimento de uma concepção meramente fiscalizadora e punitiva sobre os/as educadores/as. O documento final, em coerência com o documento-referência para as conferências municipais, intermunicipais, estaduais, distrital e nacional e com o documento-base para a etapa nacional da Conae, mantém a estrutura dos seis eixos temáticos: I – Papel do Estado na Garantia do Direito à Educação de Qualidade: Organização e Regulação da Educação Nacional; II – Qualidade da Educação, Gestão Democrática e Avaliação; III – Democratização do Acesso, Permanência e Sucesso Escolar; IV – Formação e Valorização dos Trabalhadores em Educação; V – Financiamento da Educação e Controle Social; VI – Justiça Social, Educação e Trabalho: Inclusão, Diversidade e Igualdade.

no cotidiano, através do esforço dos alunos, da participação das famílias, da competência e dedicação dos professores, e da liderança da direção da escola". (FREITAS: 1995, p. 131). As iniciativas adotadas em termos da política educacional do país deixam bem evidentes a adoção dessas "soluções", por exemplo, na ênfase dada aos estudos e pesquisas com base no cotidiano, responsabilizando-se o aluno pelo seu fracasso ou sucesso, permanência ou exclusão do sistema; na responsabilização da família pelo sucesso ou fracasso escolar; na formação do professor voltada para as competências e no exame nacional para ingresso no magistério com base nessas competências, a serem compensadas no desempenho com incentivos salariais diferenciados, que aumentam a competitividade intraclasse de professores; na ênfase na gestão, administração e liderança da direção da escola, e aí a ênfase nos gestores, na Escola de Gestores. A tese que FREITAS (1995) encampa, com a qual temos acordo é que:

> ... o capitalismo deverá voltar seus interesses para a questão da preparação de um novo trabalhador mais adequado aos novos padrões de exploração, acirrando a contradição educar/explorar. É conhecido o medo que o capital tem de instruir demais o trabalhador. Ao mesmo tempo, a nova base tecnológica, para ser eficaz nos níveis esperados de competitividade internacional, necessita de um maior envolvimento do trabalhador nas tarefas de gestão e uma preparação mais adequada, via educação regular. (FREITAS, 1995, p. 126).

A TESE

Interesse da burguesia pela educação do trabalhador → Preparar um novo trabalhador

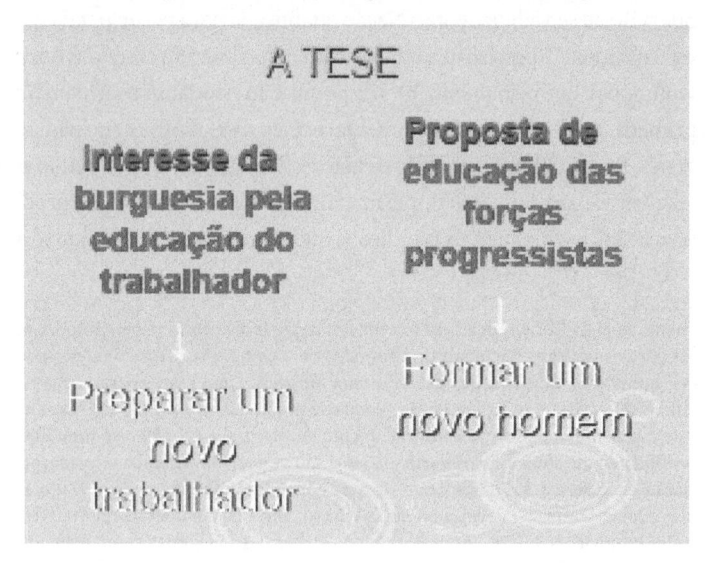

Proposta de educação das forças progressistas → Formar um novo homem

Figura elaborada a partir do livro do professor Luiz Carlos de Freitas (1995)

Ainda segundo Freitas (1995), com o interesse do capital pela educação, algumas consequências podem ser hipotetizadas:

a. o ensino básico e técnico vai estar na mira do capital pela sua importância na preparação do novo trabalhador;
b. a didática e as metodologias de ensino específicas (em especial alfabetização e matemática) vão ser objeto de avaliação sistemática com base nos seus resultados (aprovação que geram) (FREITAS, 1955, p. 127);
c. a "nova escola" que necessitará de uma "nova didática" será cobrada também por um "novo trabalhador";
d. tanto na didática como na formação do professor haverá uma ênfase muito grande no "operacional", nos "resultados", nas "competências" – a didática restringir-se-á, cada vez mais, ao estudo de métodos específicos para ensinar determinados conteúdos considerados prioritários, e a formação do professor poderá ser aligeirada do ponto de vista teórico, cedendo lugar à formação de um "prático". (FREITAS, 1995, p. 127). Evidências estão postas nas propostas curriculares e nos cursos a distância;
e. "os determinantes sociais da educação e o debate ideológico poderão vir a ser considerados secundários – uma 'perda de tempo' motivada por um excesso de politização da área educacional". (FREITAS, 1955, p.124).

O que constatamos pelos dados do próprio governo é que a escola cumpre seu papel social de continuar mantendo a divisão social do trabalho e em seu interior – não de forma mecânica, mas por mediações. Isso está expresso na organização do trabalho alienado em geral que, por sua vez, se expressa na organização do trabalho pedagógico alienado – social, intelectual e economicamente –, visível no ensino de mera transmissão de conteúdos. Separa-se assim a educação da vida e compromete-se a formação humana. Por antítese a essa situação, e para garantir o êxito, em outra perspectiva de formação, será necessário implementar planos específicos de estudos, articulados ao plano de estudo das áreas e do sistema em geral.

O contraponto, a antítese: para construção de nova síntese

Para dar o contraponto a tais concepções, dentro da conjuntura que vivemos atualmente, estamos atuando por antítese, planejando coletivamente o trabalho pedagógico nos módulos. Aqui, trata-se do quinto módulo do curso de Licenciatura em Educação do Campo. Nas reuniões ocorridas em 19/06/10, em 12/07/10 e em 16/07/10, com o coletivo do curso de Licenciatura, em especial as coordenações de áreas – foram previstos três níveis de planos pedagógicos, a saber: O Plano de Estudos do Curso, o Plano de Estudo do Coletivo Escolar, nas áreas, e o Plano de Estudo das Disciplinas, ou conjunto de disciplinas e programas, em nosso caso, as disciplinas Pesquisa e Trabalho Pedagógico, Estágio e Pibid. Essa iniciativa pretende contribuir, como hipótese de trabalho, para os debates sobre formação de professores em outras bases teóricas por dentro do Sistema Nacional de Formação de Professores do Brasil.

Partimos da concepção de formação humana enquanto necessidade ontológica de primeira ordem do ser humano, que se dá pelo intercâmbio do homem com a natureza para manutenção, produção e reprodução da vida. Formação que se dá por processos formativos próprios a cada formação econômica, o que é possível verificar desde as formações econômicas pré-capitalistas até a forma que adquirem as instâncias educacionais no modo do capital produzir a vida. Buscamos, portanto estabelecer nexos e relações entre os planos de estudos, os complexos de estudo e os objetivos a serem atingidos.

PLANO DE ESTUDO E COMPLEXOS DE ENSINO

(CONCEPÇÃO DE EDUCAÇÃO → OBJETIVOS E ÊXITOS)

PLANO DE ESTUDO / COMPLEXO DE ESTUDO

- TRABALHO (Método Geral)
- BASES DAS CIÊNCIAS E ARTES
- AUTO-DIREÇÃO E ORGANIZAÇÃO DA VIDA INDIVIDUAL E COLETIVA
- MÉTODOS DE ENSINO ESPECÍFICOS

MEIO EDUCATIVO: ambiente, condições, rede de agências formativas

Esta figura foi apresentada pelo professor Luiz Carlos de Freitas em exposição realizada na UEFS, em maio de 2010.

O que pretendemos é dar consequência prática e demonstrar a aderência ao real de tal proposição, nas condições pré-revolucionárias em que estamos vivendo. Esta tese das condições pré-revolucionárias advém das formulações de Trotsky (2010) e estão assim expressas no Programa de Transição.

> Sem vitória da revolução socialista no próximo período histórico, toda a civilização humana está ameaçada de ser conduzida a uma catástrofe. Tudo depende do

proletariado, ou seja, antes de mais nada, de sua vanguarda revolucionária. A crise histórica da humanidade reduz-se à crise da direção revolucionária.... A tarefa estratégica do próximo período – período pré-revolucionário de agitação, propaganda e organização – consiste em superar a contradição entre a maturidade das condições objetivas da revolução e a imaturidade do proletariado e de sua vanguarda (confusão e desencorajamento da velha geração, falta de experiência da nova). É necessário ajudar as massas, no processo de suas lutas cotidianas a encontrar a ponte entre suas reivindicações atuais e o programa da revolução socialista. Esta ponte deve consistir em um sistema de reivindicações transitórias que parta das atuais condições e consciência de largas camadas da classe operária e conduza, invariavelmente, a uma só e mesma conclusão: a conquista do poder pelo proletariado. (TROTSKY, 1938).

Portanto, o que se segue é um plano de estudo mais geral que estamos formulando, dia a dia, a partir dos estudos e da experiência concreta na implementação do curso de Licenciatura em Educação do Campo, articulado com um plano mais particular das áreas e projetos integrados, e os planos de estudos mais específicos de cada área com suas disciplinas.

Veremos a seguir os elementos que compõem os planos de estudos nos três níveis – sistema, coletivo escolar, na disciplina com professor e estudantes, ou nos projetos. Essa é uma contribuição relevante do professor Luiz Carlos de Freitas, exposta em palestra ocorrida em maio de 2010, na Universidade Estadual de Feira de Santana (UEFS), e que pode ser localizada, também, no livro de Pistrak (2010), *A Escola Comuna*.

Compõem o Plano de Estudos, considerando o nível de implementação do sistema, o seguinte:

- Especificação da concepção de educação e matriz formativa – formação omnilateral, na perspectiva da emancipação humana, pela emancipação da classe trabalhadora, superando a subsunção do trabalho ao capital pelo trabalho livremente associado. Trabalho como princípio educativo.
- Especificação do educando, suas características e necessidades em geral – crianças e jovens do campo com necessidades humanas vitais. Educadores do campo, militantes culturais.
- Definições iniciais quanto à unidade de tempo disponível e as disciplinas envolvidas. Curso de quatro anos e meio, com Tempo Escola realizado na UFBA e Tempo Comunidade, realizado nos dezenove municípios de onde provêm os professores estudantes.
- Formulação dos objetivos instrucionais e formativos e especificação dos êxitos esperados. Competências globais científicas, técnicas, pedagógicas, políticas, éticas e morais.
- Definição dos aspectos teóricos (conteúdos) a serem ensinados nas disciplinas e os aspectos formativos necessários ao educando. Ensino das ciências e tecnologias, humanidades, artes e educação física.

- Adequação desses objetivos e seus aspectos teóricos correspondentes à unidade de tempo disponível e sua divisão. Organização do conhecimento em sistema de complexo.
- Articulação dos elementos dos inventários do meio – mais os relatórios do trabalho pedagógico desenvolvido pelas áreas de: Linguagem e Códigos; Ciências da Natureza e Matemática; Ciências Sociais, Humanas e Agrárias; Tecnologias Educacionais –, com os aspectos teóricos das disciplinas e/ou objetivos formativos, agrupando-os de forma a propor complexos gerais (partes da realidade que permitem a integração de conceitos explicativos e procedimentos de análise oriundos das várias disciplinas em questão) comuns a todas as disciplinas e sugerir metodologias para sua implementação pelo coletivo escolar.
- Indicação de como conduzir os inventários do meio educativo local – o trabalho pedagógico posteriormente sistematizado em relatórios das áreas – Linguagem e Códigos; Ciências da Natureza e Matemática; Ciências Sociais, Humanas e Agrárias; Tecnologias Educacionais –, tendo em vista as disciplinas envolvidas e os educandos de forma a levar em conta o entorno concreto da escola no interior dos complexos indicados.
- Definição do aproveitamento particular (em termos de objetivos e êxitos) que uma dada disciplina fará de cada complexo, bem como, os eventuais métodos específicos necessários para o estudo dessas disciplinas específicas.
- Distribuição inicial dos complexos na unidade de tempo disponível – o complexo geral reconhecido pelo coletivo das áreas foi "Homem – Terra – Trabalho – Cultura – Educação" e a ênfase a ser dada é, no desenvolvimento das funções psíquicas superiores que permitem a leitura, a escrita, a matematização da natureza e da sociedade. Permitem a estruturação de um sistema de valores e de uma subjetividade humana que objetive atuações concretas para refletir e transformar as condições objetivas da existência humana, para a superação do modo de produção capitalista. Sem ler, escrever, matematizar, não se desenvolvem funções psíquicas superiores para ler a realidade e agir transformando-a, ou seja, alterando o modo de produção e reprodução da vida, para além do marco do capital.
- Indicação de como examinar cada complexo, de forma a agregar contribuições das áreas, de forma a elencar as atividades de preparação necessárias e outras providências para sua abordagem fixando responsabilidades na equipe de educadores – os exemplos estão nas disciplinas que o Módulo V vai desenvolver, a saber: Pesquisa e Prática Pedagógica, que expôs na reunião seu Plano; Metodologia da Pesquisa; Introdução à Filosofia; Física; Educação

Socioambiental; Ecologia Geral; Educação Física (Cultura Corporal), Estágio Supervisionado.

- Definição dos momentos de balanços coletivos quanto aos êxitos planejados e obtidos pelos educandos e, se necessário, o seu redirecionamento. Preparação da equipe de educadores para trabalharem unificados.

Este plano mais geral implica uma investigação coletiva, ou um inventário do meio. O quadro elaborado e apresentado pelo professor Luiz Carlos de Freitas (2010), com base na experiência da Escola Comuna (Pistrak: 2010), evidenciam essas relações e nexos.

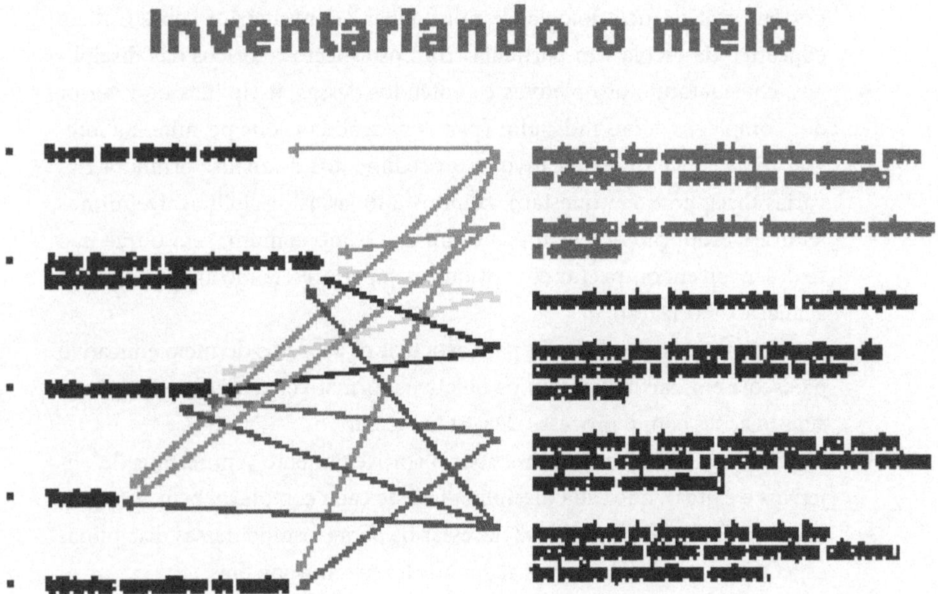

Além disso, este plano mais geral, por sua vez, implica a implementação, na definição do roteiro do plano de estudos do Coletivo Escolar, ou seja, indica o que deve ser estudado pelo coletivo escolar.

Compõem o roteiro do plano de estudo, em nível de Implementação do Coletivo Escolar (conjunto das áreas – professores, estudantes e gestores)as seguintes ações:

- estudar a concepção de educação e matriz formativa;
- especificar o educando local, suas características e necessidades específicas – quem são nossos educandos/professores do campo –, que atuarão em escolas do campo, que, por sua vez, atendem crianças e jovens das 6ª. a 9ª. séries do Ensino Fundamental e jovens do Ensino Médio;

- examinar com os professores as definições iniciais quanto à unidade de tempo disponível e as disciplinas envolvidas;
- estudar com os professores os objetivos instrucionais e formativos e os êxitos esperados;
- estudar com os professores os aspectos teóricos dessas disciplinas e os aspectos formativos necessários ao educando;
- examinar com os professores a distribuição inicial dos complexos na unidade de tempo disponível e defini-la;
- conduzir com professores e estudantes os inventários do meio educativo local, tendo em vista as disciplinas envolvidas e os educandos de forma a levar em conta o meio educativo concreto da escola;
- por em prática metodologias para articular os inventários sobre o meio educativo da escola, em particular com os aspectos teóricos das disciplinas, considerando os objetivos e conteúdos dessas disciplinas no interior dos complexos gerais indicados (partes da realidade que permitem a integração de conceitos explicativos e procedimentos de análise oriundos das várias disciplinas em questão), comuns a todas as disciplinas. Definimos leitura e produção dos textos inicialmente como comum, sem o que não se desenvolvem outras funções psíquicas superiores, como análise, síntese, avaliação, teorização;
- por em prática metodologias para articular os aspectos do meio educativo da escola em particular com os objetivos formativos definidos, incluindo suas ligações com o processo de gestão escolar;
- levar cada professor a compreender o aproveitamento (em termos de objetivos e êxitos), que cada disciplina fará de cada complexo, bem como, os eventuais métodos específicos necessários para o estudo dessas disciplinas específicas, agregando outras ações que forem convenientes;
- examinar com os professores e estudantes cada complexo de forma a elencar as atividades de preparação necessárias e outras providências para sua implementação, fixando responsabilidades na equipe de educadores e de educandos;
- implementar momentos de balanços coletivos quanto aos êxitos planejados e obtidos pelos educandos e seu redirecionamento, se necessário.

Esse roteiro, por sua vez, em sua implementação, implicou um plano de estudos específicos das disciplinas, ou projetos, que compõem áreas de estudos.

No presente caso, a disciplina Pesquisa e Prática Pedagógica[17][17], articulada com o Estágio e o Pibid.

Partindo, portanto, do acirramento da luta de classes, da necessidade de alteração dos rumos da formação humana no campo e, em especial, da concepção de projeto histórico, de educação e de matriz formativa, que tem o trabalho como princípio educativo, auto-organização dos estudantes e o sistema de complexos como pilares, vamos apresentar o *Roteiro do Plano de Estudo*: Nível de Implementação-professores, monitores e estudantes da disciplina Pesquisa e Prática Pedagógica II, Estágio e Pibid.

Articulam-se assim, os níveis geral, particular e específico, expressando em um plano de estudos o que está posto nas leis gerais do capitalismo, com as particularidades do campo e, especificamente, com a realidade local, da Educação do Campo.

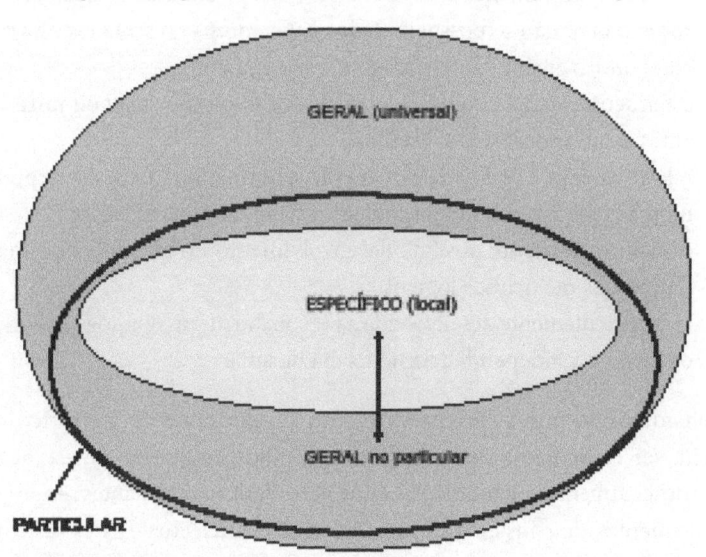

O quadro a seguir (FREITAS, 2010) ilustra o que expomos aqui.

O êxito do planejado diz respeito ao domínio de conceitos e domínio de ferramentas de pensamento para investigar: reconhecer área problemática no trabalho pedagógico, delimitar problemas de investigação, trabalhar com hipóteses, definir objetivos da pesquisa, enfim, demonstrar atitude científica, pensamento crítico,

---

[17] O trabalho foi desenvolvido nos dias 26, 28, 29 e 30 de junho e 12, 13, 24 de julho de 2010 no curso de Licenciatura em Educação do Campo da UFBA.

perante o desafio da Educação do Campo, séries finais do Ensino Fundamental (6ª. a 9ª. séries) e Ensino Médio. Isso exige delimitar problemas, identificar fontes, construir instrumentos, identificar e sistematizar dados e expor resultados, sintéticos, em forma verbal e escrita.

A construção histórica do homem pelo trabalho determina as posições que ele pode assumir e suas atitudes valorativas frente aos fenômenos sociais e naturais. Portanto, o pensamento crítico constitui uma prova das ações, resoluções, criações e ideias à luz de determinadas teorias, leis, regras, princípios ou normas e, também, da sua correspondência com a realidade. Para tanto, são necessárias condições para o desenvolvimento do pensamento crítico. Shardakov (1968), assinala cinco condições para que tal pensamento teórico crítico se desenvolva, condições essas que levaremos em consideração no presente projeto, a saber :

- possuir os conhecimentos necessários na esfera em que a atividade mental crítica deverá ser desenvolvida. Não pode se analisar criticamente aquilo sobre o qual não se possuem dados suficientes – a escola, os estudantes, o currículo, o ensino-aprendizagem e seu entorno;
- estar acostumado a comprovar qualquer resolução, ação ou juízo emitido antes de considerá-los acertados;
- relacionar com a realidade as regras, leis, normas ou teorias correspondentes, o processo e o resultado da solução, a ação ou juízo emitido;
- possuir o suficiente nível de desenvolvimento no que diz respeito à construção dos raciocínios lógicos;
- ter suficientemente desenvolvida a personalidade: as opiniões, as convicções, os ideais e a independência na forma de atuar.

Considerando que o desenvolvimento do pensamento científico-teórico necessita ser estimulado, desenvolvido, aprendido na escola, faz-se necessário utilizar procedimentos metodológicos que permitam aos estudantes se apropriarem de instrumentos de pensamento para o trabalho intelectual. Esses instrumentos partem de funções psicológicas elementares, historicamente determinadas e que se desenvolvem, tais como a: sensação; percepção; emoção; atenção (voluntária/involuntária); memória (voluntária/voluntária); linguagem; pensamento; sentimentos. Capacidades psicológicas elementares que se desenvolvem em capacidades psicológicas superiores, tais como a capacidade de análise, a síntese e a comparação, o raciocínio indutivo, dedutivo e analógico, a abstração, a generalização e a concreção, a ideia da causalidade, a conceituação, a categorização o pensamento crítico. Essa é a atividade exigida para que o pensamento teórico se eleve.

Ao considerar a complexa atividade que constitui o pensamento, o professor deve abordar o trabalho mental na unidade de todos esses processos, tendo presente que ele não é, apenas, um processo psíquico pelo qual o indivíduo obtém o conhecimento generalizado, senão que é ele que concretiza a possibilidade de conhecer e conceber coisas novas. Quaisquer tarefas intelectuais requerem o conjunto das habilidades acima discriminadas, assim como a leitura e a elaboração de textos e o desenvolvimento do trabalho pedagógico em uma sala de aula, em uma escola.

Ressaltamos a relevância que deve ser dada a essa problemática do desenvolvimento da atitude crítica, ou seja, do desenvolvimento do pensamento científico, assentada na prática do estudante como atividade principal, que pode ser desenvolvida em oficinas, estudo em laboratórios, pesquisa didática, seminários – organizados pelos próprios estudantes – elaboração de artigos, resumos, resenhas, estudos monográficos, debates científicos entre outros.

O seguinte Plano de Estudo Específico da disciplina Pesquisa e Prática Pedagógica II, articulado com o Estágio e o Pibid, que são componentes curriculares do curso de Licenciatura em Educação do Campo da UFBA, com distribuição no tempo pedagógico disponível e com indicação dos responsáveis, é uma experiência piloto. Serão realizadas sucessivas aproximações aos conteúdos, por meio da metodologia do ensino crítico superadora (Coletivo de Autores; 1992), que pressupõe – diagnóstico, posição de classe e perspectiva teleológica no trabalho pedagógico. Serão desenvolvidos dois semestres de observações e dois semestres de experimentações de hipóteses inovadoras na organização do trabalho pedagógico.

Por meio de inventários da escola e seu entorno, acesso a dados nas escolas, nos bancos de dados, na internet, em periódicos, dissertações e teses, leituras dirigidas e orientações para elaboração de texto escrito, planejamentos de ensino, a serem expostos verbalmente, em forma de sínteses, para posterior implementação, estaremos tratando do desenvolvimento das funções psíquicas superiores e do sistema de valores em construção, imprescindíveis para professores militantes culturais da Educação do Campo.

A partir do exposto, foi proposto o Plano Específico de Estudos em Nível de Implementação pelos professores, monitores e estudantes da disciplina Pesquisa e Pratica Pedagógica II, Estágio e Pibid, a saber:

- estudar a concepção de educação e matriz formativa expressa nos projetos em disputa para a educação nas séries finais do Ensino Fundamental (6ª. a 9ª. série) e no Ensino Médio a partir das teorias explicativas de autores que investigam o Ensino Fundamental e Médio. Trabalho a ser realizado pelo coletivo: leitura, análise e interpretação, a ser exposta verbalmente e na forma de síntese escrita dos textos: *O Ensino Médio. Construindo uma*

proposta para os que vivem do trabalho, de Acácia Kuenzer (São Paulo: Cortez 2000); *Ensino Médio Integrado: Concepções e contradições*, de Gaudêncio Frigotto, Maria Ciavatta e Marise Ramos (São Paulo: Cortez, 2005) – *Apresentação* (p. 7–20), G. Frigotto, M. Ciavatta e M. Ramos; e *Concepções e mudanças no mundo do trabalho e no ensino médio*, de G. Frigotto (p. 57 a 82). *Possibilidades e desafio na organização do currículo integrado*, de M. Ramos (p. 106–127).
Responsável: Coletivo Escolar.

- estudar o que prevê a legislação no Brasil como "Diretrizes Curriculares Nacionais" da Educação Básica; "Parâmetros Curriculares Nacionais" de 6ª. a 9ª. séries e para o Ensino Médio; "Diretrizes Operacionais para a Educação do Campo". Sistematizar e ordenar as informações e dados obtidos nos textos dos seguintes sítios:
http://www.scielo.br/pdf/es/v23n80/12937.pdf. http://www.cedes.unicamp.br/ . http://www.scielo.br/pdf/cp/n109/n109a04.pdf . http://www.diaadia.pr.gov.br/dedi/cec/arquivos/File/diretrizescurricularesestaduaisdaeducacaodocampo.pdf .

- estudar o que prevê a Lei sobre Estágio – Lei 11.788, de 25 de setembro de 2008.[18]. Texto a ser lido: *O trabalho como princípio articulador na prática de ensino e nos estágios*, de Helena C.L. de Freitas (Campinas: Papirus, 1996).
Responsável: Coletivo Escolar.

- inventariar o meio – escola pública de 6ª. a 9ª. séries e escola de Ensino Médio por meio de observações do trabalho pedagógico na escola, com utilização de instrumentos para tal. Conduzir, valendo-se de instrumentos para observação, um inventário do meio educativo – escola de 6ª. a 9ª. séries e escola de Ensino Médio, tendo em vista o currículo proposto, as disciplinas ou áreas envolvidas, a forma de gestão da escola e os educandos. Expor os resultados em um texto sintético, em forma de relatório de Estágio de Observação. Trabalho a ser realizado: Observação em escola de Ensino Fundamental, de 6ª. a 9ª. séries e Ensino Médio. Leitura do texto *O trabalho como princípio articulador na prática de ensino e nos estágios*, de Helena C.L. de Freitas (Campinas: Papirus, 1996)
Responsável: Coletivo Escolar.

---

[18] http://www.planalto.gov.br/ccivil_03/_Ato2007-2010/2008/Lei/L11788.htm

- estudar os objetivos instrucionais e formativos, os êxitos esperados e os aspectos teóricos das disciplinas, ou áreas de conhecimento, trabalhadas nos currículos escolares do Ensino Fundamental, séries finais (6ª. a 9ª.) e no currículo do Ensino Médio, propondo metodologias específicas para o trato com os conhecimentos elegidos. Trabalho a ser realizado: propor a organização do trabalho pedagógico para uma metodologia crítica superadora, para uma pedagogia histórico-crítica. Elaborar, após leitura de textos de conteúdos específicos, a análise e interpretação crítica de uma metodologia do ensino de conteúdos específicos, a ser expressa, verbalmente e por escrito, em forma de síntese propositiva, inovação pedagógica, considerando os conteúdos específicos contidos nos livros estudados. Estudar o educando, suas características e necessidades – Quem são nossos educandos com os quais vamos trabalhar pedagogicamente: crianças e jovens das 6ª. a 9ª. séries e jovens do Ensino Médio–e propor inovação pedagógica. Trabalho a ser realizado: Observação e descrição densa de dados sobre os estudantes da escola, com complementação de informações da literatura, sistematizada em resumos analíticos, sobre o tema aprendizagem e desenvolvimento. Ler o texto de Alfonso Mancuso de Mesquita, "Princípios para a organização do ensino: alunos-conteúdo-recursos-condições", com o objetivo de "apresentar um modelo de análise da prática pedagógica que orienta a organização do ensino com base na teoria histórico-cultural norteando o planejamento e a realização da atividade docente nas situações concretas". Sistematizar síntese do texto "Relações entre desenvolvimento infantil e planejamento de ensino" da professora Ana Carolina Galvão Marsiglia. Objetivo: retomar conceitos acerca do desenvolvimento humano, reiterar a importância do planejamento de ensino e orientar sua elaboração segundo os pressupostos da pedagogia histórico-crítica. Leitura complementar sugerida: Ângelo Abrantes e Ligia Martins: *Relação entre conteúdos de ensino e processo de pensamento*. V. 1, nº 1, p.. 62-74; Oscar Holliday: *Para sistematizar experiências*. João Pessoa: UFPB, 1996; e Mônica Molina: *Educação do Campo e Pesquisa: questões para reflexão*. Brasília, MEC, 2005. http://www.nead.org.br/index.php?acao=biblioteca&publicacaoID=322.
Responsável: Coletivo Escolar.

- elencar e articular, verbalmente, na avaliação final, conceitos explicativos e procedimentos investigativos de coleta e análise dos dados, sobre trabalho pedagógico, estabelecendo as relações entre: a) as concepções e contradições da escola capitalista e suas expressões de 6ª. a 9ª. séries e no Ensino Médio;

b) o que prevê a legislação para os Ensinos Fundamental e Médio no Brasil, no Estado e no município; c) inventário com observação da escola, seu currículo e em especial seus pares dialéticos objetivo/avaliação, conteúdo/método, tempo/espaço e relações professores, estudantes, comunidade e Estado; d) as proposições teóricas superadoras para o Ensino Fundamental (6ª. a 9ª. séries) e para o Ensino Médio.
Responsável: Coletivo Escolar

- examinar coletivamente e expressar verbalmente a compreensão sobre o trabalho como princípio educativo, a auto-organização dos estudantes e o Sistema de Complexo, em especial, o complexo "Homem – Terra – Trabalho – Cultura – Educação", de forma a elencar os conceitos e as atividades necessárias para sua compreensão, a serem desenvolvidas em disciplinas ou áreas de conhecimentos específicos e estabelecer responsabilidades e novos compromissos com os estudos e o trabalho pedagógico dos educadores e dos educandos, para ampliar as referências e avançar no pensamento teórico sobre o trabalho pedagógico nas séries finais do Ensino Fundamental e no Ensino Médio. Texto: Luiz Carlos de Freitas: A Luta por uma pedagogia do meio: Revisitando conceitos. *In* PISTRAK, M. (Org.) *A escola comuna.* (São Paulo, Expressão popular. 2010); M. Pistrak: *Fundamentos da escola do trabalho* (São Paulo, Expressão Popular, 2000).
Responsável: Coletivo Escolar.

- realizar o balanço coletivo para verificar os êxitos planejados e obtidos pelos educandos e seu redirecionamento, se necessário.
Responsável: Coletivo Escolar.

À guisa de conclusão, destacamos que esta experiência pedagógica que se referencia na teoria marxista e se coloca no campo da pedagogia socialista, reconhece os moduladores de alterações significativas no trabalho pedagógico, a saber, os pares dialéticos: objetivos/avaliação, conteúdos/método, tempos e espaços; relações professor, estudante, comunidade e Estado. Os dados envidenciados nos planos de estudos aqui apresentados em três níveis de implementação: o do curso como um todo, o das áreas de conhecimento e dentro das áreas as disciplinas ou projetos específicos. Aqui, demonstramos essa possibilidade, apresentando a proposta da disciplina Pesquisa e Prática Pedagógica, Estágio e Pibid.

Destacamos, por fim, que essa possibilidade pedagógica, essa outra lógica de organizar o trabalho pedagógico na formação de professores, se nos apresenta frente ao fato de que existe concretamente, em curso, uma transição, que aponta para a superação do modo do capital organizar a produção da vida, colocando e recolocando no horizonte histórico o modo comunista de produção da vida.

Referências

ABRANTES; Â. e MARTINS, L. *Relação entre conteúdos de ensino e processo de pensamento.* V. 1, n° 1, pp. 62-74.

COGGIOLA, O. As crises econômicas e a teoria marxista. *In Revista de Economia Mackenzie.* Número 7, volume 3, pp. 96-180, 2010.

COLETIVO DE AUTORES. *Metodologia do ensino da educação física.* São Paulo: Cortez, 1992.

FREITAS, L. C. *Crítica da organização do trabalho pedagógico e da didática.* São Paulo: Papirus, 1995.

FREITAS, L. C. A luta por uma pedagogia do meio: Revisitando conceitos. *In* PISTRAK, M. (Org.) *A escola-comuna.* São Paulo: Expressão popular. 2010.

FREITAS, H. C.L. *O trabalho como princípio articulador na prática de ensino e nos estágios.* Campinas: Papirus, 1996.

FRIGOTTO, G.; CIAVATTA; M. e RAMOS, M. *Ensino Médio Integrado:* Concepções e contradições. São Paul: Cortez, 2005.

HOLLIDAY, O. *Para sistematizar experiências.* João Pessoa: UFPB, 1996.

KUENZER, A. *O Ensino Médio. Construindo uma proposta para os que vivem do trabalho.* São Paulo: Cortez 2000.

MOLINA, M. C. (Org.) *Educação do Campo e Pesquisa*: Questões para reflexão. Brasília; MEC, 2005.

MÉSZÁROS. I. *A educação para além do capital.* São Paulo: Boitempo, 2005.

PISTRAK, M. *Fundamentos da escola do trabalho.* São Paulo: Expressão Popular, 2000.

PISTRAK, M. *A escola-comuna.* São Paulo: Expressão Popular. 2010.

SHARDAKOV, M. N. *Desarrollo del pensamiento en el escolar.* La Habana: Editorial de Libros para la Educación.1978.

TROTSKY, L. O Programa de Transição. *In* MARX, K; ENGELS, F.; LENINE, I.; TROTSKY, L. *O Programa da Revolução.* Brasília: Nova Palavra, 2009.

Sítios

http://www.scielo.br/pdf/es/v23n80/12937.pdf.

http://www.cedes.unicamp.br/ .

http://www.scielo.br/pdf/cp/n109/n109a04.pdf .

http://www.diaadia.pr.gov.br/dedi/cec/arquivos/File/diretrizescurricularesestaduaisdaeducacaodocampo.pdf

http://www.nead.org.br/index.php?acao=biblioteca&publicacaoID=322

CAPÍTULO 12
Subjetividade, política e emancipação na formação do educador do campo

Lais Mourão Sá[11]

"É o futuro que precisamos ter em mente com olhos críticos, para que sejamos participantes ativos do processo histórico, plenamente conscientes e preocupados com as implicações fatídicas do poder destrutivo do capital no estágio presente da história."

István Mészáros

A luta dos povos do campo pela transformação de suas condições de reprodução social remonta às origens coloniais de nossa história. Embora raramente referenciada no discurso oficial, a história dessa luta atravessa os diversos momentos em que as disputas pelo território colocaram em confronto a expansão do latifúndio e a reprodução do campesinato, revelando a contradição fundamental entre dois projetos opostos de campo e de Nação. Por trás da diversidade de denominações e situações concretas de reprodução social (ribeirinhos, lavradores, extrativistas, quilombolas, acampados, assentados etc.), encontra-se uma identidade genérica, que foi sendo forjada nos diversos momentos de luta, nos processos locais e regionais de implantação e renovação do modo de produção capitalista no campo brasileiro.

O movimento da Educação do Campo representa a continuidade histórica desse processo a partir da década de 1990, no bojo de mais um período de emergência dos movimentos sociais rurais no cenário da sociedade civil organizada, depois de um período de vinte anos de luta clandestina, durante a ditadura militar. A partir desse momento, tem início entre os povos do campo a construção de uma perspectiva crítica sobre a educação oficialmente dirigida para o meio rural, a chamada "educação rural", e a construção do que veio a ser denominado de Educação do Campo.

---

[1] Doutora em Antropologia Social e Pós-Doutora em Educação e Ecologia Humana pela Universidade Estadual de Campinas (Unicamp). Professora da Licenciatura em Educação do Campo da Faculdade UnB-Planaltina. Membro do Programa de Pós Graduação em Educação da UnB.

Uma questão de fundo coloca-se a partir daí: a articulação intrínseca entre educação e projeto de desenvolvimento no campo, exigindo uma nova compreensão do processo de formação do educador para o campo. Em duas décadas, os movimentos sociais tornaram-se protagonistas de novas propostas educativas, sintonizadas com os direitos dos povos do campo à terra e à educação, e reivindicaram e alcançaram algumas vitórias no plano das políticas públicas, quanto à possibilidade de um projeto de desenvolvimento rural definido a partir da Reforma Agrária, incorporando progressivamente a perspectiva de políticas de desenvolvimento tecnológico e de comercialização dos produtos da agricultura familiar com base em princípios da agroecologia e da soberania alimentar.

A par dos avanços e reveses a que essas conquistas estão submetidas, de acordo com as oscilações cíclicas do grau de enfrentamento da luta de classes no campo, o movimento social por uma Educação do Campo, como todo movimento social, também se manifesta sob os fluxos e refluxos das conjunturas, em sua rede de alianças na sociedade civil, nas universidades e nas escolas públicas, em níveis regional e nacional. É imensa a diversidade de estágios de amadurecimento das experiências sociais, políticas, produtivas, escolares e acadêmicas que se processam há mais de dez anos no seio do movimento, oferecendo riquíssimo material para a reflexão de pesquisadores e militantes.

Este artigo levanta questões teóricas sobre uma das principais intencionalidades do movimento da Educação do Campo: a formação de educadores que percebam criticamente as escolhas e as premissas socialmente aceitas e que sejam capazes de formular alternativas de projeto político para os povos do campo e para a nação brasileira.

A radicalidade da emancipação

O sentido radical da revolução política e social implica contínua e profunda transformação de todas as dimensões da vida, não apenas arrancando as raízes do existente, mas implantando

> um novo modo de intercâmbio entre os indivíduos e entre estes e a natureza, que deve penetrar cada segmento da sociedade [...] um outro sistema orgânico que signifique a emancipação do trabalho, [e isto] só pode acontecer com a auto-emancipação dos produtores associados. (Mészáros, 2007, p. 78-80)

O ponto crítico desse processo histórico, cuja natureza é da ordem de uma radical mudança de paradigmas, é o momento da transição. Esse momento, em si mesmo, apresenta-se como um prolongado processo histórico durante o qual ocorre a constituição social de um pensamento crítico em relação ao paradigma dominante e sua visão de mundo, por meio da formação de sujeitos coletivos capazes de desocultar a lógica capitalista dominante. A imensa resistência à mudança encontrada nesses processos deve-se, principalmente, à poderosa impregnação da racionalidade hegemônica na subjetividade dos sujeitos sociais de todas as classes. No caso da lógica intrínseca ao sistema do capital, trata-se da naturalização dos processos subjetivos, que operam a redução dos significados e dos valores das relações pessoais aos vínculos mercantis e de consumo, contaminando os conteúdos internos das ideias e as motivações nas relações interpessoais.

Segundo Mészáros, a questão central para a erradicação do sistema do capital é o controle do processo de reprodução (metabolismo) social, pois a proletarização faz com que a maioria dos indivíduos caia na condição de perda total das possibilidades de controle sobre suas próprias vidas. (MÉSZÁROS, 2007, p. 70)

Para que possamos enfrentar esse desafio, no contexto teórico e pedagógico da formação de um sujeito crítico, os conceitos gramscianos de hegemonia e de função intelectual permitem compreender a importância de um estudo da história do ponto de vista ético-político e o valor da luta cultural e ideológica para a afirmação das "classes subalternas" e de uma nova sociedade.

A construção da capacidade dirigente na sociedade implica, segundo Gramsci, a atividade crítica e organizativa dos intelectuais orgânicos no conjunto de atividades culturais e ideológicas da luta de classes e a disputa entre os projetos de sociedade, pois todo projeto precisa de intelectuais para se apresentar como um projeto específico de sociedade. Como intelectual orgânico, esse educador se constitui parte de um organismo social vivo, conectado ao mundo do trabalho, às organizações políticas e culturais do seu grupo social. Ele precisa exercer uma função organizadora no contexto do desenvolvimento histórico da luta dos povos do campo, nas dimensões produtiva, cultural e político-jurídico-administrativa.

Consideremos aqui o conceito de função intelectual, a partir do entendimento gramsciano, como a atuação histórica de sujeitos individuais e coletivos em um processo de construção de contra-hegemonia de uma classe social, nas dimensões cultural, moral e político-ideológica, tendo em vista a elaboração de um novo projeto de sociedade. Para Gramsci, a capacidade intelectual não é monopólio de alguns, mas pertence a toda a coletividade, tanto no sentido do acúmulo de conhecimento ao longo da história da humanidade, como no sentido da elaboração de novos conhecimentos, que permitam compreender e superar as contradições do momento presente (GRAMSCI, 1991).

O exercício da intelectualidade, portanto, é função de um "intelectual coletivo", e, embora alguns tenham funções mais estritamente intelectuais na sociedade, o grau dessa atividade entre seus componentes é apenas quantitativo, nunca qualitativo. Isso quer dizer que o desempenho de diferentes funções "intelectuais" nunca deve justificar hierarquias ou divisão de classes na sociedade (SEMERARO, 2006).

Na formação crítica de educadores da classe trabalhadora do campo, isso exige conhecer o funcionamento da sociedade, descobrir os mecanismos de dominação encobertos pela ideologia dominante, compreender o modo de integração da produção agrícola nesse projeto de sociedade, a partir do complexo sistema de relações e de mediações que constitui o processo de desenvolvimento rural.

Trata-se, portanto, da construção político-pedagógica da capacidade dirigente individual e coletiva para interpretar a história e elaborar um projeto de sociedade que traga soluções para os problemas colocados pela transformação social desejada.

Nessa tarefa, coloca-se também uma disputa epistemológica por fundamentos ético-políticos e conceituais, que garantam a legitimidade da construção do projeto. Nesse sentido, convém refletir, com Boaventura de Souza Santos (2006), sobre o papel que a ciência moderna vem exercendo na consolidação de privilégios sociais, políticos e culturais antagônicos aos interesses da classe trabalhadora. Se a ciência confere legitimidade social, e se o conhecimento científico está desigualmente distribuído, como toda riqueza no sistema do capital, a disputa entre projetos de sociedade implica a desconstrução desses privilégios epistemológicos. O encontro violento entre saberes hegemônicos e contra-hegemônicos impõe aos intelectuais coletivos da classe trabalhadora o desvendamento das contradições que estão encobertas pela pseudoverdade do conhecimento científico tido como universal.

> O próprio ato de conhecer [...] é uma intervenção sobre o mundo que nos coloca neste e aumenta sua heterogeneidade. Diferentes modos de conhecer, sendo necessariamente parciais e situados, terão consequências diferentes e efeitos distintos sobre o mundo. (SANTOS, 2006, p. 148)

Como consequência do reconhecimento de que todo conhecimento é contextual e parcial, impõe-se o enfrentamento da hegemonia epistemológica do conhecimento-regulação inoculado pela ciência capitalista. Essa luta se dá pela elaboração de um conhecimento-emancipação, que atue pelo princípio da autonomia dos saberes, não recusando a ciência moderna, mas permitindo à classe trabalhadora construir o conhecimento que fundamente o projeto de sociedade necessário à sua emancipação.

Nesse sentido, a ciência a ser produzida na formação dos educadores do campo não pode ser usada com neutralidade, mas sim a partir das contradições vividas na realidade desses sujeitos, o que envolve a busca de alternativas para a negação de seus direitos sociais, para as condições materiais e ideológicas do trabalho alienado e para as dificuldades de reprodução social da classe trabalhadora do campo, todas sendo condições inerentes ao antagonismo intrínseco à lógica do capital.

Os caminhos da (trans)formação da subjetividade coletiva

> Todos os devires singulares, todas as maneiras de existir de modo autêntico chocam-se contra o muro da subjetividade capitalística.
> [...] É preciso que cada um se afirme na posição singular que ocupa, que a faça viver, que a articule com outros processos de singularização.
>
> Félix Guattari

A tarefa do intelectual orgânico impõe uma atuação a partir de sua vinculação de classe, no horizonte ético-político da superação dos padrões impostos pela cultura política hegemônica e colonizadora, e a construção de uma nova subjetividade individual e coletiva, como suporte para a emergência de novos valores capazes de sustentar o exercício de novas relações sociais. Gramsci adverte que o processo histórico de construção de um novo tipo de sociedade exige a elaboração de valores e conceitos que articulem uma nova ordem intelectual e moral (GRAMSCI, 1975).

A formação do educador no contexto de uma proposta de transformação radical do projeto de sociedade exige não só uma epistemologia e uma pedagogia emancipatórias, mas também uma psicologia social que contribua para a compreensão do indivíduo sobre si mesmo, seu mundo e sobre as contradições da sociedade. Esse conhecimento só pode emergir dos próprios contextos vividos pelos educandos em formação, em sua inserção ativa nas comunidades, organizações e processos de sua realidade.

Uma pedagogia e uma epistemologia emancipatórias, que atuem nessa direção, devem dialogar com abordagens psicossociais que permitam olhar criticamente para o modo pelo qual as questões sobre subjetividade e política, individualidade e afetividade têm sido tratadas nas ideologias científicas humanistas. A tendência predominante, apontada por Sawaia (2001), tem sido uma concepção dualista, que separa, de um lado, o coletivo, a objetividade e a racionalidade, a conscientização política e social, a mobilização coletiva com intenção de transformação social e, de outro lado, a ênfase na subjetividade, na individualidade, na afetividade, na autonomia, na emancipação, na diversidade e na temporalidade do cotidiano. Essa tendência dualista tem, com frequência, conduzido a um dogmatismo subjetivista e à despotencialização do político, ou à redução da subjetividade a uma ação individual que ocorre apenas no espaço íntimo de exercício da liberdade, da justiça e da felicidade, segundo os mais caros valores burgueses.

Como, porém, os dualismos sempre ocultam relações de complementaridade, é como se existissem, ao mesmo tempo, um sujeito individualista que deve ser controlado e motivado, e um sujeito voluntarista autônomo, dono do próprio livre-arbítrio, capaz de optar pela transformação como um ato isolado de vontade. Por trás dessa aparente contradição está o fato de que a formação da subjetividade opera a partir do campo social. Ou, como diz Sawaia, "a subjetividade é intrínseca ao social, é dentro de cada sujeito que a sociedade se faz" (2001, p. 128).

A produção da subjetividade pode ser também entendida, com Guattari, como matéria-prima da evolução das forças produtivas, e os fenômenos de subjetivação individual e coletiva como "agenciamentos sociais que criam experiências e desejos subjetivos" (GUATTARI, 1986, p. 34). O que o autor chama de "agenciamentos coletivos de desejo" são processos de subjetivação, que, na ordem do capital, se tornam máquinas de controle social, com uma pedagogia de modelização da subjetividade alienada, cujo produto é o indivíduo vendido pela sociedade de consumo. Ou seja, isso que costumamos chamar de "indivíduo", como se fosse uma entidade naturalizada, é uma categoria ideológica, que nega todo o potencial emancipatório que os indivíduos sociais poderiam agenciar em favor de sua autonomia de subjetivação. Trata-se de uma construção cultural sem a qual a acumulação e a competição capitalista não poderiam existir.

Os processos sociais de formação do desejo constituem uma micropolítica, operando tanto no nível das grandes identidades, que padronizam e exemplificam as condutas e os valores que os "indivíduos" devem adotar, quanto no nível dos "miniprocessos de desejo e singularização" (GUATTARI, 1986, p. 46). Com o conceito de micropolítica, o autor se refere à gestão dos fenômenos de singularidade presentes em cada situação e permite que façamos uma ponte com os processos educativos de que estamos tratando.

Consideremos, assim, os sujeitos que se apresentam como educandos na formação dos intelectuais da classe trabalhadora do campo, e veremos uma juventude em busca de reprodução social e subjetiva, entre as culturas rural e urbana, construindo seus projetos de vida a partir de desejos e de escolhas que se forjam nos cruzamentos entre o campo e a cidade.

Os textos organizados por Carneiro e Castro (2007) demonstram bem as contradições vividas nos processos pelos quais se forja a subjetividade dessa juventude, nas relações de trabalho, na família, nas organizações e nos movimentos sociais, na busca de diversão, a partir de uma diversidade de referências que transitam entre as origens familiares e as experiências de mobilidade rural-urbana-rural que se apresentam nas trajetórias de vida desses sujeitos.

As diferenças intergeracionais vão tecendo uma reconstrução de valores, desejos e projetos, à mercê das alternativas disponíveis para se tornar sujeito de seu próprio vir-a-ser, muitas vezes manifestando o que Guattari chamaria de "graus de singularização e subjetividade dentro de processos burocratizados de controle social" (1986, p. 51). Ou seja, ao mesmo tempo em que a cultura urbana seduz e evoca novos desejos e referências, é muitas vezes na luta pela terra, organizada nos movimentos sociais, que essa juventude busca se afirmar como sujeitos de uma nova geração que honra a herança de seus pais e deseja transformar essa herança em um novo mundo.

Na formação desse jovem educando, como intelectual que deve exercer a função política e social da educação junto ao seu grupo social e categoria de classe, impõe-se o papel de ser o organizador da vontade e da ação coletiva, seja na escola, seja nas organizações sociais de sua comunidade. Entendida nos termos de Guattari, essa tarefa é da ordem de uma revolução molecular, que acontece na dimensão micropolítica, isto é, uma indução pedagógica de processos de singularização, por meio de "miniprocessos revolucionários de reapropriação da subjetividade" (1986, p. 52). Ao mesmo tempo em que desorganizam os modos dominantes de produção do desejo, esses processos devem se constituir movimentos de resistência e protesto, afirmação de diferenças, capacidade de produzir universos simbólicos pessoais e interpessoais no nível da sensibilidade, da inteligência e do desejo. Como diz Sawaia, trata-se de mobilizar a "potência de ação" de seus companheiros de comunidade e escola, em um movimento de contra-hegemonia à servidão da subjetividade alienada.

Essa pedagogia emancipatória incentiva a ousadia da dissidência em relação aos modos disciplinares vigentes e afirma processos pessoais e coletivos de autonomia e de autogestão, que se recusam intencionalmente a reproduzir os modos de subjetivação dominantes.

Várias indagações brotam a partir daí. Que princípios pedagógicos devem ser adotados para que um jovem em formação se construa perante sua comunidade como um intelectual orgânico? Como lidar com essa dimensão humana, formada a partir de um processo de infantilização decorrente das relações clientelistas, paternalistas e assistencialistas do Estado e das oligarquias locais, que produzem sujeitos dependentes, acomodados e submissos? Como se cruzam, na práxis social do educador-educando, as categorias de classe com os padrões subjetivos dominantes nas relações locais? Como elaborar estratégias epistemológicas e pedagógicas que permitam superar a construção hegemônica da subjetividade?

Processos contra-hegemônicos exigem uma pedagogia que sustente novos modos de singularizarão existenciais. Assim, é preciso definir princípios pedagógicos que conduzam à formação de novos modos de subjetivação, de processos coletivos com poder de transformar os padrões de relação humana que se atualizam na práxis desses sujeitos, tanto no nível micropolítico das relações de gênero, familiares, nas organizações comunitárias, quanto no nível macropolítico, nas instâncias que protagonizam a luta de classes na sociedade.

A formação do educador do campo deve contribuir para que ele elabore com seu grupo social a concepção ético-política capaz de conferir legitimidade e eficácia às funções culturais, educativas e organizativas necessárias à construção da hegemonia social da classe que ele representa.

Referências

CARNEIRO, M. J. e CASTRO, E. G. (Orgs.). *Juventude rural em perspectiva*. Rio de Janeiro: Mauad X, 2007.

GRAMSCI, A. *Os intelectuais e a organização da cultura*. Rio de Janeiro: Civilização Brasileira, 1991.

GUATTARI, F. e ROLNIK, S. *Cartografias do desejo*. Petrópolis: Vozes, 1986.

MÉSZÁROS, I. *O desafio e o fardo do tempo histórico*. São Paulo: Boitempo Editorial, 2007.

SANTOS, B. S. A ecologia dos saberes. *In* SORRENTINO, M. (Coord.). *A gramática do tempo. Para uma nova cultura política*. São Paulo: Cortez, 2006. p. 137-165.

SAWAIA, B. Participação social e subjetividade. *In Ambientalismo e participação na contemporaneidade*. São Paulo: Educ/Fapesp, 2001. p. 115-134.

SEMERARO, G. Intelectuais "orgânicos" em tempos de pós-modernidade. *Cadernos Cedes*. Campinas, SP, v. 26, n. 70, set./dez. 2006.

CAPÍTULO 13
A Economia Política como componente da matriz formadora da Licenciatura em Educação do Campo

Luis Antônio Pasquetti[1]

Neste trabalho procuramos refletir sobre a importância do estudo da Economia Política na formação de educadores do campo, tendo como foco da pesquisa os alunos da Licenciatura em Educação do Campo (LEdoC) da Universidade de Brasília, Faculdade UnB Planaltina. Inicialmente, apresentamos as principais características dessa Licenciatura, em seguida o método de trabalho para descrever os diferentes modos de produção, tendo as relações de trabalho como matriz formativa. A disciplina de Economia Política está inserida no bloco dois da proposta pedagógica do curso, que articula os conhecimentos de Filosofia, Ciências Agrárias e Ciências Humanas em uma abordagem interdisciplinar, a qual permite uma leitura crítica de mundo, como estratégia para a formação de educadores do campo. Descrevemos, ainda, em que medida a práxis é construída pelos alunos no Tempo Escola e no Tempo Comunidade – sistema de alternância, que é um dos pilares constitutivos do curso.

O ensino de Economia Política na LEdoC

A Licenciatura em Educação do Campo (LEdoC) teve início na Faculdade UnB Planaltina em 2007 e hoje conta com quatro turmas em andamento. Esta licenciatura surge da necessidade de atender à imensa demanda reprimida existente no meio rural brasileiro, que sempre foi relegado a segundo plano em relação ao urbano pelo Estado brasileiro, nas mais diferentes esferas de atuação. Na educação, o quadro não é diferente, como demonstram os dados, que apresentamos a seguir. Há um fosso social, abismo ou *apartheid* entre o urbano e o rural.

Esta graduação, que se transformou em um curso regular, também visa atender a crescente demanda apresentada pelos movimentos sociais às universidades, em

---

[1] Luis Antonio Pasquetti é mestre em Administração (PUC–SP 1998); doutor em História (UnB 2007) e professor da Universidade de Brasília na Faculdade UnB Planaltina (FUP) da Licenciatura em Educação do Campo.

uma articulação denominada de Educação do Campo. Esse conceito é relativamente novo, possui aproximadamente uma década, e pressiona o Estado para atender parte da demanda reprimida por Educação Fundamental, Média e formação superior dos sujeitos do campo.

A proposta pedagógica da LEdoC organiza os componentes curriculares em quatro grandes áreas do conhecimento: Linguagens; Ciências Humanas e Sociais; Ciências da Natureza e Matemática; e Ciências Agrárias. A LEdoC organiza metodologicamente o currículo no sistema de alternância, que se organiza entre o Tempo Escola e Tempo Comunidade, visto que os alunos, da segunda e terceira turma e quarta turma são oriundos dos quatro Estados da Região Centro-Oeste. Esse sistema foi adotado devido às distâncias entre seus locais de moradia e a Universidade de Brasília, *campus* Planaltina. Também pelo envolvimento deles nos processos produtivos do campo, o que impossibilita o método tradicional adotado nos cursos universitários, que exige frequência diária na universidade. O sistema de alternância não é novo, já vem sendo utilizado em diversos países e no Brasil. Foi o modo encontrado pelos movimentos sociais para ampliar o acesso dos jovens do campo às universidades.

A Economia Política é um dos componentes que se articulam com os demais componentes curriculares da Licenciatura. Foi inserida no currículo para ampliar a compreensão da complexa realidade do campo. Tem como uma das metodologias a interdisciplinaridade, em que as disciplinas foram interligadas (*Morin*: 2001), transformadas em componentes, que, por afinidade, constituem-se em blocos. A disciplina de Economia Política está inserida no bloco dois, uma forma que encontramos para inter e intrarrelacionar as disciplinas. O bloco é formado pela Economia Política, Filosofia, Ciências Agrárias, Ciências Humanas e Sociais. Em nossa experiência, essa forma de trabalhar os componentes, por parte dos docentes, em blocos, exige algumas condições prévias: a) a necessidade de um planejamento comum entre os quatro componentes, que é realizado pelos professores responsáveis por cada um dos conteúdos, b) encontrar interrelação entre os conteúdos, métodos de ensino, técnicas de aprendizagem c) transmissão e partilha do conhecimento, com os alunos, partindo dos conceitos fundamentais de cada componente, relacionando-os com a realidade das comunidades onde vivem os alunos; d) organização das avaliações, seminários, textos, sínteses e trabalhos que são lidos em conjunto pelos professores do bloco. Essa forma de trabalhar aumenta em muito as atividades dos docentes, uma vez que não basta ter um plano individual da disciplina, com suas ementas, bibliografias e avaliações.

Cada um deve partilhar, mas não só, vamos além da partilha, há necessidade de realizar uma simbiose dos componentes, encontrar os nexos, escolher os conceitos e conteúdos fundamentais, e, principalmente, mudar a forma de atuação em sala de aula, que ocorre de maneira articulada entre dois ou três e às vezes até mais docentes atuando de forma coordenada e possibilitando uma visão de conjunto de toda a grade curricular.

É uma experiência inovadora, uma vez que os docentes obrigam-se a se reunir em diferentes momentos da etapa do Tempo Escola e do Tempo Comunidade, para discutir textos, conteúdos, conceitos que vão se relacionar na sala de aula, na leitura da realidade das comunidades rurais, nas sínteses diárias individuais, nas sínteses coletivas, nos seminários organizados por blocos em que os alunos devem apresentar o que conseguiram apreender nos diferentes espaços de aprendizagem. Espaços que são múltiplos, uma vez que o aluno estuda individualmente e coletivamente nos Grupos de Organicidade (GO), compostos por oito a dez alunos. Realizam tarefas para manter o bom andamento da etapa do Tempo Escola, que duram em média de 45 a 60 dias letivos. Essa forma de organização social dos alunos, que tem o trabalho como uma matriz formativa fundamental, transforma-se em uma práxis que se diferencia em relação às demais graduações pelo fato de os graduandos se constituírem como sujeitos coletivos dentro da universidade. O trabalho desenvolvido pelos alunos transforma-se em um dos eixos de construção do sujeito coletivo.

Segundo Arroyo (2003), para criar eixos geradores da construção do sujeito é preciso trabalhar a partir de matrizes pedagógicas, tais como: o trabalho; a terra; a cultura; o conhecimento; as vivências da opressão; os movimentos sociais. Essas matrizes pedagógicas estão presentes e permeiam toda a grade curricular e os diferentes tempos formativos da LEdoC. Para Arroyo (2003), não basta estudar, compreender, é preciso que, pelo trabalho humano, enquanto matriz formadora, se dispute a escola. Disputar a pedagogia escolar significa estar apto para tal função, repensar a formação dos educadores, atuar sobre a realidade da escola e seu entorno. Vincular a escola com a vida assim como aconteceu com os direitos conquistados e produzidos no trabalho e pelo trabalho ao longo da história de lutas da classe trabalhadora e que hoje beneficiam grande parte da sociedade.

Para uma educação que se pretenda diferente e diferenciadora, o trabalho precisa ocupar o espaço privilegiado na formação dos sujeitos, pois "padecemos de uma tradição pedagógica, que apenas vê educação na informação, instrução, verbalização ou no cultivo do intelecto, enquanto o trabalho sempre cultivou a totalidade do aprendizado, da constituição humana" (ARROYO: 1991).

Portanto, o trabalho é a categoria central no processo educativo porque, por seu intermédio, o homem se humaniza e se faz profissional competente, crítico e consciente. Neste sentido, o ensino da Economia Política cumpre com parte desse objetivo, pois as relações de trabalho estão na discussão central dos modos de produção, que serão abordados a seguir.

Os modos de produção: um passeio pela história

No componente de Economia Política, apresentamos aos alunos os diferentes modos de produção, que foram sendo construídos ao longo do desenvolvimento da humanidade, com o objetivo de demonstrar que são construções históricas, são imposições ou escolhas que as sociedades realizam no seu processo de desenvolvimento. A produção e organização do econômico na sociedade não é algo dado por leis científicas "puras" no sentido de existirem a priori, como se atribui na economia tradicional à existência do "livre-mercado". O conjunto de conceitos trabalhados na Economia Política: a mais valia, a acumulação de capitais, a moeda, as trocas, os meios de produção, a formação das classes sociais, são condições que, em algum momento histórico, foram utilizadas de diferentes formas por contingência das questões políticas de determinada sociedade (LUXEMBURGO: 1925).

Partimos da demonstração do modo de produção *Primitivo Comunal*, mostrando a origem do ser humano, suas formas de organização social, relações de produção, tipos de ferramentas produzidas e utilizadas, alimentos, vestimentas, moradias. Este tópico procura desconstruir conceitos arraigados na religiosidade da existência de um ser superior que tudo criou e tudo domina, porém, respeitando as diversas crenças dos alunos, que, em muitos momentos, se sentem desconfortáveis com a teoria da evolução (DARWIN: 1859). Procuramos demonstrar que o ser humano em sua relação com a natureza constrói, destrói, reconstrói e transforma o meio em que vive. E assim aprendem que a sociedade como foi e é, poderia ter sido diferente do que foi e do que é (HUBERMAN: 2010).

A vida em grupos, que caracteriza o modo de produção comunal, é necessária para garantir a sobrevivência de todos. O trabalho é exercido de forma coletiva, que se inicia com os nômades na busca de alimentos por meio da coleta, caça, pesca, instalando-se de forma provisória em cavernas. À medida que se esgotavam as reservas naturais, ou por problemas climáticos, transferem-se para outros lugares mais favoráveis ao grupo. O domínio do fogo deflagrou uma verdadeira revolução tecnológica e permitiu o aperfeiçoamento dos utensílios e sua transformação em armas para a caça. A domesticação de animais marcou uma etapa importante da evolução da sociedade primitiva: o momento da transição de um estado nômade para uma forma de vida sedentária. Surgiram então as tribos e aldeias. A descoberta da agricultura possibilitou a ampliação dos estoques alimentares. Abordamos o papel das mulheres nesta descoberta. Como elas permaneciam mais tempo nos abrigos, começaram a observar que nos locais onde haviam caído sementes nasciam plantas, que produziam frutos, iguais aos das matas – elas "domesticaram" as plantas. O trabalho é parte central nesse processo de humanização do ser humano. Para Engels e Marx, esta é a diferença essencial entre o homem e os demais animais: "...*o que nos distingue dos animais, não é o fato de pensar, mas o de produzir nossos meios de vida*" (MARX, 1986, p. 22).

No segundo momento, trabalhamos com o modo de *Produção Escravista*, perpassando as diferentes sociedades que se utilizaram dessa forma de produção desde a Grécia, passando pela sociedade egípcia até o Império Romano, além de outros povos da Antiguidade. Estudamos as formas de tratamento, sua produção e reprodução social nas diferentes esferas e espaços de poder dessas sociedades, bem como as estruturas sociais e educativas, tipos de produtos, as trocas, a alimentação, o comércio de seres humanos, as resistências, as guerras e conflitos.

A Grécia antiga não inventa o escravismo, que existia antes e em outros lugares. Mas cria, entre o século VI e o século V antes da nossa era, a escravidão, quer dizer, aparece como a primeira sociedade da história humana no seio da qual o escravismo deixa de constituir um recurso econômico, entre outros, para se tornar a principal "ferramenta de produção". Na Grécia antiga a escravidão foi patriarcal inicialmente, e depois teve um caráter empresarial para os setores: agrícola, mineral, artesanal, naval e comercial; contexto de rentabilidade que fez aparecer a classe social dedicada ao aluguel do escravo, por tempo ou empreitada. Muitos eram pertencentes à administração ou aos templos e eram cada vez mais aproveitados em serviços públicos, além de, paralelamente, serem utilizados como espécie de capital fixo dimensionado à fabricação de produtos. No Egito, o número de escravos era superior ao de homens livres. Na sua maioria, eram de origem estrangeira, capturados em ataques rápidos ou fornecidos por mercadores e eram usados em diferentes atividades, construção de obras, como artífices de bronze, produção de vestuário, na moagem e em tarefas domésticas.

Em Roma, os donos de escravos, classe dominante ávida de lucro e de privilégios, tornam-se os motores do desenvolvimento das forças produtivas sob a forma do aumento do número de escravos e da construção de obras, facilitando a pilhagem dos países conquistados. O escravismo foi o resultado do desenvolvimento das forças produtivas em regiões onde um povo tinha dominado outro. Nessas circunstâncias, o escravismo permite a apropriação por um grupo social do trabalho excedente realizado pelo resto da sociedade. A economia escravista romana é fundada sobre a pilhagem e a exploração dos povos conquistados que fornecem os escravos como meios de produção.

No modo de *Produção Feudal*, o feudalismo é o elemento que define esta parte da história, período em que se institui a servidão. Coincidentemente, a Idade Média está ligada com a formação, desenvolvimento e declínio do trabalho servil. Abordamos este período em duas grandes fases: 1) a Alta Idade Média (séculos V a XI), desde a queda de Roma e a formação dos reinos germânicos no Ocidente até o início das Cruzadas contra o Islã; e 2) a Baixa Idade Média (séculos XI a XV), inicia-se com a primeira Cruzada até a centralização do poder real e a expansão ultramarina europeia. Nessa fase, tem-se o renascimento comercial e urbano, orientando assim a vida econômica e o apogeu da sociedade feudal que era principalmente rural, pois quase todas as pessoas viviam no campo. O trabalho na agricultura era pesado e cansativo e os camponeses ficavam com poucos frutos do seu trabalho, visto que as terras eram dos nobres.

A sociedade feudal dividia-se entre: nobres, que praticamente não trabalhavam e eram os donos dos meios de produção; os servos, que não eram escravos porque não pertenciam aos nobres, já que não poderiam ser vendidos para outro senhor feudal, mas também não eram livres para irem a outro lugar ou a outro feudo, a eles era "permitido" possuir instrumentos de trabalho. As terras dos feudos eram divididas em três grandes áreas: 1) os campos abertos: terras de uso comum, nelas os servos recolhiam madeira e soltavam os animais. Nesses campos, que compreendiam bosques e pastos, havia uma posse coletiva da terra; 2) a reserva senhorial: terras que pertenciam exclusivamente ao senhor feudal, e tudo o que fosse produzido na reserva senhorial era apropriado por ele; 3) o manso servil, ou tenência: terras utilizadas pelos servos, das quais eles retiravam seu próprio sustento e recursos para cumprir as obrigações feudais, que cobrava dos camponeses diversos tipos de impostos, exigindo dias de trabalho, cobrança pelo uso de ferramentas, parte da colheita.

O feudo, que significa propriedade, podia ser uma área de terra, um cargo, uma função eclesiástica ou o direito de receber alguma vantagem. Mas, quase sempre, o feudo era uma extensão de terra, concedida a alguém como "benefício" em troca de serviços. De qualquer modo, receber um feudo era adquirir poder sobre bens materiais e sobre as pessoas. O senhor feudal dominava os servos e o território e estabelecia os impostos. Neste sistema as relações de produção não ocorrem mais por "obrigação da escravidão", mas, por convenções sociais impostas pelos nobres. Agora, o servo "livre" da escravidão tem onde viver, plantar, colher, mas essa concessão por parte dos senhores custava a própria vida, a dignidade, e a exaustão dos camponeses. Muitas foram as revoltas dos camponeses nesse período, as quais são abordadas com os alunos comparando-as com as formas de luta pela terra dos séculos XIX e XX no Brasil.

O quarto modo de produção, denominado de *Modo de Produção Asiático*, serve para buscar explicações sobre as sociedades que se desenvolveram de forma diferente que os modos de produção comunal, escravista, feudal e capitalista não conseguem explicar. Como, por exemplo, as sociedades complexas dos indígenas da América e muitos povos da Ásia. Nessas sociedades havia um complexo produtivo bem articulado que atendia as necessidades da maioria da população, mas mantinham estruturas de poder desigual. Avançaram muito em diversas áreas do conhecimento, como a medicina, engenharia, a agricultura e a pecuária. Esse sistema econômico, ainda mal conhecido, é geralmente o resultado da necessidade de algumas comunidades no enfrentamento dos problemas colocados pela natureza (aridez do solo, inundações, monções etc.). Em tais regiões, as comunidades tiveram a obrigação premente de estudar os ciclos da natureza, de empreender obras de controle das águas para assegurar sua sobrevivência. A complexidade das obras, os conhecimentos técnicos que tiveram que mobilizar, assim como a necessidade de uma autoridade para coordenar o trabalho, engendraram uma camada de especialistas (os sacerdotes, mais predispostos ao estudo e à observação da natureza, muitas vezes estiveram na formação dessas castas). Encarregados de uma tarefa específica a serviço da comunidade, esses especialistas (que aparecem como os criadores de riquezas novas) tendem a se constituir em casta dominante. Eles se apropriam progressivamente do excedente social em detrimento da coletividade. Dessa maneira, o desenvolvimento das forças produtivas transformou em algumas sociedades esses servidores da sociedade em exploradores. A diferenciação social que se desenvolveu levou à criação de um poder político constituído em Estado em uma sociedade real ou imperial. O modo de produção asiático, entretanto, deixa subsistir relações de tipo comunitário no seio das células de produção próprias. Mas uma primeira ultrapassagem do comunismo primitivo é realizada. O aparelho de Estado central, que agrupa o conjunto da classe dominante, apropria-se do sobretrabalho das comunas aldeãs que ainda viviam da terra, essencialmente segundo as tradições imemoriais da vida tribal. A escravatura existia nesse modo de produção, mesmo em um nível considerável, pela existência de serventes, trabalhadores de grandes obras públicas. Dominaram vastos territórios por séculos, até serem dizimados ou derrotados por invasões ou por conflitos internos.

É importante afirmar que nesta forma de ensino da Economia Política não utilizamos o método linear da história, pois acreditamos na circularidade, em que os processos não ocorrem de forma sequencial e estanque (BAKTHIN, 1993). Podemos aplicar este conceito de circularidade na análise do meio rural brasileiro, onde no século XXI ainda encontramos relações de servidão, de escravidão, pessoas vivendo em condições sub-humanas nos processos produtivos. Realizamos debates constantes com os alunos, que relacionam a teoria com a realidade de suas comunidades com: a falta de energia, a superexploração do trabalho, as condições de abandono, a forma de gestão escolar e assim por diante. Essa reflexão tem como base teórica conteúdos e conceitos que são desenvolvidos por outras áreas da ciência, como a Filosofia, Ciências Agrárias, Ciências Humanas e Sociais, e pelos demais blocos: Linguagem, Ciências da Natureza e Matemática. A história, articulada com a economia política, constitui-se em um eixo que permite aos alunos compreenderem que o ser humano é essencialmente um ser histórico e social. Ou seja: é pelo trabalho e pela história que nós nos formamos como seres humanos e é por ela que nós nos conhecemos e temos consciência de quem somos.

Quando abordamos um determinado modo de produção, o aluno já teve contato com outros saberes, com outras áreas do conhecimento, que são fundamentais para a compreensão dos diferentes momentos históricos. Além disso, em sua síntese diária, o aluno deve realizar o esforço de sistematizar os conceitos ministrados, elaborar suas próprias ideias e sempre procurando relacioná-los com a realidade em que vive. A tentativa é formar educadores, com novas habilidades que lhes permitam transitar entre fronteiras, dialogar com outras disciplinas, a partir do seu conhecimento específico, procurando transformá-lo em conhecimento complexo que é gerado pela cooperação entre os próprios alunos e os docentes do curso.

Na sequência, abordamos o modo de *Produção Capitalista*, a acumulação do capital, o surgimento da mais valia, as classes sociais, os donos dos meios de produção, entre outros conceitos fundamentais. Neste modo de produção o ser humano é um sujeito "livre", visto que não tem mais um senhor feudal que lhe domina. Não é escravo, é "livre" para vender sua própria força de trabalho. Mostramos como o consumo exagerado gera problemas, as mazelas sociais, as desigualdades. Nessa etapa do processo, apresentamos um filme escolhido em conjunto pelos docentes – *Home: nosso planeta, nossa casa* (2009), de Yann Arthus-Bertrand, com imagens gravadas em 54 países, abordando a evolução de nosso planeta, a ocupação desordenada, as desigualdades sociais, os malefícios do sistema capitalista. Diferentes conceitos estão contidos nas imagens, na narrativa, no enredo. Muitas são as associações possíveis, como: a importância de uma mudança no modelo de desenvolvimento, como as desigualdades sociais são produzidas, a destruição da natureza, o consumismo, a poluição, a importância de novas tecnologias limpas, a agroecologia, entre outras ações que cabe a cada educador apropriar-se e perceber-se como sujeito neste processo, que exige mudanças estruturais na atual sociedade. Procuramos demonstrar um princípio fundamental que é inerente ao conceito de modo de produção: "aquilo que os seres humanos são decorre diretamente do modo como eles produzem sua existência" (Marx). Em consequência, o modo de produção determina uma série de questões relacionadas à existência humana, como as formas da produção dos bens materiais destinados ao consumo e à troca, as relações sociais, as formas da consciência, bem como a educação que irá se relacionar de maneira correspondente à variação do conceito de modo de produção.

Por isso, entendemos ser de fundamental importância que um educador e, especialmente o educador do campo, aproprie-se dos códigos da ciência, das diferentes áreas do conhecimento para que possa formar-se e formar, participar de processos que possibilitem mudanças estruturais nas escolas rurais, e que possam um dia se transformarem em escolas do campo, de um outro campo brasileiro.

O outro modo de produção abordado é o modo de *Produção Socialista*. Abordamos as experiências históricas dos países que experimentaram essa forma de organizar a sociedade e a produção onde os meios de produção pertencem a toda a sociedade, ou ao Estado, assim como formas de apropriação dos resultados da mais-valia social, o funcionamento da saúde, a universalização da educação, as formas de produção agropecuária, a organização da indústria e do setor de serviços. Os valores de uma sociedade mais igualitária, seus problemas e desafios.

O ensino da Economia Política, tendo o trabalho como matriz formativa, contribui para o que Saviani (2009) preconiza para uma educação transformadora: a pesquisa sobre a realidade concreta dos sujeitos, a formação social brasileira e a produção da pedagogia a partir de uma visão histórico-crítica; o uso da perspectiva dialética como eixo articulador de suas análises e pesquisas; a compreensão dos nexos entre modo de produção, trabalho e educação; a compreensão e a atuação sobre a realidade em que vivem. Procuramos uma formação que possibilite ao educador visualizar a escola como um todo indivisível, que não separa a formação intelectual da criação manual, articula a direção coletiva de educadores e educandos, e incentiva a participação dos estudantes nas lutas gerais da classe trabalhadora.

A formação do Brasil e os modelos de desenvolvimento

Na última parte da disciplina, desenvolvemos conteúdos e práticas que possibilitam pensar o Brasil e sua formação. Pensá-lo como um processo que inclui a formação e a transformação, o que significa buscar continuidades e descontinuidades de acontecimentos e suas relações, muitas vezes conflituosas, dialéticas. Para isso, diferenciamos os conceitos de formação x fundação (CHAUÍ: 2000,9). Fundação refere-se a um momento passado imaginário, tido como instante originário que se mantém vivo e presente no curso do tempo, isto é, a fundação visa a algo tido como perene (quase eterno), que traveja e sustenta o curso temporal e lhe dá sentido. Já o termo formação é histórico, construído pelos sujeitos, é um processo dialético de luta das classes sociais que formaram o Brasil e que hoje o conformam.

Partimos do pressuposto que um novo modelo de desenvolvimento é necessário em nossa sociedade, que deve ser articulado entre os espaços que se denominam campo e cidade. O termo desenvolvimento é tratado em suas diversas dimensões: econômica, sociocultural, política e histórica, o que permite construir uma abordagem crítica de sua manifestação na sociedade. Com os alunos, realizamos leituras clássicas e de autores contemporâneos para se familiarizem com os conceitos teóricos e a compreensão da realidade social. Os textos percorrem temáticas, tais como: a questão do território, a formação econômica do Brasil, a questão agrária, a formação do povo brasileiro, as relações de trabalho, a história das agriculturas, entre outros.

Os alunos da Licenciatura em Educação do Campo precisam ser formados para atuar nas escolas e comunidades do campo. Para isso, é necessário que os educandos se envolvam com processos comunitários e sociais, em suas próprias comunidades ou regiões, na construção de outro modelo de desenvolvimento. Outro conceito que trabalhamos é o do desenvolvimento territorial. Segundo Mançano (2008), esse tema tem recebido relevância e levanta uma série de questões. Muitas vezes, é utilizado apenas como superfície, base ou palco das relações sociais. Buscamos a compreensão do desenvolvimento territorial, com os desafios propostos por Mançano. Trata-se de compreender como as diferenciações da produção espacial e territorial são organizadas e reproduzidas e por quais relações e classes sociais que produzem diferentes espaços e territórios em permanente conflitualidade, como afirma Santos:

> o Território é o lugar em que desembocam todas as ações, todas as paixões, todos os poderes, todas as forças, todas as fraquezas, isto é, onde a história do homem plenamente se realiza a partir das manifestações da sua existência.... O território então passa a ser: a escola, a capela, o lugar, a terra... são mais do que terra, escola ou lugar... são símbolos de identidade e de cultura (2002, p.9).

Pensar o desenvolvimento significa atuar na construção de um projeto popular de agricultura que valorize a agricultura camponesa e que se integre na construção social de outro projeto de desenvolvimento. Que zele, em primeiro lugar, pela soberania e pelo patrimônio coletivo da natureza, da biodiversidade, das águas, da fauna e da flora. Que supere a oposição entre campo e cidade e a visão predominante de que o moderno e mais avançado é sempre o urbano, e que o progresso de um país se mede pela diminuição da sua população rural. E que garanta direitos sociais e humanos como a educação, a terra, a água, a permanência no campo, o trabalho, as diferentes formas de produção e reprodução social da vida, a cultura, os valores, as identidades e as diversidades; no sentido oposto da visão do rural condicionada às matrizes culturais escravistas, latifundiárias e controladas pelo poder político e econômico das oligarquias em geral, amarrados a projetos de modernização conservadora do campo.

Um modelo de desenvolvimento pensado como um projeto nacional, conforme afirma Caio Prado Jr (1998), que parta de nossas próprias condições, levando em consideração as forças e fraquezas de nosso passado colonial de caráter contraditório, restrito e conservador. Caráter este que ainda persiste em diversas situações em nossa sociedade. Para este autor, trata-se de compreender no processo histórico os vínculos entre o desenvolvimento comercial europeu e a colonização latino-americana; discutir os paralelos entre a colonização portuguesa e a colonização espanhola; identificar os fundamentos econômicos da ocupação territorial brasileira. Na análise do período que compreende os Grandes Descobrimentos até meados do século XIX, é necessário identificar e caracterizar as origens da economia e da sociedade do Brasil contemporâneo, em particular a ocupação econômica da Colônia Portuguesa Americana, os vínculos dinâmicos que ligam o desenvolvimento da economia em âmbito mundial às suas manifestações específicas na realidade socioeconômica latino-americana. Esse caráter contraditório, restrito e conservador no campo continua persistindo, como podemos observar, na questão da propriedade da terra no Brasil, extremamente concentrada. Observe-se que os pequenos proprietários dominam apenas 2,7% da área total brasileira, enquanto 1% dos estabelecimentos controla 46% de todas as terras. Outro indicador importante neste contexto é o índice de Gini, que passou de 0, 852, em 1996, para 0, 872 em 2006 (IBGE: 2006).

Segundo Caio Prado Jr (1998), pensar o desenvolvimento significa romper com domínios externos, recriando-se como um país independente, nas palavras do próprio autor: uma "comunidade nacional autônoma". O autor afirma que não basta crescer economicamente. Quando isso ocorreu, as elevadas taxas de crescimento do PIB, acompanhadas de modernização e de urbanização, não resultaram em obtenção de desenvolvimento. Ao contrário, em muitos casos aprofundaram ainda mais o *apartheid* social que domina o Brasil contemporâneo.

No campo, as situações de desigualdades sociais são enormes, ainda temos 80% dos trabalhadores rurais, 13,2 milhões de pessoas, que não completaram o Ensino Fundamental e apenas 3% têm ensino superior, 39% dos trabalhadores rurais não sabem ler e escrever. Nas regiões Norte, 38%, e Nordeste, 58% dos trabalhadores rurais têm menos de um ano de estudo. No Centro-Oeste, 13%, e no Sudeste, 11% possuem Ensino Médio completo. Um milhão de crianças com menos de 14 anos trabalham na agropecuária. Para as mulheres do campo, o problema do analfabetismo é ainda mais grave – atinge 45,7% delas.

Em condições tão precárias, que continuam presentes cinquenta anos após as análises de Caio Prado Jr., é cada vez mais premente pensarmos um projeto de desenvolvimento que aponte para mudanças, transformações e a desconstrução de estruturas que impedem, dominam e atrasam o desenvolvimento social, educacional e econômico do campo brasileiro. É fundamental pensar uma ampla Reforma Agrária, que garanta acesso à terra a todos os que nela querem trabalhar. Permitir a posse e uso das terras de todas as comunidades originárias, dos povos indígenas e dos quilombolas. Estabelecer um limite máximo do tamanho da propriedade da terra, como forma de garantir sua utilização social e racional. Conquistar políticas agrícolas que garantam uma renda mínima justa a todos os agricultores e moradores do campo.

Um autor que trabalhamos com ênfase é Celso Furtado (1974). Para Furtado, o subdesenvolvimento é uma produção histórica do processo capitalista de desenvolvimento, e não ocorre por mero atraso tecnológico ou insuficiência de divisas, mas está vinculado às estruturas que geram o subdesenvolvimento. Nesse sentido, o desenvolvimento deve abarcar toda a formação nacional: "sua economia, sua sociedade, suas regiões, suas diversas formas de Estado, de governo e de regimes políticos". O autor humaniza o desenvolvimento e insere o ser humano em seu conceito, ele deve estar intrinsecamente ligado aos diversos aspectos de bem-estar social, como a saúde, a educação, as condições de vida:

> desenvolvimento, que nada mais é que o crescimento – incrementos positivos no produto e na renda – transformado para satisfazer as mais diversificadas necessidades do ser humano, tais como: saúde, educação, habitação, transporte, alimentação, lazer, dentre outras (FURTADO: 1974).

Outro autor de suma importância neste debate é Darcy Ribeiro, um antropólogo que se preocupou com as questões do desenvolvimento desigual e procurou respostas para elas nas teorias da cultura. Geralmente, esse tema é analisado no âmbito da economia e da sociologia. Seus primeiros escritos sobre esse tema datam da década de 1960. Algumas idéias que predominavam, nessa época, nas academias brasileira e latino-americanas, estavam relacionadas à Teoria da Dependência. Os estudos de Ribeiro (1995) preocupam-se em responder ao seguinte questionamento: "Por que o Brasil (e a América Latina também) ainda não deu certo?". Para responder a essa questão, ele considera que todo o arcabouço teórico das Ciências Sociais é inadequado, devido ao seu eurocentrismo de origem, e parte do princípio de que faltava uma teoria geral que fosse capaz de explicar a nossa realidade a partir de nossas próprias contingências históricas. Segundo Ribeiro: "Nosso passado, não tendo sido o alheio, nosso presente não era necessariamente o passado deles, nem nosso futuro um futuro comum" (Ribeiro: 1995,13). Essas afirmações expressam a constatação de que, sendo a América Latina diferente da Europa e da América do Norte, aquela não poderia ser explicada a partir das teorizações elaboradas para as realidades socioculturais específicas daqueles países.

Todas essas temáticas são tratadas no bloco dois do curso de Licenciatura em Educação do Campo, durante as etapas do Tempo Escola, pois entendemos que os futuros professores precisam compreender, conhecer, pesquisar e buscar formas de mudar a realidade em que vivem. Mas não só; precisam formar-se como professores para atuar nas séries finais do Ensino Fundamental e no Ensino Médio. Para esta formação por área de conhecimento, os alunos dispõem na grade curricular de 3.525 horas/aula e 235 créditos, integralizados em oito etapas (semestres) presenciais. O sistema de alternância estimula esses educadores a permanecer no campo.

Considerações finais

Com esses pressupostos teóricos, os alunos da Licenciatura em Educação do Campo partem para o Tempo Comunidade com o compromisso de realizar pesquisas em que precisam identificar, por exemplo, os modos de produção da comunidade, relações de produção, a quem pertencem os meios de produção, formas de organização: individual, associativa, cooperativada, coletiva; assim como os principais problemas ambientais que as comunidades enfrentam, tais como: a questão da poluição das águas, florestas, destruição de mata ciliar, tratamento do lixo, entre outros.

Os alunos devem realizar neste espaço de aprendizagem, que dura em média de sessenta a noventa dias, a Inserção Orientada na Escola (IOE), apresentando, discutindo, combinando com a comunidade escolar, professores, alunos, associações de pais, conselhos escolares, secretarias municipais de ensino, um projeto, uma ação, uma intervenção no sentido de aplicar os conhecimentos adquiridos no Tempo Comunidade. Também devem realizar a Inserção Orientada na Comunidade (IOC), acompanhar algum processo de luta social, de organização, de implementação de uma política pública, de uma necessidade premente na comunidade. Pode ser a organização de uma horta comunitária, um viveiro de mudas, uma intervenção que busque resolver um problema ambiental mais urgente. É especialmente neste momento, que os conceitos apreendidos da Economia Política, e de outras disciplinas, são utilizados pelos alunos, analisando a realidade, confrontando com a teoria, e realizando novas sínteses. Esse trabalho é registrado individualmente e, posteriormente, eles constroem um texto coletivo, que é apresentado no momento seguinte: o Tempo Escola.

Entendemos ser fundamental essa abordagem que produz uma pedagogia própria, um instrumento para leitura crítica de mundo, uma estratégia para a formação de educadores do campo, uma educação que visa à superação do atual modelo econômico vigente e que busca ao mesmo tempo a construção da emancipação humana dos sujeitos do campo.

Referências

ARROYO, M. G. Pedagogias em movimento – o que temos a aprender dos movimentos sociais?. *Currículo sem Fronteiras*, v.3, n.1, pp. 28–49, Jan/Jun 2003.

ARROYO, M. G. "Revendo os vínculos entre trabalho e educação: Elementos da formação humana" In: SILVA, T. T. (Org.). *Trabalho, educação e prática social*. Porto Alegre: Artes Médicas, 1991.

BAKHTIN, M. *A cultura popular na Idade Média e no Renascimento*. O contexto de François Rabelais. São Paulo: Hucitec; Brasília: Editora da Universidade de Brasília, 1993.

PRADO JR., Caio *História Econômica do Brasil*. 43ª. ed. São Paulo: Brasiliense, 1998.

FURTADO, C. *Formação Econômica do Brasil*. 27ª. ed. São Paulo: Companhia Editora Nacional, Publifolha, 2000.

HUBERMAN, L. *História da riqueza do homem*. 22ª. ed. Rio de Janeiro: LTC, 2010.

MANÇANO, B. F. Sobre a Tipologia de Territórios. Artigo. CAPES\CLACSO, 2008.

MORIN, E. *Introdução ao Pensamento Complexo*. Lisboa: Instituto Piaget, 2001

LUXEMBURGO, R. *Introdução à Economia Política*. Trad.: Carlos Leite São Paulo: Martins Fontes, 1925.

PISTRAK, M. A escola do trabalho do período de transição. In PISTRAK, M. (Org.) *A escola-comuna*. São Paulo: Ed. Expressão Popular, 2010. Trad.: Luis Carlos Freitas.

SAVIANI, D. Entrevista com Professor Demerval Saviani (Unicamp) publicado na revista eletrônica *Germinal,* da Universidade Estadual de Londrina. Fonte: Revista Germinal: Marxismo e Educação em Debate, Londrina, v. 1, n. 1, p. 110–116, jun. 2009.

UNIVERSIDADE DE BRASILIA. Faculdade UnB Planaltina. Projeto Político-pedagógico da Licenciatura em Educação do Campo. 2007.

Capítulo 14
Práticas de letramento: produção textual coletiva na formação do docente do campo

Rosineide Magalhães de Sousa[1]

Neste artigo, relatamos uma experiência de prática pedagógica coletiva e discutimos sobre práticas de letramentos dos educandos e das educandas do campo no processo de formação docente, especificamente práticas de letramento realizadas no Tempo Escola, do curso de Licenciatura em Educação do Campo (LEdoC), da Faculdade de Planaltina, Universidade de Brasília. Nesse contexto, estabelecemos a interação com a dinâmica da produção coletiva de texto, em que se articulam experiências de vida, conhecimentos dados e novos em contraposição a um letramento acadêmico hegemônico. Essa discussão está norteada pelos conhecimentos teóricos do letramento como prática social da Sociolinguística Interacional, revelando nuanças da Sociolinguística Educacional, e pelos conhecimentos dos participantes do enquadre. A base metodológica tem orientação na etnografia educacional. Além do registro e discussão, buscamos refletir sobre uma nova prática de letramento em um contexto acadêmico: a universidade.

Práticas, produção, leitura e circulação de textos

As práticas de letramentos: produção, leitura e circulação de textos escritos, em diferentes contextos, por motivação diversa, ocorrem o tempo todo na sociedade, porque precisamos ler e escrever, ressignificar o que lemos na oralidade ou na forma de escrita novamente. As pessoas participam de diferentes práticas de letramento devido às exigências comunicativas, sociais e interacionais. As práticas de letramento, conforme inserção em novos contextos, vão-se ampliando, sobrepondo-se cognitivamente e socialmente. Práticas dadas vão abrindo caminho para novas práticas. Diante disso, este artigo abre espaço para abrigar uma experiência de práticas de letramentos que ocorrem no Tempo Escola, de uma turma, do curso de Licenciatura em Educação do Campo, *campus* Faculdade Planaltina, da Universidade de Brasília,

---

[1] Doutora em Linguística/Sociolinguística, Universidade de Brasília. Professora da Licenciatura em Educação do Campo da Faculdade UnB Planaltina.

que começa na terceira etapa e continua na quarta etapa, o que equivale ao terceiro e quarto semestres de um curso comum de licenciatura.

Esse curso não segue a metodologia de um curso regular de licenciatura, visto que sua dinâmica é a alternância, cuja explicação metodológica explicitamos em outra parte do artigo. O que está em tela, aqui, é o desvelamento do questionamento: "Como se dá a produção coletiva de texto em contexto acadêmico, onde os protagonistas são educandos e educandas do campo? Como a interação vai-se estabelecendo nesse contexto educativo?" Para responder a essas perguntas, recorremos aos conhecimentos da Sociolinguística Interacional e Educacional e do letramento como prática social e à etnografia educacional como método. E, principalmente, aos registros de enquadres interativos entre educandos, educandas e docente(s). Vale ressaltar que, para esse trabalho, inspiramo-nos na proposição de Barton (2000), assim parafraseada: as pessoas podem ser encorajadas a pesquisar suas próprias práticas, evidenciando a ligação entre o ensino e a pesquisa, entre a educação e a vida diária, analisando como o processo de pesquisa pode ser uma ferramenta pedagógica e o modo no qual os estudos detalhados de muitas áreas da vida cotidiana fornecem evidências da natureza do letramento situado.

O contexto de práticas de letramento

Este relato que apresentamos não é simplesmente um recorte de um contexto, mas o registro de um trabalho que está em desenvolvimento, que faz da sala de aula, também, um contexto de pesquisa, com o objetivo de um olhar mais apurado às coisas óbvias.

Por isso, as perguntas cunhadas por Erickson (1990) servem como norte para uma postura docente:

1. O que está acontecendo aqui?
2. O que essas ações significam para as pessoas envolvidas nelas? Ou seja, quais são as perspectivas interpretativas dos agentes envolvidos nessas ações?

Diante disso, há a preocupação com a eficiência do trabalho pedagógico, que encontra na etnografia, a observação e a interpretação reflexiva do contexto educativo de sala de aula onde estão pessoas que trazem cultura, identidade e nível de letramento diferentes, pessoas envolvidas com o campo. Contudo, não fazemos desse contexto um lugar de observação para a coleta de dados a serem interpretados e uma reflexão unilateral, mas como explica Erickson (apud BORDONI-RICARDO: 2008 p.41-42) "é tarefa da pesquisa qualitativa de sala de aula construir e aperfeiçoar teorias sobre a organização social e cognitiva da vida em sala de aula, que é o contexto por excelência para a aprendizagem dos educandos."

Dessa forma, relatamos contextos de sala de aula onde ocorrem práticas de letramento dos educadores e das educandas do campo, em formação docente. Na UnB, *campus* de Planaltina, DF, onde está em andamento o curso de Licenciatura em Educação do Campo, atualmente com quatro turmas, que funcionam em regime de alternância: Tempo Escola, quando os alunos se dedicam em tempo integral ao curso de um período que varia de trinta e cinco a sessenta dias, e no Tempo Comunidade, quando retornam às suas comunidades, para continuar em suas atividades rotineiras, mas com ações educativas na comunidade e na escola. Essas ações são orientadas pelos educadores e pelas educadoras do curso, que acompanham com a colaboração de outras pessoas: doutorandos, mestrados e professores de outros departamentos da UnB e de outras instituições, como Iterra, UFMG, UEG, IFB, Unicamp, em dias específicos, estudos e outras ações do Tempo Comunidade.

A turma dois, denominada "Andreia Pereira dos Santos", é constituída de pessoas oriundas do Mato Grosso, Mato Grosso do Sul, Goiás, Entorno do DF (Unaí e Buritis, MG), e Distrito Federal; homens e mulheres, casados e solteiros, de idade entre 19 a 41 anos; muitos assentados pela Reforma Agrária, que estão lutando pela sobrevivência no campo. Outros são das comunidades Quilombola. Parte das pessoas da turma participa de movimentos sociais. Algumas já são professores e professoras do campo e vivem a realidade da educação no campo.

Na terceira etapa, tivemos o primeiro contato com os educandos e as educandas, na área de Leitura, Interpretação e Produção de Texto, do Núcleo de Estudos Básicos, da matriz curricular do curso. Não descrevemos, aqui, em detalhes quanto à composição dessa matriz. Já entramos no meio do processo, visto que fizemos concurso para a área de Linguagens – Linguística e quando assumimos a docência na UnB o curso já estava em andamento.

Nosso grande desafio, primeiramente, foi interagir de imediato, com pessoas com experiências e realidades diferentes, sem causar interação inicial conflitante, pois as diferenças, de certa forma, por natureza, já são conflitantes. Nessa situação–problema e não problemática buscamos ouvir educadores e educadoras que já trabalhavam com a turma, principalmente, uma educadora colaboradora da LEdoC, que já estava trabalhando na área de Leitura, Interpretação e Produção de Texto, antes da nossa chegada ao curso. Essa postura é conhecida na etnografia como ética, isto é, uma forma de conhecimento prévio que o pesquisador faz do contexto onde está se inserindo para interação e comunicação.

Como não havia muito tempo para interações interpessoais mais aprofundadas, com narrativas pessoais orais, por causa do cumprimento da carga horária, depois da nossa apresentação, foi solicitado aos educandos e às educandas que escrevessem uma carta, contando um pouco da narrativa histórica de cada um. Uma educanda escreveu na carta que "Para conhecer, não são através de cartas, que são informações suavizadas, mas insisto em uma convivência. Nem os grandes autores, acredito eu, contam a sua história total". Ela tem razão, só conhecemos uns aos outros com a convivência. Mas, pelo menos, começamos a leitura de cada um de nós. Cada pessoa é um texto, que lemos um capítulo a cada dia. Mas, como ensina Paulo Freire, fazemos a leitura de mundo, as pessoas fazem parte do mundo. Com a carta, tivemos a oportunidade de conhecer um pouco da narrativa de vida dos educandos e das educandas.

Nessa etapa 3, trabalhamos estratégias de leitura e produção de textos, especificamente o resumo. Percebemos que os educandos e as educandas apresentaram dificuldade na escrita, principalmente, em ressignificar de forma clara e objetiva o que leram e compreenderam de gêneros discursivos acadêmicos. O resumo solicitado foi do texto de Paulo Freire "A importância do ato de ler", que foi lido pelos educandos e pelas educandas e discutido em plenária. Dessa forma, houve um processo de compreensão de leitura antes da escrita.

Depois de lidos e corrigidos, os resumos foram devolvidos aos educandos e às educandas para verificarem os problemas de tópicos de escrita: falta de coesão e coerência textuais; ideias truncadas, pontuação indevida, entre outros aspectos. Depois da identificação desses tópicos, passamos à discussão coletiva de como poderíamos sanar esses problemas de escrita.

Alguns educandos e algumas educandas revelaram que nunca tinham produzido um resumo na fase de estudo da escola básica, então o porquê da dificuldade. Como não ficou clara a produção do resumo para algumas pessoas, resolvemos, entre nós, produzir um resumo coletivo. Para isso, utilizamos um texto que já tinha sido lido e discutido em outro componente. Com o exercício dessa produção, verificamos que é necessário entender o texto para resumi-lo e não catar frases nos textos, juntando-as, formando um mosaico de palavras sem conexão. Mas, para isso, muitas vezes, é preciso ler o texto mais de uma vez. Diante disso, é necessário tempo e condicionar um contexto de leitura favorável. Como afirma Garcez (2001, p. 47), "precisamos usar muitas informações contidas em textos que já lemos. Mas nem sempre isso é possível. Nossa memória é muito seletiva. Ela não guarda tudo o que gostaríamos a partir de uma primeira leitura".

Essa prática de letramento conduziu-nos a refletir que, às vezes, negligenciamos as dificuldades de leitura e escrita dos educandos e das educandas, pedindo-lhes que leiam um texto enorme e complexo, em pouco tempo, e faça uma síntese em meia hora, para cumprir uma atividade pedagógica. E que, em muitos momentos, acentuamos muito mais o trabalho com a oralidade, sem observar a escrita, pelo menos da compreensão do texto que solicitamos para leitura por meio da produção de um outro texto que possa ter uma finalidade mais real.

A formação dos educadores e das educadoras do campo requer uma reflexão sobre saberes básicos: ler e escrever com proficiência, já que a escola do ensino básico não cumpriu com esse letramento. Essa negação é uma forma de opressão. E o interstício que há entre o que o educando e a educanda sabem da língua escrita e o que a universidade exige dele e dela causa um descompasso entre o letramento pessoal e o institucional. Visto que a oralidade é muito mais utilizada pelas pessoas e principalmente as do campo, que lidam com gêneros da tradição oral: causos, rezas, gêneros da tradição popular e outros gêneros particulares.

Dessa forma, os educandos e as educandas saem de um contínuo de oralidade e passam para um contínuo de letramento muito monitorado. Conforme Bortoni-Ricardo (2004), os nossos eventos de comunicação estão localizados em uma linha imaginária, o contínuo, que são mediados pela língua escrita ou pela oralidade. Daí o contínuo de oralidade-letramento. Nesse contínuo não há fronteiras bem marcadas, visto que elas são fruídas e há sobreposição ao longo do contínuo.

As pessoas do campo circulam mais no contínuo de oralidade. Mesmo com acesso a textos escritos, há predominância da oralidade na comunicação, e aquelas pessoas que participam de movimentos sociais utilizam mais a oralidade. Na observação em sala de aula, percebemos que alguns alunos têm um domínio muito eloquente da oralidade, com discursos que revelam conhecimentos profundos de certos temas: Reforma Agrária, agroecologia, agronegócios, preservação ambiental, lutas pela terra etc. Contudo, na escrita, as marcas de oralidade estão presentes, na ortografia e na construção morfossintática. A progressão textual escrita é escassa. Isto é, o encadeamento de ideias que dá a coerência, sentido claro, ao texto.

Para o trabalho com a escrita, é necessário o cuidado com algumas estratégias. É na organização de um contexto de interação em que as pessoas são ratificadas, considerando seus saberes, para que reconheçam outros.

Para a Sociolinguística Interacional, o contexto é constituído em uma interação social, incluindo o modo e a organização da participação dos interagentes. A linguagem e o contexto constituem-se um ao outro. O contexto é interno e externo à pessoa porque ela percebe a circunstância social em consequência da situação social real. A percepção de contexto está associada ao aspecto cognitivo, que permite à pessoa relacionar a situação do contexto aos seus conhecimentos. Esses conhecimentos levantam expectativas da circunstância social e permitem a ela fazer inferência do contexto.

A Sociolinguística Interacional analisa os procedimentos do contexto social por meio dos quais inferimos significados. Esses significados, de acordo com Gumperz (apud RIBEIROS; GARCEZ: 1998 p. 98), são inferidos das convenções de contextualização, as quais são pistas de natureza sociolinguística, que "utilizamos para sinalizar as nossas intenções comunicativas, ou para inferir as intenções conversacionais do interlocutor". As pistas são de natureza linguísticas e paralinguísticas.

As pistas linguísticas consistem na alternância de código, de dialeto ou estilo e as paralinguísticas: valor da pausa, o tempo de fala, as hesitações, entoação, o acento de voz, direcionamento do olhar, o distanciamento entre os interlocutores e suas posturas, a presença de gestos.

Essa interação foi-se constituindo por meio de aspectos linguísticos, como as falas dos educandos e das educandas, fazendo perguntas, falando sobre um tema do texto que leram e que estava sendo ressignificado na composição de outro texto, na discussão sobre um conceito temático, na tentativa de parafrasear da melhor forma uma oração e registrar o mais apropriado sinal de pontuação para a frase. E nos aspectos paralinguísticos: levantar de mão, sinalizando participação no enquadre de construção do texto coletivo, em um olhar atencioso, identificando a participação na autoria do texto e os movimentos do rosto, demonstrando a seriedade da atividade.

De acordo com a Sociolinguística Interacional, são importantes os aspectos linguísticos e paralinguísticos para definir uma situação e levantar pressuposições contextuais do tipo: o que sei sobre isso? E o que espero encontrar em uma situação ou atividade particular?

A Etnografia da Comunicação (HYMES: 1972) ressalta o contexto em um determinado evento cultural de fala. O evento é constituído pelo enquadre de conhecimento cultural – não linguístico, mas comunicativo. O modo como organizamos e conduzimos nossa vida por meio da linguagem são modos de ser e fazer, que são profundamente gravados em contextos particulares e culturais.

A análise da conversação considera o contexto como conhecimento, situação e texto. Dessa forma, a linguagem (e ação por meio da linguagem) é um produto situado de regras e sistemas, que propicia aos atores uma habilidade para dar sentido contínuo de suas ações de envolvimento. A linguagem serve como um meio pelo qual as categorias do senso comum são constituídas. A linguagem também penetra nas relações constituídas mutuamente entre a ação e o conhecimento: a pessoa produz enunciados, assumindo que o par ou pares possa(m) dar sentido fora do enunciado, por meio de razão prática e operações metódicas operacionais que a pessoa pode aplicar à conduta social, em geral.

O contínuo de práticas de letramento – Continuando o trabalho com as práticas de letramento, no primeiro encontro da quarta etapa, na Oficina de Leitura e Produção de Textos, promovemos a discussão do texto: "Letramento(s): práticas de letramento em diferentes contextos", de Roxane Rojo, indicado para leitura e estudo no Tempo Comunidade.

Inclusive no Tempo Comunidade, os educandos e as educandas continuam, também, com o letramento acadêmico, visto que levam para esse Tempo textos que são indicados pelos educadores e pelas educadoras da LEdoC. As práticas de letramento nesse contexto são mediadas pelos roteiros de atividades elaborados por esse corpo docente. As atividades de leitura e de escrita ocorrem em práticas individuais, quando os educandos e as educandas estudam sozinhos, ou em grupo, quando se organizam com os colegas de sua comunidade ou com colegas que moram próximos. E ainda quando recebem a mediação dos acompanhantes de Tempo Comunidade para a interação de estudo face a face.

Na Oficina de Leitura e Produção de Textos, aproveitamos que a maioria dos educandos e das educandas tinha lido o texto. Isto é, a maioria, pois algumas pessoas disseram que não leram o texto por estar agora na área de Ciências da Natureza e Matemática e que, portanto, pensaram que não haveria necessidade de ler um texto indicado pela área de Linguagens. Entendemos que o letramento é para todos, independente da área, visto que, conforme o texto de Rojo, participamos de muitas práticas de letramentos e a área de Ciências da Natureza é uma dessas práticas. Ler e escrever são práticas básicas que interessam a todos, visto que lemos e interpretamos diferentes linguagens: números, tabelas, gráficos, mapas, símbolos etc.

Vale ressaltar que na quarta etapa (equivalente ao quarto semestre) há a divisão das áreas: as habilitações "Ciências da Natureza e Matemática" e "Linguagens". Nessa fase, a turma é dividida em dois grupos, conforme a habilitação escolhida. Cada grupo passa a ter aulas específicas de suas respectivas áreas. Contudo, até o término do curso, os dois grupos se unem para as aulas dos componentes comuns a todos os educandos e educandas.

Continuando o relato das práticas de letramento na Oficina de Leitura e Produção de Textos, os educandos e as educandas foram levantando os letramentos de sua comunidade, da escola, dos movimentos sociais, das festas locais, da política, da agricultura, entre outros. Discutimos sobre práticas de letramentos acadêmicos em que circulam textos que antes não eram conhecidos por eles e elas: artigos, ensaios, fichamentos e capítulos de livros teóricos. Inclusive alguns alunos já estavam produzindo alguns desses gêneros: artigo e fichamento, pontuando dificuldade em lidar com tais gêneros, visto que é uma prática de letramento muito acadêmica. Daí as perguntas "professora, como se faz um fichamento, um artigo..."

Desde o início até aqui estamos falando de letramento, por isso vamos abrir um enquadre aqui para esclarecer sobre essa temática e depois continuamos a relatar a Oficina de Leitura e Produção de Textos.

O letramento

É um fenômeno muito discutido atualmente no meio acadêmico, principalmente em algumas áreas da Educação e da Linguística, como na linha de pesquisa de Linguagem e Sociedade. Tornou-se uma temática difícil de ser definida, devido às diferentes dimensões adotadas para os seus estudos. Hoje, discutem-se letramento e alfabetização (SOARES, 2004); letramento e educação: resultados de indicador de alfabetismo funcional (Ribeiro *et alii.*, 2004); práticas de letramentos situados (BARTON *et alii.*, 2000) etc.

Uma conhecida citação, que retiramos de Kleiman (1999, p. 19), registra que o letramento pode ser definido "como um conjunto de práticas sociais que usam a escrita, enquanto sistema simbólico e enquanto tecnologia, em contextos específicos, para objetivos específicos"(cf. SCRIBNER; COLE: 1981).

Assim, vemos o letramento como uma cultura constituída de práticas sociais em que as pessoas se valem de textos escritos para registrar a memória, acordos, expandir e reinventar o conhecimento em todas as dimensões históricas, científicas e sociais. Esse fenômeno ocorre em diferentes domínios sociais: escola, lar, igreja, trabalho, universidade, lazer, movimentos sociais entre outros domínios. Isso significa que os letramentos são situados, conforme a perspectiva de Barton *et alii* (2000). Os significados do letramento têm diferentes propósitos sociais e culturais.

As pessoas aprendem, na escola e em outras instâncias, fatos registrados ao longo do tempo por meio da escrita. Mesmo quem não é alfabetizado tem a possibilidade de aprender fatos históricos que foram aprendidos pelas pessoas que detinham a leitura e a escrita, e transmitiram seus conhecimentos aos outros. Exemplos disso são as histórias de uma determinada comunidade campesina, contadas por familiares ou outras pessoas, que os educandos e as educandas registram em seus textos. Podemos considerar que o letramento é uma prática que surgiu com a escrita, quem sabe com as figuras rupestres registradas nas cavernas em nossos primórdios.

O letramento passou a ser muito discutido por ser entendido como fato social que se reflete na constituição de uma sociedade com muitas necessidades, e uma delas é terem sujeitos letrados que possam, em muitos aspectos, exercer papéis sociais que requerem habilidades de leitura e de escrita.

Por outro lado, Barton *et alii* (2000) introduzem o conceito de práticas de letramento, focalizando a visão social e definindo a natureza de letramento em seis proposições (asserções), a saber:

1. O letramento é melhor entendido como um conjunto de práticas sociais; essas podem ser compreendidas como eventos que são mediados pelos textos escritos.
2. Há diferentes letramentos associados a diferentes domínios sociais.
3. As práticas de letramento são padronizadas por instituições sociais e relações de poder. Alguns letramentos são mais dominantes, são mais visíveis e influenciam mais que os outros.
4. As práticas de letramento são direcionadas e encaixam-se em metas sociais amplas e em práticas culturais.
5. O letramento é historicamente situado.
6. As práticas de letramento transformam-se e novas práticas são frequentemente acionadas por meio de processos de aprendizagem formal e informal.

Analisar as práticas de letramento não se restringe a momentos de observação de comportamento, pois elas envolvem ainda valores, atitudes, sentimentos e relacionamentos sociais, envolvem, portanto, pessoas. As práticas são processos sociais, que promovem a interação entre pessoas e essas são incluídas em representações formais que se tornam presentes nas ideologias e nas identidades sociais.

As práticas de letramento são moldadas pelas normas sociais que regulam o uso e a distribuição dos textos, prescrevendo quem produz e quem tem acesso a eles. São mais úteis sendo entendidos como existentes nas relações entre as pessoas, em um grupo ou em uma comunidade.

A produção do texto coletivo – Depois que abrimos um enquadre para falar do letramento, voltemos à Oficina de Leitura e Produção de Textos. Em outro encontro desse componente, negociamos a produção de um texto coletivo, visto que é uma forma de produção muito recorrente entre os educandos e as educandas do campo. Muitos tinham dúvidas de como organizar a produção textual: como começar o texto, que tempos verbais utilizar, como dar progressão, coesão e coerência, como utilizar os sinais de pontuação: vírgula, ponto e vírgula e ponto.

Nesse trabalho coletivo, buscamos um tema da realidade de todos. Resolvemos falar sobre o Cerrado, o bioma brasileiro que está desaparecendo por vários fatores, um deles é a monocultura (milho, soja e cana-de-açúcar). Para essa atividade, projetamos um editor de texto na parede da sala, por meio de projetor. Dois alunos se predispuseram a escrever o texto e fiquei como mediadora da escrita. Visto que o objetivo era perceber como se dava a produção de um texto coletivo, principalmente com tantos conhecimentos sobre o assunto vindo dos educandos e das educandas, por meio da oralidade, e teriam que ser organizados na forma de escrita.

Sabemos que, na sala de aula da universidade, encontramos facilidades tecnológicas para a produção do texto coletivo. Entretanto, infelizmente, esses recursos dificilmente estão presentes em uma sala de aula da escola pública do campo, ou na sala de uma associação de comunidades rurais. Assim, o educador ou a educadora tem que recorrer ao giz, ou pincel, quadro e apagador.

O texto coletivo é muito solicitado pela LEdoC aos discentes, contudo, segundo eles, foi feita anteriormente, com outro docente, uma tentativa dessa produção, que não foi bem sucedida. Daí, tínhamos pela frente um grande desafio. Por outro lado, havíamos produzido um resumo coletivo. Um texto pequeno. Nosso desafio naquele momento era a produção de um artigo simples, não científico, mas que abriria estratégias para a produção de outros gêneros discursivos.

Nesse enquadre, os educandos foram levantando o que se sabia do assunto, com a sobreposição de falas: todo mundo querendo falar ao mesmo tempo. Isso foi uma interação muito positiva, pois percebemos o interesse de todos em contribuir. Ainda mais quando uma pessoa acrescenta o discurso do outro, com o objetivo de precisar as ideias que constariam no texto. Essa forma de interação ratifica, isto é, confirma, o que o outro traz de conhecimento, criando, de certa forma, fortalecimento na interação.

A produção do texto coletivo fez-nos perceber que os conhecimentos que trazemos na nossa mente, quando aflorados para a produção escrita, precisam de uma organização: como podemos começar o texto, como as ideias são concatenadas, utilizando conectivos, que vocabulário usarmos para expressar nossa intenção, estamos escrevendo para quê e para quem, como terminamos o texto; recorremos à pesquisa no dicionário ou no conhecimento dos pares que sabem mais sobre um assunto do que nós; muitas vezes, vamos buscar o conhecimento tão longe enquanto ele está perto de nós.

Depois da produção da primeira versão do texto, que ocorreu no período da manhã, com três horas de duração, voltamos à tarde com as mentes descansadas. Relemos o texto e verificamos que havia a necessidade de reescrevê-lo. Nesse enquadre, os educandos e as educadas foram verificando o que estava sobrando no texto: ideias repetidas, excesso de informação e pontuação indevida. Na revisão de cada parte do texto, explicávamos porque teríamos de alterar aquela ideia, porque usar a vírgula, o ponto e vírgula, o porquê de utilizar um certo verbo e não outro, visto que havia perguntas sobre o porquê do uso de sinal de pontuação.

Também discutimos um objetivo de circulação para o texto: afixá-lo em murais do *campus* para que as pessoas lessem e refletissem sobre a morte do Cerrado. Para isso, precisaríamos saber se o que escrevemos estava coerente, principalmente, no que diz respeito a termos específicos da área das Ciências da Natureza. Então, convidamos o professor de Biologia – Ecologia para ler o texto e opinar sobre o assunto. Ele leu e nos explicou sobre alguns termos específicos, como: Cerrado como bioma e cerrado como espaço de terra. Nesse momento, estabeleceu-se um trabalho integrado dos conhecimentos das áreas ali em tela: Linguagens e Ciências da Natureza.

Por fim, com tantas contribuições, o texto coletivo ficou assim:

Cerrado em Agonia

> *O Cerrado, o segundo maior bioma do Brasil, pede socorro no Centro-Oeste. As consequências ambientais e sociais não nos deixam calar...*

A maior parte do bioma Cerrado localiza-se na região Centro-Oeste do Brasil. Entende-se como bioma, segundo o dicionário Houaiss (p.292), "grande comunidade estável desenvolvida, adaptada às condições ecológicas de uma certa região". Esse ecossistema, importante para o equilíbrio da biodiversidade, é constituído de vegetação herbácea abundante, cujas árvores são pequenas e tortuosas, de cascas grossas, formado por matas ciliares, chapadas, veredas, campo limpo, cerradão etc. É no cerrado onde estão as nascentes das bacias hidrográficas de alguns rios brasileiros: Paraná, Tocantins e São Francisco. A vegetação adensa facilita o trânsito de animais típicos da região (tatu, lobo-guará, veado-campeiro, ema, tamanduá, calangos, seriemas etc.). Essa biodiversidade está agonizando, desaparecendo, por vários motivos, destacando-se:

O avanço da produção agropecuária – devido à topografia, em sua maioria plana, favorece à produção intensiva e mecanizada da monocultura (soja, milho, cana-de-açúcar e algodão) e da pecuária (criação de gado de corte, para exportação). Tais atividades agropecuárias avançam sobre o Cerrado porque são incentivadas e subsidiadas pela política do Estado.

A mercantilização do cerrado – ocorre devido à expansão da fronteira agrícola causada pela exploração saturada em algumas regiões do Brasil; facilidade do desmatamento por ser o cerrado de vegetação adensa com o objetivo de abrir espaço para a monocultura; produção de carvão para a indústria; exploração dos recursos hídricos para a construção de hidroelétricas; especulação imobiliária urbana e rural; grilagem de terras públicas próximo aos grandes centros urbanos.

A devastação que está ocorrendo no Cerrado traz grandes consequências ambientais e sociais. As consequências ambientais são: enchentes; mudanças climáticas; contaminação do solo e das águas por uso intensivo de agrotóxicos e adubos químicos; poluição do ar em decorrência das fumaças das queimadas das matas e das usinas e indústrias; assoreamento dos rios e extinção de várias espécies de animais e vegetais. E as sociais são: êxodo rural; desemprego; fome; violência; desestruturação familiar; aumento da incidência de doenças crônicas pelo uso de agrotóxicos e consumo de alimentos contaminados.

Uma biodiversidade, que levou cinco milhões de anos para ser formada, está sendo devastada, de forma inconsequente, pelo modelo neoliberal de desenvolvimento político e econômico adotado pelo Estado. Esse modelo desenvolvimentista está representado por grandes grupos econômicos tais como: Trevisan, Noble, Grains, Cargill, ADM, Bianchini, Louis Dreyfus e Libero Trading.

Para evitar a morte do bioma Cerrado são necessárias ações concretas, que visem mudanças da estrutura de desenvolvimento econômico, político e social, especificamente da produção agrícola e pecuária. Essas ações podem ser viabilizadas por meio da justa distribuição social de terras, principalmente as agricultáveis; educação ambiental: adequação dos projetos políticos pedagógicos das escolas; mudança da matriz tecnológica: produção agroecológica, orgânica, ciclagem de nutrientes, sistema agroflorestais e democratização dos meios de produção; tecnologias apropriadas; infraestrutura; créditos; orientação técnica e comércio justo.

Portanto, são muitos desafios a serem enfrentados para que o Cerrado não morra e saia do coma.

(*Autoria: Turma 2 "Andréia Pereira"*: Adriana, Agmar, Alessandra, Ana Patrícia, Andre, Angela, Angélica, Christiane, Cleonice, Cristina, Edimar, Elizana, Elizangela, Elza, Gideão, Gleciane, Hebert, Ivaldete, Ivandice, Ivonete, Jaci, Janderson, José Ernando, Lexandro, Luciano, Ludmilla, Luernandi, Luzilene, Maria Aparecida, Michel, Moisés, Núria, Pedro, Priscila, Reinaldo, Roneci, Rosana, Rosileide, Sidivaldo, Simone, Valdoison, Vilmar e Vitor). Participação: Professor Tamiel, da área de Biologia-Ecologia

Considerações

O enquadre interativo aqui exposto constituiu um momento educativo muito produtivo, pois pensamos juntos sobre o processo de construção de um texto. Diante disso, levantamos várias reflexões sobre esse processo:

- A prática de letramento: o lidar com leitura e a escrita não é uma ação isolada da vida, pois recorremos a conhecimentos anteriores, experiências de vida, do contexto onde vivemos para a ressignificação na forma de texto. Isso significa que as práticas de letramentos vão-se transformando em outros letramentos.
- Novas práticas de letramento podem surgir para contrastar com outras práticas dentro de um mesmo domínio social. A construção de um texto coletivo pode ser uma prática de letramento diferente da que acontece na universidade em cursos de licenciatura, pois dificilmente, há construção de um texto coletivo na sala de aula de outro curso sem ser o da Licenciatura em Educação do Campo.
- O protagonismo dos educandos e das educandas se dá na construção de contexto em que haja a interação menos assimétrica com o docente, onde eles e elas possam com mediação conduzir seu aprendizado, sem cumprir tarefas do "faça isso", na forma de discurso imperativo, que não conduz à reflexão e à retomada de ações em contexto de interação pedagógica.

- Em contexto coletivo de produção, a dúvida levantada por uma pessoa pode ser a dúvida de outra pessoa que, por algum motivo, não se manifestou sobre ela. Dessa forma, o esclarecimento quando exposto atingirá mais pessoas.
- As trocas de experiências em contexto coletivo ampliam e fortalecem os conhecimentos das pessoas, apesar dos conflitos que possam surgir em detrimento das diferentes perspectivas de pensar, o que é extremamente produtivo à percepção da tese, antítese e síntese.
- O tempo de produção de texto é um enquadre necessário para que o educando e a educanda possam ressignificar sua(s) leitura(s), mas que esse enquadre seja inserido no momento de aula, visto que nós, educadores e educadoras, deixamos a produção de texto como uma atividade menor que não tem lugar nas nossas aulas. De outra forma, não sugerimos a eliminação de produção de texto fora da sala de aula, pois sabemos que muitos textos são individuais e precisam de contextos fora da sala de aula para serem produzidos. Mas é necessário promover o momento de produção coletiva, principalmente em licenciaturas, pois elas formam educadores e educadoras. Muitas vezes, solicitamos uma tarefa a eles e elas, porém não os/as orientamos minimamente ao desenvolvimento dessa tarefa em nossas aulas.

Referências

BAKHTIN, M. *Estética da criação verbal.* 4ª. ed. São Paulo: Martins Fontes. Trad.: Maria Ermantina G.G. Pereira, 2003.

BAKHTIN, M. *Marxismo e filosofia da linguagem.* 6ª. ed. São Paulo: Hucitec, 1992.

BARTON, D. et alii. (Eds). *Situated literacies:* reading and writing in context. Londres, Nova York: Routledge, 2000.

BARTON, D. et alii. *Literacy:* an introduction the ecology of written language. USA: Blackwell, 2007.

BAYNHAM, M. *Literacy practices:* investigating literacy in social contexts. London and New York: Longman, 1995.

BAZERMAN, C. *Gêneros textuais, tipificação e interação.* São Paulo: Cortez, 2005.

BHABA, H. K. *O local da cultura.* Belo Horizonte: Editora da UFMG, 2001.

BORTONI-RICARDO, S. M. *O professor pesquisador:* introdução à pesquisa qualitativa. São Paulo: Parábola, 2008.

BORTONI-RICARDO, S. M. *Nós cheguemu na escola, e agora?* São Paulo: Parábola, 2005.

BORTONI-RICARDO, S. M. *Educação em língua materna:* sociolingüística na sala de aula. São Paulo: Parábola, 2004.

BRONCKART, J.P. *Atividades de linguagem, textos e discursos.* São Paulo: Educ, 1999.

ERICKSON, F. Ethonographic microanalysis of interation. In *The handbook of qualitative research in education*. Nova York: Academic Press, 1990, p. 1-4.

ERICKSON, F. *Qualitative methods*: research in teching and learning. Nova York: Macmillan Publishing Company, 1990, p 75-100.

CAVALCANTI, M. C. *Interação – texto*. Campinas: Editora da Unicamp, 1989.

DOLZ, J.; PASQUIER, A. e BRONCKART, J.P. *L'acquisition des discours*: émergence d'une compéntece ou apprentissage de capacités langagières? Études le Lenguistique Appliquée, 92, pp. 23-37.

GOFFMAN, E. *A representação do eu na vida cotidiana*. 8ª. ed. Petrópolis: Vozes, 1999.

KLEIMAN, A. (Org). *Os significados do letramento*. Campinas: Mercado de Letras, 1999.

MARCUSCHI, L. A. *Da fala para escrita*. São Paulo: Cortez, 2001.

QUEIROZ, J.B et alii. *Pedagogia da alternância:* construindo a Educação do Campo. Goiânia: Editora da UCG, 2006.

RIBEIRO, B. T.; GARCEZ, P. (Orgs). *Sociolingüística Interacional*. Porto Alegre: AGE, 1998.

ROJO, R. *Letramentos múltiplos, escola e inclusão social*. São Paulo: Parábola, 2009.

SOARES, M. *Letramento: um tema em três gêneros*. Belo Horizonte: Autêntica, 2004.

SOLÉ, I. *Estratégias de leitura*. 6ª. ed. Porto Alegre: Artmed, 1998.

SOUSA, R. M. *Gênero textual mediacional:* um texto interativo e envolvente na perspectiva de um contexto específico. Departamento de Lingüística, Línguas Clássicas e Vernáculas –Universidade de Brasília, 2001. Dissertação de Mestrado inédita.

SCHNEUWLY, B.; DOLZ, J. (Org). *Gêneros orais e escritos na escola*. São Paulo: Mercado de Letras, 2004.

STREET, B. V. *Literacy in theory and pratice*. Cambridge, Cambridge University Press, 1984.

SWALES, J. M. *Genre analysis: english in academic and research settings*. New York: Cambridge University, 1990.

TANNEN, D. Spoken and written language and the oral/literate continuum. In: *Proceedings of the Sixth Annual Meeting of the Berkeley Linguistics Society*, 1980, pp. 207-218.

TANNEN, D. Relative focus on involvement in oral and written discourse. *In* OLSON, David R. (Org) 1988. *Literacy, language, and learning: the nature and consequences of reading and writing*. Cambridge, Cambridge University Press, 1988, pp. 127-147.

TANNEN, D. e WALLAT, C. (1987). Enquadre interativos e esquemas de conhecimentos em interação: exemplos de um exame/consulta médica. *In* RIBEIRO, B. T.; GARCEZ, P. (Orgs). *Sociolingüística Interacional*. Porto Alegre: AGE, 1998.

UNIVERSIDADE DE BRASÍLIA, Faculdade UnB Planaltina, 2007. Projeto Político-pedagógico. *Licenciatura em Educação do Campo*.

VYGOTSKY, L. S. *A construção do pensamento e da linguagem*. São Paulo: Martins Fontes, 2001.

CAPÍTULO 15
Um enfoque psicossocial na formação de educadores/as do campo

Eliete Ávila Wolff[1]

No curso de Licenciatura em Educação do Campo da Universidade de Brasília (UnB) existe um importante investimento na construção da proposta educacional sintonizada com a realidade do campo, em diálogo com as necessidades e demandas de sua população. Neste estudo, pretendemos enfatizar que, para a formação de professores do campo, é necessária uma visão histórica e psicossocial na abordagem do desenvolvimento e da aprendizagem humana.

Podemos encontrar tal concepção em grande medida nas contribuições de Lev Semenovich Vygotski, psicólogo soviético do início do século XX, que, ao se colocar a tarefa histórica, ligada ao processo revolucionário de seu país, de conhecer e compreender a natureza humana, concluiu, juntamente com os psicólogos Alexander Romanovich e Luria Alexis Leontiev, que ela é essencialmente social, constituída a partir de uma intensa relação dialética e histórica, entre o indivíduo e o meio. Vygotski e seus compatriotas protagonizaram o projeto de construir uma psicologia comprometida com a realidade soviética, no período de implantação da revolução socialista. Este psicólogo propôs-se a sobretudo, a partir de seus estudos fundamentados no marxismo, formular uma teoria psicológica que superasse aquilo que chamou de "crise" da psicologia (VYGOTSKI: 1927, 1982).

Vygotski desenvolve suas teorias e pesquisas criticando o dualismo entre as concepções idealistas e mecanicistas, muito presentes na psicologia (ZANELLA: 2001, p. 7). Leontiev (1995, p. 432) expõe sua forma de analisar um fenômeno por meio do debate sistemático sobre posições de outros autores, destacando os fatores contrapostos que lutam entre si, vendo nessa luta a força motriz do desenvolvimento. Esse método de análise dos conceitos e fundamentos presentes na psicologia

---

[1] Eliete Ávila Wolff é Doutora em Educação. Professora da Licenciatura em Educação do Campo da Faculdade UnB Planaltina.

adveio do materialismo histórico dialético, que se fundamenta na historicidade. Ao analisar este aspecto, Vygotski teceu as seguintes reflexões:

> São muitos os que continuam interpretando erroneamente a psicologia histórica. Identificam a história com o passado. Para eles, estudar algo historicamente significa o estudo obrigado de um ou outro fato do passado. Consideram ingenuamente que há um limite que não pode ser ultrapassado, entre o estudo histórico e o estudo das formas existentes. No entanto, o estudo histórico, diga-se de passagem, simplesmente significa aplicar as categorias do desenvolvimento à investigação do fenômeno. Estudar algo historicamente significa estudá-lo em movimento. (VYGOTSKI: 1995, p. 67)[2].

Para propor uma nova teoria e novos conceitos, Vygotski (1927; 1982, p. 259) partiu do que descreve em seu texto como *El significado histórico de la crisis de la psicologia.Una investigación metodológica*, em que se detém sobre cada uma das principais teorias psicológicas e exerce sobre elas uma detalhada crítica. Passa por Wundt (introspeccionista), Pavlov (comportamentalista) e estuda também pesquisas realizadas segundo a teoria da Gestalt (que se apoia na percepção) e da psicanálise (baseada no estudo do inconsciente). A partir daí propõe uma psicologia que aborde o ser humano enquanto resultado dialético da ação e relação com o mundo. Para o autor, "a psique não existe fora do comportamento, da mesma forma que este não existe sem ela" (VYGOTSKI: 1997, p.17). O que o sujeito aprende em seu processo de desenvolvimento, por meio das atividades humanas e da linguagem, dão forma à mente, ao pensamento e ao comportamento. Por essa razão, a vida que rodeia o ser humano contém a lógica que dará forma às estruturas mentais, originando as funções superiores da mente humana. Essa perspectiva, ao estar sustentada na teoria marxiana[3], atribui ao contexto histórico, das relações sociais, o espaço de constituição humana. A psicologia histórico-cultural, neste sentido, na medida em que se baseia nesses supostos, se aproxima mais da perspectiva de formação de educadores/as do campo, que se constitui e participa da leitura e da formação e desenvolvimento de sujeitos situados social e territorialmente.

Um século depois da revolução soviética, o pensamento deste psicólogo é retomado. O contexto atual é o de um país capitalista, cujas desigualdades sociais são gritantes e onde os movimentos sociais do campo têm conquistado, com as suas lutas, um maior acesso à educação[4]. As conquistas para a Educação do

---

[2] Tradução nossa.

[3] Refere-se ao pensamento original de Marx.

[4] A conquista de cursos universitários foi alcançada depois de uma década de lutas dos movimentos sociais do campo, por meio do Programa Nacional de Educação da Reforma Agrária (Pronera) do Mi-

Campo têm permitido que trabalhadores do campo e seus filhos possam romper as barreiras e a tradição de exclusão educacional. Como sabemos, a escola fundamental de primeira a quarta série ainda permanece no campo, ainda que precariamente. No entanto, as escolas que oferecem os anos finais de Ensino Fundamental estão sendo fechadas por todo o país, a fim de diminuir os gastos das secretarias estaduais e municipais. O Ensino Médio, cada vez mais raro no campo, ainda supera, de longe, o acesso à universidade, fora do horizonte da maioria dessa população. Não sendo possível compreender o papel da psicologia nessa formação sem compreender sua relação com a luta pela terra, trataremos disto posteriormente.

A luta pela terra e a Educação do Campo

Com a luta pela terra veio a luta pela educação. A conquista da terra e a Reforma Agrária no Brasil estão na base da proposta da Educação do Campo. Para propor uma escola do campo, foi necessário associá-la a um outro projeto de desenvolvimento, que se traduzisse, também, em um projeto de sociedade, defendido pelos movimentos sociais do campo. Tornar esses elementos parte da reflexão da formação de professores é tarefa da Educação do Campo. Superar as contradições sociais que geram desigualdades é parte do projeto histórico de resistência e luta dos trabalhadores.

Com a luta pela Educação do Campo veio a luta por políticas públicas. Neste âmbito, foi a partir da Lei de Diretrizes e Bases da Educação Brasileira, Lei nº. 9.394/96 (BRASIL. 1996), resultante do embate das forças políticas organizadas nas décadas de 1980 e início de 1990, que o art. 28 da Constituição de 1998 reconhece a especificidade do rural. Sua maior flexibilidade possibilitou a organização de tempos, espaços e currículos adequados à natureza do trabalho e à vida no campo.

> Art. 28. Na oferta da Educação Básica para a população rural, os sistemas de ensino promoverão as adaptações necessárias à sua adequação, às peculiaridades da vida rural e de cada região, especialmente:
> I – conteúdos curriculares e metodologias apropriadas às reais necessidades e interesses dos alunos da zona rural;
> II – organização escolar própria, incluindo a adequação do calendário escolar, as fases do ciclo agrícola e as condições climáticas;
> III – adequação à natureza do trabalho na zona rural.

---

nistério do Desenvolvimento Agrário, com os cursos de graduação de Pedagogia (Chamados Pedagogia da Terra). "Hoje nós temos mais de 3 mil jovens formados no nível médio e superior, graças aos recursos que o Pronera, conquistado em 1998, conseguiu (Entrevista educador(a) K, 20/9/2005).

A partir desse reconhecimento dos povos do campo e de seus direitos, aprofundou-se a luta por novas conquistas, pela superação da precariedade na Educação do Campo, pela implantação de escolas, pela manutenção das escolas nos espaços de moradia, por um currículo adaptado às necessidades e à realidade do campo. As ambiciosas reformulações na cultura educacional brasileira almejadas pelos movimentos sociais do campo alcançaram as escolas de diversos Estados e municípios no país onde os movimentos sociais do campo são mais organizados. Hoje, estão presentes nas universidades e exigem de professores e funcionários mudanças na formulação de seu trabalho para atender às especificidades deste grupo que não podem ser devidamente atendidas por meio da rotina e do funcionamento tradicional desta instituição.

A história da educação mostra que as políticas educacionais não contemplam os trabalhadores e trabalhadoras que retiram seu sustento e desenvolvem sua cultura ligada à terra, às florestas ou às águas. Medidas no âmbito federal, ainda muito incipientes, surgem a partir da pressão gerada nas contradições referentes à propriedade da terra e ao trabalho a ela ligado, pois, para aqueles que lutam para permanecer no campo, não basta conquistar a terra. Para permanecer, *com dignidade,* nela produzindo, são necessárias outras condições, como o apoio técnico e financeiro, assim como o acesso a serviços de saúde, escola, comunicação e lazer.

Da mesma forma, conquistar uma vaga na universidade não é suficiente para permanecer até o final da formação nesta instituição. A oferta deste curso[5] para as populações do campo tem como objetivo, portanto, romper barreiras históricas de acesso e criar condições para a permanência desses estudantes na universidade. Os educadores/as têm, ainda, o desafio de romper com estigmas, atribuições de papéis sociais cristalizados, preconceitos, discriminações, já que grande parte desses educandos são filhos de povos remanescentes de quilombos, filhos de agricultores ou trabalhadores do campo, para quem a sobrevivência e a permanência na terra são cada vez mais difíceis e para quem a divisão social do trabalho reservou aquelas tarefas menos remuneradas e menos valorizadas socialmente[6]. Como afirma

---

[5] Por meio da Coordenação Geral de Educação do Campo (CGEC), a Secretaria de Educação Continuada, Alfabetização e Diversidade (Secad) do MEC, a partir de 2008, apresentou editais para abertura de cursos de Licenciatura em Educação do Campo em universidades públicas brasileiras.

[6] Os estudantes carregam consigo, além das limitações econômicas, preconceitos criados historicamente contra o homem do campo. Segundo Rocha (2004), até as décadas iniciais do século XX, o mestiço era maioria nos grupos que lutavam pela terra. Não por coincidência, eram considerados como portadores de vícios, sentimentos inferiores, sem regras e hábitos necessários para a vivência coletiva. Os interesses nas terras e no trabalho do povo do campo pretendiam se apoiar na suposta inferioridade do camponês, de tal forma que lhe deixasse única saída, a de trabalhar para os proprietários de terra. Por essa razão, para Rocha (2004, p.60), o ideário que desvaloriza o campo em detrimento da cidade direciona seus sentidos para o modo de vida dos pobres do campo.

Bourdieu (1998, p.41)[7], um jovem da camada superior tem muito mais chances de entrar na universidade que o filho de um assalariado agrícola e ou de um operário, e suas chances são, ainda, superiores àquelas de um jovem de classe média. Chegar ao final da Educação Básica para os sujeitos do campo foi tarefa que alcançaram a duras penas, à diferença das condições oferecidas pelos pais de outras classes sociais a seus filhos.

Como resultado de uma grande luta, a população do campo alcançou os bancos da universidade brasileira, por meio, principalmente, dos cursos dirigidos à superação da grande lacuna observada na escassez de profissionais para as escolas do campo. Tais conquistas se inserem nas políticas educacionais que nas últimas duas décadas enfatizam a formação dos educadores/as (SERRÃO: 2004, p. 2) como um dos caminhos para a superação deste vazio.

Para o campo, há particularidades. Os movimentos sociais reivindicam uma formação específica para os educadores/as que reconheçam as características da vida do trabalhador que vive da terra. Segundo Caldart (2004), inicialmente, para a Educação do Campo, buscava-se um modelo pedagógico próprio que contivesse claramente os princípios das lutas e demandas de seus povos. Posteriormente, constatou-se que não há necessidade de um modelo próprio, mas se reconhece a presença de teorias e modelos que podem ser apropriados e adaptados para a Educação do Campo. Como princípio norteador, defendeu-se que seu processo de educação deve aprofundar a humanização[8] das relações sociais. Há, conforme Caldart, uma "tradição pedagógica e um cúmulo de conhecimentos sobre a arte de educar que precisa ser recuperado e trabalhado desde essa intencionalidade educativa da Educação do Campo" (2004, p. 35). É, também, na própria formação educativa que se torna possível identificar os melhores caminhos sobre os quais se poderá formular e potencializar as contribuições teóricas e práticas, para a formulação de propostas capazes de influenciar em políticas educacionais e programas específicos, transformando a dinâmica pedagógica da escola do campo.

O trabalho no campo, sobretudo no caso dos agricultores familiares e pequenos produtores, ocorre de forma distinta do trabalho na cidade. O pequeno produtor do campo tem, em geral, maior controle sobre todo o processo de produção e sobre o produto final de seu trabalho. A vida no campo, por suas dificuldades e isolamento, gera laços de solidariedade e colaboração entre os vizinhos, assim como também

---

[7] Bourdieu (1930-2002), francês, de origem camponesa, filósofo de formação, escreveu muito sobre a dominação e a estrutura social que impede o acesso das classes populares à educação.

[8] Humanização em Paulo Freire (2004) refere-se à reconstrução de seres impedidos de se humanizar, pela miséria, pela desvalorização e pelo autodesconhecimento.

está permeada por relações mais fortes de poder, políticas ou de trabalho. Como afirma Frigotto (2009), ao examinarmos as comunidades, perceberemos que elas se organizam sob determinadas relações sociais e técnicas de produção e determinados valores, teorias, símbolos e instituições, cujo papel é a reprodução das relações sociais e de poder dominantes. As concepções do senso comum, que explicam as formas de propriedade e a produção da vida, derivam de tais relações.

Existe ainda uma riqueza e diversidade cultural presente na tradição, no folclore, nas diversas formas de arte que podem nutrir o trabalho do professor e a produção do conhecimento. O/a educador/a do campo é orientado a sensibilizar-se com a beleza e as contradições do mundo no qual desenvolverá seu trabalho. A relação com os/as educandos/as é mediada, portanto, por uma noção de ensino, pesquisa e extensão integrada a esta realidade.

Desafios da Licenciatura em Educação do Campo

É desafio da Licenciatura em Educação do Campo gerar espaços para este acolhimento e reconhecimento institucional para este projeto. O trabalho desenvolvido no curso de Licenciatura em Educação do Campo da UnB tem como propósito dar resposta a tais desafios, presentes no Projeto Político-pedagógico da UnB:

> a) formar educadores para atuação específica junto às populações que trabalham e vivem no e do campo, no âmbito das diferentes etapas e modalidades da Educação Básica e da diversidade de ações pedagógicas necessárias para concretizá-la como direito humano e como ferramenta de desenvolvimento social;
> b) desenvolver estratégias de formação para a docência multidisciplinar em uma organização curricular por áreas do conhecimento nas escolas do campo;
> c) contribuir na construção de alternativas de organização do trabalho escolar e pedagógico que permitam a expansão da Educação Básica no e do campo, com a rapidez e a qualidade exigida pela dinâmica social em que seus sujeitos se inserem e pela histórica desigualdade que sofrem;
> d) estimular nas IES e demais parceiros da implementação desta Licenciatura ações articuladas de ensino, de pesquisa e de extensão voltadas para demandas da Educação do Campo. (1997 p. 10)

Para atingir tais objetivos, o planejamento das etapas envolve o trabalho coletivo dos educadores, que procuram articular a alternância do Tempo Comunidade (TC) e Tempo Escola (TE). A preparação e o desenvolvimento do Tempo Escola e do Tempo Comunidade implicam a observação das possibilidades de interlocução entre componentes do currículo, assim como o acompanhamento de cada educando(a), seu percurso e avanços alcançados a cada etapa do processo de formação.

Os componentes curriculares que compõem os dois primeiros anos da formação são Filosofia, Economia Política, Teoria e Prática Pedagógica, pesquisa, sujeitos do campo, escola do campo, política educacional. Nos anos seguintes são introduzidas disciplinas específicas das habilitações Linguagens, Literatura e Arte ou Ciências da Natureza e Matemática[9].

Para as escolas do campo, modificações curriculares e metodológicas são fundamentais, a fim de redimensionar a formação tradicional, que prepara o educador para o trabalho na escola e para o trabalho urbano. O não reconhecimento da vida no campo representa o não reconhecimento de seus sujeitos, seu trabalho, cultura e especificidades históricas.

A necessidade de reformulação dos currículos de formação de professores, em geral, é gradativamente reconhecida no âmbito das políticas públicas. A Lei de Diretrizes e Bases da Educação Nacional de 1996 (Lei nº. 9.394/96), a partir da legislação complementar por meio das Resoluções nºs. 1 e 2, do Conselho Nacional de Educação (CNE), impulsionou reformulações curriculares em todo o país. Doll e Krahe (2004) afirmam que, apesar de os processos legislativos terem considerado pouco as preocupações da comunidade científica e dos educadores, a necessidade de adaptação às normas e regulamentações representaram também uma chance de incluir nas reformas obrigatórias algumas mudanças que atendessem demandas recorrentes sobre a formação de professores. As revisões curriculares desencadeadas pela LDB possibilitaram estudos sobre as características dos cursos de formação de professores. Segundo Doll e Krahe (2004), a exigência de cursos com perfis próprios para as licenciaturas, entre outras questões, obrigou as comissões de Graduação a modificarem seus currículos. Com exceção das disciplinas estritamente metodológicas, Cunha (1998) considera que a maioria dos saberes que contribuem para a formação dos professores pertence a terrenos que se distinguem da educação escolar. Ciências como a Sociologia e a Antropologia, segundo o autor, possuem esferas próprias de estudo e reflexão, no entanto, espera-se delas contribuições para esclarecer problemas do âmbito educacional.

A psicologia da educação e a psicologia escolar, no entanto, desenvolvem estudos voltados para a escola, procurando aplicar teorias psicológicas ao processo de ensino e aprendizagem, fato que trouxe, muitas vezes, para dentro da escola posicionamentos de uma psicologia individualista, seletiva e discriminatória. No entanto, essa psicologia não se propõe a transformar profundamente a escola, mas apenas melhorá-la. Entre os diversos enfoques teórico-metodológicos, entendemos que a psicologia histórico-cultural contém um conjunto de conceitos e princípios

---

[9] Atualmente, entre as reflexões dos educadores do curso de Licenciatura em Educação do Campo está o reordenamento dos componentes ao longo do curso, de forma que se alcance maior integração entre núcleo básico e áreas específicas. Analisamos as possibilidades de uma menor concentração de componentes básicos no início do curso, assim como uma distribuição mais equilibrada dos conteúdos das habilitações.

metodológicos que dialogam de forma mais direta com os princípios da Educação do Campo. Os esforços da psicologia em ser reconhecida como ciência, desde o início do século XX, resultaram em uma intensa produção de pesquisas fundamentadas no positivismo, dirigidas à aprendizagem, tornando-a um pilar fundamental da formação de professores e uma importante referência para a interpretação dos acontecimentos escolares. A psicologia histórico-cultural traz, por sua vez, uma contribuição diferenciada.

Princípios e conceitos da Teoria Histórico-Cultural

A adoção do materialismo histórico e dialético como fundamento da psicologia histórico-cultural supõe a observação dos fenômenos em relação e em processo, de maneira que seja possível alcançar sua totalidade. Segundo Vygotski (1995, p.101):

> Se no lugar de analisar o objeto, analisássemos o processo, nossa missão principal seria, como é natural, a de restabelecer geneticamente todos os momentos do desenvolvimento de dito processo. Neste caso, a tarefa fundamental da análise seria a de voltar o processo a sua etapa inicial ou, dito de outro modo, converter o objeto em processo.

Supõe, ainda, a contraposição das tarefas explicativas e de análise às tarefas meramente descritivas, assim como a superação do método genético descritivo para o método genético-condicional.

> Podemos resumir, portanto, [...] os três momentos decisivos que subjazem neste estudo: análise do processo e não do objeto, que ponha de manifesto o nexo dinâmico-causal efetivo e sua relação no lugar de inícios externos que desagreguem o processo; consequentemente, de uma análise explicativa e não descritiva; e finalmente uma análise genética que retorne ao ponto de partida e restabeleça todos os processos de desenvolvimento, de uma forma que em seu estado atual é um fóssil psicológico. (VYGOTSKI: 1995, p. 105-106)

Com base nos fundamentos marxianos, compreendeu-se a ligação entre ambiente e ser humano, de mútua constituição e transformação. Como demonstra Luria, Vygotski expressa grande domínio deste pensador:

> Influenciado por Marx, Vygotski concluiu que as origens das formas superiores do comportamento consciente deveriam ser achadas nas relações sociais que o indivíduo mantém com o mundo exterior. Mas o homem não é apenas um produto de seu ambiente, é também um agente ativo no processo de criação deste meio. (LURIA, 1998, p.24)

Vygotsky identificou a ação humana como essência da transformação do mundo e de si próprio, atribuindo um lugar para a atividade humana, para o desenvolvimento da linguagem e do pensamento científico. Em seus estudos de campo tinha como objetivo "demonstrar as origens sociais das formas particulares que as funções psicológicas superiores assumem em circunstâncias culturais diferentemente organizadas" (LURIA, 1998, p. 37). Revelou as diferenças existentes entre os animais e os seres humanos, estes últimos com capacidade de desenvolver processos mentais superiores (memória voluntária, atenção voluntária, dirigida etc.) para além dos processos mentais elementares (presentes também nos animais).

Alguns dos principais conceitos da psicologia histórico-cultural relacionam-se de forma íntima, não sendo possível entendê-los separadamente. O trabalho, fundamental atividade humana, gerador da vida e das condições sob as quais os seres humanos irão se organizar; a linguagem, organizadora do pensamento e mediadora do ser humano com os outros seres humanos; a consciência, resultado da ação da linguagem sobre a mente humana, que, por sua vez, depende da atividade prática para se formar e organizar. A criança se inserirá e se apropriará de seu mundo por meio de tais elementos:

> A criança recém-nascida dispõe, já no instante de seu nascimento, de todos os órgãos de trabalho em funcionamento e é herdeiro de um enorme capital patrimonial de reações de adaptação, não condicionadas. [...] Como surge o comportamento lógico e inteligente do homem a partir do caos dos movimentos não coordenados da criança? Surge, segundo se pode julgar pelos dados atuais da ciência, devido à ação planificada, sistemática e autodiretiva a qual a criança se incorpora. Suas reações condicionadas se forma e organizam sob a influência predeterminante dos elementos do meio. (VYGOTSKY, 1997).

O sujeito desde seu nascimento é exposto à cultura e para desenvolver-se necessita apropriar-se dela. Para isso, deve dominar seus principais instrumentos de mediação com a natureza e com os outros seres humanos. Segundo Zanella (2001, p. 76), os instrumentos, previamente existentes na cultura, são apresentados aos sujeitos desde seu nascimento, são tornados próprios e podem ser de duas naturezas: a) física, como no caso de ferramentas, que modificam o meio físico e o sujeito da ação; e b) representacional, que seriam os signos, os quais incidem e modificam a relação do homem consigo mesmo e com os outros homens. O destaque dado aos instrumentos físicos e aos signos enquanto mediadores da atividade e constitutivos das características especificamente humanas é, de acordo com Zanella, reconhecidos como contribuição ímpar para a psicologia.

A atividade humana e seu caráter mediado é aspecto de crucial importância em toda a obra de Vygotski. Isso porque o homem se relaciona com a natureza para transformá-la, por meio de instrumentos físicos e simbólicos, e, na medida em que transforma o meio físico e social em que se encontra, também transforma a si. A atividade instrumental é entendida, portanto, como unidade que preserva as propriedades do todo numa perspectiva dialética, isto é, compreende tanto o indivíduo quanto o meio físico-social, em interação recíproca (ZANELLA: 2001, p. 75).

O reconhecimento de instrumentos físicos e representacionais como mediadores do ser humano com a natureza e com o outro ser humano coloca a relação histórica, os processos sociais, a cultura e o trabalho como essências da formação humana. Na medida em que o sujeito se insere e amplia sua relação com seu grupo, comunidade, coletividade, é que poderá se entender enquanto ser situado no mundo, com história, presente e vir a ser[10].

Os sujeitos do campo percebem sua realidade a partir de seu próprio contexto, e a partir do processo histórico no qual estão imersos, que possui dimensões locais e gerais. Ao inserir-se no curso de Licenciatura em Educação do Campo, deverá também iniciar uma imersão em seu mundo, por meio de sua experiência universitária, mediada por conceitos que se fundamentam na compreensão do elemento histórico na constituição de cada ser e sua coletividade. Conhecendo os instrumentos mediadores, podemos conhecer os elementos de formação, ou seja, seus conceitos, valores, formas de organização cognitivo-emocional etc. São os instrumentos físicos e representacionais, assim como as formas de atividades, que permeiam a vida desses sujeitos, que se tornam objetos de conhecimento e análise no contexto do curso e a partir dos quais se ergue a formação humana.

A psicologia Histórico–Cultural e a Educação

Atribuindo um papel relevante para a educação, Vygotski considerava que na nova URSS a educação ocuparia um lugar central e neste contexto se ampliaria também a tarefa da pedagogia e da psicologia, assim como a relação entre as duas se transformaria, pois haveria uma maior necessidade de mútua colaboração. Considerava que, apesar de a psicologia dever passar por um período de transição para se adequar ao período revolucionário, não seria possível prescindir dela.

> Renunciar à psicologia na hora de elaborar um sistema educativo significaria renunciar a toda possibilidade de explicar e de fundamentar cientificamente o próprio processo, a própria prática do trabalho pedagógico. Significaria, entre outras coisas, construir o corpo técnico da educação social e do trabalho sobre bases exclusivamente ideológicas. Significaria prescindir dos cimentos na hora de construir a educação e prescindir de um elo de conexão entre as múltiplas e variadas disciplinas metodológicas e pedagógicas. Em outras palavras, renunciar à psicologia significaria renunciar à pedagogia científica. (VYGOTSKI: 1997, p.143).

---

[10] O sujeito poderá também assumir uma identidade de classe, como diz Thompson (1984, p. 34), para quem este conceito é dinâmico e definido pelos homens ao viver sua própria história: "classe, de acordo com meu uso do termo, é uma categoria histórica; ou seja, deriva da observação do processo social ao longo do tempo. Sabemos que há classes porque as pessoas têm-se comportado repetidamente de modo classista; estes acontecimentos históricos descobrem regularidades nas respostas a situações similares, e em um momento dado, observamos a criação de instituições e de uma cultura com características de classe que admitem comparações transnacionais".

Os laços de mútuo apoio entre ambas as ciências, como afirma o autor, estariam sustentados em uma relação mais íntima entre a teoria e a prática. Com base em seus avanços teórico-metodológicos e determinado a aprofundar a saída para o que chamou de crise da psicologia, tão amplamente descrita por suas análises, Vygotski explica:

> O novo sistema não teria que se esforçar para extrair de suas leis as derivações pedagógicas nem adaptar suas teses à aplicação prática na escola porque a solução do problema pedagógico está contida em seu núcleo teórico, e a educação é a primeira palavra que menciona. A própria relação entre psicologia e pedagogia mudará consideravelmente, sobretudo porque aumentará a importância que cada uma tem para a outra. (VYGOTSKI: 1997, p. 144)[11].

Para Vygotski, "as mais complexas contradições da metodologia psicológica são levadas ao terreno da prática, porque somente aí encontram solução". Neste sentido, ainda não concordando com os fundamentos de certas tentativas de construção da ciência; em seu contexto histórico, o autor sabia apreciar os avanços presentes em cada uma das obras que analisava, em nome do que ele defendia "a filosofia da prática". Assim também via a escolarização[12].

A nova educação na URSS, no entanto, alimentou-se do debate internacional da época, que se realizava em vários países, fazendo-se uma crítica crescente à educação tradicional[13]. A crítica ao modelo pedagógico tradicional atravessou também a escola soviética nos anos da Revolução Russa. Devido às urgências educacionais, buscou-se adaptar as novas teorias às necessidades da revolução. Vygotski, em 1926, no Prólogo à versão russa do livro de E. Thorndike *Princípios de enseñanza baseados em la psicologia,* publicado em Moscou, tece observações a respeito da expectativa sobre a educação soviética, avalia como útil ao período transitório, mas que deveria ser superado em pouco tempo pelas propostas

---

[11] Tradução nossa.. "Los giros fructíferos y beneficiosos que acompañan a las crisis científicas llevan consigo casi siempre otra en la enseñanza y el estudio de esa ciencia. Marx, em suas *Teses sobre Feuerbach,* afirma que "toda a vida social é essencialmente prática. Todos os mistérios que levam a teoria ao misticismo encontram sua solução racional na práxis humana e no compreender desta práxis" (MARX, 1984, p. 109)

[12] Neste caso, Vygotski se referia aos testes de inteligência, ainda hoje utilizados. Sobre os testes afirmou o seguinte: "Por mais insignificante que seja o valor prático e teórico da escala de medição de Binet, ou de outras provas psicotécnicas, por pior que seja em si o teste, seu valor como ideia, como princípio metodológico, como tarefa, como perspectiva, é, no entanto, enorme" (VYGOTSKI, 1997, p. 357).

[13] O movimento Escola Nova nasce no início do século XX e se expande por diversos países da Europa e América como crítica à escola tradicional. As pesquisas apontavam, segundo Vygotsky, para a constituição social do sujeito, de sua mente e forma ser, sentir, pensar e atuar. Também influenciou a educação: "tudo permite falar do organismo unicamente em termos de interação com o meio". (VYGOTSKY, 1997, p.158)

da nova sociedade em construção. Vygotski (1997, p. 147) não aceita a escola como um mero instrumento para desenvolver o intelecto e propõe, no lugar de um modelo estadunidense de escola, a escola do trabalho. Em sua crítica a este psicólogo estadunidense afirma:

> Em seu conjunto, o fundamento psicológico do livro se baseia em uma prática pedagógica alheia ao sistema escolar. A escola segue sendo para o autor preferencialmente um instrumento para desenvolver o intelecto; não critica o ensino a não ser timidamente e unicamente introduz o trabalho prático como método auxiliar (trabalho manual, ofícios etc.) e em uma mínima proporção. [...] o autor aborda a educação moral, ante a qual reconhece a quase total impotência da escola.
> 'O alimento da alma com idéias nobres, bons exemplos na família e na escola etc.' constitui o tipo de raciocínio que imprime a sua precisa e sisuda prosa científica quando se refere à moral. É nesse ponto onde a psicologia se mede e se corta pelo padrão da escola de aprendizagem, de inspiração norte-americana e não pelo da escola do trabalho. (VYGOTSKI: 1997, p. 147).

Vygotski, Luria e Leontiev definiram a aquisição do conhecimento produzido pela humanidade como um processo de objetivação e apropriação, que deu origem ao desenvolvimento das funções superiores e à transformação da consciência. Por meio de suas pesquisas, estabeleceram a importância da socialização do conhecimento no âmbito da escola, considerando esta uma instituição marco no desenvolvimento humano. A passagem do pensamento e do conhecimento do senso comum para o pensamento e o conhecimento produzidos cientificamente é um processo de grande importância, no qual a experiência da escolarização cumpre uma função essencial e específica.

É por meio do domínio da cultura geral e, posteriormente, do domínio das teorias e de sua função social que se desenvolve a mente e suas funções intelectuais (ou superiores)[14]. Se, por um lado, as relações humanas, no cotidiano, possibilitam a aprendizagem da linguagem falada, tornando-se um elemento central do desenvolvimento, a escola propicia o acesso e domínio à linguagem escrita, geradora de significativo salto qualitativo na formação da mente. Segundo Vygotski (1995), a linguagem é artificial, ou seja, criada como meio para a relação do ser humano com a natureza e entre si. Possibilita o entendimento sobre o mundo, sobre si mesmo, o domínio sobre as ações. O ser humano introduz signos criados arbitrariamente na mente de outro ser humano. São instrumentos representacionais que conferem significação à sua ação e organizam o pensamento.

---

[14] Nesta concepção de desenvolvimento o ser humano pode se desenvolver infinitamente, pois a mente, sendo plástica, estará sujeita a infinitas influências de seu tempo histórico.

Contribuições da Psicologia Histórico-Cultural para a formação de professores no contexto da Educação do Campo

A contribuição da teoria histórico-cultural, proposta por Vygotsky e seus colaboradores, possibilita, com seus conceitos, que redirecionemos o olhar, antes colocado principalmente sobre o indivíduo isolado para os espaços externos. Os membros da Troika[15] se dispuseram a "caminhar para fora do organismo, objetivando descobrir as fontes das formas especificamente humanas de atividade psicológica" (LURIA: 1998, p. 26). As causas do comportamento e a organização da mente têm sua origem na ação, nos comportamentos e na organização da linguagem externa. A atribuição de relevância a toda atividade humana, geral e específica, passou a ser o foco de estudo para o entendimento da formação da mente. O que o indivíduo aprende, o que ele faz e produz, não é, em nenhum momento, uma produção apenas sua, mas do contexto, das relações, das especificidades de sua realidade.

É nessa perspectiva que a Educação do Campo compreende a constituição do indivíduo do campo. Sua realidade penetra em sua mente, a transforma e constitui. Com essa ferramenta teórica, podemos olhar a formação do educador do campo, levando em consideração a diversidade objetiva e subjetiva.

Os trabalhos teóricos resultantes das pesquisas realizadas por Vigotsky, Luria e Leontiev possibilitaram a superação do *subjetivismo x objetivismo*, presente na psicologia de então, e o entendimento do ser humano como resultado dialético de sua relação criativa com o mundo. Para Góes (1990, p.17), em Vygotski encontram-se novas bases para a relação entre os planos social e individual da ação e para o desenvolvimento psicológico como apropriação de formas culturais de atividades construídas socialmente. Segundo a concepção vygotskiana, o indivíduo se apropria de atividades objetivadas e sua consciência surge a partir das relações sociais, da *vinculação genética* e dialética que existe enquanto unidade entre ser humano e mundo, ação e consciência, em que a linguagem é instrumento mediador.

O processo de ensino-aprendizagem, nesta teoria, ocorre pela mediação do educador/a e das trocas observadas na vivência grupal, potencializando a colaboração entre educandos, novas aprendizagens e, consequentemente, o desenvolvimento. Vygotski apresenta um novo conceito de aprendizagem baseado na relação dialética entre a criança e o outro, entre o ser e o mundo. É o outro que possibilita, auxilia e dá sentido à ação do sujeito que aprende. A relação aprendizagem e desenvolvimento toma como ponto de partida "o fato fundamental e incontestável de que existe uma relação entre determinado nível de desenvolvimento e a capacidade de

---

[15] Trio formado por Vygotski, Luria e Leontiev.

aprendizagem"(VIGOTSKY: 1998, p.111). Ou seja, o sujeito está limitado, em parte, em sua aprendizagem, considerando a idade. Uma criança de seis meses não poderá falar fluentemente ou jogar futebol. Ela, portanto, não poderá aprender qualquer coisa, mas, dependendo da complexidade do conteúdo, poderá aprender uma infinidade de coisas. Cada aprendizagem da criança será provocadora de um novo desenvolvimento. Dessa forma, a aprendizagem é anterior ao desenvolvimento que não ocorrerá sem a presença do outro. O outro, em primeiro lugar, protege e alimenta e, em segundo lugar, ensina e provoca o desenvolvimento da mente humana.

Desenvolvimento Humano

Existem, para Vygotski, *dois níveis de desenvolvimento* que devem ser tratados de forma diferenciada. O primeiro foi chamado por ele de *nível de desenvolvimento efetivo*. Consiste no "nível de desenvolvimento das funções psicointelectuais da criança, que se conseguiu como resultado de um específico processo de desenvolvimento já realizado" (VYGOTSKI: 1998, p. 111). Este nível poderá ser identificado pelas perguntas, exercícios, provas ou testes aplicados na criança. Mas, segundo o autor, "um simples controle demonstra que este nível de desenvolvimento efetivo não indica completamente o estado de desenvolvimento da criança". Os testes, na sua maioria, partem da indicação de que o desenvolvimento psicointelectual é aquele que a criança demonstra por si só, "sem a ajuda de outro e sem perguntas-guia ou demonstração" (VYGOTSKI: 1998, p.111). O segundo seria o desenvolvimento potencial. São as tarefas que a criança pode realizar com a ajuda do outro. No entanto, o autor adverte ainda que as crianças podem demonstrar grandes diferenças entre elas.

As diferentes tarefas que o sujeito pode executar com ajuda representam o conjunto de capacidades e aprendizagens potenciais que poderá rapidamente desenvolver. Nas palavras de Vigotsky, "a diferença entre o nível das tarefas realizáveis com o auxílio dos adultos e o nível das tarefas que podem ser desenvolvidas com uma atividade independente, define a área de desenvolvimento potencial da criança" (VYGOTSKI: 1998, p.112). O que um sujeito é capaz de desenvolver com a ajuda do outro sujeito chama-se *Zona de Desenvolvimento Proximal (ZDP)*. Ou seja, a ZDP, proposta por Vygotsky, descreve, por um lado, aquilo que o sujeito já sabe, pois é capaz de desempenhar sozinho, e, por outro, o que ele tem a capacidade de aprender ou de desempenhar se for auxiliado por outro sujeito mais capaz (colegas de sala, professores, pais, entre outros).

A ZDP, no entanto, não é um teste. Alguns autores, adverte Smolka, deixam entrever uma concepção deste construto como um espaço localizado de atuação, uma região que cresce também alimentada pela atividade. Smolka (2001: p. 282) questiona a relação teoria–empiria em que existe uma tendência a "aplicar" construtos teóricos à realidade empírica, engessando–os, retirando–lhes o movimento. A noção de que é possível estimular o desenvolvimento dos processos superiores da mente a partir da aprendizagem, deriva da descoberta da origem social desses processos. Vygotsky toma a relação aprendizagem desenvolvimento como uma relação de dois processos distintos, mas interdependentes. Uma ligação dialética, geradora de nova condição de aprendizagem que, por sua vez, gerará um novo desenvolvimento. Toma essa relação em seu aspecto geral para o ser humano, como um primeiro momento de análise. Posteriormente, busca seu aspecto na idade escolar (VYGOTSKI: 1998, p. 110).

Da mesma forma, o jovem e/ou o adulto do campo podem aprender e desenvolver novos conhecimentos, habilidades, compreensões. Existe um conjunto de ações e conceitos que já estão sob o domínio do sujeito, apropriados no decorrer da vida. No entanto, cada ser humano tem infinitas possibilidades de desenvolvimento cognitivo, afetivo e emocional, social, cultural.

Ao abrirem–se novas possibilidades de leitura da realidade do campo, novas significações do trabalho do campo, da cultura e da vida, com possibilidades de mudanças dessa realidade, move–se o sujeito de seu lugar comum, ou do senso comum sobre seu mundo, para outro. Ocorre uma reorganização da leitura de mundo e um maior autoconhecimento. A Educação do Campo cria novos sentidos da compreensão histórica da vida, da escola e de si mesmo.

Assim, as funções psicológicas superiores, desenvolvidas no ser humano pela linguagem e pela atividade têm suas raízes nas relações sociais. É possível derivar que a aprendizagem não é uma atividade individual, mas social, e quando se refere à escola, ela é coletiva. É a necessidade de comunicação que conduz à aquisição da linguagem e ao raciocínio, que são adquiridos no social e, posteriormente, internalizadas. Um bom exemplo do auxílio dos adultos pode ser observado quando uma criança aprende a andar de bicicleta. O adulto ajuda e sustenta a criança que se sente desafiada a um esforço de superação para atingir o equilíbrio necessário para a condução da bicicleta, independente de ajuda. Vygotsky afirma "... todo conhecimento deve ser antecedido de uma sensação de sede. O momento da emoção e do interesse deve necessariamente servir de ponto de partida a qualquer trabalho educativo" (Vygotski: 2001, p.145).

No curso de Licenciatura em Educação do Campo todas as tarefas assumidas pelos educandos/as são parte de um complexo fluxo de atividades que vai desde a alimentação coletiva, limpeza, condução das atividades educativas, até a condução de místicas, organicidade, participação em atividades representativas. Durante todo o dia, todas as atividades estão articuladas entre trabalho, educação e lazer. As ações, como afirma Leontiev (1978), ganham complexidade quando relacionadas à teoria, aos processos de reflexão, à linguagem ou, nas palavras de Leontiev, às ações interiores e superiores. Nessa teoria, os conceitos de atividade, aprendizagem/ desenvolvimento humano e personalidade são centrais. Para Leontiev (1995, p. 136), "a personalidad del hombre 'es producida', o sea, es creada por las relaciones sociales que entabla el indivíduo en su actividad. El hecho de que, al mismo tiempo, se vayan transformando y cambiando también algunas de sus peculiaridades como indivíduo no constituye la causa, sino la consecuencia de la formación de la personalidad" (Leontiev: 1995, p 138).

Assim, se estabelece um vínculo entre a formação humana histórica, a personalidade e a individualidade. As características (personalidade) de uma pessoa (individual) são únicas. A formação da personalidade está ligada à atividade (e suas relações sociais) realizada pelo sujeito. Esta ideia se opõe à formulação, bastante comum no seio da psicologia (BOCK: 2003), segundo a qual a personalidade, enquanto natureza do indivíduo, diante da pressão do meio exterior, apenas modifica as manifestações de suas propriedades, entendendo ainda que o indivíduo é, no máximo, enriquecido pela experiência (LEONTIEV: 1995, p.140 e 142).

Comentários finais

Na UnB, a Licenciatura em Educação do Campo está em pleno processo de recriação de sua proposta educativa. Parte da história escrita por nosso povo, por meio de suas lutas. Parte também do que foi acumulado até agora na luta de outros povos.

O curso de Licenciatura em Educação do Campo almeja apoiar-se em teorias que dêem conta da formação humana. O complexo exercício de articular a instrução com uma formação humana integral e crítica, depende da coerência entre os conteúdos dos diversos componentes, do entrosamento e continuidade entre o trabalho desenvolvido no Tempo Escola e o planejado para o Tempo Comunidade, do fortalecimento da experiência individual por meio da experiência coletiva, da dialética entre trabalho e educação e, finalmente, da integração entre a escola e a comunidade.

A proposta metodológica do curso busca provocar situações de leitura da realidade do campo, pelo estudo de suas características, sua diversidade de produção e cultural, assim como das suas lutas. O Tempo Escola é foco irradiador de novas práticas, para os momentos posteriores, na comunidade. Esta vivência educativa possibilita a apropriação de novos conceitos, atravessados pelas práticas grupais e pela responsabilidade individual com o coletivo. Implica a conscientização de processos e de mudanças que provocam aprendizagens e o desenvolvimento humano e a transformação tanto do grupo, como dos sujeitos que dele participam. Uma formação histórica e integrada exige um intenso trabalho de equipe do conjunto de professores e colaboradores.

Os conteúdos e práticas proporcionados pela psicologia da educação tornam-se parte da formação integral. É necessária uma psicologia sensível às especificidades individuais e coletivas, atenta às formas de aprendizagens e conteúdos existentes no campo e ao seu efeito sobre o desenvolvimento. Uma psicologia voltada para o estudo das formas de relação entre os indivíduos do campo, suas representações, seus valores, costumes, relações de poder e perspectivas de vida, derivadas das formas de produção da vida. Por meio desses elementos é possível orientar a experiência pedagógica e abrir caminhos para um diálogo, pela apropriação de conceitos históricos, de práticas e vivências coletivas que enfatizam valores humanistas e críticos. A psicologia histórico-cultural oferece conceitos que apontam na direção do sujeito enquanto uma unidade psicossocial. E é pelo reconhecimento e pela análise das experiências e lutas que alcançamos uma redescoberta e ressignificação do sujeito histórico que existe em cada estudante.

Referências

ARROYO, M. Trabalho, educação e teoria pedagógica. *In* FRIGOTTO, G. (Org.). *Educação e crise do trabalho*: perspectivas de final de século. Petrópolis, Rio de Janeiro: Editora Vozes, 1998.

BOCK, A. M. Psicologia e sua ideologia: 40 anos de compromisso com as elites. *In* BOCK, A. M. (Org.). *Psicologia e o compromisso social*. São Paulo: Cortez, 2003.

BRASIL, MEC. *Lei de Diretrizes e Bases da Educação Nacional*, 1996. (Lei nº. 9.394/96).

BRASIL, MEC/CEB/CNE. *Diretrizes Operacionais para a Educação Básica nas Escolas do Campo*. Resolução nº 1, 2002.

CALDART, R. S. Escola do campo em movimento. *In* ARROYO, M.; CALDART, R. S; MOLINA, M., C. (Orgs). *Por uma Educação do Campo*. Petrópolis: Vozes, 2004.

CALDART, R. S. *Pedagogia do Movimento Sem Terra*: escola é mais do que escola. Petrópolis: Vozes, 2000.

FREIRE, Po. *Pedagogia do Oprimido*. 39ª ed. São Paulo: Paz e Terra, 2004.

GÓES, M. C. A natureza social do desenvolvimento psicológico. *In Cadernos CEDES* – Centro de Estudos Educação e Sociedade – *Pensamento e Linguagem: estudos na perspectiva da psicologia soviética*. 2ª ed., São Paulo: Papirus, 1991, p.17–24

INSTITUTO TÉCNICO DE CAPACITAÇÃO E PESQUISA DA REFORMA AGRÁRIA. Método Pedagógico. *Cadernos do Iterra*, Veranópolis, ano IV, n º 9, dez./ 2004a.

KRAHE, E. D. Licenciaturas e suas modificações curriculares: as determinações legais do MEC – BR e os currículos da UFRGS. *Revista Centro de Educação,* Edição 2004

LEONTIEV, A. N. (1995). Articulo de introducción sobre la labor criadora de L. S. Vygotski (pp. 419-450). *In* VYGOTSKY, L. S. *Obras Escojidas*. Madrid: Visor Distribuciones. Tomo I.

LEONTIEV, A. N. (1978). *O desenvolvimento do psiquismo*. Lisboa: Horizonte universitário.

LURIA, A. R. A psicologia experimental e o desenvolvimento Infantil. *In* VYGOTSKII, L. S.; LURIA, A. R.; LEONTIEV, A. N. *Linguagem, desenvolvimento e aprendizagem*. Trad.: Maria da Penha Villalobos. 6ª ed. São Paulo: Icone e Editora da Universidade de São Paulo, 1998.

CUNHA, M. V. (1998) *A psicologia na educação: dos paradigmas científicos às finalidades educacionais*. In Revista da Faculdade de Educação, vol.24, n. 2, ISSN 0102-2555.

MEAD, G. H. *Espiritu, persona y sociedad. Desde el punto de vista del condutismo social*. 2ª reimpressão. México, DF. Paidos Studio, 1993.

MOVIMENTO DOS TRABALHADORES RURAIS SEM TERRA. Princípios da Educação no MST. *Caderno de Educação*, São Paulo, n º 8, 1999.

ROCHA, A. M. I. *Representações sociais de professores sobre os alunos no contexto de luta pela terra*. Belo Horizonte: UFMG. 2004.

SERRÃO, M. I. B. *Estudantes de pedagogia e a "atividade de aprendizagem" do ensino em formação*. 2004. Tese de Doutorado em Educação – Faculdade de Educação, Universidade de São Paulo, São Paulo, 2004.

THOMPSON, E. P. *La sociedad Inglesa del siglo XVIII* ¿Lucha de clases sin clases? Tradición, Revuelta y Conciencia de Clase. Editorial Crítica Grijalbo, 1984.

VYGOTSKY, L. S. *Obras Escojidas*. Tomo I. Madrid: Visor Distribuciones, 1997.

VYGOTSKY, L. S. *Obras Escojidas*. Vol II. Madrid: A Machado Libros, 2001.

UNIVERSIDADE DE BRASÍLIA. Projeto Político-pedagógico do Curso de Licenciatura em Educação do Campo, UnB– Planaltina, 2007.

ZANELLA, A. V. *Vygotski. Contexto, contribuição à psicologia e o conceito de Zona de Desenvolvimento Proximal*. Itajaí: Editora da Univali. 2001.

WEIL, S. *A condição operária e outros estudos*: coletânea de escritos de Simone Weil. Rio de Janeiro: Paz e Terra, 1979.

CAPÍTULO 16
Educação do Campo, questões estruturais brasileiras e formação de professores

Rafael Litvin Villas Bôas[1]

> Gerar uma nova visão coletiva de mundo é um passo prévio indispensável para que o acesso ao poder nem seja efêmero, nem seja uma nova imposição sobre a sociedade.
> (CECEÑA, 2003, p. 37).

O curso de Licenciatura em Educação do Campo (LEdoC) da Universidade de Brasília, em parceria com o Instituto Técnico de Capacitação e Pesquisa da Reforma Agrária (Iterra), surge como demanda dos movimentos sociais do campo, por estes entenderem que para consolidar o processo de Reforma Agrária no Brasil seria necessário reverter o quadro precário da formação dos docentes das escolas do campo, na medida em que a conquista pela educação de qualidade nas áreas de assentamento se apresenta como um fator indispensável para a fixação dos filhos dos assentados no campo, impedindo a migração destes para os centros urbanos, em busca de melhores condições de educação e de vida.

Como a proposta do curso é o atendimento de um público diferenciado daquele majoritário nos centros urbanos, foi adotada a pedagogia da alternância, que divide a carga horária do curso em dois momentos: o Tempo Escola (TE), em que os educandos se concentram por cerca de quarenta dias na estrutura da Universidade para estudar, em tempo integral, durante os três turnos do dia, e o Tempo Comunidade (TC), em que os estudantes cumprem parte da carga horária das disciplinas das etapas desenvolvendo os trabalhos teóricos e práticos em sua comunidade de origem e na escola do campo local. A adoção desse sistema respeita o tempo de trabalho no campo, a época do plantio e da colheita, e faz com que os professores do curso tenham que acompanhar os estudantes de cada região coberta pelo curso.

---

[1] Doutor em Literatura Brasileira pela Universidade de Brasília (UnB). Professor adjunto do curso de Licenciatura em Educação do Campo (LEdoC) da Faculdade UnB Planaltina.

Como o curso é novidade para a Universidade e para a população assentada, foi decidido que, nas suas primeiras etapas, seriam organizados seminários nas comunidades, com o intuito de discutir o estágio da Educação no e do campo, e apresentar a proposta da LEdoC para a comunidade escolar e dos assentamentos e acampamentos das redondezas. Os seminários são protagonizados pelos educandos do curso, e a eleição dos temas e das metodologias adotadas deve ser proposta inicialmente pelos educandos e posteriormente discutida com todo o grupo, com acompanhamento do Tempo Comunidade de cada região, que envolve também os docentes e os monitores de graduação e de pós-graduação que acompanham o curso como parte de seus trabalhos de pesquisa ou de extensão.

Embora ainda bastante recente, a experiência do Tempo Comunidade já demonstrou força potencial para a dinamização do curso, uma vez que coloca educandos e educadores em contato com realidades diferenciadas, e muitas vezes emergenciais, e exige um tipo de preparação para a intervenção teórica e prática, que confere consistência material à dimensão da práxis, e demanda a reorganização dos conteúdos do curso.

Como temos até o momento quatro turmas em andamento, não há ainda possibilidade de análise conclusiva das consequências do curso para os educandos e suas comunidades, pois não temos ainda turmas formadas. Embora seja arriscado propor uma análise de percurso, é possível fazer um levantamento reflexivo das contradições que o sistema da alternância nos tornou possível perceber e tomar posição.

Perfil étnico das turmas: a diversidade como contradição

A composição da turma com educandos provenientes de diversos Estados, diversas faixas etárias e variadas experiências de trabalho com educação na escola e/ou na comunidade, implica a formação de coletivos com perfil bastante atípico, se comparado ao padrão das turmas da Universidade de Brasília. São quilombolas, trabalhadores rurais assentados ou acampados, professores de escolas do campo que moram na comunidade rural ou na cidade próxima e militantes de diversos movimentos sociais do campo brasileiro. Nas turmas compostas por Estados da região Centro-Oeste, a maioria dos educandos(as) negros(as) destoa do fenótipo predominante nas universidades brasileiras, composto ainda por grande maioria branca proveniente das classes médias e da classe dominante do País.

A miscigenação das turmas da LEdoC não reitera o mito da democracia racial brasileira. Pelo contrário, expõe sem nuances a crueldade da regra da presença do Estado como braço coercitivo contra os pobres e vetor de garantia do privilégio para os ricos, sendo omisso ou ausente na garantia da extensão dos direitos sociais para toda a população. Os brancos de Mato Grosso são colonos ou filhos de camponeses expulsos à força pelos governos do sul do País, quando se organizaram para lutar pela terra. Os quilombolas resistem isolados em suas terras, sem atenção do poder público e com a promessa de titulação das terras feita pelo governo sempre ameaçada pela ação predatória da bancada ruralista do Congresso Nacional, representante do setor do agronegócio. Muitas pessoas miscigenadas, que poderiam ser chamadas de morenas, de misturadas, coloridas, em um tom conciliatório, carregam também as marcas de intenso fluxo migratório em busca da sobrevivência, caracterizada pela ausência sistemática de trabalho e de amparo do Estado.

A identidade em processo de construção no curso não é apenas uma identidade cultural, de inclusão das diferenças em um arcabouço de vagos contornos nacionalistas; pelo contrário, é uma identidade de classe, pois parte da perspectiva do reconhecimento objetivo da situação de exploração a que todos os povos representados na turma estão submetidos, e compreende que a ação política para transformar a realidade em questão deve ser norteada pelo sentido de totalidade. Muito além da ingênua comemoração da diversidade no País, representada pela turma – que poderia nos conduzir novamente ao reacionário rumo da inclusão social em um sistema cuja lógica é a exclusão em prol da acumulação –, o que está em jogo é a compreensão política da diferença, cuja consequência é a construção da pluralidade de táticas norteadas por estratégia comum e central, pautada pela perspectiva de classe.

Contudo, isso não ocorre de forma automática e natural. Providências precisam ser tomadas para garantir a evolução do processo de formação política e educacional de cada educando. Nesse sentido, a experiência da convivência dos educandos no Tempo Escola e os trabalhos realizados no Tempo Comunidade têm sinalizado com frequência a demanda de abordagem conexa sobre os temas da desigualdade de classe, a presença do racismo como marca estruturante da desigualdade social brasileira e do sistema patriarcal como eixo organizador das relações de trabalho no campo e das relações de gênero.

Questão agrária e questão racial: a articulação explosiva entre classe e raça no Brasil

A ideia de que o desenvolvimento do capitalismo no Brasil teve como motor o trabalho escravo ou a mercantilização da vida de seres humanos é fato consolidado na historiografia oficial. Entretanto, o mesmo não ocorre diante da afirmação de que a atual desigualdade social brasileira tem no racismo um de seus eixos estruturantes. Logo após a abolição da escravatura, o Estado e a intelectualidade brasileira tentaram sistematicamente apagar as marcas e os impasses estruturais que nos foram impostos pela adoção do sistema escravista na periferia, para modernizar o centro do sistema mundial produtor de mercadorias, na época, situado na Europa. Na memória coletiva não persiste a incômoda informação de termos sido o último país do mundo a abolir a escravidão. Pelo contrário, até pouco tempo, prevalecia no imaginário coletivo a ideia do orgulho pela promessa de novidade que teríamos a oferecer ao mundo quanto ao entendimento de que a formação de nossa população teria ocorrido pela suposta integração harmônica entre brancos, negros e índios.

É certo que a leitura romantizada do passado nefasto já não persiste como outrora. A ação do movimento negro em prol da implementação das ações afirmativas para afrodescendentes quebrou as pernas do mito da democracia racial, pois obrigou o Brasil a reconhecer a existência de racismo no País e, mais que isso, que o Estado tem responsabilidade no problema e por isso tem que intervir para resolver o impasse. De resvalo, a batalha abalou os pilares da meritocracia, pois a média geral do desempenho dos cotistas afrodescendentes nas universidades foi superior à dos alunos não cotistas, ao contrário do que pregava o argumento racista de que a política de cotas rebaixaria o nível de qualidade das universidades públicas brasileiras.

Voltando à linha histórica, a importação do trabalho assalariado branco europeu, como providência de substituição da mão de obra negra em condição escrava, consolidou no Brasil as bases da meritocracia, o discurso ideológico calcado na premissa da livre iniciativa. O que também não se evidencia na historiografia é que o projeto de adaptação da ideologia do mérito no Brasil ocorreu no mesmo compasso em que se consolidava a iniciativa de embranquecimento do País, posto que a mão de obra "livre" fora importada majoritariamente de países europeus.

Não se faz hoje associação de causa e consequência no fato de sermos o país recordista de concentração de terras (46% das terras nas mãos de 1% de proprietários), o último a abolir a escravidão e termos a maioria da população negra em condição de pobreza. A Lei de Terras, promulgada em 1850, é um marco para a compreensão do destino articulado da questão agrária e da questão racial no País. Quando a elite percebeu que a escravidão teria um fim datado na história mundial – haja vista que a revolução dos negros haitianos já tinha ocorrido e amedrontava os senhores de escravos brasileiros, e que a produção excedente de mercadorias exigia a expansão do mercado consumidor na periferia mundial – , a elite nacional adiantou-se e decretou que as terras poderiam ser compradas (a altos custos), herdadas ou concedidas pelo poder do Estado. Então, trinta e oito anos depois que os braços negros tornaram-se livres, as terras já eram mercadoria, com preços inacessíveis à população negra ex-escrava, que até a abolição, em geral, não era remunerada pelo fruto de seu trabalho.

Nesse sentido, latifúndio e racismo são desdobramentos do mesmo problema, embora hoje sejam tratados como problemas de ordem distinta. O poder hegemônico omite os elos históricos entre a questão agrária e a questão racial e aborda os problemas como de ordem conjuntural, local, específica – coisa de desocupados e baderneiros, para a primeira questão, e de ressentimento das pessoas negras, para a segunda – , e não pela dimensão estrutural que envolve ambos.

Florestan Fernandes, em *O significado do protesto negro*, destaca a força potencial da articulação entre classe e raça no Brasil:

> O fato nu e cru é a existência de uma imensa massa de trabalhadores livres e semilivres, na cidade e no campo. É, portanto, entre os de baixo, onde a luta de classes crepita com oscilações, mas com vigor crescente, que a raça se converte em forte fator de atrito social. Há problemas que poderiam ser resolvidos "dentro da ordem", que alcançam a classe mas estão fora do âmbito da raça. A raça se configura como pólvora do paiol, o fator que em um contexto de confrontação poderá levar muito mais longe o radicalismo inerente à classe (1989, p. 42).

Podemos depreender daí quais seriam as providências para a formulação de pensamento e intervenção radicais, no Brasil, que considerem os nexos de configuração do princípio da totalidade, mediante articulação entre classe e raça.

Latifúndio, abismo social marcado por forte segregação racial e monopólio dos meios de comunicação de massa são problemas relacionados, constituintes e mantenedores da desigualdade social brasileira. Portanto, pensar o Brasil sem levar em conta as conexões de causalidade entre esses fatores implica um giro em falso.

O país em que 14 milhões de pessoas passam fome, segundo pesquisa do Instituto Brasileiro de Geografia e Estatística (IBGE), é também o país que tem sua TV aberta monopolizada por menos de dez empresas, sendo uma delas a quarta maior do mundo. O país que tem um dos maiores índices de desigualdade social do planeta é também aquele que tomou providências para concentrar a terra em mão de poucos. Por sua vez, o latifúndio protegido legalmente foi a providência da elite para evitar que a massa de negros escravos que seria liberta tempos depois se transformasse em pequenos proprietários de terra. Em consequência, o país que tem a segunda maior população negra do mundo – só ficamos atrás da Nigéria – não a incorporou devidamente no tecido social, e o resultado trágico é que temos a população negra como a maior parcela pobre do País.

Os sistemáticos ataques da direita (com o ex–PFL na linha de frente e PSDB logo atrás) às bandeiras e às conquistas dos movimentos sociais do campo e dos movimentos negros evidenciam duas questões que:

1ª) ao contrário do que pregam os críticos de extrema–esquerda, as ações desses movimentos entram em confronto direto com o poder hegemônico; daí as manifestações reativas da direita. Não se trata, portanto, de ações pontuais e fragmentadas, pois estas tocam na estrutura da propriedade no País e na questão da distribuição de renda, ambas ligadas ao princípio de acumulação desigual da sociedade capitalista.

2ª) observação da estratégia de resistência da elite às tentativas de políticas civilizatórias dos grupos subjugados dá a ver a falsidade das premissas que legitimam a República (universalidade, mérito, etc). Argumentos como "os negros vão piorar a qualidade do ensino superior", "a política de cotas vai quebrar a meritocracia" ou "a ação dos movimentos sem-terra é terrorista", constantemente veiculados pela imprensa burguesa se configuram como a versão moderna da "síndrome do pânico" – expressão cunhada pelo sociólogo Clóvis Moura para denominar o pavor que afligia as famílias escravocratas diante da possibilidade de um levante insurgente da população negra em condição escrava no Brasil.

Divisão social do trabalho e patriarcado

Em novembro de 2009, um grupo de Tempo Comunidade de docentes e educandos do Distrito Federal e Entorno organizou um seminário durante o Tempo Comunidade da terceira etapa da segunda turma da LEdoC. No processo de preparação, a comunidade que sediaria o encontro – pré-assentados do Movimento de Apoio aos Trabalhadores Rurais (MATR) – demandou que um dos temas abordados fosse a violência contra a mulher. Durante o debate, ficou evidente que não se tratava apenas de violência física, mas também de violência verbal e simbólica, que cerceia o espaço da mulher restringindo-a ao universo doméstico, enquanto o homem tem livre acesso ao mundo do trabalho e da esfera pública.

Se o problema não for percebido em sua dimensão estrutural e histórica, será abordado apenas como um problema de ordem local e de relação intersubjetiva dos indivíduos daquela comunidade, esvaindo-se assim a contradição de determinados elos históricos que, se bem articulados, remetem o problema à necessidade de crítica ao patriarcado como um dos pressupostos do ordenamento da sociedade em classes, determinada pela lei de mercado.

Na ocasião, um grupo de estudantes de pós-graduação em Antropologia da UnB encarregou-se de coordenar a metodologia de trabalho, que consistiu na divisão de mulheres e homens em dois grupos, para que eles pudessem discutir em separado suas experiências sobre o problema, a partir de sua condição de gênero, em um primeiro momento. O próximo passou foi unificar os dois grupos em plenária, para que cada um pudesse relatar ao outro a sistematização dos pontos discutidos.

A metodologia garantiu a construção de elos de cumplicidade de gênero nos dois grupos e o fortalecimento de uma posição coletiva sobre o problema, não a partir da conciliação e da omissão das contradições, mas por meio da explicitação dos conflitos de gênero em diversos níveis de violência, desde o verbal até o físico. O fato de o problema ter sido pautado pela própria comunidade fez com que o trabalho não se caracterizasse como ingerência externa da Universidade sobre problemas internos do movimento e do pré-assentamento. O tema da violência doméstica foi discutido como uma questão estrutural, e não apenas local, que se refere à organização patriarcal da sociedade, um dos pilares fundamentais da divisão desigual do trabalho, em absoluta coerência com a lógica da propriedade, que orienta a sociedade de classes.

Portanto, um problema aparentemente específico e pontual foi percebido em sua dimensão histórica e estrutural e lançou para os docentes e educandos do grupo a percepção de que esse tipo de questão deve ser estudado durante as etapas de Tempo Escola, para que os educandos tenham condição de intervir com competência em tal problemática.

O campo das providências formativas: a articulação entre teoria e prática

Os movimentos sociais do campo vêm aos poucos se posicionando nas questões que dizem respeito à exigência de especificidade da experiência brasileira, pensada com os pressupostos do materialismo histórico dialético. Um desses indícios foi notado com a publicação do caderno *Construindo novas relações de gênero*: desafiando relações de poder, do Setor Nacional de Gênero do MST, em julho de 2003.

Na reflexão sobre as providências que precisam ser tomadas para que tenhamos uma sociedade mais igualitária, o Setor define três categorias de desigualdade que se manifestam entre pessoas e grupos sociais: classe social, raça/etnia e gênero. Segundo a avaliação do Setor, ocorreu uma desproporção na ênfase dada às três categorias. A questão de classe teria sido trabalhada sem lidar com as diferenças provenientes da raça/etnia e do gênero. "Não é possível falar dos pobres em geral, como não é possível falar dos negros em geral ou das mulheres em geral. Faz diferença saber se o pobre é negro ou branco, homem ou mulher. Faz diferença saber se a mulher é pobre ou rica, branca ou negra..." (MST, 2003, p. 30).

Há um avanço na visão crítica, que passa a reconhecer como problema o tratamento "igualitário" de pessoas que são tratadas socialmente como diferentes. Essa mudança de ponto de vista é importante porque, por meio dela, o argumento da meritocracia, que introjeta no indivíduo, sob a forma de julgamento da competência individual, a razão de seu sucesso ou de seu fracasso econômico e social, é desmascarado, na medida em que as circunstâncias históricas que determinam o destino dos povos que compõem a sociedade brasileira são evocadas como argumento de explicação das desigualdades sociais.

É curioso que, apesar de afirmar que essas três categorias são questões que devem ser trabalhadas ao mesmo tempo, em uma luta comum, prevaleça a ideia de que se trata de três formas distintas de desigualdade. Uma forma diferente de explicar a questão seria a seguinte: a dinâmica do capital nas terras brasileiras estabeleceu na relação entre exploradores e explorados, isto é, na questão de classe, especificidades que não podem ser ignoradas, como a desigualdade étnica/racial e de gênero, pois essas formas de discriminação são pressupostos para a reflexão sobre a consistência da desigualdade entre as classes no Brasil. Isso quer dizer que não se trata de categorias paralelas, mas de problemas constituintes da forma de exploração brasileira e, assim, devem ser pensados de forma integral.

Para trabalharmos com isso, tentamos estabelecer vínculos entre a dimensão objetiva da exploração social e a dimensão subjetiva da opressão, por meio de estudos sobre o processo simultâneo de expropriação da terra e de expropriação da memória, com discussão sobre o relato de experiências dos participantes das atividades de formação e sobre as formas de discriminação social vigentes no Brasil, a partir de suas próprias experiências de vida.

Uma das dimensões desse trabalho é a desnaturalização da percepção dos padrões hegemônicos de representação estética da realidade. Para isso, trabalhamos com diversos materiais, como reportagens de jornais e revistas, imagens de anúncios publicitários, músicas, filmes e programas televisivos, para analisar a relação entre a técnica e a política e o modo como os padrões estéticos de beleza, de poder, de valoração por região, de representação do conflito agrário e de representação da violência urbana são construídos e disseminados.

Outra dimensão do trabalho é a socialização de métodos e técnicas de intervenção em coletivos, que potencializem a abertura dessas discussões e permitam a análise das situações em laboratório, e a busca de alternativas para a resolução dos problemas levantados. Os exercícios de teatro imagem e de teatro fórum, reunidos na poética do Teatro do Oprimido, de Augusto Boal, são muito úteis nesse aspecto, pois criam fóruns amplos de debate sobre problemas como machismo, racismo, discriminação por orientação sexual, entre outros, que geralmente não são discutidos nos espaços coletivos de debate das comunidades.

Cabe notar que, em geral, esses temas não são discutidos porque são compreendidos como hábitos culturais, como algo arraigado na cultura popular e, portanto, difíceis de serem alterados. No fundo, há aí a compreensão da cultura popular como algo estanque, parado no tempo, que deve ser acima de tudo preservado diante da ameaça desagregadora do progresso. O problema exige análise dialética do legado que queremos herdar do passado e dos obstáculos que temos de superar, se projetarmos como meta uma perspectiva emancipatória coletiva para o futuro.

Outro argumento evocado em resistência a essas discussões nos espaços coletivos é o que alega que as questões de violência doméstica, machismo, racismo, preconceito, alcoolismo, são de foro íntimo e devem ser resolvidas no âmbito familiar ou, no máximo, entre os envolvidos no problema. Podemos notar nesse caso o vigor da permanência do núcleo burguês da família como elo estruturante da sociedade. Trata-se de exemplo consistente do quanto nos relacionamos em chave subalterna com a hegemonia da classe dominante.

Em ambos os argumentos, a esfera coletiva de debate e deliberação é deslegitimada, como se não fosse a mais acertada para esse tipo de assunto, a despeito de todos os envolvidos vivenciarem como agentes, vítimas ou cúmplices – e muitas vezes em mais de uma posição ao mesmo tempo – as situações em sua comunidade e na sociedade como um todo. Nesses casos, o ensinamento das técnicas de leitura crítica das linguagens musical, visual ou audiovisual e das técnicas de teatro, desnaturalizando os padrões hegemônicos de representação estética, consegue estabelecer conexões entre o indivíduo, sua comunidade e as regras normativas e coercitivas que regem a sociedade.

Quando educadores populares dominam os instrumentos de leitura crítica dos meios de representação da realidade, eles passam a tomar como exemplos, em sala de aula, ou em trabalhos de base, referências como a telenovela, os cartazes de publicidade presentes nas ruas e estradas, as músicas que escutamos nas rádios, ou seja, passam a extrair conhecimento e a ensinar a partir da crítica dos instrumentos de representação da classe dominante.

O historiador marxista Raymmond Williams afirma que a "verdadeira condição da hegemonia é a autoidentificação efetiva com as formas hegemônicas" (1979, p. 121). Se assim for, um dos primeiros passos para a ação contra-hegemônica é a formação política e estética que dê condições às pessoas para que elas estranhem o que parece natural, desnaturalizem o olhar para o que é habitual e, ao perceberem que a visão de mundo consensual é, na verdade, a visão de mundo da classe dominante, tomem providências individuais e coletivas para construir atitudes e formas de representação da realidade que digam respeito à perspectiva socialista em processo de construção pelos movimentos sociais.

O caso da banda Arte na Lata: entre o risco da mercantilização e a ação contra-hegemônica

Na abertura do seminário de Tempo Comunidade da terceira etapa da segunda turma da LEdoC, ocorrido em dezembro de 2009, a banda composta por alunos do ensino médio da escola estadual apresentou o hino nacional brasileiro, sob a regência de um dos educandos do curso. A letra foi mantida integralmente, mas o ritmo foi alterado para batucada. A orquestra, composta por instrumentos feitos de latas, varetas de madeira e um atabaque, foi regida pelos meninos, sentados em fila. As meninas, de pé, se encarregam do coral, e algumas tocaram chocalho.

Embora esse tipo de iniciativa não seja propriamente original (desde a popularização da banda Olodum, de Salvador, a iniciativa nacionalizou-se), não deixa de chamar a atenção o efeito do trabalho coletivo voltado para uma composição formal, oficial, cujo desajuste é operado pela percussão, de herança afrodescendente, em contraponto direto com a instrumentação erudita que nos chegou como norma da Europa e que sustenta a melodia de nosso hino. Salvo engano, de todos os componentes da banda, só uma menina e um menino eram brancos. A opção pelo ritmo de legado afro tem correspondência com o perfil étnico majoritário do grupo.

No filme *Crônicamente inviável*, de Sérgio Bianchi, a imagem de jovens negros tocando em uma banda de percussão no estilo Olodum é emblemática da crítica ao discurso de inclusão social, cidadania, etc. Na cena, o empresário branco, de classe média, orgulha-se do negócio, em diálogo com o protagonista. A despeito da caracterização exagerada da cena, o problema é real: a transformação das tradições populares em mercadoria.

O risco da reificação não está ausente no caso da banda Arte na Lata, da escola do assentamento, pois, sob o mesmo discurso da promoção da cidadania, a prefeitura ou o governo estadual podem elevar a banda à condição de representante oficial dos povos do campo, em datas comemorativas, e, com o feito, desculpar-se da omissão de investimento em diversas frentes fundamentais para o desenvolvimento da proposta de Reforma Agrária. Como o grupo pode vir a representar a escola e o assentamento? A lógica do espetáculo é uma ameaça constante.

Como não há a mediação de um empresário, como no filme, e a proposta é a de organização social por meio da arte, em um espaço de educação e formação, há muitas chances de o que se desenvolve ali ser uma experiência na contracorrente da lógica mercantil. O grupo já percebeu isso quando respondeu de imediato à demanda apresentada pela diretora da escola municipal, que perguntou se os projetos apresentados pelos educandos da LEdoC para a escola estadual não poderiam ser estendidos para as séries iniciais regidas pela escola municipal. Em resposta, os próprios educandos que integram a banda vão-se comprometer também com o ensino dos educandos mais novos. Com a iniciativa, o grupo descentraliza o mecanismo de aprendizado e permite que os educandos aprendam também a partir da posição de quem ensina.

Para encerrar o seminário, o grupo apresentou outra música, Negro nagô, reforçando, agora também na letra, a perspectiva política de afirmação da identidade sociorracial.

Depois da apresentação da banda, comentamos com educandos da LEdoC que acompanham o grupo, que, para o processo ser mais importante que o produto, a discussão cultural e política deve estar presente desde o momento da escolha das músicas, e deve compreender tanto a forma estética das canções quanto a forma de apresentação coletiva. Os breques (paradas do coro e da percussão) podem ser ocupados por breves falas/discursos que socializem a posição do grupo diante da questão trabalhada, por exemplo.

Para evitar a lógica mercantil da produção cultural, o grupo não deve dissociar a formação cultural da formação política, de modo que cada integrante tenha noção da parte e do todo, da especificidade de sua tarefa no grupo e do sentido geral do trabalho. A representação do grupo nos espaços de apresentação não precisa se limitar à ocupação do espaço restrito de entretenimento. É possível incidir sobre as contradições que afligem a comunidade local em sua dimensão de classe e assim se comunicar com outras comunidades.

Progressivamente, o grupo pode passar a compor suas próprias músicas, na medida em que adquire experiência selecionando músicas já conhecidas. Além disso, na perspectiva de não segmentar o trabalho artístico, o grupo pode contemplar a interface com outras linguagens artísticas. O trabalho coletivo da banda pode contribuir para a alteração da dinâmica do trabalho escolar, aproximando escola e comunidade, e a comunidade de outras realidades. Para isso, a cultura não deverá estar divorciada do projeto estratégico traçado coletivamente pela comunidade. E se não existe o projeto, o grupo pode ajudar a construí-lo.

A criação do bloco Conflitos Estruturais Brasileiros e Educação Popular

Como um dos princípios norteadores da LEdoC é a formação voltada para o protagonismo dos educandos em seus espaços de atuação, seja ele a escola ou a comunidade, a emergência de questões estruturais provenientes das bases dos movimentos sociais remete o curso ao debate sobre o processo de formação em andamento nas etapas de Tempo Escola O quê e o como se estuda habilitam os educandos para uma compreensão teórica, histórica, e para a intervenção no debate sobre essas questões e contradições? O processo de formação forma para a intervenção?

Como também nos debates do Tempo Escola são relatadas diversas situações em que o conflito de classe, raça e gênero aparecem de modo indissociável, e o Tempo Comunidade exige de nós a urgência na preparação dos educandos para que eles possam lidar com os temas emergentes da comunidade, e compreender que a aparente imediaticidade de determinados problemas tem lastro histórico secular, o corpo docente do curso optou pela criação de um novo bloco de organização de conteúdos e questões, durante as etapas de Tempo Escola, denominado Conflitos Estruturais Brasileiros e Educação Popular.

A proposta do bloco é lidar com os problemas ou os conflitos estruturais do País, em chave articulada, com foco em três aspectos concomitantes: o conhecimento histórico, a apropriação teórica e o aprendizado de metodologias específicas para lidar com as questões.

Pelo viés da mediação estética, a questão já começou a ser abordada pela análise de obras literárias, musicais, teatrais e cinematográficas, nas disciplinas introdutórias da área de Linguagens. O passo adiante foi a organização do componente para viabilizar a análise das relações de poder e das formas de discriminação contemporâneas, em perspectiva histórica e cultural; o estudo dos conceitos de classe, etnia, raça e gênero; e a análise dos entrelaçamentos das formas de discriminação contemporâneas, com o intuito de caracterizar a dimensão da totalidade da relação de exploração e opressão na experiência brasileira, como parte da dinâmica global do sistema mundial.

Referências

CECEÑA, A. E. Estratégias de construção de uma hegemonia sem limites. In: *Hegemonias e emancipações no século XXI*. Buenos Aires: Consejo Latinoamericanode Ciências Sociais (Clacso), 2003.

FERNANDES, F. *Significado do protesto negro*. São Paulo: Cortez; Autores Associados, 1989.

MOVIMENTO DOS TRABALHADORES RURAIS SEM TERRA (MST). Coletivo Nacional de Cultura e Setor Nacional de Educação do MST. Padrões hegemônicos de representação da realidade. In: *Como fazer a escola transformando a história?* Caderno de subsídio para o 6º Concurso de Arte–Educação do MST. São Paulo, 2006.

MOVIMENTO DOS TRABALHADORES RURAIS SEM TERRA (MST). Setor Nacional de Gênero. *Construindo novas relações de gênero*: desafiando relações de poder. São Paulo: Anca, 2003.

WILLIAMS, R. *Marxismo e Literatura*. Rio de Janeiro: Zahar, 1979.

CAPÍTULO 17
Filosofia e formação de educadores do campo

Roberta Lobo[1]

A construção da Área de Filosofia para os Cursos de Licenciatura em Educação do Campo

O que significa na nossa época o filósofo como educador? (NIETZSCHE, 2003, p.164)

A atualidade da filosofia e seu penetrar na Educação do Campo semeia um sem números de reflexões estimuladas pelas variadas possibilidades de percursos, fissuras e fronteiras. Nossa escolha será a de partir da herança de filósofos críticos da Modernidade como Marx, Nietzsche e Benjamin aliada à luta histórica dos movimentos populares e das organizações política que há dois séculos insistem na memória dos abortados e esquecidos, bem como na utopia de abocanhar no presente a promessa da sociabilidade emancipada. Assim, a atualidade da filosofia exige o educador intempestivo de Nietzsche e não o filósofo "erudito de membro naturalmente duros e mal exercitados" (2003, p.147). O que necessitamos é de uma vida filosófica, que além de sua dimensão sensível e afetiva implica uma racionalidade crítica frente a sociedade estatal e mercantil instalada. Como diria Nietzsche, existem "graus de libertação da vida filosófica que são desconhecidos" (2003, p.151) e hoje poucos são os espaços da totalidade social que permitem este conhecer, sempre dialetizado pelo processo histórico real no qual estão submetidos os homens e sua riqueza cultural. Os limites estão por toda parte: academia, movimentos sociais, partidos, Estado, que com mediações de profundas diferenças ontológicas se adequam às formas reificadoras existentes. Na academia, ainda persiste o ideal

---

[1] Professora Adjunta do Departamento Educação e Sociedade do Instituto Multidisciplinar e do Programa de Pós-Graduação Educação, Contextos Contemporâneos e Demandas Populares, da Universidade Federal Rural do Rio de Janeiro.

e a prática da ciência pura, uma filosofia exilada do mundo real e dos seus sujeitos, nos movimentos sociais persiste a necessidade de libertar-se do imperativo da política e de buscar uma dialética intensificadora das mediações com o campo do pensamento crítico que vai além da herança oficial do marxismo.

Este Programa da Área de Filosofia do Curso de Licenciatura em Educação do Campo, uma parceria entre o Iterra e a Universidade de Brasília, foi construído por um coletivo que atua nas universidades e contribui com os movimentos sociais, sendo composto pelos seguintes professores: André Villar, Felipe Brito, Marildo Menegat, Maurílio Botelho e Roberta Lobo. Todos estes professores atuaram dando aulas, orientando e participando de bancas nos diversos cursos de extensão, graduação e pós-graduação fruto das parcerias existentes entre as universidades públicas brasileiras e a Escola Nacional Florestan Fernandes/MST. Portanto, tal programa também é fruto de uma acúmulo anterior, de um diálogo direto da área de filosofia com os movimentos sociais[2].

A elaboração de um programa de curso só faz sentido quando parte de questões objetivas da vida, seguindo assim o aprendizado deixado por Paulo Freire. Quais são os sujeitos sociais que irão dialogar com este conjunto de temas, conceitos, métodos e aprendizados? O que de fato significa formar educadores do campo no Brasil Contemporâneo? Quais as implicações históricas, políticas e afetivas postas? Quais intencionalidades pedagógicas estão em jogo?

Pensar um Curso de Formação de Professores para a Educação do Campo implica ter como ponto de partida e de chegada o destino de uma humanidade onde o futuro se vê cada vez mais coagido com a frenética expansão de uma tecnologia militar, que fundamenta e impulsiona as guerras preventivas, aliada a uma intensa e rápida expansão de territórios segregados socialmente e degradados ambientalmente. Existem na cidade do Rio de Janeiro 700 favelas, só na Baixada Fluminense habitam mais de 3,4 milhões de pessoas. No mundo existem mais de 200 mil favelas com mais de um milhão de habitantes. Em 2005, já havia no mundo um bilhão de favelados. "Os favelados, embora sejam apenas 6% da população urbana dos países desenvolvidos, constituem espantosos 78,2% da

---

[2] Para o acúmulo deste trabalho, cumpre ressaltar a importância do Curso de Extensão Teorias Sociais e Produção do Conhecimento (Turma I) realizado entre os anos de 2003-2006 através de uma parceria entre a Escola de Serviço Social e a Pró-Reitoria de Extensão da UFRJ e a Escola Nacional Florestan Fernandes/MST, coordenado por Elemar Cezimbra, Roberta Lobo, Marildo Menegat e Maria Lídia Souza. Este curso teve mais de 700 horas, dando ênfase nas Áreas de Filosofia, História e Política. Participaram oitenta dirigentes dos movimentos sociais (MST, MTST, MTD, MPA, Via Campesina), envolvidos nas aulas, nos estudos individuais e coletivos, nas linhas de pesquisa com orientação coletiva e nas apresentações dos trabalhos de conclusão de curso.

população urbana dos países menos desenvolvidos: isso corresponde a pelo menos um terço da população urbana global" (DAVIS, 2006, p.33-34).

No século XXI, Campo e Cidade fazem parte de uma intensa segregação de populações aligeiradas do processo de produção de mercadorias e formatadas por uma cultura midiática televisiva, desprovida de mecanismos de organização social e política, bem como de elaboração do estar no mundo, de ser sujeito histórico. Pensar o destino da humanidade é recuperar a dor de Prometeu e acreditar nas potencialidades da humanidade, seu impulso para a vida e não para a capacidade autodestrutiva, criando as circunstâncias históricas para o homem livre, criativo e crítico, transformador.

A Formação de Professores da Educação do Campo, implicada nas lutas sociais e políticas dos movimentos sociais do campo e na realização de uma Educação Emancipada, segue os princípios de uma práxis pedagógica criadora baseada em projetos de pesquisas com base nos estudos da realidade, experimentações, seminários, produção coletiva de materiais pedagógicos, científicos e midiáticos, trabalhos integrados, produção de fontes históricas, uma totalidade de conhecimentos que recria-se sobre si mesma de modo multidisciplinar, intervindo assim de modo diferenciado na realidade concreta dos processos de formação. As *Escolas Livres de Humanidades* que existiram na Europa e as *Universidades Populares* que surgiram no Brasil nas primeiras décadas do século XX são os "tempos de agora" que falava Benjamin, fundamentos do presente, mergulho no nosso tempo histórico e rememoração das revoltas e das promessas do passado; são o "salto de tigre no tempo" (LOWY, 2005 p.120) que rememora e atualiza uma práxis pedagógica capaz de romper a fronteira dos conhecimentos, dos métodos e dos territórios, tendo como foco o homem sobrevivente do século XXI, herdeiro das derrotas e promessas do século XX, consciente da sua universalidade.

Marx e o princípio da luta de classes como motor da história, Nietzsche e a tarefa do filósofo educador intempestivo de "nos educar contra o nosso tempo" (2003, p.163), Benjamin e sua *história a contrapelo* mantém centelhas de esperança na luta pela liberdade neste século que já nasce estilhaçado de guerras e crises estruturais. Sem a negação da dor, da loucura, do isolamento e da morte esta tríade mantém viva o valor da vida, da ação humana, da *physis* e de sua transformação através da crítica da cultura e da educação.

Temas e conceitos norteadores do programa Filosofia da Natureza, Razão e Sociedade

A partir da realidade dos educandos da Turma Patativa do Assaré, trabalhadores e filhos de trabalhadores dos Assentamentos de Reforma Agrária dos Estados do RS, SC, PR, SP e RJ com forte envolvimento nas lutas sociais do campo e atuação nas escolas do campo construídas dentro e fora dos assentamentos, buscamos articular temas e conceitos das Filosofias da Natureza, da Filosofia Moderna e Contemporânea, tendo como foco os desafios enfrentados pelos homens em sua historicidade no sentido de elaboração de um pensamento crítico capaz de considerar os grandes dilemas históricos e filosóficos, suas tensões e impossibilidades, bem como suas materializações concretas e possibilidades de intervenção. Os temas e conceitos que articulavam as aulas expositivas, as análises fílmicas, os debates e as orientações coletivas do conjunto das cinco disciplinas ministradas entre as Etapas I, II, III, IV e V do Curso de Licenciatura foram: Dialética e conhecimento, natureza e homem, liberdade e beleza, civilização, cultura e barbárie, fetichismo da mercadoria e teoria do valor, crítica ao progresso e movimentos de revolta, auto-organização e resistência dos trabalhadores, experiências sociais que apontaram para uma auto-compreensão da sociedade e dos homens frente ao domínio da sociabilidade do capital. A construção do diálogo com a turma tinha como um dos pontos de partida a formação histórica do Brasil, as tensões entre economia, cultura e política, que permeiam a totalidade social na atualidade, em especial os movimentos de massa, as organizações políticas e a psiquê humana.

A **Disciplina Filosofia I** (30 h) teve como objetivo apresentar o pensamento de Descartes e a pedagogia da razão da filosofia moderna, o pensamento de Kant e a dialética existente entre a razão pura e a razão prática, bem como a crítica desta pedagogia da razão elaborada por Adorno e Horkheimer. O importante era dar possibilidades de compreensão aos educandos no que diz respeito ao conceito de razão e sua destruição pela realidade histórica. A análise dos filmes *O Sétimo Selo* (1957) de Ingmar Bergman, *Daens: Um Grito de Justiça* (1993) de Stijn Coninx, *Nós que estamos por vós que esperamos* (1999) de Marcelo Masagão estruturaram o arco histórico da formação do homem moderno à barbárie social instalada na Europa no final do século XIX, seus impactos e reatualizações no século XX.

O processo de esclarecimento foi apresentado desde o início como uma fabricação humana que não está inscrita na natureza, porém se diferencia do mundo a conhecer e de sua dominação. Descartes foi a referência central para a apresentação do mundo moderno enquanto transição da fé para a dialética da crença e da descrença, da razão e da dúvida, e domínio da natureza. A ciência tem a natureza como objeto de contemplação, operação, manipulação e intervenção, criando a identidade entre conhecer e fazer como resultado da própria cultura científica que se estabelece no século XVII. A natureza passa a ser revelada pelas artes mecânicas, sendo compreendida como um mecanismo que deve ser conhecido, dominado e transformado. Teoria, prática, utilidade e quantidade unem-se como garantia da verdade; nasce a modernidade burguesa, a luz da ciência, o progresso como tarefa da filosofia.

A experiência de vida pensante, a razão individual como inata a todos os homens, ou seja, a igualdade de direito da razão, com a ressalva de que nem todos sabem utilizá-la. Para o homem moderno racional, a natureza não possui finalidade, não possui dinamismo próprio, pois é criada a cada instante por Deus, oferecida ao conhecimento e à atividade técnica do homem. Ou seja, a natureza é apropriada como um objeto criado entregue à exploração pela razão humana. De acordo com Descartes, os *homens são mestres e possuidores da* natureza, ou seja, dominam a natureza exterior através de uma quantificação medida, subjugando a qualidade sentida, inútil aos caminhos experimentais e verdadeiros do progresso científico. O futuro é criação contínua da razão que universaliza os homens, apesar da diferença existente na posse da mesma, do seu mal uso e do desconhecimento do método. A filosofia assume um caráter prático, fornece os meios para dominar a natureza através das ações humanas, criando assim as bases do ideal burguês de futuro e progresso (CHAUÍ, 2002, MATOS, 1997).

Em termos de conceituação filosófica, o século XVIII avança nesta visão de futuro e progresso. *Aufklarung* ou Esclarecimento assume a identificação com o pensar que realiza progressos, livra o homem do mito, do medo e do dogma da religião, domina não apenas a natureza externa, mas a natureza interna, os desejos e os instintos humanos, tornando o homem senhor de si e da natureza. Um sujeito moral impõe-se com base na razão, na liberdade e na educação. *Aufklarung* assume dimensões diferenciadas de um mesmo processo: identifica-se diretamente com a razão e ao sujeito empoderado; compreende-se como o próprio processo histórico objetivado ligado ao desenvolvimento social e científico; se reconhece como ação consciente do progresso técnico e moral e da preservação da espécie como um fim em si mesmo (MATOS, 1997). A filosofia de Kant foi exemplar neste fortalecimento do conceito de razão tal como fora ensaiado por Descartes. No entanto, cumpre ressaltar que, mesmo ratificando as bases da modernidade burguesa, Kant não se livrou das contradições do mundo histórico da virada do século XVIII para o século XIX, onde o progresso técnico e a moral iluminista não eliminaram os perigos imediatos e mediatos da barbárie posta na dialética existente entre civilização e cultura.

Crítica da Razão Pura (1781) de Kant trata da razão analítica, questionando-a frente as experiências da segunda metade do século XVIII, que apresentam uma nova realidade no que tange às condições de liberdade, porém tais condições são insuficientes para a emancipação da espécie. De acordo com Menegat (2006), Kant vê os limites da liberdade e dos horizontes da razão na coação civil, na coação da consciência moral e no dogmatismo da razão. Existe uma dialética entre os limites da razão pura e os limites da razão prática, ou seja, uma tensão entre o desenvolvimento conceitual da razão pura e as condições de tal desenvolvimento se tornar realidade. Duas são as consequências desta dialética: a impossibilidade de fundamentar racionalmente a liberdade e a autonomia humana frente a razão, o predomínio da civilização calcada nos interesses privados e não na preservação da espécie. A partir desta leitura, Menegat apresenta três sentidos da barbárie como destruição da razão já presentes na obra de Kant.

O primeiro sentido está na tensão entre as virtudes e os vícios do processo civilizatório, visto que mesmo com um certo grau de liberdade no campo do direito, da política e da economia, a razão pura enfrenta limites concretos para se efetivar. Ou seja, a razão pura nem sempre fundamenta a razão prática, permanecendo assim vestígios de barbárie nas relações humanas. Desse modo, o segundo sentido de barbárie está na " separação entre razão pura e experiência expressa também na separação entre cultura (moralidade) e civilização (progresso). (...) O progresso, entendido como melhoramento crescente e ininterrupta do bem-estar material, não traz por si mesmo uma melhora dos costumes" (2006, p.131). E, por fim, o terceiro sentido de barbárie está justamente no prolongamento dos anteriores, na inversão perversa do progresso como finalidade e não como meio para o avanço da moralidade, da cultura humana e da preservação da espécie.

O resultado direto deste processo é a inversão contínua dos meios e dos fins, um domínio cada vez mais dilacerante de uma razão voltada para a ampliação dos meios do progresso, calcada na quantificação da natureza e na expansão da lei do valor, desconsiderando a ampliação da cultura como moralidade necessária para afirmação da liberdade e da autonomia humana.

No final da primeira metade do século XX, diante o colapso da civilização burguesa materializado na potência destrutiva da humanidade na segunda guerra mundial, Adorno e Horkheimer refletem sobre o processo de auto-destruição do esclarecimento, de mercantilização do pensamento, da linguagem e da cultura e do amadurecimento de novas formas de barbárie, bem como sobre a postura do intelectual frente à instrumentalização da razão: (...) a infatigável autodestruição do esclarecimento força o pensamento recusar o último vestígio de inocência em face dos costumes e das tendências do espírito de época (2006, p.12). Aliada à expansão das formas mercantis e estatais dominantes, o empobrecimento da imaginação teórica e estética, a censura externa e a auto-censura, a renúncia e o sacrifício consolidam uma processo de regressão social que longe de ser algo externo ao processo civilizatório, embrenha-se nas entranhas do próprio conceito de esclarecimento e de suas formas históricas concretas. Assim,

> (...)Abandonando a seus inimigos a reflexão sobre o elemento destrutivo do progresso, o pensamento cegamente pragmatizado perde seu caráter superador e, por isso,

também sua relação com a verdade. A disposição enigmática das massas educadas tecnologicamente a deixar dominar-se pelo fascínio de um despotismo qualquer, sua afinidade auto-destrutiva com a paranóia racista, todo este absurdo incompreendido manifesta a fraqueza do poder de compreensão do pensamento teórico atual. (ADORNO e HORKHEIMER, 2006, p.13)

Para além deste processo de regressão materializado na racionalidade instrumental que domina a natureza, os desejos e instintos humanos, a sociedade do século XX qualifica seus processos de reificação através da proliferação de bens culturais como artigos de consumo, uma nova espécie de menoridade toma forma e força na vida social administrada pelo capital no pós-guerra. Aqui surge o conceito de indústria cultural como uma regressão do esclarecimento à ideologia, uma ideologia que não se aparta das estruturas produtivas da economia burguesa. O cinema, a televisão e o rádio estão dentro do marco da eficácia, do desenvolvimento das técnicas de produção e difusão de imagens, sons e informações com o objetivo de expandir cada vez mais o domínio sobre a subjetividade passiva, submissa ao imperativo da lei do valor.

A **Disciplina Filosofia II** (45 h) tem como objetivo dar continuidade à compreensão da crítica da razão e do progresso, analisando o Romantismo como uma das fontes da crítica de Marx, bem como sua reatualização no século XX através do pensamento de Walter Benjamin. As análises fílmicas de *Marat/Marquês de Sade* (1967), de Peter Brook, e *O Ovo da Serpente* (1977), de Ingmar Bergman, nos permitiram montar o arco histórico da crítica da razão e do progresso do final do século XVIII ao processo de reificação total da ciência nas décadas de 1920 e 1930 do século XX, e seu papel na consolidação da barbárie materializada pelo nazismo.

> Por Romantismo, não entendo, ou não somente, uma escola literária do século XIX, mas alguma coisa muito mais vasta e profunda: o grande movimento de protesto contra a civilização capitalista/industrial moderna, em nome de valores do passado, que começa na metade do século XVII, com Rousseau, e que persiste, passando pela Fruhromantik alemã, pelo simbolismo e surrealismo, até os nossos dias. Trata-se como o próprio Marx constatara, de uma crítica que acompanha o capitalismo como uma sombra projetada, desde o seu nascimento até o dia (bendito) de sua morte. Como estrutura de sensibilidade, estilo de pensamento, visão de mundo, o romantismo percorre todos os domínios da cultura – literatura, poesia, artes, filosofia, historiografia, teologia, política. Dilacerado entre nostalgia do passado e sonho de futuro, ele denuncia as desolações da modernidade burguesa: desencantamento do mundo, mecanização, reificação, quantificação, dissolução da comunidade humana. Apesar da permanente referência a uma idade de ouro perdida, o Romantismo não é necessariamente retrógrado: durante sua longa história, conheceu tanto formas reacionárias, quanto revolucionárias. (LOWY, 2006)

Apesar de longa, esta citação de Lowy é extremamente esclarecedora, visto que apresenta a dialética histórica presente no Romantismo. Começar por ela nos ajuda na montagem desta complexa trama que atravessa a historicidade do chamado *romantismo anticapitalista*[3], marcadamente impregnada pela crítica do presente e pela duplicidade de respostas seja de caráter realista ou surrealista, seja em direção ao passado (retorno ao mundo pré-capitalista) ou ao futuro (conquista do mundo pós-capitalista).

Interessou-nos discutir como a crítica romântica esteve presente nas formulações de Marx sobre o processo de reificação estimulado pela racionalidade do valor de troca, princípio dominante da organização social burguesa, que implica na imposição da negação das qualidades sensíveis do sujeito e da sua relação qualitativa e não apenas quantitativa com a natureza. Segundo Lowy, Marx e Engels apreenderam a dimensão dialética da crítica romântica do presente, pois mesmo se referindo "à uma nostalgia do passado pode ganhar, em certos casos, uma dimensão autenticamente revolucionária" (1990, p.19). Seu estudo busca ressaltar os momentos das obras de Marx e Engels em que a raiz romântica apresenta-se com força, apontando para a importância do conhecimento das formações sociais pré-capitalistas para a realização da crítica do presente capitalista. Tal presença romântica não elimina a influência do iluminismo e da filosofia clássica alemã no pensamento de Marx e Engels e sim demarca a dimensão contraditória existente no conjunto da obra dos fundadores do marxismo. Nesse sentido, a valorização da comunidade primitiva, como possibilidade de "encontrar no mais antigo, o mais moderno" (MARX apud LOWY, 1990, p.21), vai fundamentando uma compreensão contraditória do progresso, visto que ao mesmo tempo em que a civilização burguesa apresenta avanços no âmbito da produção da riqueza social (desenvolvimento das forças produtivas, cooperação do trabalho e mercado mundial), apresenta uma forte regressão social do ponto de vista humano se comparado às comunidades rurais do passado[4].

---

[3] Segundo Lowy, este conceito foi criado por Lukács em suas análises estéticas designando "o conjunto das formas de pensamento em que a crítica da sociedade burguesa se inspira em uma referência ao passado pré-capitalista" (1993,p.13). No entanto, mesmo com a apreensão de seu caráter contraditório, Lukács identifica tal romantismo com o pensamento reacionário. Diferente será a postura de Ernst Fischer que define o romantismo como um "movimento de protesto apaixonado e contraditório contra o mundo burguês capitalista...A cada virada dos acontecimentos, o romantismo dividiu-se em correntes progressistas e reacionárias." (apud Lowy, 1993, p.16)

[4] Este tema deve ser aprofundado não como apologia, mas como problemática real que deixa vestígios no tempo presente. O importante é manter o foco na superação dialética necessária. As comunidades do campo de hoje não deveriam neglicenciar os avanços da terceira revolução técnico-científica, liberando seus trabalhadores para um tempo de prazer, de acesso à cultura e de produção da mesma, superando a realidade de 12 a 16 horas de trabalho por dia. No entanto, jamais devem abrir mão de suas qualidades humanas sensíveis, de sua relação qualitativa com a natureza e com o próprio homem enquanto sujeito pertencente a uma comunidade.

Mesmo desconsiderada pelos teóricos oficiais da II e da III Internacional, a crítica romântica como uma das fontes do pensamento de Marx foi retomada por pensadores como Rosa Luxemburg, Lukács, Walter Benjamin e Herbert Marcuse. No entanto, centramos nossa atenção na crítica do progresso de Walter Benjamin. Isto devido a relevância do debate a respeito das ilusões do progresso e em particular da ideologia do desenvolvimento que tanto permeou a formação da esquerda brasileira. Walter Benjamin alerta para as deformações positivistas e autoritárias do materialismo histórico, suas consequências políticas e suas incompreensões a respeito das derrotas dos movimentos operários da Europa desde 1848, incluindo a derrota da Revolução Russa com a experiência do stalinismo. Interessou-nos apresentar os fundamentos desta crítica do progresso, como também apontar para a metodologia do *salto de tigre no tempo* e da *história a contrapelo* utilizada por Benjamin, apesar do termo metodologia soar esquisito frente ao caráter libertário de sua escrita da história.

A antevisão de Benjamin das catástrofes sociais e ambientais do século XX já conta setenta anos. Se imaginarmos o montante de seres humanos mortos por fome, por medo, por resposta violenta da natureza, por assassinato desde a década de 1940 do século XX até a naturalização da política de extermínio da primeira década do século XXI, pouco ou nada teríamos a dizer frente a pergunta de Nietzsche: *Quem erguerá ainda a imagem do homem, se todos só percebem neles o verme do egoísmo e um medo sórdido, e se desviam tanto desta imagem, que acabam caindo na animalidade, ou seja, numa rigidez mecânica?* (NIETZSCHE, 2003, p.168).

Se em Marx e Engels ainda estava presente a ideologia do progresso, mesmo como vimos, compreendendo sua dimensão regressiva, em Benjamin não há mediação que dure[5]. Progresso é a catástrofe permanente alimentada pelas justificativas ideológicas postas no *homem como senhor de si e da natureza*, no imperativo do *sujeito do conhecimento,* do *espírito absoluto* e da *lei do desenvolvimento.* Para Benjamim, o materialismo histórico não pode se furtar de empreender uma crítica da sociedade burguesa com base no princípio da luta de classes, e neste sentido, deverá partir fundamentalmente desta 'escovada' no conceito de progresso. Uma crítica que parte da hostilidade e da indiferença em busca de imagens do passado redentoras das vítimas do passado e do presente interrompendo a autodestruição humana, visto que, para lembrar Nietzsche: "Tudo está a serviço da barbárie que vem vindo, tudo, aí incluídas a arte e a ciência desta época". (2003, p.166).

---

[5] Lowy alerta para a presença de alguma ilusão do progresso técnico-científico em Benjamin nos textos dos anos de 1933 a 1935, em especial no texto Sobre a Obra de Arte na Era de sua Reprodutibilidade (1990, p.190).

A crítica do progresso em Benjamin atinge o coração do modo de vida imposto pelo capital, o trabalho como determinante central do cotidiano. O desenvolvimento tecnológico não alivia o homem da sua condição de força produtiva, ao contrário, a intensifica e a desvaloriza ao mesmo tempo, além de fortalecer o complexo destrutivo da tecnologia militar. Na Tese XI, Benjamin faz a crítica do trabalho e de sua apropriação econômica e ideológica realizada pela social democracia alemã, pelo fascismo e pelo stalinismo. O trabalho como alimento do desenvolvimento técnico que se beneficia dos seus frutos, como fonte de riqueza e de cultura, como domínio da natureza e elevação da dignidade humana somente favoreceu a hegemonia do capital na sua insaciável expansão. Assim afirma: "Esse conceito marxista vulgar do que é o trabalho não se detém muito na questão de como os trabalhadores tiram proveito do seu produto enquanto dele não podem dispor. Esse conceito só quer se apercebe dos progressos da dominação da natureza, mas não dos retrocessos da sociedade". (1994, p. 228)

Para reforçar sua crítica, Benjamin utiliza as imagens do passado, trazendo o sentido das utopias socialistas posto na relação com a natureza no período anterior à derrota de 1848, bem como a concepção de Fourier, " um trabalho que, longe de explorar a natureza, é capaz de dar à luz as criações que dormitam como possíveis no seu seio" (1994, p.). E mais, longe de defender um recuo mítico às comunidades primitivas, Benjamin tinha consciência que a transformação do trabalho em *jogo* como em Fourier ou em *exibição* como em Schiller tinham como pressuposto o desenvolvimento tecnológico e sua total socialização, tal como já tinha apontado Marx em seu *General Intellect* e que mais tarde definirá Marcuse como uma *Civilização não-repressiva*.

Este tema ainda é muito caro para a esquerda na atualidade, uma realidade onde a automação, os serviços *online*, a informalidade e a precarização do trabalho atingem um padrão de normalidade que somente pode ser alterado no sentido de sua intensificação e não de um retorno mítico ao passado do pleno emprego. Isso significa ainda nos dias atuais levantar a bandeira da luta pelo trabalho? Sem desconsiderar todo o histórico de luta pelos direitos sociais e trabalhistas, a atualidade nos mostra o anacronismo desta luta diante da crise do capital vivenciada a partir da década de 1970 do século XX. Não há mais concessões, não há mais política populista que dê conta da abertura de frentes de trabalho para o desenvolvimento do Estado e da nação. Não há mais a sustentação de modernizações conservadoras retardatárias. Então, qual a saída para aqueles que 'não possuem propriedade e sim apenas sua força de trabalho'? Tem dilemas que há muito tempo a história não se presta mais a responder, porém aqui nos servem as imagens do passado como saltos de tigre no tempo, a rememoração da Comuna de Paris, das Repúblicas Conselhistas, das comunas na Espanha Republicana, das comunas indígenas, dos quilombos, ou seja, as experiências históricas reais e as possibilidades concretas da auto-organização popular. Nesse sentido, a crítica de Benjamin também se direciona aos partidos políticos que mantêm uma estrutura hierárquica, centralizadora e moralista no sentido de ideologizar a revolução proletária como *feito político,* tendo a história como fiadora.

Rememoração através do salto de tigre no tempo. É muito interessante como Lowy apresenta a concepção de *Jetztzeit* de Benjamin. Ela nos ajudará no rascunho de uma metodologia benjaminiana de compreensão da história e da práxis pedagógica. Trata-se de um tempo em que o *passado contém o presente*, apresentando-se como um estopim que provoca o descontínuo da história, sendo compreendido por uma determinada concepção de tempo histórico como um tempo pleno "carregado de momentos atuais, explosivos, subversivos (...) A revolução presente se alimenta do passado, como o tigre do que encontra no mato. Mas trata-se de uma ligação fugaz, de um momento frágil, de uma constelação momentânea, que é preciso saber apreender; daí a imagem do "salto" da fera no tempo". (LOWY, 2005, p.120)

A imagem explosiva do passado carregado do tempo-de-agora, do *Jetztzeit,* é uma arma cultural da tradição descontínua dos oprimidos e do pensamento crítico frente às formas estatais e mercantis de dominação. Assim, deve ser farejada como práxis, como campo de pesquisa, de teoria, e como prática pedagógica. Hoje realizar a crítica da sociedade do espetáculo, que segundo Debord, se materializa na metamorfose do capital que se faz imagem (1997), implica no fortalecimento de bases teóricas para a produção de *contraimagens* capazes de *escovar a história a contrapelo*. A produção midiática por parte dos educadores do campo deve partir dessa busca, dessa necessidade de abocanhar o *passado que contém o presente* e de produzir imagens semeadoras e realizadoras da *abreviação histórica,* da rememoração dos momentos redentores que condensa "todos os momentos de revolta do passado, toda a riqueza da tradição dos oprimidos". (LOWY, 2005, p.124) Assim, o tempo qualitativo do *Jetztzeit* confronta-se com o tempo quantitativo e vazio do progresso contínuo, demarcando a consciência histórica do tempo, própria da tradição messiânica, romântica e marxista, verdadeiras aliadas da originalidade do pensamento de Benjamin.

A **Disciplina Filosofia III** (30 h) teve como objetivo aprofundar o conceito de alienação a partir do pensamento de Marx e de seu diálogo com Hegel e Feuerbach, a fim de buscar uma melhor compreensão do salto que Marx empreende ao elaborar o conceito de fetichismo e a teoria do valor, amadurecendo assim a imagem do capital como sujeito automático. Partindo da premissa de que não há uma passagem linear e evolutiva na produção teórica de Marx, que vai do "jovem Marx filosófico" para o " Marx maduro da Economia Política", a disciplina se propôs a fomentar a análise e reflexão dos textos de "juventude de Marx", ancorado nos conceitos de *alienação, fetichismo* e *reificação*, reconstituindo o trajeto de construção da crítica da Economia Política.

O desenvolvimento do conceito de fetichismo foi o eixo norteador desta disciplina, buscando reconstruir a passagem do conceito de alienação religiosa à alienação objetiva. Já no texto A Questão Judaica de 1843, Marx apontou para a dimensão prática da alienação, diferenciando-se de Hegel e Feuerbach que davam-lhe uma fundamentação espiritual, ou seja, como uma atividade da consciência. Para Hegel, o momento da alienação se dava quando o Espírito Absoluto se externalizava, ou seja, se objetivava no mundo, necessitando de seu retorno como autoconsciência de si. Com base na construção de um sistema complexo, Hegel na sua *Fenomenologia do Espírito* incorpora todos os movimentos do Espírito Absoluto (Certeza Sensível, Percepção, Discernimento, Consciência de si, Razão), superando-os em uma síntese viva que absorve o movimento do pensamento, o movimento do real e o retorno ao movimento do pensamento, onde o Sujeito/Espírito/Conceito coincide com o movimento da realidade. Já para Feuerbach, a alienação se apresentava como uma externalização da essência humana através da religião. Marx critica a alienação como negação da essência, construindo a argumentação de que aquela se insere no conjunto das possibilidades humanas, condição marcada pela contradição, elemento indiscutível da realidade. Marx busca na relação sujeito e objeto o fundamento da alienação como uma atividade concreta, objetiva, processos reais em que os homens estranham sua atividade produtiva, bem como seu resultado, o produto do trabalho. Assim diz em *A Questão Judaica*:

> Assim como o homem, enquanto permanece absorto na religião, só pode objetivar a essência através de um ser estranho e fantástico, assim sob a dominação da necessidade egoísta só pode afirmar-se a si mesmo e produzir objetos na prática, subordinando os produtos e a própria atividade ao domínio de uma entidade alheia, atribuindo-lhes o significado de um entidade estranha, a saber, o dinheiro. (MARX, 2001, p.27)

De um deus fantástico a um deus secularizado, da religião à economia política burguesa. Segundo Marx, esse processo social nega a possibilidade dos homens reconhecerem em si, na sua relação com a natureza e com seu trabalho o fundamento real de sua liberdade. A crítica apresentada no texto *A Questão Judaica* será desenvolvida nos *Manuscritos Econômicos Filosóficos* de 1844, onde questiona as posições de Hegel e dos economias clássicos a respeito da positivação do trabalho, sua unilateralidade e abstração, quando apresentado como fonte de valor.

Marx define o trabalho como um processo de criação ou autocriação humana que envolve o metabolismo com a natureza, as categorias necessidade e liberdade, como também a produção material da existência, onde aparece como valor de uso e de troca, sua dimensão histórica posta pelo capitalismo. A fissura historicamente existe entre o trabalho como autocriação e o trabalho alienado deve ser recuperada não apenas em sua dimensão objetiva, como apropriação do conhecimento integral do processo de trabalho, da relação humana posta e de seu produto, ou seja, como reconhecimento e não estranhamento, mas também em sua dimensão subjetiva, sensitiva.

> O sentido musical do homem só é despertado pela música. A mais bela música não tem significado para o ouvido não-musical, não é um objeto para ele, porque o meu objeto só pode ser a corroboração de uma de minhas próprias faculdades. Ele só pode existir para mim na medida em que minha faculdade existe por si mesma como capacidade subjetiva, porquanto o significado de um objeto para mim só se estende até onde o sentido se estende (só faz sentido para um sentido adequado). Por essa razão, os sentidos do homem social são diferentes dos do homem não-social. E só por intermédio da riqueza objetivamente desdobrada do ser humano que a riqueza da sensibilidade humana subjetiva (um ouvido musical, um olho sensível à beleza das formas, em suma, sentidos capazes de satisfação humana e que se confirmam como faculdades humanas) é cultivada ou criada. Pois não são apenas os cinco sentidos, mas igualmente os chamados sentidos espirituais, os sentidos práticos (desejar, amar, etc.), em suma, a sensibilidade humana e o caráter humano dos sentidos, que só podem vingar através da existência de seu objeto, através da natureza humanizada. O cultivo dos cinco sentidos é a obra de toda a histórias anterior (MARX, 1975, p.157).

Desse modo, a superação do trabalho alienado no 'jovem Marx' está centrado na relação entre sociedade e natureza, bem como na constituição do objeto para um sujeito e na constituição de um sujeito para o objeto, demarcando uma apropriação sensível dos objetos, bem como uma apropriação objetiva dos sentidos como atividade prática historicamente determinada. A concepção de uma essência humana só seria possível a partir dessa relação mediada entre homem e natureza, modificando, natureza e homem através de um processo dialético que implica conservação e superação da natureza posta na reelaboração da relação sujeito e objeto (homem e natureza), tendo como meio e fim a produção de uma riqueza material e humanamente autorreflexiva, fincada na práxis do trabalho e na construção da sensibilidade e da beleza.

A crítica da essência humana, tal como posta em Feuerbach, bem como a dimensão prática da sensibilidade serão retomadas nas *Teses sobre Feuerbach,* escritas junto com Engels nos anos de 1845 e 1846, onde a condensação da categoria práxis em sua dimensão antropológica, epistemológica e política sintetiza em alguma medida as questões apresentadas nos *Manuscritos* de 1844. O trabalho alienado e seu processo de superação constitui a base para a construção de uma sociabilidade autêntica, autoconsciente e livre, despojada das formas fantásticas, secularizadas, míticas e invertidas, como a fé, a natureza purificada e o dinheiro.

No entanto, a crítica de Marx aos seus 'mestres' da dialética e do empirismo não o salvou da herança que no íntimo não cala a crença em uma essência humana posta na dialética deformada da relação sujeito e objeto. Há momentos em que Marx torna o homem *extensão consciente da natureza*, a objetividade é apreendida pelo sujeito, revelando a presença do empirismo de Feuerbach, onde o *ser afirma-se pelo objeto*. Por outro lado, ainda persiste a ideia de uma sociabilidade autoconsciente e autoprodutora, cuja origem está na *projeção da consciência sobre a natureza*, na teleologia do trabalho que humaniza a natureza e se liberta como uma filosofia da história, como realização de uma promessa herdada do *objeto que se afirma pelo ser,* resquícios do idealismo de Hegel. (MENEGAT, 2006b).

A derrota do movimento social em 1848, o exílio em Londres, o isolamento e as difíceis condições de estudo e sobrevivência impulsionaram Marx a esmiuçar o processo social do capital, avançando com diferenciações frente a teorização do momento anterior, a respeito da superação do trabalho. Em *O Capital,* publicado em 1867, a categoria processo de trabalho amplia-se para processo de produção, a categoria trabalho alienado para fetichismo da mercadoria. Com esses deslocamentos, Marx realiza a crítica do capital como um sujeito automático, deixando rastros de desconfiança frente às crenças fincadas no lugar *a priori* do sujeito revolucionário, naturalizado pelo mundo do trabalho, bem como na objetividade do progresso como revelação do projeto de liberdade e emancipação da espécie.

A análise da dialética do trabalho e do valor permite Marx elaborar o conceito de fetichismo, que ganha amplitude e força na teoria da mais-valia. O estranhamento frente ao processo de trabalho, ao produto e à apropriação privada deste se esvai através da intensidade da valorização do capital que humaniza as coisas e coisifica os homens, empobrecendo-os subjetivamente e materialmente sob um elevado grau de abundância e escassez, inconsciência e autodestruição. O capital torna-se um sujeito automático com base na equivalência abstrata das mercadorias que assume o caráter de realidades autônomas em detrimento das relações sociais concretas. Na compreensão desta inversão está o salto de Marx no que se refere aos domínios da sociabilidade: a alienação do trabalho não pode ser mais compreendida como uma relação subjetiva pautada pela propriedade privada, mas por uma lógica objetiva posta na coisificação das relações humanas impulsionada pela esfera da produção e pela teoria do valor, atingindo todas as esferas da vida social. A liberdade de valorização do capital restringe num contínuo avassalador a capacidade de autocompreensão do indivíduo e da sociedade, visto que o capital como sujeito automático:

> transfere às coisas a capacidade humana de objetivação e construção de um mundo que é, de fato, sua imagem e semelhança. (...) essa forma metafísica de construção

das categorias da consciência que sustentam a vida social guarda em seu seio um indisfarçável desejo de projeção de outro mundo que não este, o paraíso do capital em sua máxima valorização, onde curiosamente não há lugar para o humano. (...) por um lado, possibilita a criação objetiva do Éden sonhado desde a origem da humanidade, como real superação das necessidades; por outro, destrói o próprio sentido de humanidade, já que o valor é a aparência de um fenômeno em que o indivíduo apenas é se for produtor de valores de troca, esvaziando-o em sua admirável capacidade de criar e refletir sobre si mesmo, de preservar e ampliar a vida em sua forma humana. (MENEGAT, 2006b, p.62-63)

A potência deste sujeito automático revela-se na fórmula do capital como portador de juros, onde a valorização do valor elimina a mediação da mercadoria (*D-D'*). A teoria do valor realiza um refinamento de sua abstração e de seu fetichismo, tal como apresentou Marx:

> Na forma capital portador de juros, portanto, esse fetiche automático está elaborado em sua pureza, valor que valoriza a si mesmo, dinheiro que gera dinheiro, e ele não traz nenhuma marca de seu nascimento. A relação social está consumada como relação de uma coisa, do dinheiro, consigo mesmo. Em vez de transformação real do dinheiro em capital, aqui se mostra apenas sua forma sem conteúdo. (1988, p.279)

Os sujeitos sociais passam a se relacionar entre si através das coisas, cristalizando o processo de reificação da consciência e a personificação do capital, a autonomização do processo social e da relação da coisa consigo mesma. Assim, a definição de sociabilidade não passa pela prioridade dada às necessidades humanas, mas pelo extravio da subjetividade, sua submissão inconteste à lei do valor. Sob ruínas de pertencimento, a identidade sujeito e objeto posta no mundo do trabalho não mais se sustenta, como provam as derrotas do movimento operário ao longo do século XX. Com a terceira revolução técnico-científica, o *general intellect* de Marx está posto objetivamente na concretude do mundo *hightech*, porém abandonado à sorte de subjetividades reificadas, reprimidas pelo imperativo do valor, descartadas pelo processo de automação progressiva. As metamorfoses da mercadoria e seu fetichismo continuam dando de guinada na relação humana não reificada. Do *ser ao ter*, *do ter ao parecer*, o fetichismo da mercadoria produz incessantemente imagens espetaculares do real na mesma proporção em que sedimenta a subjetividade passiva (DEBORD, 1997).

À luz da teoria da mais-valia, ou seja, da crítica da economia política, Marx amplia e diferencia sua formulação a respeito da superação do trabalho como uma nova forma de sociabilidade marcada objetivamente pelo *General Intelect* e subjetivamente pela realidade criadora e prazerosa do *tempo livre*. O trabalhador coletivo não apenas amarga a escassez, vive a miséria subjetiva, o que inclui a perda de personalidade do indivíduo. Como podem estar dadas naturalmente, ou por um fundamento subjetivo da essência do trabalho, as potências e realizações do operariado como sujeito revolucionário? Como através deste sujeito podemos garantir o partido como única organização política detentora da verdade revolucionária? Operariado e partidos políticos também são resultados de uma consciência já reificada, fruto da inversão da relação sujeito e objeto, meios e fins[6]. Cumpre estarmos atentos à dialética do real, levando em consideração os impasses do marxismo como movimento teórico e político que já conta dois séculos de existência calcado na práxis da liberdade e na negação da atividade do esquecimento, mantendo no horizonte a abertura sempre possível da passagem do reino da necessidade para o reino da liberdade como já apontara Marx, bem como a abertura da história como crítica da cultura e como redenção dos oprimidos, como já anunciara Benjamin.

A **Disciplina Filosofia IV** (45 h) teve como objetivo apresentar numa mesma constelação as categorias dialética, práxis e crítica da ideologia, como forças complementares e inseparáveis para a construção de um projeto de pesquisa que se aproxime da dinâmica do real[7].

Segundo Zizek, há um condicionamento recíproco entre a práxis, a dialética e a crítica das ideologias que, no entanto, não impede derrotas, tampouco garante vitórias ou certifica verdades. Apenas um paradeiro que permite ousar uma teorização do real que não se imponha abstratamente sobre a vida, mas seja ousado e ciente da situação o suficiente para projetar o *salto de tigre no presente*. A crítica da ideologia questiona a práxis, a orienta, porém, ambas sem a dialética se deformam. Tais deformações já fazem história, desde Engels até Stalín contam-se várias tragédias e farsas. A dialética existente entre consciência e cultura são cruciais para o entendimento do fetichismo da mercadoria, da reificação e da razão instrumental como princípios organizadores da vida social(Zizek, 2000), assim como para o entendimento das necessidades subjetivas implicadas na passagem para o reino da liberdade.

A ideologia como categoria crítica e negativa problematiza a produção de mercadorias, a distorção do conhecimento e a deformação das subjetividades humanas em sua historicidade e inserção prática no cotidiano da vida social. A forma mercadoria e seu fetichismo abstrai os indivíduos de sua relação social concreta, tornam-se o

---

[6] Para um maior aprofundamento desta problemática, sugerimos a leitura de *História e Consciência de Classe* (1923), de Lukács, e de *Eros e Civilização* (1955), de Herbert Marcuse.

[7] Uma parte da carga horária da disciplina foi dedicada à orientação coletiva, onde os educandos apresentavam seus interesses de pesquisa e depois abriam para o debate com os colegas, relacionando temas e práticas de formação política e de escolarização com sua atuação concreta no interior dos movimentos sociais. do campo. Educação e luta social, sociabilidade e cultura, políticas públicas, processos de ensino-aprendizagem, juventude eram os temas que atravessavam as realidades complexas e contraditórias dos assentamentos da reforma agrária dos Estados do RJ, SP, SC, PR, RS.

padrão dominante de subjetividade, determinando violentamente o conteúdo das relações sociais a partir da expansão do valor de troca. A negação do trabalho em suas distintas qualidades impôs a forma abstrata das equivalências (forma abstrata do valor) como princípio organizativo da vida. Não há saídas programadas, nem prêmios de recompensa. Como destino, a dialética assume recompor o que foi violentado, negado, isolado, abstraído, realiza a reconstrução da abstração no que esta materializa, o domínio histórico das *coisas humanizadas* sobre os *homens coisificados*. A questão posta para o presente é: como a dialética e a crítica da ideologia impõem sua força social num mundo onde impera a formatação massiva de subjetividades passivas, seja na escola, no mercado, no estado, através da TV, do cinema, do funk ou da universidade. (ADORNO, 2006).

Como a dialética como negação da identidade abstrata pode potencializar a forma social posta na diferença radical da intencionalidade de produzir mercadorias? Tornar o outro alheio, estranho e diferente da forma mercadoria é legitimar o massacre, a não tolerância frente ao que é estranho ao universal abstrato: as relações humanas, o trabalho concreto, a natureza, o belo, a arte, a paixão. A racionalidade da disciplina e da renúncia produz sujeitos formatados, frustrados e reprimidos. Uma outra sociabilidade é ao mesmo tempo produção de uma outra racionalidade, centrada nos sujeitos conscientes de suas relações entre si e com a natureza contra a colonização da relação abstrato/particular, contra o desejo do outro/mesmo da mercadoria, contra o desejo de reprodução permanente da mercadoria e do seu fetichismo. O capitalismo tardio tem possibilitado resistências reduzidas, tornando a luta de classes refém de uma realidade domesticada que não radicalizada na luta contra a lógica das mercadorias. Resta-nos apostar ainda na capacidade da humanidade de produzir lógicas diferentes, ampliando as subjetividades que enfrentam os conflitos sociais e não os ocultam num precário conforto com prazo de validade já vencido. Não há saída para o reino da liberdade sem autocrítica, sem força material e subjetiva organizada. (MENEGAT, 2006).

Por fim, a **Disciplina Filosofia V** (45h) teve como objetivo apresentar o colapso da sociedade capitalista na virada do século XX para o século XXI, o fracasso das modernizações retardatárias, tal como fora apresentado por Robert Kurz, considerando a realidade brasileira a partir das análises de Roberto Schwarz, Paulo Arantes e Francisco de Oliveira.

A partir dos anos de 1990, surgem autênticas análises marxistas que potencializam uma releitura de Marx, implodindo a crença no progresso, nas modernizações conservadores e na ideologia do desenvolvimento. A sociedade do capital está marcada por uma *imensa acumulação de catástrofes* em decorrência da produção incessante de mercadorias, cuja síntese em termos de socialização define-se pela inconsciência e pela destrutividade. Uma inconsciência ainda iludida com uma precária autonomia dos sujeitos. Uma destrutividade enredada no desenvolvimento das forças produtivas, no controle da natureza como meio e finalidade do progresso. A forma mercadoria não necessita mais de véus iluministas, é civilização e barbárie ao mesmo tempo, resultado direto do projeto da modernidade capitalista (KURZ, 1992).

Mesmo sob um realismo tosco já no final dos anos de 1980 e de 1990, a modernização capitalista não deixa de seduzir os países da periferia, o futuro ainda é promessa marcada pela superação do atraso. O não questionamento da lógica da produção de mercadorias permite, por exemplo, a extração política da mais-valia, no caso da ex-URSS (MESZÁROS, 2002), a insistência no mito do nação do futuro, no caso de países como o Brasil, mesmo diante da destruição do pouco que se realizou com as industrializações tardias, já desmoronadas ou em processo de desmoronamento neste período.

De acordo com Kurz (1992), a barbárie social e ecológica realiza-se no solo de uma destrutiva lógica produtiva posta no fenômeno da *superprodução de mercadorias* que inundam o mundo, inclusive de dejetos dos processos produtivos, assim como no fenômeno da *superacumulação do capital* como forma abstrata da riqueza. À tal lógica destrutiva, alia-se a mudança na composição estrutural do capital com a diminuição substantiva do trabalho vivo e aumento considerável da produtividade do trabalho, mesmo sem a ampliação do mercado e do mercado de trabalho. Ou seja, a produção de riqueza com base na forma abstrata do valor como um fim em si mesma esbarra nos limites da reprodução social, dotada de um intenso processo de desemprego e dessocialização. Globalização e colapso da modernização capitalista são faces de uma mesma realidade: a crise do Estado, o desemprego estrutural, a ficcionalização da riqueza. Reatualizado, o *capital portador de juros* de Marx leva a sociedade do capital ao ápice e ao limite interno da sua lógica de produção de mercadorias. Ainda assim não se constrange em avançar sobre os limites históricos, permanecendo como força social dominante sem culpa diante da destruição do planeta e da humanidade.

No Brasil, a dialética da ordem e do progresso combina progresso com regressão. As décadas de 1980, de 1990 e da primeira década do século XXI reforçam o subdesenvolvimento como regra e não exceção. Uma regra que passa a atingir também os países centrais diante da explosiva configuração existente entre integrados, adaptados e massa sobrante. Uma hierarquia congelada revela o limite histórico do discurso de integração global forjado pelas forças hegemônicas do capital e instaura a *brasilianização* do mundo: desmonte da industrialização, esgarçamento social, deterioração da política e das instituições, intensificação das tensões sociais, despolitização das desigualdades e aumento da violência (ARANTES, 2004). Uma *brasilianização* do mundo que não é atraso e sim vanguarda pela desintegração social desde nascença. Inverte-se o aprendizado e a matriz colonial torna-se referência para os países centrais devido a falta de nexo moral, a esterilidade dos laços sociais e a suspensão dos conflitos, objetivando um *mundo sem culpa* que bebe na *dialética da malandragem* e alterna entre o lícito e o ilícito, a "norma frouxa e a infração sem remorso, que amaina tensões e dá lugar a toda a sorte de acomodações" (ARANTES, 2004, p.62). A mediação entre o mundo sem culpa e os mundos culpados pelo desmanche da economia nacional não altera a violência posta no arraigamento da relação estabelecida entre acumulação flexível, terceirização predatória e regressão colonial.

Francisco de Oliveira (2007) chama a atenção para o surgimento de uma era da indeterminação, marcada pela financeirização da economia, pelo esvaziamento da esfera pública, pela expansão do trabalho sem-formas e do desemprego aberto que atinge, no Brasil, 60% da força de trabalho. Colapso econômico e coerção estatal estão fundamentados na ausência de virtudes cívicas, na autor-regulação do mercado e na suspensão inclusive do sociabilidade concorrencial, a lei de gérson e da força bruta são os imperativos do momento que explodem o conceito de hegemonia de Gramsci e impedem a formação de outro campo de conflito. Não há um novo consenso capaz de se realizar como política, descaracterizando a relação entre classes, interesses e representação, instaurando relações difusas e indeterminadas. A falta de formas ou a dissolução da forma mercadoria do período anterior requer a "exceção permanente", onde o " Estado também é *ad hoc*: operações refeitas cotidianamente, governabilidade graças às medidas provisórias, cláusulas contratuais rapidamente ultrapassadas, recursos públicos mobilizados em larga escala para sustentar reprodução de capital". (2007, p.37). Sob a era da indeterminação, bolhas financeiras espalham-se como praga, atingindo estados, classes médias e populares, instaurando uma subjetividade identificada com a angústia, o desespero e a dependência; políticas de extermínio são naturalizadas midiaticamente como resposta sadia de um Estado preocupado com nichos de ordem social; sem praça, os homens dão voltas sobre sua forma abstraída, seja nos condomínios fechados privados, nos templos de consumo ou nos territórios segregados da periferia urbana, como Sísifo carregam nas costas o fardo da ignorância e da destruição, *fazem história, mesmo sem saberem.*

No Brasil atual, a financeirização da economia, a domesticação da luta de classes e a pacificação dos territórios socialmente segregados tem sido a regra, cultura e barbárie continuam de mãos dadas e o esquecimento de Benjamin se faz presente em apostas mal requentadas na ideologia do nacional-desenvolvimentismo, do pacto social e do progresso como norma histórica (OLIVEIRA,

2007). Nesse sentido, torna-se emergencial a compreensão do processo histórico materializado na exceção do subdesenvolvimento como a norma dos países periféricos, bem como na sua ampliação para a totalidade dos países centrais na era do mal-estar imposto pela globalização. Somente com este mirar sobre o processo histórico recente, os movimentos sociais e as organizações políticas poderão compreender e se apropriar da decomposição das classes sociais, das novas formas de populismo, da necessidade e da falta de formas não estatais e não mercantis, enfrentando assim a problemática da formação de subjetividades críticas em tempos de barbárie social, econômica, política e afetiva.

Um Comentário Final

> O homem de Schopenhauer assume para si o sofrimento voluntário da veracidade e este sofrimento lhe serve para mortificar sua vontade pessoal e para preparar a subversão, a total transformação do seu ser, alvo que constitui o objetivo e o sentido verdadeiro da vida. (NIETZSCHE, 2003, p.171).

A elaboração deste programa foi um ensaio, teve dimensão de experimento que herda da tradição do pensamento crítico o princípio do valor da vida e da luta pela liberdade sem dogmas ou pragmatismos. Portanto, não há como se desprender de um percurso doloroso, de resistências, diálogos, escutas e narrativas seculares. A tradição do pensamento crítico não se fez apenas na academia, tão pouco apenas na verdade da experiência concreta, mas fundamentalmente nas contradições e nas aberturas reais e possíveis existentes entre ambos. A *formação do filósofo educador intempestivo* é uma imagem utópica que como *salto de tigre* deve se impor ao tempo presente dos Cursos de Licenciatura, em especial nas Licenciaturas em Educação do Campo, onde se impõe a presença do sujeito coletivo e de uma outra postura epistemológica, materializando a universalidade do conhecimento na singularidade da formação de educadores do campo no contexto social do Brasil Contemporâneo.

Referências

ADORNO, T. *Educação e Emancipação*. RJ: Paz e Terra, 1995.

ADORNO, T. & Horkheimer, M. *Dialética do Esclarecimento*. RJ: Zahar, 2006.

ARANTES, P. *A fratura brasileira do mundo*. Zero a esquerda. SP: Conrad Editora do Brasil, 2004.

BENJAMIN, W. Sobre o conceito da história. In: *Magia e Técnica, Arte e Política*. SP: Brasiliense, 1994.

CHAUÍ, M. *Convite à Filosofia*. SP: Àtica. 2002.

DAVIS, M. *Planeta Favela*. SP: Boitempo, 2006.

DEBORD, G. *A sociedade do Espetáculo*. RJ: Contraponto, 1997.

LABICA, G. As "Teses sobre Feuerbach" de Karl Marx. Rio de Janeiro: Jorge Zahar, 1990.

LOWY, M. e GUY, D. Consumido pelo fogo noturno. In: NEVES, J. (Org.) Da gaveta para fora – Ensaios sobre Marxistas. Porto: Afrontamento, 2006

LOWY, M. Romantismo e Messianismo: ensaios sobre Lukács e Walter Benjamin. SP: Perspectiva e editora da USP, 1990.

LOWY, M. & SAYRE, R. Romantismo e Política. RJ: Paz e Terra, 1993.

LOWY, M. A estrela do amanhã: surrealismo e marxismo. RJ: Civilização Brasileira, 2002a.

LOWY, M. A teoria da revolução no jovem Marx. Petrópolis, RJ: Vozes, 2002b.

LOWY, M. WALTER BENJAMIN: aviso de incêndio, uma leitura das teses "Sobre o conceito de história". SP: Boitempo, 2005.

KURZ, R. O Colapso da Modernização. SP: Paz e Terra, 1992.

MARX, K. Manuscritos econômico-filosóficos. In: FROMM, E. Conceito marxista do homem. 6.ed. Rio de Janeiro: Zahar, 1975.

MARX, K. A questão judaica. 4º ed. São Paulo: Centauro, 2002

MARX, K. O Capital: crítica da Economia Política. Livro III, Tomo I. São Paulo: Nova Cultural, 1988.

MATOS, O. A Escola de Frankfurt. Luzes e Sombras do Iluminismo. SP: EditoraModerna, 1993.

MATOS, O. Filosofia e a polifonia da razão. SP: Scipione, 1997.

MATOS, O. O iluminismo visionário: Benjamin, leitor de Descartes e Kant. SP: Brasiliense, 1999.

MENEGAT, M. Kant e os vestígios da Barbárie. In: O Olho do Furacão. SP: Expressão Popular, 2006a.

MENEGAT, M. Reconhecimento e violência. In: O olho da barbárie. São Paulo: Expressão Popular, 2006b.

MESZÁROS, I. Para Além do Capital. SP: Boitempo, 2002.

NIETZSCHE, F. Shopenhauer como educador. In: Escritos sobre educação. RJ: Ed.PUC-RJ; SP: Loyola, 2003.

OLIVEIRA, F. e RIZEK, C. S. (Orgs). A Era da Indeterminação. SP: Boitempo, 2007.

ZIZEK, 2000. Da História e Consciência de Classe à Dialética do Esclarecimento e Volta. From History and Class Consciousness to The Dialectic of Enlightenment... and Back". New German Critique. Dept of German Studies. Cornell University, Ithaca, NY, n. 81: 107–123, 2000.

Posfácio

O caminho aberto pelas experiências-piloto: Limites e Possibilidades das Licenciaturas em Educação do Campo

Pósfácio

O caminho aberto pelas experiências-piloto: limites e possibilidades das Licenciaturas em Educação do Campo

Mônica Castagna Molina[1]

Este pósfácio objetiva apresentar questões extraídas a partir do registro das experiências desenvolvidas pelas universidades que estão executando os projetos piloto da Licenciatura em Educação do Campo.

Estas graduações estão ainda em curso. Não seria prudente a externalização de afirmações conclusivas sobre o êxito desta estratégia formativa no atendimento de seus objetivos, entre os quais se destacam a promoção da "formação docente multidisciplinar por área de conhecimento", tal como consta na Minuta original do MEC (em anexo), e a indução, através dela, de mudanças na forma da organização escolar e do trabalho pedagógico nos anos finais do Ensino Fundamental e Médio das escolas do campo.

Porém, pelos caminhos percorridos durante estes primeiros anos de sua oferta, ainda que sem tempo hábil de formatura das quatro turmas das experiências-piloto, pode-se inferir o potencial destas Licenciaturas para desencadear processos positivos de mudança, que se verificam não só nas escolas de Educação Básica do

---

[1] Coordenadora do Centro Transdisciplinar em Educação do Campo e Desenvolvimento Rural – CTEC/UnB. Professora da Licenciatura em Educação do Campo da Faculdade UnB–Planaltina. Membro do Programa de Pós Graduação em Educação da UnB.

Campo nas quais tem se inserido seus educandos, quanto nas práticas de docentes das instituições de ensino superior que nelas atuam.

Neste sentido, nossa intenção é organizar recorrências e especificidades que percebemos no desenrolar das quatro experiências-piloto, buscando apontar limites e possibilidades que se descortinam a partir da execução das Licenciaturas em Educação do Campo, partindo de alguns itens de registro propostos àquelas quatro instituições para apresentar seus cursos: processo de institucionalização; perfil de ingresso; princípios formativos e modos de produção de conhecimento. Ao término da organização destas recorrências e especificidades, consideramos importante refletir sobre o significado da implementação destas Licenciaturas enquanto política pública, no sentido de perceber sua localização no processo histórico de construção dos próprios paradigmas da Educação do Campo.

Desafios na institucionalização dos cursos e tensões para manutenção do perfil de ingresso dos estudantes

Conforme se pode verificar nos relatos das quatro experiências-piloto, inúmeras têm sido as dificuldades de institucionalização das Licenciaturas em Educação do Campo. Elas relacionam-se não só a complexidade do projeto pedagógico que as sustentam, em função da formação docente multidisciplinar por áreas de conhecimento, mas também pelo total despreparo das instituições de ensino superior para acolher educandos das classes trabalhadoras do campo, que requerem outro tipo de apoio para sua permanência na universidade, especialmente nos casos dos cursos em alternância, que exigem também um outro suporte logístico das universidades para garantia da qualidade da execução dos Tempos Escola e Tempo Comunidade.

O processo de convencimento de colegiados; departamentos; e decanatos das exigências institucionais que se impõem quando as universidades passam a ofertar estas Licenciaturas, tem consumido tempo relevante dos docentes que nelas atuam, no sentido de lutar para que não se perpetue na Educação Superior a perversa visão que "para os povos do campo qualquer coisa serve"... A necessidade de organizar os alojamentos; o funcionamento da Ciranda Infantil; as demandas de saúde dos educandos durante o Tempo Escola; a disponibilização de docentes para os cursos que não são regulares; o suporte logístico para o Tempo Comunidade, entre outras tantas especificidades, tem transformado a execução das Licenciaturas em Educação do Campo em um árduo trabalho de convencimento dos profissionais que atuam nas universidades sobre os direitos que tem os camponeses que nelas ingressam como educandos, e não como pedintes; como receptores de favor e concessões que "generosamente" estão lhes fazendo alguns servidores das instituições de ensino.

Como bem observam PEREIRA–DINIZ e LEÃO, no livro intitulado "Quando a Diversidade interroga a Formação Docente" não houve ainda o devido processo de internalização nas instituições formadoras das mudanças exigidas pelos novos sujeitos que chegam as universidades para formarem-se educadores. Não está ainda consolidado este novo espaço de formação conquistado pelas lutas sociais de diversos coletivos, e seu processo de institucionalização como território de direitos requer um permanente trabalho de disputas contra hegemônicas nas IES. Os autores citados observam que

> por meio da pressão e da atuação política dos movimentos sociais, aproveitando-se de oportunidades conjunturais e de "brechas" na legislação educacional, estes sujeitos "outros" também chegam as universidades. Agora, uma vez lá, demandam outra formação que contemple as especificidades das realidades onde trabalham e dos sujeitos com quem atuam. Talvez pela primeira vez na história da formação brasileira, apresentam-se questões em que o foco deixa de ser os conteúdos e métodos de ensino e passa a ser as especificidades dos próprios sujeitos educadores e educandos." (2008, p.9)

Esta é uma das principais marcas destas Licenciaturas, que embora pareça óbvia àqueles que trabalham há tempos com Educação do Campo, ainda está em processo de compreensão no que diz respeito às exigências que esta característica impõe à sua institucionalização. E ainda mais quando se assume o desafio de continuar dando um tratamento rigoroso também aos "conteúdos e métodos de ensino", pois o desafio é simultâneo: ressignificar os processos formativos, a partir das especificidades das condições de vida destes educandos, e garantir-lhes também o direito à qualidade nos conteúdos e métodos de ensino. Superar o arraigado imaginário da "diversidade vista como inferioridade", como afirma Miguel Arroyo no livro citado, é ao mesmo tempo, um limite e uma possibilidade colocada aos docentes que tem trabalhado nas Licenciaturas em Educação do Campo.

É importante destacar que a superação desta visão a respeito da diversidade, não se coloca somente no processo de institucionalização da Licenciatura em Educação do Campo nas universidades, mas também simultaneamente nas redes de ensino nas quais se inserem seus educandos e no poder público ao qual estas se vinculam. Como bem observa Celi Taffarel no texto sobre a experiência da UFBA apresentado no terceiro capítulo deste livro, este trabalho de convencimento e superação estende-se à toda corrente de instituições envolvidas com os educandos das Licenciaturas: "a participação dos estudantes, professores em exercício, requer nos municípios uma logística que deve ser apoiada pelas prefeituras, ou pelos movimentos sociais, o que demanda substituição em serviço." E esta substituição tem sido um severo limite à permanência dos educandos nos cursos de Licenciatura. As redes de ensino, ao contrário de apoiarem e estimularem a formação em nível superior de seus quadros, que atuam ilegalmente sem esta formação nos anos finais do Ensino Fundamental e Médio, recriminam e penalização os docentes que buscam se qualificar, impedindo-os de participar de toda a duração dos Tempos Escola.

As saídas encontradas pelos educandos tem sido muito vezes por fora das redes de ensino, pagando eles próprios educadores para efetuarem sua substituição. As estratégias encontradas pelos educandos dos diferentes cursos demonstram não só o enorme esforço individual feito por eles para poderem concluir seus cursos, quanto expõe, de fato a precariedade do sistema público de educação no campo.

A relação com o Conselho dos Secretários Estaduais de Educação - CONSED e com a União Nacional dos Dirigentes Municipais de Educação - UNDIME, no sentido de contribuírem para fazer avançar estas limitações, aliada a uma intervenção mais incisiva do próprio Ministério da Educação, na perspectiva de encontrar formas que garantam apoio às redes municipais e estaduais, para que elas possam bancar a ausência destes educadores em formação, durante os períodos de Tempo Escola, não prejudicando as turmas de Educação Básica das escolas do campo, faz-se extremamente necessária e urgente.

Conforme registro das universidades, à medida que os cursos avançam e que a duração dos Tempos Escola vai se ampliando em função da entrada das áreas de habilitação, ocorre um aumento da evasão de educandos das Licenciaturas que já estão vinculados às redes e que veem-se impossibilitados de continuar sua formação. Também há um aumento da evasão mesmo para aqueles que não estão nas redes públicas já atuando como educadores, à medida que se aumenta a duração do Tempo Escola, porém por outra dificuldade: os longos períodos que estes educandos tem que ficar sem trabalhar, sem ter nenhuma renda que possa cobrir as despesas que continuam ocorrendo durante os períodos em que se encontram no Tempo Escola. Portanto, faz-se necessário a construção de estratégias que possibilitem a superação destes limites, não por via pessoais, mas por vias institucionais, com o devido apoio do poder público, e em consonância com Política Nacional de Formação de Educadores e com a disponibilização de bolsas para oportunizar sua permanência durante toda a graduação.

Este processo de convencimento passa também pelos próprios debates que tem se dado em torno do perfil de ingresso nestas Licenciaturas, especialmente nos casos daquelas instituições nas quais o Curso deixou de ser uma experiência piloto e teve sua oferta transformada em permanente, como é o caso das Universidades Federais de Minas Gerais; Brasília; Santa Catarina; Campina Grande e Pará. Nestas instituições tem-se enfrentado diferentes entraves para se manter as especificidades do Vestibular de acordo com o estabelecido na proposta da Minuta Original do MEC, com a perspectiva de que se mantenham, de fato, as características desta Licenciatura como uma ação afirmativa, cujo objetivo maior é suprir as imensas desigualdades históricas na garantia do direito à Educação Superior para os povos do campo.

Assim, um dos importantes desafios enfrentados, comum às várias instituições que ofertam a Licenciatura em Educação do Campo é resistir as exigências feitas por parte das universidades, de fazer com que o acesso à Educação Superior para os sujeitos do campo, nestas Licenciaturas, se dê através de vestibular universal, excluindo a possibilidade do ingresso por turmas com critérios específicos, como por exemplo, a vinculação de moradia no próprio campo e a atuação em escolas do campo. Esta pretensa universalidade de acesso descaracterizaria totalmente o propósito inicial idealizado para essa política pública, no sentido de vir a suprir a enorme lacuna nos patamares de formação dos educadores do campo e de contribuir para elevar o nível de escolaridade dos jovens do campo, ainda que não sejam educadores.

Convém relembrar números da realidade que sustentam este argumento, ressaltando o precário acesso dos docentes do meio rural à educação de nível superior. De acordo com dados da Pesquisa Nacional por Amostra de Domicílios – PNAD, de 2007, do total de funções docentes no País, atuando na modalidade regular do Ensino Fundamental e Médio, o meio rural detém 16,7%, ou seja, 311.025 profissionais em exercício, dos quais 61% não apresentam formação de nível superior, o que significa um contingente de aproximadamente 178 mil professores sem a formação adequada. Ainda de acordo com os dados da Pnad 2007, o nível de instrução da população adulta jovem do campo, compreendida na faixa de 25 a 34 anos de idade, mais uma vez confirma o quadro de desigualdade. Enquanto para a população urbana, nesta faixa etária, 52,9% têm instrução completa de nível médio ou superior, no meio rural essa condição só existe para 17,1% da população. (Molina *et al.*, 2009, p. 4)

Portanto, conseguir manter o perfil específico de ingresso destas Licenciaturas é uma tarefa coletiva a ser enfrentada continuamente, não só nos embates com as Procuradorias Jurídicas das universidades, mas com o conjunto da sociedade, no sentido de ampliar a compreensão sobre a necessidade da intervenção do Estado para promover ações que de fato sejam capazes de promover a igualdade de acesso aos direitos educacionais.

A questão que subjaz a este debate é parte integrante das tensões que gravitam o estabelecimento das ações de Educação do Campo enquanto política pública: reproduz-se neste debate do perfil de ingresso a polêmica sobre universalidade e especificidade. Este desafio na manutenção do perfil do ingresso repõe a questão há muito debatida na Educação do Campo sobre o impedimento das políticas generalistas conseguirem suprir as históricas desigualdades no acesso aos direitos, por parte dos sujeitos do campo.

Estratégias pedagógicas comuns às quatro pilotos

Um dos aspectos centrais que se destaca nas quatro experiências, e que avança em relação à dilema histórico na formação de educadores no Brasil, refere-se a tradicional disjunção teoria prática, e entre a separação forma e conteúdo. (PIMENTA; 2010 e SAVIANI, 2008). As estratégias metodológicas utilizadas pelas pilotos, de acordo com os relatos apresentados, tem construído profícua articulação entre os componentes curriculares que tratam da Pesquisa; das Práticas Pedagógicas e dos Estágios. Trata-se de um trabalho ressignificado, sobretudo, pela interlocução entre os componentes curriculares da matriz formativa dos educadores do campo, bem como pela exigência dessa perspectiva formativa de novas configurações para o exercício da docência as quais requerem, de modo particular, a proposição de um trabalho pedagógico que se origina nas problemáticas da realidade concreta da escola camponesa, compreende a importância do protagonismo dos sujeitos do campo no próprio processo formativo escolar e atenta para contribuições efetivas, dos futuros educadores, no processo crítico-formativo das crianças, jovens e adultos do campo.

Nesse sentido, Pesquisa, Prática Pedagógica e Estágio se constituem também como ações articuladas, integradas, indissociáveis no processo formativo, e que fomentam a produção de conhecimento acerca do contexto sociocultural da sala de aula, intervenção na realidade e o exercício da práxis (PIMENTA; LIMA, 2004). E ainda, soma-se a isto a busca de programas governamentais que tem estimulado à docência, como é o caso do PIBID, ao qual candidataram-se as quatro pilotos.

As estratégias de inserção dos educandos nas escolas do campo, logo nos primeiros períodos de Tempo Escola tem representado importante contribuição neste processo de superação das dicotomias explícitas e implícitas nos processos formativos dos docentes, que tem também se fortalecido em função das próprias características da alternância. A articulação teoria/prática; a vinculação forma e conteúdo encontra na metodologia da alternância, se bem intencionalizada um forte aliado, conforme mostram os relatos apresentados. Esta, ao mesmo tempo que traz muitos desafios, como por exemplo, impor dificuldades em função de diferentes fatores que limitam a duração do período de Tempo Escola (condições para ausência do trabalho dos educandos; custos de hospedagem/alimentação nas universidades; ausência/saudade da família; cruzamento de Tempo Escola entre diferentes turmas, etc...) também potencializa, simultaneamente, a relação destes conteúdos com a realidade local das comunidades do campo de onde provêm os educandos. Acrescido às próprias características da Alternância, a forte intencionalização de valorizar esta vinculação se faz presente a partir da adoção do trabalho com o Sistema de Complexos, em implantação na experiência da UFBA e da UnB, já descrito nos artigos destas instituições.

Também percebe-se nas quatro pilotos, a construção de diferentes estratégias para qualificar o trabalho dos educandos e a presença/acompanhamento dos docentes das universidades no Tempo Comunidade. Um desafio assumido pelas quatro instituições foi o de garantir e viabilizar a estes educadores o direito de acesso às novas Tecnologias da Informação e Comunicação – TICs e ao seu uso não só no próprio processo formativo, mas também como uma ferramenta de trabalho em suas aulas nas escolas e comunidades do campo. Neste sentido, destaca-se a implantação dos Centros de Desenvolvimento Tecnológico que UFBA, com os educandos e demais parceiros locais do curso está implementando em dezessete municípios baianos, e as Casas Digitais que a UnB, também em articulação com os educandos da LEdoC e parceria com suas comunidades de origem, esta implementando em treze áreas rurais, em municípios distribuídos nos quatro estados do Centro-Oeste. Estas estratégias trazem importantes contribuições para a qualificação da Educação do Campo, não somente por garantir o acesso a ferramentas hoje imprescindíveis para o trabalho destes educadores, mas também pelos conteúdos e concepções críticas que tem proposto para seu uso, estimulando e garantindo a formação em *softwares* livres e estimulando a articulação destes educadores em várias redes sociais.

Ainda nesta perspectiva de qualificar o trabalho das universidades no Tempo Comunidade e melhorar o acompanhamento dos educandos é rica a experiência construída pela UFMG, com os Guias de Tempo Comunidade. Conforme descreve Isabel Antunes,

> A organização em *Tempo Escola/Tempo Comunidade* trouxe desafios novos para a equipe de educadores. Não era um curso presencial, não era a distância. O conceito de *mediação pedagógica* emergiu como possibilidade para compreender a troca de informações. Com o conceito de mediação foi possível ampliar a compreensão de que não se tratava somente de material instrucional, mas também da organização de conteúdos articulados entre os dois tempos (Corrêa e Cordeiro, 2009). Como uma experiência bem-sucedida, em uso desde a primeira turma, utiliza-se como principal mediação o *Guia do Tempo Comunidade*. O *Guia* é, sem dúvida, uma das principais mediações que possibilitam articular as práticas entre os diferentes tempos e espaços de formação.

Outra característica marcante destas quatro pilotos, refere-se à imprescindível vinculação dos processos de ensino aprendizagem com as condições concretas de vida destes futuros educadores e de seus educandos, sujeitos do campo em luta pela garantia da manutenção desta identidade. Conforme destacam Taffarel *et all*, no relato da UFBA "é necessário garantir a formação colada à luta da terra, na terra, pela terra, a luta pela Educação do Campo". Esta vinculação intrínseca ao desenho original da proposta fica sob ameaça pela tendência de minimização da participação dos movimentos sociais e sindicais do campo na execução das

Licenciaturas à medida que se amplia sua oferta. Se por um lado, é benéfico o fato de se estar ampliando a oferta de vagas na Educação Superior para formação de educadores do campo, é temerário que venha a se fazer "mais do mesmo" numa ampliação que se desvincula dos princípios fundantes da Educação do Campo, sendo o protagonismo dos sujeitos coletivos um deles.

Tanto na UFMG; quanto na UFBA; UFS e UnB, até o momento, este traço tem se mantido. Porém, isto não significa que esteja garantindo "*ad infinitum*", em função das intensas pressões que a institucionalização traz, especialmente quando os cursos se tornam permanentes, como é o caso da UFMG e UnB, demandando pois constante vigilância e articulação para que o conjunto das práticas dos diferentes docentes que começam a trabalhar nestas licenciaturas, em função de sua inserção permanente nos cursos da universidade, não roube sua principal marca constitutiva.

Modos de produção do conhecimento

Embora com estratégias diferenciadas na sua construção, uma das características marcantes dos processos formativos em curso nas experiências-piloto tem sido o trabalho interdisciplinar. Nos quatro cursos em andamento, seu uso é requisito *sine quo non* em função da exigência constante nos projetos político-pedagógicos de promover a formação por área de conhecimento. Não há como fazê-la sem um profundo trabalho articulado; sem a promoção da integração do trabalho pedagógico de um coletivo de docentes. E, dada as condições de intensa competitividade instaladas nas universidades brasileiras nas duas últimas décadas, o trabalho coletivo entre os docentes, de uma maneira geral, tem se tornado cada vez mais raro.

Apesar das dúvidas e incertezas, decorrentes do restrito tempo da experiência e de ainda não termos tido tempo hábil de analisar os resultados das práticas dos egressos, tem sido possível perceber importantes efeitos desta Licenciatura, em função da exigência da formação por área de conhecimento. Um dos seus principais efeitos tem sido para dentro das próprias instituições de ensino que as comportam. Ofertar aos educados a formação por áreas de conhecimento, exige das universidades que o fazem a promoção da "assimetria invertida", tal como preconizado nas Diretrizes para Formação de Professores da Educação Básica, garantindo aos educandos destas Licenciaturas processos formativos nos quais se apreendam os conteúdos disciplinares integrados às suas áreas de conhecimento científico original.

Não há como fazê-lo sem promover articulação entre os docentes que ministram os componentes curriculares destas áreas, o que implica em uma extensa agenda de trabalho coletivo, tanto na preparação dos componentes, como durante sua própria oferta e ainda, a *posteori*, em sua avaliação final.

Este trabalho coletivo desencadeia mudanças nas práticas dos docentes das universidades com ele envolvido. Ainda que em intensidades diferenciadas (em função de vários fatores, que vão desde afinidades ou desafinações pessoais, até escolas de pensamento e posições ideológicas de cada educador), a exigência da formação por área oportuniza uma rica experiência de trabalho coletivo, que, muitas vezes, tem se desdobrado em outros tipos de ações articuladas entre estes docentes, sejam em atividades coletivas de extensão; em projetos de pesquisa, ou em promoção de atividades de formação continuada para os educandos egressos das Licenciaturas em Educação do Campo. Na lógica cada vez mais competitiva que tem se imposto nas universidades públicas brasileiras, este processo representa importante espaço de cultivo de outra lógica e de outra prática docente na Educação Superior, promovendo também com isto o descentramento da lógica disciplinar como principal caminho da organização do trabalho destes docentes. Esta nova prática acadêmica exige, portanto, mudanças nos próprios valores vivenciados na carreira acadêmica tradicional, tal qual a lógica hegemônica vigentes nas instituições universitárias. Abrir-se à socialização, do planejamento das aulas ao trabalho coletivo em sala e no Tempo Comunidade, requer um intenso aprendizado e uma ressiginificação de valores e subjetividades.

Conforme observa Rodrigues, no sexto capítulo deste livro, sobre a experiência de trabalho com a área de Ciências Humanas na Licenciatura em Educação do Campo na UnB,

> A seleção dos conhecimentos, a preparação e a execução de atividades interdisciplinares e, portanto, a avaliação do trabalho desenvolvido deve se fundamentar no diálogo e na inauguração de uma intersubjetividade. Para isso, é central, usando as palavras de Fazenda (2002, p. 64), a consolidação de uma atitude interdisciplinar, que "não está na junção de conteúdos, nem na junção de métodos; muito menos na junção de disciplinas, nem na criação de novos conteúdos produto dessas funções; a atitude interdisciplinar está contida nas pessoas que pensam o projeto educativo". Assim, tanto a formação inicial quanto a continuada devem proporcionar a vivência de práticas coletivas, a experimentação de dinâmicas de trabalho nas quais as barreiras entre as disciplinas e, por conseguinte, entre as ciências que as estruturam, sejam permanentemente erodidas.

Mas, apesar desta importante perspectiva aberta pelas exigências decorrentes da matriz formativa das Licenciaturas em Educação do Campo, outros limites tem-se apresentado, no que diz respeito à formação por áreas de conhecimento articulado ao processo formativo em alternância e conduzido pelos paradigmas da Educação do Campo.

Ora, um dos principais requisitos deste paradigma diz respeito à concepção da educação como formação humana integral, omnilateral, o que exige a intencionalização no projeto político-pedagógico dos cursos de espaços e tempos formativos que oportunizem situações e vivências que garantam experiências e reflexões sobre a formação humana em diferentes dimensões, passando pela capacidade de auto-organização e gestão dos educandos; pelo cultivo de novas relações sociais; pelo aprendizado prático do trabalho como princípio educativo; pela arte, enfim, por diferentes dimensões de formação que exigem não só a intencionalidade de sua condução e vivência, quanto tempos concretos previstos nos períodos de Tempo Escola para que elas ocorram e para que se possa, além de vivenciá-las, refletir coletivamente sobre elas, conduzindo a novas sínteses sobre os aprendizados e valores que proporcionaram aos educandos e educadores que as acompanharam. Mas, a condução deste processo acaba por instaurar novos conflitos em relação a quantidade de tempo real disponível em cada período de Tempo Escola para trabalhar os conteúdos das áreas e as exigências de formação do perfil de educador que vem sendo construído nos paradigmas da Educação do Campo, como educador do povo do campo, como um militante social.

Buscando superar dilemas comuns que se tem vivenciado nas experiências em andamento, e ao término da formatura das quatro turmas, se fará necessário aprofundar as reflexões sobre o tempo necessário para a integralização dos créditos das Licenciaturas em Educação do Campo, cuja duração de quatro anos tem se mostrado insuficiente para a complexidade do processo pedagógico que requer a formação para a docência por área de conhecimento, agregada ao perfil de educador do campo que se quer edificar. Também será necessário avaliar, ao término destas turmas em andamento, as adaptações necessárias ao desenho atual da articulação entre as áreas, a partir da expedição pelo Conselho Nacional de Educação, das novas Diretrizes Curriculares para o Ensino Médio, especialmente no caso das Ciências da Natureza e da Matemática, apresentadas em separado na nova Resolução. Ressalte-se que não se está aqui querendo reforçar o falso dilema posto na execução de alguns cursos entre os conteúdos disciplinares e as diferentes dimensões formativas exigidas pelos princípios da Educação do Campo, mas reconhecer que, para sermos coerentes com a defesa do direito à Educação Básica de qualidade que tem os sujeitos camponeses, é preciso romper com o círculo vicioso de uma formação precária, que dificulta também uma atuação de qualidade junto a seus educandos.

Assim, se nos propusemos na execução das Licenciaturas em Educação do Campo a construir estratégias que propiciassem o aumento das possibilidades do poder público de ampliar a oferta da escolarização no campo, e que simultaneamente induzissem à mudança nas formas de organização escolar e do trabalho pedagógico nas escolas do campo, na perspectiva de ampliar e qualificar o direito à educação dos sujeitos camponeses, não podemos fazê-lo em processos educativos que impliquem a negação desta possibilidade. Dado o impedimento de não se poder ampliar em demasia os períodos de Tempo Escola dos cursos, em função dos limites para a ausência do trabalho dos educandos que estão nas redes de ensino, e imprescindibilidade de se garantir também períodos para o necessário aprofundamento disciplinar de determinados conteúdos, e da articulação destes processos formativos com os outros tempos exigidos para a formação de educador do campo, a experiência das pilotos está a nos indicar a insuficiência de oitos semestres para sua integralização.

As Licenciaturas como parte do processo de construção das Políticas Públicas de Educação do Campo

Para além da implantação das pilotos, o processo que temos podido acompanhar até daqui, das trintas Licenciaturas em Educação do Campo, tem sido permeado por muitas e intensas dificuldades. Mantidas ainda pela política de editais, não contando com uma Ação Permanente no Plano Plurianual que as sustente, e que lhes dê, de fato, *status* de Política Pública e não de Programa, elas estão a exigir uma intensa ação de mobilização dos sujeitos coletivos que a ajudaram a conceber, no sentido de criar condições que garantam a qualidade de sua oferta. Apesar das dificuldades enfrentadas para sua implantação e funcionamento, entendemos que as Licenciaturas em Educação do Campo tem relevante potencial de contribuir com a melhoria dos processos de ensino aprendizagem dos sujeitos do campo, principalmente pelo fato de estar trabalhando com educadores que vêm desta mesma realidade e que conhecem as dificuldades e as condições reais de vida de seus educandos, os jovens e adultos do campo, e também porque a estratégia formativa proposta da articulação por áreas de conhecimento realmente possibilita a construção da organização de trabalhos pedagógicos que se articulem em torno de questões da própria realidade.

Ela não só representa potencial importante de melhoria das escolas do campo, quanto já se percebe alguns de seus efeitos naquelas nas quais estão se inserido seus educandos. Um dos maiores potenciais destas Licenciaturas, de transformação das escolas do campo, tem se materializado nas diferentes estratégias encontradas pelas quatro experiências–piloto para promover ações e formações que envolvam o conjunto dos educadores que atuam nas escolas do campo nas quais os estudantes das Licenciaturas se inserem.

Seja através dos diferentes tipos de eventos promovidos nos municípios de origem dos educandos, em parceria com algumas redes de ensino que têm se disposto a participar dos processos, seja nos chamados "Seminários das Escolas de Inserção", realizados nos espaços formativos das instituições ofertantes das Licenciaturas, sua ação formativa tem se estendido para muito além dos educadores nelas matriculados, contribuindo para disseminar práticas e valores da Educação do Campo em dezenas de escolas.

Também é relevante destacar o envolvimento que as Licenciaturas em Educação do Campo têm oportunizado aos docentes das instituições de ensino superior e aos seus mestrandos e doutorandos, que têm se envolvido e trabalhado de diferentes formas nestas graduações, seja como monitores, bolsistas, acompanhantes do Tempo Comunidade, repercutindo em sua formação e intensificado a pesquisa e produção do conhecimento na área.

Em trabalho que fizemos com Celi Taffarel, sobre Políticas educacionais, observávamos que, é exatamente pelas características que possuem as políticas de Educação do Campo, tanto nos objetivos formativos que contém, quanto no protagonismo dos sujeitos com as quais estas se realizam, é que estas políticas estão, durante toda sua execução, expostas às permanentes disputas em torno do Estado e da apropriação dos fundos públicos pelas classes dominantes, que sabem valer-se dos diferentes aparelhos para disputa desta hegemonia.

Mantê-las em vigência, com suas características originais, sem que sejam desvirtuadas ou flexibilizadas em seus princípios após implantação, tem exigido muita luta para a classe trabalhadora, constante vigilância e resistência aos inúmeros ataques sofridos de diferentes frentes neste processo de institucionalização, seja das próprias Procuradorias Jurídicas das universidades; seja da bancada ruralista ou ainda da mídia capitalista, e de setores do Estado com suas medidas contra os trabalhadores rurais e seus projetos, no interior dos poderes judiciários, legislativos e executivos, sejam eles municipais, estaduais ou federal.

Ao produzir alianças com setores que defendem os interesses imediatos, mediatos e históricos da classe trabalhadora, como por exemplo, setores das universidades públicas brasileiras para sua execução, as políticas públicas de Educação do Campo, que ampliam o acesso à Educação Superior para os camponeses, entre elas o Pronera, o Residência Agrária e a Licenciatura em Educação do Campo, tornam-se ainda mais incômodas, pois além da força dos movimentos sociais de luta no campo que a protagonizam, o envolvimento da juventude estudantil e de professores e pesquisadores, intelectuais orgânicos da classe trabalhadora, militantes culturais, de forma mais permanente com os camponeses, permitem alianças que alteram a correlação de forças. E esta combinação pode produzir efeitos indesejáveis aos objetivos das elites dominantes e suas políticas de Estado e de Governos que exploram e alienam a classe trabalhadora da cidade e do campo.

Como afirma MARX (2010, p.38)

> Do ponto de vista político, Estado e organização da sociedade não são duas coisas distintas. O Estado é a organização da sociedade. Donde concluímos que, para mudar

o Estado é preciso alterar as leis que regem a sociedade. E estas leis não são naturais, mas sim sócio-históricas, ou seja, produzidas pelos seres humanos, em especial a classe trabalhadora a quem cabe a função de revolucionar a sociedade e o Estado.

A luta dos trabalhadores do campo em defesa de uma Educação do Campo e de uma política educacional emancipatória para o campo brasileiro, é uma indicação deste processo que está em curso, com fluxos e refluxos, mas em curso.

Referências

ARROYO, M. "Os coletivos repolitizam a formação" In PEREIRA-DINIZ, J. E, e LEÃO, G. (Orgs) Quando a Diversidade interroga a Formação Docente". Belo Horizonte, Ed. Autêntica, 2008.

MARX, K. Glossas Críticas ao Artigo "O Rei da Prússia e a Reforma Social. De um Prussiano". In : MARX, K. e ENGELS, F. Lutas de Classes na Alemanha. São Paulo: Boitempo, 2010.

MOLINA, M. C; OLIVEIRA, L. L. N. A; MONTENEGRO, J. L. *Das desigualdades aos direitos: a exigência de políticas afirmativas para a promoção da equidade educacional no campo.* Brasília: Conselho de Desenvolvimento Econômico e Social (CDES), 2009

PEREIRA-DINIZ, J. E, e LEÃO, G. (Orgs). Quando a Diversidade interroga a Formação Docente. Belo Horizonte, Ed. Autêntica, 2008.

PIMENTA, S. G. e LIMA, M. S. L. Estágio e Docência. São Paulo-SP: Cortez, 2004

PIMENTA, S. G. o Estágio na Formação de Professores – Unidade Teoria e Prática? Cortez Editora, São Paulo, 9ºa. Edição. 2010 .

SAVIANI, D. Formação de Professores: Aspectos Históricos e Teóricos do Problema no Contexto Brasileiro. Texto Apresentado na 31º Reunião Anual da ANPED, GT 15. Caxambu, 2008.

TAFFAREL, C. Z.e MOLINA, M. C. Política Educacional e Educação do Campo. In CALDART et all (Orgs.) Dicionário de Educação do Campo. *EPSJV/Fiocruz*, Rio de Janeiro, 2011. (prelo)

Anexo

MINUTA ORIGINAL

LICENCIATURA (PLENA) EM EDUCAÇÃO DO CAMPO

Ministério da Educação – MEC
Secretaria de Educação Superior
Secretaria da Educação Continuada,
Alfabetização e Diversidade – Secad
Coordenação Geral de Educação do Campo – CGEC

Proposição

Criação pelas Instituições de Ensino Superior (IES) interessadas, com apoio e ou parceria institucional do MEC, de um curso de "Licenciatura (Plena) em Educação do Campo" para formação de educadores que atuam na educação básica em escolas do campo.

O que se pretende é desenvolver, desde a especificidade das questões da Educação do Campo, um projeto de formação que articule as diferentes etapas (e modalidades) da Educação Básica, preparando educadores para uma atuação profissional que vá além da docência e dê conta da gestão dos processos educativos que acontecem na escola e no seu entorno.

Combinada e articuladamente com uma atuação pedagógica mais ampla, esta Licenciatura pretende habilitar professores para a docência multidisciplinar em um currículo organizado por áreas do conhecimento. A proposta é de que os projetos de curso contemplem núcleos de aprofundamento de estudos nas seguintes áreas: Linguagens, Artes e Literatura; Ciências Humanas e Sociais; Ciências da Natureza e Matemática; Ciências Agrárias. Cada estudante poderá optar pelo aprofundamento em uma delas, para a qual será certificado.

São alicerces básicos desta proposição:
- Ação afirmativa para correção da histórica desigualdade sofrida pelas populações do campo em relação ao seu acesso à educação básica e à situação das escolas do campo e de seus profissionais.

- Disposição de construir políticas de expansão da rede de escolas públicas que ofertem a educação básica no e do campo, com a correspondente criação de alternativas de organização curricular e do trabalho docente que viabilizem uma alteração significativa do quadro atual, prioritariamente no que se refere à oferta dos anos finais do Ensino Fundamental e à oferta do ensino médio, de modo a garantir a implementação das "Diretrizes Operacionais para a Educação Básica nas Escolas do Campo", em especial no que prevê o artigo 6º de sua Resolução (CNE/CEB 1/2002). [1]
- Busca de sintonia com a nova dinâmica social do campo brasileiro atendendo a demandas legítimas provenientes de comunidades, entidades da sociedade civil, movimentos sociais e sindicais e também de secretarias de educação de municípios e estados, consubstanciadas no debate atual sobre Educação do Campo, e particularmente expressas na "Declaração Final da II Conferência Nacional por uma Educação do Campo", realizada em Luziânia, GO, de 2 a 6 de agosto de 2004 e reafirmadas nos 25 Seminários Estaduais de Educação do Campo promovidos pelo MEC (com diferentes parcerias locais) ao longo de 2004 e 2005. A valorização e a formação específica de educadores é uma das principais demandas.

    Mais recentemente, a "Carta de Gramado" do Conselho Nacional de Secretários de Educação (CONSED), de 23 de novembro de 2005, formalizou o compromisso das secretarias estaduais de educação com a "elaboração e implementação de políticas públicas para a Educação do Campo", destacando como uma das temáticas prioritárias a da "Formação inicial e continuada de professores".
- Formação contextualizada e consistente do educador como sujeito capaz de propor e implementar as transformações político–pedagógicas necessárias à rede de escolas que hoje atendem a população que trabalha e vive no e do campo.

Objetivos

Gerais

- Formar educadores para atuação específica junto às populações que trabalham e vivem no e do campo, no âmbito das diferentes etapas e modalidades da Educação Básica, e da diversidade de ações pedagógicas

---

[1] Diz o artigo 6º: "O poder público, no cumprimento das suas responsabilidade com o atendimento escolar e à luz da diretriz legal do regime de colaboração entre a União, os estados, o Distrito Federal e os municípios, proporcionará Educação Infantil e Ensino Fundamental *nas comunidades rurais*, inclusive para aqueles que não o concluíram na idade prevista, cabendo em especial aos estados garantir as condições necessárias para o acesso ao ensino Médio e à Educação Profissional de Nível Técnico" (grifo nosso).

necessárias para concretizá-la como direito humano e como ferramenta de desenvolvimento social.
- Desenvolver estratégias de formação para a docência multidisciplinar em uma organização curricular por áreas do conhecimento nas escolas do campo.
- Contribuir na construção de alternativas de organização do trabalho escolar e pedagógico que permitam a expansão da educação básica no e do campo, com a rapidez e a qualidade exigida pela dinâmica social em que seus sujeitos se inserem e pela histórica desigualdade que sofrem.
- Estimular nas IES e demais parceiros da implementação desta Licenciatura ações articuladas de ensino, de pesquisa e de extensão voltadas para demandas da Educação do Campo.

Específicos

- Formar e habilitar profissionais em exercício na educação fundamental e média que ainda não possuam a titulação mínima exigida pela legislação educacional em vigor.
- Habilitar professores para a docência multidisciplinar em escolas do campo nas seguintes áreas do conhecimento: Linguagens, Artes e Literatura; Ciências Humanas e Sociais; Ciências da Natureza e Matemática; Ciências Agrárias.
- Formar educadores para atuação na educação básica em escolas do campo aptos a fazer a gestão de processos educativos e a desenvolver estratégias pedagógicas que visem a formação de sujeitos humanos autônomos e criativos capazes de produzir soluções para questões inerentes à sua realidade, vinculadas à construção de um projeto de desenvolvimento sustentável de campo e de país.
- Construir coletivamente, e com os próprios sujeitos do campo, um projeto de formação de educadores que sirva como referência prática para políticas e pedagogias de Educação do Campo.

A quem se destina

A Licenciatura Plena em Educação do Campo destina-se a prioritariamente:
- professores em exercício nas escolas do campo[2] da rede pública que tenham o ensino médio concluído e ainda não tenham formação de nível superior;

---

[2] São consideradas aqui como "escolas do campo" aquelas que têm sua sede no espaço geográfico classificado pelo IBGE como "rural", e mais amplamente, aquelas escolas que mesmo tendo sua sede em áreas consideradas "urbanas", por atenderem a populações de municípios cuja reprodução social e cultural está majoritariamente vinculada ao trabalho no campo, têm sua identidade definida nesta relação.

- outros profissionais da educação com atuação na rede pública que tenham o ensino médio concluído e ainda não tenham formação de nível superior;
- professores e outros profissionais da educação que atuem nos centros de alternância ou em experiências educacionais alternativas de Educação do Campo que tenham o ensino médio concluído e ainda não tenham formação de nível superior;
- professores e outros profissionais da educação com atuação em programas governamentais que visem a ampliação do acesso à educação básica da população do campo tais como: Programa Nacional de Educação na Reforma Agrária (PRONERA), Saberes da Terra,...
- jovens e adultos que desenvolvam atividades educativas não escolares nas comunidades do campo que tenham o ensino médio concluído e ainda não tenham formação de nível superior.

Justificativa

Os argumentos para a realização desta Licenciatura específica para formação de educadores do campo, além dos que podem ser inferidos dos "alicerces básicos desta proposição" são os seguintes:

- A urgência de ações afirmativas que possam ajudar a reverter a situação educacional hoje existente no campo, especialmente no que se refere à oferta da educação infantil, dos anos finais do Ensino Fundamental e do ensino médio. [3]
- A convicção de que estas ações devem incluir uma nova organização do trabalho pedagógico, especialmente para as escolas de educação fundamental e média, destacando-se como aspectos importantes uma atuação educativa em equipe e a docência multidisciplinar por áreas do conhecimento. Ambos os aspectos, somados à necessidade de conhecimentos e de vivências sobre a realidade do campo, estão a exigir iniciativas, e mais amplamente, políticas de preparação específica para os educadores que nela atuem.
- A visão de que é necessário e possível pensar em uma educação, numa escola e consequentemente em uma formação de educadores que articule o pensar e o fazer pedagógico com a construção de alternativas de desenvolvimento sustentável das comunidades do campo, contribuindo para efetivá-lo como

---

[3] Segundo dados do documento "Referências para uma Política Nacional de Educação do Campo", a rede de ensino da educação básica da área rural corresponde a 50% das escolas do país. Aproximadamente metade dessas escolas tem apenas uma sala de aula e oferece exclusivamente o Ensino Fundamental da 1a a 4a série, representando 15% da matrícula nacional. De cada cem professores que atuam nos anos finais do Ensino Fundamental, 57 cursaram apenas o ensino médio e de cada cem professores que atuam no ensino médio, 21 só tem o próprio ensino médio. (MEC/INEP, 2003)

"campo de possibilidades que dinamizam a ligação dos seres humanos com a própria produção das condições da existência social e com as realizações da sociedade humana". (CNE/CEB, parecer 36/2001)
- As diferentes experiências existentes de Licenciatura voltadas para a especificidade da formação de educadores do campo, quer sejam os cursos de Pedagogia, hoje identificados como "Pedagogia da Terra", desenvolvidos pelas Universidades através do Programa Nacional de Educação na Reforma Agrária (Pronera/Incra/MDA), ou os inúmeros programas e parcerias com secretarias de educação cuja rede de educadores atendida é predominantemente originária das escolas do campo. Estas experiências já produziram um acúmulo de conhecimentos que contribuem significativamente para uma formatação adequada desta nova proposta de curso.

Diretrizes para a elaboração do Projeto Político-pedagógico da Licenciatura (Plena) em Educação do Campo

Perfil Profissional

A proposta geral deste curso integra alguns conjuntos de aprendizados profissionais básicos de formação para os educadores do campo:
- *Docência Multidisciplinar em uma das áreas de conhecimento* propostas pelo curso: Linguagens, Artes e Literatura; Ciências Humanas e Sociais; Ciências da Natureza e Matemática; Ciências Agrárias.
- *Gestão de processos educativos escolares,* entendida como formação para a educação dos sujeitos das diferentes etapas e modalidades da Educação Básica, para a construção do projeto político-pedagógico e para a organização do trabalho escolar e pedagógico nas escolas do campo.
- *Gestão de processos educativos comunitários,* o que significa uma preparação específica para o trabalho pedagógico com as famílias e ou grupos sociais de origem dos estudantes, para liderança de equipes e para a implementação (técnica e organizativa) de projetos de desenvolvimento comunitário sustentável.

Base Curricular do curso

Cada IES, ao elaborar seu projeto de curso, além de considerar a legislação educacional em vigor para as Licenciaturas e a realidade específica dos sujeitos locais que o demandem, deverá observar algumas orientações básicas:
- Construção curricular que contemple e articule uma sólida formação do educador nos princípios éticos e sociais próprios à atuação como

profissionais da educação (e particularmente da Educação do Campo), na compreensão teórica e prática dos processos de formação humana (e particularmente dos processos sociais formadores dos sujeitos do campo), nas pedagogias, metodologias e didáticas próprias à gestão de processos educativos e ao trabalho com os sujeitos da educação básica (especialmente infância, adolescência e juventude) e nos conteúdos pertinentes às áreas de conhecimento, e em especial na área escolhida para sua atuação docente específica. Uma possibilidade é a organização curricular através de núcleos de estudo que contemplem e articulem estes eixos de formação.

- Organização dos componentes curriculares por áreas do conhecimento e trabalho pedagógico interdisciplinar (incluindo dentro das possibilidades também a docência multidisciplinar), de modo que os estudantes-educadores possam vivenciar na prática de sua formação a lógica metodológica para a qual estão sendo preparados.
- Ênfase na pesquisa, como processo desenvolvido ao longo do curso e integrador de outros componentes curriculares, culminando na elaboração de um trabalho monográfico com defesa pública.
- Processos, metodologias e postura docente que permitam a necessária dialética entre educação e experiência, garantindo um equilíbrio entre rigor intelectual e valorização dos conhecimentos já produzidos pelos educadores em suas práticas educativas e em suas vivências socioculturais.
- Estágios curriculares que incluam experiência de exercício profissional prioritariamente nos seguintes âmbitos: – docência multidisciplinar na área de conhecimento escolhida em escolas do campo, de educação fundamental ou média; – docência ou gestão de processos educativos nos anos iniciais da educação fundamental e na educação infantil; – participação em projetos de desenvolvimento comunitário vinculados às escolas do campo, a programas de educação de jovens e adultos e ou a movimentos sociais e sindicais, organizações não governamentais ou outras entidades que desenvolvem atividades educativas não escolares junto às populações do campo.
- Cada Instituição poderá definir ênfases na sua base curricular, privilegiando alguns recortes temáticos da Educação do Campo ou aprofundando o estudo de determinadas etapas e ou modalidades da Educação Básica.
- O projeto de curso deverá contemplar todas as áreas de conhecimento previstas para a docência multidisciplinar, garantindo estudos básicos para o conjunto dos estudantes em cada uma delas, visando uma possível atuação docente nos anos iniciais da educação fundamental, e proporcionando o aprofundamento em uma das áreas (conforme opção do estudante) em

vista de um preparo específico para a docência nos anos finais da educação fundamental e ou na educação média.

Características de funcionamento

- Realização do curso através da organização de turmas específicas compostas a partir de demandas identificadas pela Instituição e ou pelas parcerias constituídas, de modo a favorecer uma formação identitária de turma e a gestão coletiva do processo pedagógico.
- Seleção específica com critérios e instrumentos definidos em cada instituição, tendo em vista o caráter de ação afirmativa desta proposição e a prioridade a ser dada aos professores em exercício.
- Organização curricular por etapas presenciais (equivalentes a semestres de cursos regulares) em regime de alternância entre Tempo/Espaço Curso e Tempo/Espaço Comunidade-Escola do Campo, para permitir o acesso e a permanência nesta Licenciatura dos professores em exercício e não condicionar o ingresso de jovens e adultos na educação superior à alternativa de deixar de viver no campo. Esta forma de organização curricular deverá intencionalizar atividades e processos que garantam/exijam sistematicamente a relação prática–teoria–prática vivenciada no próprio ambiente social e cultural de origem dos estudantes.

Carga horária prevista

3200 horas/aula, distribuídas em até nove etapas (semestres) presenciais de curso.

Fundamentação Legal Básica

– Lei 9.394 de 1996;
– Parecer CNE/CEB 36/2001 e Resolução CNE/CEB 1/2002 que institui Diretrizes Operacionais para a Educação Básica nas Escolas do Campo;
– Parecer CNE/CP 009/2001 e Resolução CNE/CP 1/2002 que institui Diretrizes Curriculares Nacionais para a Formação de Professores da Educação Básica, em nível superior, curso de licenciatura, de graduação plena.

Certificação pretendida

O curso deverá ser organizado de modo a conferir aos seus concluintes o diploma de "Licenciado em Educação do Campo, com habilitação para docência multidisciplinar na área de Linguagens, Artes e Literatura **ou** Ciências Humanas e Sociais **ou** Ciências da Natureza e Matemática **ou** Ciências Agrárias e para a gestão da educação básica em escolas do campo".

Formas de implementação

Esta proposição quer estimular a realização do curso através de parcerias das IES com o MEC, com as secretarias municipais e estaduais de educação, com movimentos sociais e sindicais do campo, organizações não governamentais e com outras entidades educacionais de reconhecida atuação na formação de educadores e junto às populações do campo.

A implementação deste curso pelas IES deverá ser acompanhada por outras iniciativas, especialmente nas áreas da pesquisa e da extensão, que configurem uma atuação institucional sistemática com questões e temáticas da Educação do Campo.

Brasília, abril de 2006.

Os autores

Ana Laura dos Reis Corrêa
Professora adjunta de Literatura Portuguesa do curso de Graduação em Letras do Departamento de Teoria Literária e Literaturas da Universidade de Brasília; professora de Literatura Brasileira do Progrma de Pós-graduação em Literatura e Práticas Sociais do Departamento de Teoria Literária e Literaturas da Universidade de Brasília, pesquisadora dos grupos de pesquisa: "Literatura e Modernidade Periférica" e "Forma Estética, Processo Social e Educação do Campo". Professora de Literatura Brasileira do eixo de Linguagens do Curso de Licenciatura em Educação no Campo, da FUP / UnB. Possui mestrado em Literatura pela Universidade de Brasília (1991) e doutorado em Literatura pela Universidade de Brasília (2004). Linha de pesquisa: Crítica da história literária, Formas estéticas e processo social: formação da literatura e do Brasil, Produção do conhecimento em linguagens artísticas e processos formativos dos educadores do campo.

Ariane Martins Oliveira
Aryanne Martins Oliveira, graduanda em pedagogia pela Universidade Federal de Minas Gerais, é bolsista do Núcleo de Estudos e Pesquisas em Educação do Campo. Monitora a turma de Licenciatura em Educação do Campo "Dom José Mauro" e desenvolve o trabalho de acompanhamento pedagógico desta turma.

Bernard Herman Hess
Possui graduação em Letras pela Universidade Federal de Viçosa (1996), mestrado em Letras e Lingüística pela Universidade Federal de Goiás (2000) e doutorado em Literatura pela Universidade de Brasília (2006). Foi consultor do Ministério da Educação. É professor adjunto do Curso de Licenciatura em

Educação do Campo da Universidade de Brasília, Faculdade de Planaltina. Coordena a área de habilitação em Linguagens da Licenciatura em Educação do Campo. É pesquisador do Grupo de pesquisa Literatura e Modernidade Periférica e coordenador do grupo Forma Estética, Processo Social e Educação do Campo . Tem experiência na área de Letras, com ênfase em Literatura, atuando principalmente nos seguintes temas: crítica literária, literatura, ontologia, dialética e estética. Linhas de pesquisa: Crítica da história literária; Estética e política na perspectiva da dialética local e universal.

Carlos Alberto de Jesus

Licenciado em Física pelo Departamento de Física da Universidade Federal de Sergipe (1987), Especialista em Educação Tecnológica pelo Centro Federal de Educação Tecnológica de Minas Gerais(1994), Mestre em Tecnologia, ênfase em Educação Tecnológica pelo Centro Federal de Educação Tecnológica Celso Suckow da Fonseca – Rio de Janeiro (1997) e Doutor em Educação na Universidade Federal do Rio Grande do Norte (2009), na linha de pesquisa Estratégias do Pensamento e Produção do Conhecimento, no Grupo de Estudos de Práticas Educativas em Movimento. É professor titular do Instituto Federal de Educação, Ciência e Tecnologia de Sergipe, campus Aracaju, no níveis Técnico e Superior, nos cursos de Licenciatura em Química e Matemática. Tem experiência na área de Educação, com ênfase em Ensino de Física, Ciências da Natureza e Matemática, Metodologia Científica e Didática, atuando principalmente nos seguintes temas: Física Clássica e do Quotidiano, História da Ciência, Ciência e Tecnologia, Formação de professores, Educação Profissional, Educação do Campo, Políticas Públicas em Educação, Políticas de conhecimento, Saberes e Práticas Educativas emancipatórias, Currículo e Interdisciplinaridade. Membro do Grupo de Pesquisa em Educação e Movimentos Sociais da Universidade Federal de Sergipe e atua como professor colaborador da Licenciatura em Educação do Campo, do Departamento de Educação da UFS, na área de Ciêncas da Natureza.

Carlos Roberto Colavolpe

possui graduação em Licenciatura Em Educação Física – Faculdades Integradas de Guaralhos (1977), mestrado em Educação pela Universidade Federal da Bahia (2005) e doutorado em Educação pela Universidade Federal da Bahia (2010). Atualmente é professor Associado I da Universidade Federal da Bahia. Tem experiência na área de Educação Física, com ênfase em Basquetebol, atuando principalmente nos seguintes temas: Formação de professores, currículo, cultura corporal, organização do trabalho pedagógico, educação do campo, história e metodologia do ensino.

Carolina Nozella Gama

É graduada em Pedagogia pela Universidade Estadual de Campinas desde 2008. Possuindo habilitação para exrecer atividade profissional nas seguintes áreas: Educação infantil; anos iniciais do Ensino Fundamental; ensino médio; educação especial; instituições não escolares e não formais; administração; planejamento; supervisão; orientação educacional, assessoria e coordenação pedagógica e educacional no âmbito escolar e de sistemas educacionais. Atualmente é pesquisadora do grupo – Linha de Estudos e Pesquisa em Educação Física & Esporte e Lazer – LEPEL, contribui com a equipe executora do Curso de Licenciatura em Educação do Campo na Faculdade de Educação da Universidade Federal da Bahia e mestranda em educação do Programa de Pós-graduação desta universidade. Tem experiência na área de Educação, com ênfase em Formação de Professores, Produção do Conhecimento, Currículo, Educação Infantil e Educação do Campo.

Celi Nelza Zulke Taffarel

Bolsista de Produtividade em Pesquisa 1D
Possui graduação em Educacao Física pela Universidade Federal de Pernambuco (1976), mestrado em Ciência do Movimento Humano pela Universidade Federal de Santa Maria (1982) e doutorado em Educação pela Universidade Estadual de Campinas (1993). Pós--Doutorado na Universidade de Oldenburg, Alemanha, (1999). Atualmente é professora titular da Universidade Federal da Bahia. Bolsista 1D do CNPq. Diretora da Faculdade de Educação da UFBA. Tem experiência na área de Ciências do Esporte, com atuação nas problematicas significativas, a saber: formação de professores, produção do conhecimento cientifico, politicas públicas e trabalho pedagógico. A ênfase na educação é com Currículos Específicos para Níveis e Tipos de Educação, atuando principalmente nos seguintes temas: Educação do Campo, curriculo, formação de professores, politicas educacionais.

Cláudio de Lira Santos Júnior

Possui graduação em Licenciatura em Educação Física pela Escola Superior de Educação Física da Universidade de Pernambuco (1992), Mestrado em Educação pela Universidade Federal de Pernambuco (2000) e Doutorado em Educação pela Universidade Federal da Bahia (2005). Atualmente é professor adjunto I da Universidade Federal da Bahia. Tem experiência na área de Educação e Educação Física, com ênfase em Formação de professores e Trabalho pedagógico, atuando principalmente nos seguintes temas: educação física, formação de professores, educação, educação física e esportes e diretrizes curriculares.

Deane Maria Fonsêca de Castro e Costa

Possui graduação em Letras, especialização em Metodologia do Ensino Superior, mestrado em Educação pela Universidade Federal do Maranhão e doutorado em Literatura pela Universidade de Brasília (2004). Foi professora da Universidade Estadual do Maranhão e da Universidade Federal do Maranhão. Atualmente é professora adjunta com dedicação exclusiva da Universidade de Brasília. Atua na Graduação em Letras e no Programa de Pós-Graduação em Literatura e Práticas Sociais do Departamento de Teoria Literária e Literatura, integrando a linha de pesquisa Crítica da História Literária. É professora da área de Linguagens do Curso de Literatura em Educação do Campo da Universidade de Brasília. É pesquisadora do Grupo de pesquisa Literatura e Modernidade Periférica e coordenadora do Grupo de pesquisa Forma Estética, Processo Social e Educação do Campo , atuando nas linhas de pesquisa Formas estéticas e processo social: formação da literatura e do Brasil; Produção do conhecimento em linguagens artísticas e processos formativos dos educadores do campo. Seu trabalho e produção prática e científica tem abrangido os seguintes temas, entre outros: literatura e sociedade; crítica histórica e dialética da Literatura; formação da literatura e formação da nação; estética e educação do campo; literatura e formação do educador; mediações da forma estética e do processo social.

Edílson Fortuna de Moradillo

Bacharel em Química pela Universidade Federal da Bahia (1981), Especialização em Química Analítica (1984) e Química (2003) pela Ufba. Licenciatura em Química pela Ufba (2009) e Doutorado em Ensino, Filosofia e História das Ciências pela Ufba/Uefs (2010). Atualmente é professor Associado I do Instituto de Química da Ufba. Tem experiência nas áreas de Química e Ensino de Química, atuando principalmente nos seguintes temas: cromatografia, catálise, ensino de química, currículo, processos de ensino e de aprendizagem, história e filosofia das ciências e educação ambiental.

Eliete Ávila Wolff

possui graduação em Psicologia pela Universidade Federal de Santa Catarina (1986) e mestrado em Psicologia Social – Universidad Nacional Autonoma de Mexico (1995). Tem experiência na área de Psicologia, com ênfase em Psicologia da Educação, atuando principalmente nos seguintes temas: Educação do campo, desenvolvimento e aprendizagem, migração, psicologia social. Seu doutorado em Educação foi realizado na Universidade Federal do Rio Grande do Sul, sendo bolsista da CAPES. Foi consultora em Educação do Campo pelo PNUd, UNESCO e OEI, na Secretaria de Educação Continuada, Alfabetização e Diversidade –Secad/MEC durante os anos de 2007 a 2009. Atualmente é professora da Universidade de Brasília– UnB, no campus de Planaltina, no curso de Licenciatura em Educação do Campo.

Jaqueline Ferreira de Lima

Possui graduação em Educação Fisica pela Universidade Federal da Bahia (2009). Atualmente íntegra a equipe executora do projeto e do curso Licenciatura do Campo, membro do grupo Lepel e estudante da Especilização em Metodologia do Ensino e da Pesquisa em Educação Física, Esporte e Lazer, Faculdade de Educação, Universidade Federal da Bahia. Possui estudos na area de formação de professores , Políticas Publicas.

Kátia Oliver de Sá

Possui graduação em Licenciatura em Educação Física pela Universidade Católica do Salvador (1988), mestrado em Educação pela Universidade Federal da Bahia (2003) e doutorado em Educação pela Universidade Federal da Bahia (2009). Atualmente é docente da Faculdade Regional da Bahia – UNIRB, membro pesquisadora do Grupo MHTLE da Universidade Estadual de Londrina – UEL, do LEPEL da Universidade Federal da Bahia – UFBA. Tem experiência em prática pedagógica na área de Educação Física Escolar. Tem bolsa de pesquisa da FAPEX/UFBA para desenvolver estudos e pesquisas na Licenciatura da Educação do Campo. Desenvolve estudos, pesquisas e publica na área de Educação Física, e demais temáticas: Trabalho–lazer, epistemologia, ontologia e práxis pedagógica.

Lais Maria Borges de Mourão Sá

possui graduação em Sociologia e Política pela Pontifícia Universidade Católica do Rio de Janeiro (1967), mestrado em Antropologia Social pela Universidade Federal do Rio de Janeiro (1974), doutorado em Antropologia pela Universidade de Brasília (1992) e pós-doutorado em Ciências Sociais e Meio Ambiente pela Universidade de Campinas (1999). Atualmente é professora adjunta da Universidade de Brasília. Atua como pesquisadora na área de Educação, Ciência e Sociedade, com ênfase nas seguintes temáticas: educação do campo e desenvolvimento rural, educação e processos de gestão ambiental, paradigma da complexidade, ecologia humana.

Luciane de Souza Diniz

Possui graduação em Pedagogia pela Universidade Federal de Minas Gerais (2009). Tem experiência na área de Educação, com ênfase em Educação do campo, atuando principalmente nos seguintes temas: formacao de professores, educacao do campo.

Luis Antonio Pasquetti

Doutor em História UnB (2007) Mestre em Administração pela PUC–SP (1998). Graduação em Administração URI/FESAU (1984). Professor da Universidade de Brasilia Faculdade UnB Planaltina (FUP). Coordenador do Curso de Licenciatura em Educação do Campo (2011\2013) Membro do Conselho de Ensino Pesquisa e Extensão CEPE. Membro do Conselho da FUP. Coordenador de Extensão da FUP (2009–2010). Membro da Câmara de Extensão DEX–UnB. Membro da Comissão Nacional do PRONERA (2009\2010). Grupos de Pesquisas: (1) NEADS – Núcleo de Estudos Agrários, Desenvolvimento e Segurança Alimentar e Nutricional CNPq (2) Observatório da Educação do Campo (MEC). (3) MPAS – Modos de Produção e Antagonismos Sociais. Áreas de Atuação: Economia Política. Administração. História Oral. Cooperação Internacional. Gestão de Projetos Sociais.

Manoel Dourado Bastos

Professor Substituto de Sociologia do Departamento de Artes Visuais da Universidade Estadual de Santa Catarina. Doutor em História e Sociedade pela Unesp (Assis) – financiado com uma bolsa da Fapesp. Possui graduação em Comunicação, com habilitação em Jornalismo pela Universidade de Brasília (2002) e mestrado em Comunicação e Cultura Contemporânea (na linha Estudos da Imagem e do Som) pela mesma Universidade de Brasília (2004). Concluiu em 2010 um pós–doutorado em História Social do Trabalho pela Universidade Federal de Santa Catarina. Fez pesquisa de iniciação científica na área de Literatura Brasileira, com bolsa do CNPq. É integrante do grupo de pesquisa Modos de Produção e Antagonismos Sociais, da Faculdade de Planaltina da UnB; Literatura e Modernidade Periférica, do Departamento de Teoria Literária e Literaturas da UnB; Forma Estética, Processo Social e Educação do Campo, da FUP–UnB; e Linguagens e Representações, do Departamento de História da Udesc. Tem experiência na área de História, Cultura, Comunicação e Movimentos Sociais, com ênfase em Estética e História Social das Artes e Comunicação, Cultura e Política Contemporâneas, atuando principalmente nos seguintes temas: estética e história social, cultura brasileira e experiência musical brasileira, estética e indústria cultural, comunicação, música e educação do campo.

Maria de Fátima Almeida Martins

possui graduação em Geografia pela Universidade Federal do Ceará (1987), especialização em Geografia pela Universidade Federal do Ceará (1988), mestrado em Geografia (Geografia Humana) pela Universidade de São Paulo (1995) e doutorado em Geografia (Geografia Humana) pela Universidade de São Paulo (2002) . Atualmente é Adjunto da Universidade Federal de Minas Gerais.

Tem experiência na área de Geografia , com ênfase em Geografia Humana. Atuando principalmente nos seguintes temas: Urbanização e reprodução social, Metrópole de Belo Horizonte, Redes de Assitência, Laços Sociais, Moradores de rua. 22/06/11

Maria Isabel Antunes Rocha
Graduação em Psicologia pela Universidade Federal de Minas Gerais (1983), Mestrado em Psicologia pela Universidade Federal de Minas Gerais (1995) e Doutorado em Educação pela Universidade Federal de Minas Gerais (2004). Professora Adjunta da Faculdade de Educação/Universidade Federal de Minas Gerais. Coordenadora do Observatório da Educação do Campo/CAPES – Parceria UFC/UFPA/UFPBC/UFMG. Membro da Comissão Nacional de Educação na Reforma Agrária do Programa Nacional de Educação na Reforma Agrária. Coordenadora do Núcleo de Estudos e Pesquisas em Educação do Campo (EduCampo/FaE–UFMG). Membro do Laboratório de Psicologia da Educação Helena Antipoff – FaE/UFMG. Desenvolve projetos de ensino, pesquisa e extensão com ênfase em Formação de Professores, Psicologia da Educação e Educação do Campo.

Marize Souza Carvalho
Possui Licenciatua em Ciências Sociais (1993) e Bacharelado em Antropologia (1996) pela FFCH/UFBA. Mestre em Educação (2005) e Doutororado em Educação (2011) pelo Programa de Pós-Graduação em Educação da UFBA. Tem experiência profissional em Politica de Formação de Professores, Educaçao Básica, Legislação Educacional, Pesquisa Educacional, Educação do Campo, Metodologia da Pesquisa em Educação, Metodologia do Ensino em Ciências Sociais, Extensão Universitária e consultoria técnica educacional. Atuando principalmente nos seguintes temas: currículo, planejamento escolar, planejamento estratégico, metodologia e prática do ensino, formação de professores, políticas públicas, educação do campo.

Mônica Castagna Molina
Possui Graduação em Ciências Jurídicas e Sociais pela Pontifícia Universidade Católica de Campinas (1989), Especialização em Políticas Públicas pela Universidade Federal do Rio de Janeiro (1997), Mestrado em Sociologia pela Universidade Estadual de Campinas (1998) e Doutorado em Desenvolvimento Sustentável pela Universidade de Brasília (2003).
Atualmnte é professora da Universidade de Brasília Faculdade UnB Planaltina (FUP); Integrante do Programa de Pós-Graduação em Educação, da UnB.

Diretora do Centro Transdisciplinar de Educação do Campo e Desenvolvimento Rural, Coordenadora do Grupo de Trabalho de Apoio à Reforma Agrária. Tem experiência na área de Educação, com ênfase em Sociologia da Educação, atuando principalmente nos seguintes temas: Educação do Campo, Formação de Educadores, Transdisciplinaridade, Políticas Públicas, Reforma Agrária, Desenvolvimento Sustentável.

Myna Lizzie Oliveira Silveira

possui licenciatura em Ciências Biológicas pela Universidade Federal da Bahia (2005), bacharelado em Ciências Biológicas – Ecologia: Recursos Ambientais, pela UFBA (2008) e Especialização em Educação Ambiental (FACED UFBA). Tem experiência na área de Educação Básica, de Educação Ambiental, Educação do Campo e de Formação de professores.

Néli Suzana Quadros Britto

Docente na Universidade Federal de Santa Catarina no curso de Licenciatura em Educação do Campo. Possui graduação em Ciências Biológicas:Licenciatura Ciências pela Universidade Federal do Rio Grande do Sul (1987), mestrado em Educação pela Universidade Federal de Santa Catarina (2000) e doutorado em Educação pela Universidade Federal de Santa Catarina (2010). Membro da direção colegiada da Genus Pesquisa Assessoria e Estudos de Gênero. Tem experiência na área de Educação, com ênfase em Currículos Específicos para Níveis e Tipos de Educação, atuando principalmente nos seguintes temas: Ensino de Ciências/Biologia, formação continuada, educação e gênero, curriculo e formação docente.

Rafael Litvin Villas Bôas

Graduado em Jornalismo (2001), mestre em Comunicação Social (2004), e doutor em Literatura Brasileira (2009) pela Universidade de Brasília. Professor Adjunto da Universidade de Brasília, lotado na Faculdade UnB Planaltina. Coordena o grupo de pesquisa Modos de produção e antagonismos sociais. Integra os grupos de pesquisa Literatura e Modernidade Periférica, Formas estéticas, processo social e educação do campo e Dramaturgia e Crítica Teatral. Tem experiência nas áreas de educação do campo e cultura popular, literatura e teatro brasileiro, estética e comunicação, questão agrária e representação estética da realidade, políticas públicas na esfera da cultura e dinâmicas sócio-culturais da vida camponesa. Pesquisa as conexões da vida social com a literatura, teatro, televisão e cinema por meio da articulação dialética entre forma estética e processo social e pelo viés das formas hegemônicas e contra-hegemônicas de representação da realidade.

Rayssa Aguiar Borges

Possui graduação em Artes Cênicas pela Universidade de Brasília (2007) e mestrado pelo Programa de Pós-Graduação em Literatura e Práticas Sociais, do Departamento de Teoria Literária a Literaturas – UnB (2010). Atualmente é professora voluntária da LEdoC, na FUP-UnB. Tem experiência na área de Artes, com ênfase em TEATRO EDUCAÇÃO , atuando principalmente no seguinte tema: Teatro Político.

Roberta Maria Lobo da Silva

Possui graduação em História pela Universidade do Estado do Rio de Janeiro (1996), mestrado em História Social pela Universidade Federal do Rio de Janeiro (1999) e doutorado em Educação pela Universidade Federal Fluminense (2005). Atualmente é professor adjunto da Universidade Federal Rural do Rio de Janeiro. Tem experiência na área de História, Filosofia e Educação Brasileira atuando principalmente nos seguintes temas: Educação e Movimentos sociais; Teoria Crítica, Tecnologia e Educação; Produção Audiovisual e Estética.

Romir Rodrigues

Atualmente é professor adjunto da Universidade Paranaense (UNIPAR). Mestre em Ciências Farmacêuticas pela Universidade Estadual de Maringá (UEM), especialista em Atenção Farmacêutica pela Universidade Federal Federal (UFPR), especialista em Análises Clínicas pelo Centro Universitário Maringá (CESUMAR). Docente nas disciplinas de farmacologia, estágio supervisionado, imunologia, epidemiologia, parasitologia, saúde pública, farmácia hospitalar e tecnologia de alimentos.

Roseli Salete Caldart

Possui graduação em Pedagogia pela Universidade Regional Integrada do Alto Uruguai e das Missões (1982), mestrado em Educação pela Universidade Federal do Paraná (1986) e doutorado em Educação pela Universidade Federal do Rio Grande do Sul (1999). Atualmente é assessora pedagógica do Instituto Técnico de Capacitação e Pesquisa da Reforma Agrária e coordena o curso de Licenciatura em Educação do Campo, parceria Iterra-UnB-MEC. Tem experiência na área de Educação, com ênfase em Filosofia da Educação, atuando principalmente nos seguintes temas: movimentos sociais do campo, educação, escola, pedagogia do movimento, educação do campo.

Rosineide Magalhães de Sousa

Sou professora adjunta da Universidade de Brasília, lotada no campus de Planaltina – DF, atuando no Curso: Licenciatura em Educação do Campo, na área de Linguagem: Linguística. Licenciada em Letras pela Universidade

Católica de Brasília (1997), mestre (2001) e doutora (2006) em Linguística pela Universidade de Brasília. Fui professora de Inglês e Português da Educação Básica, na Secretaria de Educação do Distrito Federal e na rede particular de ensino do DF. Desde 2001, trabalho com a formação inicial e continuada de professores da Educação Básica, nas modalidades presencial e a distância, na análise e elaboração de material didático de Língua Portuguesa, docência e coordenação pedagógica. Meus temas de estudo e pesquisa são: alfabetização, letramento como prática social, leitura e escrita, sociolinguística, gêneros discursivos, metodologia de ensino de Língua Portuguesa e formação de professores, na perspectiva do método etnográfico.

Sonia Meire Santos Azevedo de Jesus

Graduada pelo Departamento de Educação da Universidade Federal de Sergipe (1986), mestra em Educação pela Universidade Federal de Sergipe (1997), doutora em Educação pela Universidade Federal do Rio Grande do Norte (2003); Doutorado Sandwiche em Sociologia pela Universidade de Coimbra (2002). É professora titular da Universidade Federal de Sergipe. Tem experiência na área de Educação, com ênfase em Estudos Transdisciplinares em Educação, atuando principalmente nos seguintes temas: educação de jovens e adultos, educação e movimentos sociais, educação do campo, políticas públicas em educação, políticas de conhecimento, saberes e práticas educativas emancipatórias e educação superior. É professora do Programa de Mestrado e Doutorado em Educação da UFS. É membro da Comissão Pedagógica Nacional do PRONERA desde 1998/ INCRA/MDA. É parecerista Ad hoc do CNPq e de outras universidades brasileiras. Coordena pesquisas financiadas pela CAPES, CNPq e INEP. Coordena o Observatório da Educação no Programa de Pós-Graduação em Educação da UFS, consorciado com a UnB e a UFRN. Desenvolve pesquisas com a Universidade de Cádiz-Espanha e co-orienta estudantes brasileiras nas Universidades de Valiadollid e Extremadura – Espanha. Mantém convênios e acordos de cooperação com Instituto de Educação de Portugal e com a Organizações não governamentais européias que atuam nas questões da juventude e da mulher e, com trabalhos que discutem as diferentes formas de construção da democracia.

Teresinha de Fatima Perin

Mestre em Educação e Desenvolvimento pela Universidade Salvador(UNIFACS) – 2007. Com graduação em Pedagogia pela Universidade de São Paulo (USP) 1991. Atualmente é colaboradora na Universidade Salvador(UNIFACS) na Linha Estudo e Pesquisa em Organização do Território(GEPOT), e na Universidade Federal da Bahia(UFBA) na Linha de Estudos e Pesquisa em Educação Física Esporte e Lazer(LEPEL). Realiza, na OSCIP "Sons do Bem", trabalho de assessoria e coordenação pedagógica de projetos de formação de professores da Educação Básica. Tem experiência na área de Educação, com ênfase em Educação e Desenvolvimento, atuando principalmente nos seguintes temas: Educação do Campo, Educação infantil, Educação Básica, Formação de Professores.

Este livro foi composto com tipografia Bembo e impresso
em papel Off-Set 75g. na ?????????????.